《民法典新规则案例适用》编委会

编委会主任

孙晓勇

编委会成员

郝银钟　冯文利　李晓民　吕坤良　孙本鹏　彭永和　胡田野

主　编

孙晓勇

副主编

郝银钟

执行副主编

彭永和　刘　畅　罗胜华

编审人员

罗胜华　第一编

李成斌　第二编

杨晓琰　第三编

刘　畅　第四编

杨小利　聂格格　第五编

李晓果　朱　琳　第六编

李晓果　吴婷芳　第七编

主编助理

赵文轩 刘丽媛

民法典新规则案例适用

最高人民法院司法案例研究院 / 编

总则编　物权编　合同编　人格权编　婚姻家庭编　继承编　侵权责任编

中国法制出版社
CHINA LEGAL PUBLISHING HOUSE

《民法典新规则案例适用》通讯编辑名单

凌　巍　北京市高级人民法院
刘晓虹　北京市高级人民法院
董　扬　天津市高级人民法院
王　佳　河北省高级人民法院
刘　泳　山西省高级人民法院
杨智勇　内蒙古自治区高级人民法院
周文政　辽宁省高级人民法院
张功岩　吉林省高级人民法院
孙学诗　黑龙江省高级人民法院
牛晨光　上海市高级人民法院
戴鲁霖　江苏省高级人民法院
张晓娟　江苏省高级人民法院
沈　杨　江苏省南通市中级人民法院
周耀明　江苏省无锡市中级人民法院
杨　治　浙江省高级人民法院
蒋　莹　浙江省高级人民法院
吴　婧　安徽省高级人民法院
李相如　福建省高级人民法院
林文君　福建省高级人民法院
章光园　江西省高级人民法院
陈希国　山东省高级人民法院
郭宇凌　河南省高级人民法院
宋森军　湖北省高级人民法院
杨晓彤　湖北省宜昌市中级人民法院
唐　竞　湖南省高级人民法院
文靖之　广东省高级人民法院
邹尚忠　广西壮族自治区高级人民法院
韦丹萍　广西壮族自治区高级人民法院
李周伟　海南省高级人民法院
游中川　重庆市高级人民法院
杜玉兰　四川省高级人民法院
孙　熹　云南省高级人民法院
石　瑾　云南省昆明市中级人民法院
曹华康　贵州省高级人民法院
施辉法　贵州省贵阳市中级人民法院
王丽萍　西藏自治区高级人民法院
杨新斌　陕西省高级人民法院
张文强　甘肃省高级人民法院
汪嘉煜　青海省高级人民法院
谢亚楠　宁夏回族自治区高级人民法院
石　燕　新疆维吾尔自治区高级人民法院
许　芳　新疆维吾尔自治区高级人民法院
王　琼　新疆维吾尔自治区高级人民法院生产建设兵团分院

序

《中华人民共和国民法典》（以下简称《民法典》）的颁布，是新时代中国特色社会主义法治建设的重大标志性成果，对于全面推进依法治国，建设社会主义法治国家，推动国家治理体系和治理能力现代化具有重大意义。为贯彻落实习近平总书记关于切实实施民法典的重要讲话精神，最高人民法院要求“各级人民法院要提高政治站位，充分认识民法典颁布的重大意义，以对党负责、对人民负责、对国家法治负责的态度，认真做好贯彻实施民法典学习、宣传、培训等各项工作，成为贯彻实施民法典的主力军”。最高人民法院周强院长指出，“贯彻实施民法典，要牢牢把握民法典的核心要义，不仅要贯彻条文，更要贯彻立法精神，秉持公正司法”“要通过以案释法、巡回审判等形式，加大民法典宣传力度，努力营造尊法学法守法用法的良好氛围”。

司法案例作为人民法院适用和解释法律的鲜活载体，不仅是立法发展的源泉活水，也是广大法律工作者精准把握法条要义和人民群众理解法条知识点的生动教材。《民法典》共七编，依次是总则编、物权编、合同编、人格权编、婚姻家庭编、继承编、侵权责任编以及附则，共1260条。其中新增和实质性修订条文（以下统称新规则）约31.2%，精准把握民法典新规则的立法精神和条文要义，是当前学习领悟《民法典》新精神、新理念的核心任务，是保障《民法典》精准、统一适用的关键。为帮助读者尽快掌握《民法典》新规则蕴含的新精神、新知识，增强读者体系化理解和运用《民法典》的能力，最高人民法院司法案例研究院在各高级人民法院和部分中级人民法院案例工作部门的大力支持下，在国家法官学院民商事审判教研部等有关部门的配合下，与全国法院案例通讯编辑共同组织一线法官，立足司法实践，围绕《民法典》新规则的理解和法律适用问题，对适用或参照《民法典》新规则及其基本原理裁判并审结的案例进行了研究评判，选取其中适合于解析《民法典》新规则，对于精准理解、统一适用《民法典》具有指导、参考价值的典型案例，由承办法官以《民法典》新规则为基本依据撰写案例分析，从司法实务视角重点解析《民法典》新规则的价值功能、基本法理、适用规则、适用难点、新旧法衔接处理等内容，由最高人民法院司法案例研究院编著《民法典新规则案例适用》一书，为《民法典》的适用提供可操作性指引。

《民法典新规则案例适用》的编写得到最高人民法院审判委员会副部级专职委员、最高人民法院民法典贯彻实施工作领导小组办公室主任刘贵祥大法官的具体指示，要求案例选择应当准确把握民法典要义，符合法律效果、政治效果和社会效果有机统一的要求。据此，对于全国法院选送的总计152篇稿件，最高人民法院司法案例研究院和国家法官学院民商事审判教研部的专家教授共同组成编审组，根据案例的典型性、裁判思路的合规性、案例分析的精准性以及“三个效果”有机统一性进行精心选编，最终选取68篇案例分析。其中总则编10篇，物权编10篇，合同编12篇，人格权编10篇，婚姻家庭编11篇，继承编4篇，侵权责任编11篇。所选案例多数为最高人民法院及相关高级人民法院发布的典型案例，凸显了案例的权威性。

《民法典新规则案例适用》一书采用最高人民法院司法案例研究院与国家法官学院共同编著的《中国法院年度案例》系列丛书的案例体例，保持了简洁明快的风格，追求“好读有用”效果，坚持以下编辑原则：一是高度提炼案例内容，控制案例篇幅，每篇案例控制在8000字左右，基本案情和裁判要旨控制在3000字以内；二是突出与《民法典》新规则相关的争议焦点、审判难点，剔除无效信息，尽可能在有限的篇幅内为读者提供有益的信息；三是注重案例的指导价值，每篇案例的分析内容不少于5000字，通过深度解读条文要义、指明司法适用路径，突出其司法适用的指导价值。同时，本书的体例设计以读者为本，方便检索。首先，本书内容以《民法典》体系为序设有七部分，每部分开篇概括性描述了该分编各条新规则的条文要旨；其次，每部分内容按照所涉新规则条文为序将案例进行编排；最后，每篇案例之首列明所涉新规则的关键词，之后用一句话概括裁判规则、裁判思路或焦点问题作为主标题。此种编排让读者一目了然，迅速定位目标法条和新规案例。

《民法典新规则案例适用》一书旨在帮助读者通过阅读案例学习《民法典》新规则、领悟《民法典》新精神、新理念，既可作为法官、检察官、律师等司法实务工作者的办案参考和司法人员培训推荐教程，也是社会大众学用《民法典》的辅导用书，还是教学科研机构案例研究的精品素材。特别是相关案例所具有的典型性和社会关注度，使其解析更具有示范性，有助于实现《民法典》真正走到群众身边、走到群众心里。

当然，《民法典》内涵丰富，本书难免存在不足或错漏，所述观点和所提建议还有待司法实践的检验和法学理论的探讨，欢迎广大读者批评指正，以便我们不断改进工作。

周强院长指出："要立足审判职能，在实施民法典的过程中及时制定完善司法政策，多做精品判决，多出精品案例，加强司法建议，为创新和繁荣民事司法理论研究提供新素材新经验。"我们将坚持以习近平新时代中国特色社会主义思想为指导，在学习实施《民法典》的进程中，不断以司法案例深入研究《民法典》施行后的新情况、新问题，为切实实施《民法典》贡献力量和智慧，助力实现人民法院案例工作、中国特色社会主义案例研究事业新发展 。

中国法制出版社为本书的出版给予了大力支持，在此谨表谢忱，并希望通过共同努力，不断探索编辑案例书籍、挖掘案例价值的新路径，更好地服务于学习、研究法律的读者，服务于司法审判，服务于全面深化依法治国的伟大实践！

最高人民法院司法案例研究院《民法典新规则案例适用》编委会

2020 年 10 月 10 日

目　录

Contents

一、总则编

三、合同编

四、人格权编

五、婚姻家庭编

六、继承编

七、侵权责任编

一、总则编

【导言】

《民法典》第一编“总则”共10章、204条，规定了民事活动必须遵循的基本原则和一般规则，统领各分编。条文上，《民法典》总则编吸收了现行《民法总则》的结构和内容，根据法典编纂体系化要求对部分条款的文字、语序、标点符号进行调整，将“附则”部分移到《民法典》的最后。制度上，《民法典》总则编既继承了我国《民法通则》《民法总则》等民事基本法的立法经验，同时又与时俱进有所创新。其中，主要新增制度和重大修订内容包括：

第一章“基本规定”：1. 弘扬社会主义核心价值观（第1条）。《民法典》总则编第1条加入了“弘扬社会主义核心价值观”的表述，将“弘扬社会主义核心价值观”作为一项重要的立法目的，体现了坚持依法治国与以德治国相结合的鲜明中国特色。2. “绿色原则”进入民法基本原则范畴（第9条）。《民法典》总则编将“绿色原则”纳入民法基本原则的体系中，体现了鲜明的时代特征，适应了我国进入全面建成小康社会决胜阶段保护环境、维护生态平衡的要求，贯彻了党的十八大以来的新发展理念。3. 规定“习惯”是民法法律渊源（第10条）。

第二章“自然人”规定：1. 加强胎儿利益的保护力度（第16条）。2. 下调限制民事行为能力人年龄标准（第19条、第20条）。3. 完善监护制度，建立“以家庭监护为基础，社会监护为补充，国家监护为兜底”的监护制度体系（第26～39条）。4. 新增宣告死亡中“因意外事件，下落不明满二年”的例外情形（第46条）。

第三章“法人”规定：1. 明确规定法人的清算义务人主体（第70～72条）。2. 加强我国捐助法人和宗教场所法人的管理（第92条）。3. 新创法人分类，独创“特别法人”（第96条）。

第四章“非法人组织”规定：1. 非法人组织的定义及类型（第102条）。2. 非法人组织的设立程序（第 103 条）。3. 非法人组织的债务承担（第 104 条）。4. 非法人组织的代表人（第 104 条）。5. 非法人组织的解散（第 105 条、第 106 条）。

第五章“民事权利”规定：新增对个人信息、数据、网络虚拟财产的保护规定（第 111 条、第 127 条）。

第六章“民事法律行为”规定：1. 扩充了“民事法律行为”的内涵（第 133 条）。2. 变更可撤销的民事法律行为的法律效果，行为人可申请撤销（第 147 条、第 148 条）。3. 新增有关第三人欺诈、第三人胁迫的法律规则（第 149 条、第 150 条）。4. 新增撤销权的行使期限最长 5 年，重大误解的当事人的撤销权行使期限由 1 年减少至 90 日（第 152 条）。

第七章“代理”规定：完善了无权代理行为的法律规则，增加“履行债务”法律后果（第 171 条）。

第八章“民事责任”规定：1. 新增见义勇为免责条款（第 183 条、第 184 条）。2. 新增保护英雄烈士等姓名、肖像、名誉、荣誉权制度（第 185 条）。3. 明确规定请求权竞合规则（第 186 条）。4. 明确规定民事责任优先承担规则（第 187 条）。

第九章“诉讼时效”规定：1. 诉讼时效期间一律延长至 3 年，且起算点新增“义务人”为必要条件（第 188 条）。2. 明确规定 3 种特殊情形的诉讼时效规则（第 189 条、第 190 条、第 191 条）。3. 明确规定诉讼时效的被动性，人民法院不得主动适用（第 193 条）。4. 修改诉讼时效中止的法律效果，自中止时效的原因消除之日起一律重新计算 6 个月（第 194 条）。

本编选取 10 个案例，涵括《民法典》大力弘扬社会主义核心价值观、《民法典》的价值引领与“绿色原则”“公序良俗原则”等基本原则的理解适用，诚实信用原则与合同效力判定、民事法律行为中的意思表示解释、可撤销民事行为的法律效果、监护制度、见义勇为制度等《民法典》总则编新规定的适用解析。

【第 1 条　立法目的，第 185 条　侵害英烈等的姓名、肖像、名誉、荣誉的民事责任】

1

《民法典》弘扬社会主义核心价值观的立法宗旨与当代英烈人格利益的保护

——湖北省随州市人民检察院诉章某侵害烈士名誉权公益诉讼案

【基本信息】

1. 裁判书字号

湖北省随州市中级人民法院（2019）鄂 13 民初 324 号民事判决书

2. 案由：侵害烈士名誉权公益诉讼

3. 当事人

公益诉讼起诉人：湖北省随州市人民检察院

被告：章某

【基本案情】

2019 年 3 月 30 日，四川省凉山州木里县雅砻江镇发生森林火灾。31 日，赵某昆等 27 名森林消防指战员和 3 名地方扑火队员在扑火行动中壮烈牺牲。4 月 2 日，应急管理部、四川省人民政府批准该 30 名同志为烈士。随州市曾都区章某于 2019 年 4 月 2 日下午在微信群公然发表“中国人多，死 30 个人当 ××，死三个亿都没有事”等带有侮辱性的不当言论，诋毁凉山烈士的名誉。章某的不当言论受到群内成员提醒、谴责，引起众多群成员的愤慨，造成恶劣的社会影响。后章某被踢出微信群。4 月 19 日，随州市公安局曾都区分局对章某作出行政拘留 15 日并处罚款

1000 元的行政处罚。6 月 21 日，随州市人民检察院经征求 30 名烈士近亲属意见后，依法向随州市中级人民法院提起公益诉讼，诉请判令章某在媒体上公开赔礼道歉、消除影响。

【案件焦点】

1. 湖北省随州市人民检察院作为公益诉讼起诉人提起本案诉讼主体是否适格；2. 被告章某是否实施了侵害四川凉山烈士名誉权的行为，若侵权行为存在，应承担何种法律责任。

【裁判要旨】

湖北省随州市中级人民法院经审理认为：根据《英雄烈士保护法》第 25 条的规定，对侵害英雄烈士的姓名、肖像、名誉、荣誉的行为，英雄烈士的近亲属可以依法向人民法院提起诉讼。英雄烈士没有近亲属或者近亲属不提起诉讼的，检察机关依法对侵害英雄烈士的姓名、肖像、名誉、荣誉，损害社会公共利益的行为向人民法院提起诉讼。本案中，湖北省随州市人民检察院经过诉前公告程序，并书面征求四川凉山 30 名烈士近亲属的意见，无烈士近亲属提起民事诉讼，故湖北省随州市人民检察院作为公益诉讼起诉人提起本案诉讼，主体适格、程序合法。

赵某昆等 30 名烈士的英雄事迹体现了舍生忘死、赴汤蹈火的大无畏牺牲精神，用实际行动践行了社会主义核心价值观，是激励人民群众在实现中华民族伟大复兴中国梦的过程中奋勇前行的强大力量。全社会都应当认识到对英雄烈士合法权益保护的重要意义，有责任更有义务维护好英雄烈士的名誉和荣誉等民事权益。本案中，被告章某在微信群中发表“中国人多，死 30 个人当 × ×，死三个亿都没有事”等不当言论，侮辱在四川省凉山州木里县火灾中牺牲的 30 名英雄烈士，因该微信群成员较多且易于传播，被告章某的此种行为对四川凉山 30 名英雄烈士不畏艰险、不怕牺牲、无私奉献的精神造成了负面影响，已经超出了言论自由的范畴，构成了对四川凉山 30 名英雄烈士名誉的侵害。网络不是法外之地，任何人不得肆意歪曲、亵渎英雄事迹和精神。诋毁烈士形象是对社会公德的严重挑战，被告章某的行为不仅侵害了 30 名英雄烈士的名誉权，伤害了烈士亲属及社会公众情感，还严重背离社会主义核心价值观，损害了社会公共利益。

综上，湖北省随州市中级人民法院作出如下判决：

被告章某于本判决生效后10日内在《随州日报》、国家级新闻媒体公开赔礼道歉（赔礼道歉内容应先报本院审查）。如被告章某拒不履行，本院将在《随州日报》、国家级新闻媒体公布本判决的主要内容，相关费用由被告章某承担。

【适用解析】

《民法典》第1条，开宗明义规定了我国《民法典》的立法目的："为了保护民事主体的合法权益，调整民事关系，维护社会和经济秩序，适应中国特色社会主义发展要求，弘扬社会主义核心价值观，根据宪法，制定本法。"《民法典》第185条规定："侵害英雄烈士等的姓名、肖像、名誉、荣誉，损害社会公共利益的，应当承担民事责任。"英雄和烈士是一个国家和民族精神的体现，是引领社会风尚的标杆，加强对英烈姓名、名誉、荣誉等的法律保护，也是为了保护社会公共利益，引领社会风尚，对于促进社会尊崇英烈，扬善抑恶，弘扬社会主义核心价值观意义重大。

法律对于所有民事主体（包括已经去世的英雄烈士等）的人格权益的保护标准，应该是相同的，但《民法典》第185条对于英雄烈士等的人格权益进行特别保护具有鲜明的政治意义，体现了《民法典》鲜明的政治导向，也是弘扬社会主义核心价值观的具体体现。

《民法典》将英烈名誉权保护置于总则，较与人格权编的一般性保护，具有更高的法律地位。在侵害英雄烈士的侵权行为中，受到侵害的一方面是英雄烈士的姓名、肖像、名誉、荣誉等人格利益和英雄烈士近亲属的情感利益，另一方面又构成了对社会公共利益的损害。由此可以看出，构成对社会公共利益的损害，是侵害普通死者人格利益的侵权行为与侵害英雄烈士人格利益的侵权行为的最大乃至是唯一的本质不同。因此，侵害英雄烈士人格利益者，往往构成了对社会公共利益的损害。而普通死者由于其"普通"，其人格利益难以融入社会的公共利益之中并成为社会公共利益的重要组成部分，侵害普通死者人格利益的侵权行为，往往只构成对普通死者人格利益及其近亲属情感利益的侵害，与社会公共利益无关。因此，《民法典》创设英雄烈士人格利益保护制度的第185条之所以能够与其他条款同时并列载入第八章"民事责任"之中，真正的原因并不在于保护英雄烈士的人格利益，而是在于保护英雄烈士的人格利益融入的社会公共利益。正是由于保护的法益是社会公共利益这一特殊性，并进而导致侵权行为人应承担的民事责任与侵害私人利益时应承担的民事责任的不同，才使得《民法典》第185条能单独存在。

关于《民法典》第185条中对“英雄烈士”的界定，首先，从立法原意看，英雄烈士应为两类人，“英雄和烈士是一个国家和民族精神的体现，是引领社会风尚的标杆”，故应将“英雄”理解为与“烈士”并列的名词；其次，被《民法典》第185条或我国《英雄烈士保护法》所保护的英雄一定是已经去世的英雄，活着的英雄可依《民法典》第13条的规定当然享有一般自然人的人格权；最后，英雄烈士应当涵盖近代以来所有为国家利益、民族利益和社会利益奉献的英雄，并不局限于党内。经党中央、国务院批准，中华人民共和国民政部公布的《抗日英烈和英雄群体名录》中不仅将中国共产党内英雄烈士列入其中，还包括滕久寿等国民党军官、夏云杰等抗联战士。本案中，27名森林消防指战员和3名地方扑火队员在海拔4000余米的原始森林展开扑火行动中壮烈牺牲，应急管理部批准赵某昆等27名同志为烈士、追记一等功；四川省人民政府评定杨达瓦、邹平、捌斤同志为烈士，上述30名壮烈牺牲的同志均属于《民法典》第185条中规定的英雄烈士的保护范畴。

关于英雄烈士名誉侵权案件的诉讼主体的确定，《民法典》第185条未明确规定此类案件的诉讼主体，但根据《英雄烈士保护法》第25条的规定，“对侵害英雄烈士的姓名、肖像、名誉、荣誉的行为，英雄烈士的近亲属可以依法向人民法院提起诉讼。英雄烈士没有近亲属或者近亲属不提起诉讼的，检察机关依法对侵害英雄烈士的姓名、肖像、名誉、荣誉，损害社会公共利益的行为向人民法院提起诉讼。”按照此规定，仅英雄烈士的近亲属可以对侵害英雄烈士名誉的案件提起诉讼；如果英雄烈士没有近亲属或者其近亲属怠于起诉时，检察机关可以对侵害英雄烈士的名誉、损害社会公共利益的行为提起公益诉讼。本案中，经诉前公告程序，在英雄烈士没有近亲属或者近亲属未起诉后，由人民检察院依法向人民法院提起民事公益诉讼追究侵权人的侵权责任，在最大限度内保护了社会公共利益不受侵害。

关于对侵害英雄烈士名誉行为的界定，英雄烈士的名誉即国家和社会公众基于英雄烈士的功绩和贡献，对英雄烈士所作的客观评价，普通公众禁止歪曲、丑化、诋毁、否定英雄烈士的事迹和精神，不得以侮辱、诽谤或者其他方式侵害英雄烈士的姓名、肖像、名誉、荣誉。《英雄烈士保护法》第22条明确规定：“……英雄烈士的姓名、肖像、名誉、荣誉受法律保护。任何组织和个人不得在公共场所、互联网或者利用广播电视、电影、出版物等，以侮辱、诽谤或者其他方式侵害英雄烈士的姓名、肖像、名誉、荣誉……”本案中，被告在网络上发表不当言论肆意歪曲、侮辱、亵渎英雄烈士事迹和精神，其行为已侵害英雄烈士的名誉、荣誉，损害了社会公共利益，应承担相应的侵权责任。

关于侵害英烈行为的责任承担方式，根据《民法典》第179条的规定，人格利益受损的，实施侵害的行为人应当采取措施停止侵害、消除影响、恢复名誉、赔礼道歉并赔偿损失等。同时《民法典》第1000条规定，“行为人因侵害人格权承担消除影响、恢复名誉、赔礼道歉等民事责任的，应当与行为的具体方式和造成的影响范围相当。行为人拒不承担前款规定的民事责任的，人民法院可以采取在报刊、网络等媒体上发布公告或者公布生效裁判文书等方式执行，产生的费用由行为人负担。”本案中，法院根据被告侵害英烈名誉行为的具体方式和造成的影响，判决其在本地报刊媒体和国家级新闻媒体上公开道歉，若逾期则由法院公布判决书的方式执行（费用由被告承担），符合《民法典》关于侵害英烈行为的责任承担方式的相关规定。

另外根据《民法典》第995条的规定，“人格权受到侵害的，受害人有权依照本法和其他法律的规定请求行为人承担民事责任。受害人的停止侵害、排除妨碍、消除危险、消除影响、恢复名誉、赔礼道歉请求权，不适用诉讼时效的规定。”对于公益诉讼起诉人要求被告赔礼道歉、消除影响的诉讼请求不适用诉讼时效的规定，也就是说，对英雄烈士名誉的保护并没有时间的限制。

本案的审理向全社会宣示，任何组织和个人不得以任何方式歪曲、丑化、亵渎、否定英雄烈士事迹和精神，否则将受到法律的制裁。人民法院通过本案的判决向全社会传递了一种崇尚、学习、捍卫英雄烈士事迹和精神的正确价值导向，让全社会都能认识到保护英雄烈士合法权益的重要意义，进一步推动全社会维护好英雄烈士的名誉，引导人民群众做社会主义核心价值观的宣传者、践行者！

编写人：湖北省随州市中级人民法院　孙峻

【第 1 条 立法目的】

2

《民法典》的价值引领与微信集赞行为的效力认定

——蔡某勤诉某企业管理咨询有限公司悬赏广告案

【基本信息】

1. 裁判书字号

安徽省宣城市中级人民法院（2020）皖 18 民终 307 号民事判决书

2. 案由：悬赏广告纠纷

3. 当事人

原告（上诉人）：蔡某勤

被告（被上诉人）：某企业管理咨询有限公司（以下简称某公司）

【基本案情】

2019 年 9 月 27 日，某公司在名称为“中梁翡翠天樾”的微信公众号中发布一则题为“拼人气赢 iPhone11　谁是宁国点赞王”有奖集赞活动的广告，活动时间为 2019 年 9 月 27 日至 2019 年 10 月 7 日，活动规则为微信用户转发上文至朋友圈集赞，集赞满 288 个获电烤箱一台，集赞满 588 个获金砖一块，截至 2019 年 10 月 7 日 10：58 分集赞最多者获得 iPhone11 手机一部。2019 年 9 月 28 日，蔡某勤通过朋友圈获知此广告信息并于当日转发图文开始集赞。当时蔡某勤朋友圈好友人数已接近 5000 个，为突破 5000 的上限，其便反复采用删除部分已点赞好友，再重新添加好友，待新人点赞之后又马上删除的操作方式使集赞数超过了 5000。2019 年 10 月 7 日，蔡某勤携手机前往宁国市“中梁翡翠天樾”领奖处参评，经现场统计截至活动最后时分即 10：58 分，其集赞 5397 个，位居第一名。某公司随后对集赞数居前三位的参与者手机进行现场验证，发现蔡某勤微信好友中有数个含有点赞软件的联系群，认为蔡某勤涉嫌虚假点赞，便取消其第一名领奖资格。第二名参与者被发现有类似情况后其主动放弃了领奖资格。最终某公司将iPhone11手机奖给了经验证手机无异常情形的第三名参与者。

另查明，在案涉活动结束时点赞第一名即蔡某勤的手机中发现多个点赞群，第二名的手机中也有点赞群，第三名即实际获奖者手机中未发现点赞群。在蔡某勤转发案涉广告的微信评论区有人评论蔡某勤之前为“软件号”，蔡某勤本人在评论区表述“告知软件朋友，因为朋友圈里的头像现在没有时间备注，所以分不清谁帮忙点了谁没有点，所以我一起群发，如果有意见私聊或者呼我，不要评论，重要告知，活动结束后一个一个地备注帮忙点赞的朋友，赞现在差很多很多，急需帮忙，谢谢”。点赞第三名即实际获奖者转发该广告的微信评论区均正常，某公司在评奖时要求抽查核实蔡某勤微信点赞人的真实性，但蔡某勤拒绝配合核查，点赞第二多的参与者被发现有类似情况后，其主动放弃了领奖资格，点赞第三多的参与者即实际获奖者配合某公司完成了点赞人真实性的验证。

【案件焦点】

1. 原告是否存在虚假点赞；2. 原告集赞的行为是否违背社会主义核心价值观；3. 被告的行为是否存在过错。

【裁判要旨】

当今社会的发展离不开契约精神，契约精神渗透于生活之中。行使契约的过程中，充分尊重当事人的意思自治，在不违反法律规定和社会公序良俗的条件下订立合同。广告人与完成指定行为的行为人须遵守诚实信用原则，当行为人将结果交付给广告人，广告人应根据悬赏广告的内容支付相应的报酬。行为人不可用不符合悬赏广告中所指定的行为骗取报酬。广告人在对指定行为进行检验后符合悬赏广告的内容，应积极信守承诺按照之前刊登的悬赏广告中所作出的承诺支付报酬。在悬赏广告中履行了相应的点赞义务且集赞数最多，但其集赞动机与方式偏离了社会主义核心价值观，不利于社会主义精神文明建设。对此，法律应予以约束，不能使该行为形成一种不良风气甚至演变成一种不良职业。

【适用解析】

本案是承办法官在认真体会民法总则的立法目的、立法精神的基础上运用法律原则进行裁判的一种思考与尝试。

庭审中，本案争议的焦点在于原告是否存在虚假点赞？若单就证据上看，本案被告并不能证明原告采取了虚假点赞即利用点赞软件的方式赢得集赞数第一的名次，依据证据规则，原告的诉讼请求应当得到法律的支持。然承办法官敏感地注意到如果蔡某勤的诉求得到法律的支持，无论是对社会主义物质文明建设还是精神文明建设都会有不利的影响，尤其不利于社会主义核心价值观的弘扬。

《民法典》在第一章民法总则中确立的平等原则、自愿原则、公平原则、诚信原则、守法原则、绿色原则，是社会主义核心价值观在民法中的具体体现，也是人民法院处理民事纠纷的基本价值遵循。《民法典》第 1 条规定“为了保护民事主体的合法权益，调整民事关系，维护社会和经济秩序，适应中国特色社会主义发展要求，弘扬社会主义核心价值观，根据宪法，制定本法”，将“弘扬社会主义核心价值观”作为立法目的，明确规定公序良俗作为基本原则。要遵循法律精神和原则，充分发挥司法政策、司法解释、指导性案例、个案审理和裁判对彰显法治精神、强化规则意识、引领社会风尚、维护公共秩序的重要作用，维护法律的严肃性，体现正确价值导向，使符合社会主义核心价值观的行为受到鼓励、褒奖，使背离社会主义核心价值观的现象受到制约、制裁，形成有利于弘扬主流价值观念的法律导向、社会环境。

第一，以德为魂，绿色原则。《民法典》第一章民法总则，规定的是民法典最为基本的内容，是民法的灵魂和骨架。其中《民法典》第 1 条是关于立法宗旨、立法依据的规定，阐明了民法总则保护权益、调整关系、维护秩序、适应发展、弘扬价值的立法宗旨，强调了以宪法为立法依据。特别是将社会主义核心价值观写入，这是中国民法的最大亮点。它标志着我国立法“以德入法”“以德为先”“以德为魂”的理念体现在民法之中，为我国依法治国指明了方向。本章还根据我国社会主义市场经济发展，特别是“五位一体”，即经济建设、政治建设、文化建设、社会建设、生态文明建设的需要，更加强调民事主体活动的平等、自愿、公平、诚信原则。总则这次删去了“等价有偿”原则，不讲经济交往，不讲等价有偿，而是根据“五位一体”建设，特别是道德建设的需要，鼓励民事主体承担更多的社会责任，共建和谐社会。

本案中从原告的集赞动机看，其行为具有强烈的营利目的，不仅偏离了涉案悬赏广告应具有的娱乐性和宣传性，更是偏离了社会主义道德建设的方向。社会主义道德具有利他性，其基本规范包括爱国守法、明礼诚信、团结友爱、勤俭自强、敬业奉献。原告庭审中称，2019 年 9 月 28 日至 10 月 7 日期间，其为成为“集赞王”日夜努力拼命集赞以致视力模糊并伴有轻度散光。原告蔡某勤正值壮年，在近 10 天的宝贵时间里，其应将旺盛的精力用于社会物质财富与精神财富的创造，哪怕是用于休息放松亦于社会有益，而其却如此专注于朋友圈拉赞竟置身心健康于不顾，其行为既不自利亦不利他，有悖于社会主义道德基本规范，有碍于社会和谐健康发展。法律应当对类似行为加以约束，将人们的精力引导至社会主义现代化建设上来，这也是民法总则中绿色原则内涵的延伸。

《民法典》第 9 条规定：“民事主体从事民事活动，应当有利于节约资源、保护生态环境。”本条是关于绿色原则的规定。人类社会正在经历由工业文明向生态文明、由资源经济向知识经济、由非持续发展向可持续发展的“三重转变”，民法典作为市场经济条件下资源配置的基本规则和公民权利宣言，其基本理念以及资源归属、权利配置的制度安排和实施都将直接对环境资源产生重大影响。绿色原则的提出，是民法典回应环境问题挑战的一个鲜明标志，也是中国制定面向生态文明新世纪的民法典的应有态度。

诚然，民法典的绿色原则只是就自然环境资源保护而言，但笔者认为人的精力同样是一种资源而且是一种非常重要的资源，它同自然资源一样也是有限的，需要用心呵护，不能随意浪费，在新时代下尤其需要集中每个公民的精力办大事。反观当今社会，有很多人将宝贵的精力浪费在诸如网络游戏、刷朋友圈等无谓的活动中，甚至已然蔓延成一种网络疾病，该社会现象应当引起法律足够的重视。本案审理过程中，承办法官曾多次劝说原告不要为此案牵扯过多的精力，毕竟这只是一场游戏而已，应该专注于自己正常的事业，然蔡某勤执意要将诉讼进行到底，不惜在其与相距数百公里的被告所在地和受诉法院之间往返多次进行兑奖、一审、二审，甚至在终审之后又去更远的高院申诉，其成本远远大于其诉求的一部手机。笔者认为，原告的执着除其个人的心理因素，更多的还是其背后的利益。从法庭调查得知，原告手机含有多个点赞软件，这说明有相当一部分网民不仅是以点赞为乐，甚至以点赞为业，此种现象若不加控制，会滋生系列社会问题，法律应予以约束，不能任其发展成为法外之地。

第二，诚实信用，公序良俗。诚实信用原则是民法的基本原则，要求人们从事民事活动应当秉持诚实，恪守承诺，善意行使权利和履行义务。诚实信用原则，按通说即是怀有善意、诚实、公开、忠诚，没有欺骗或欺诈，具有真实、实际，没有假装或伪装的。诚实信用原则，包含两方面内容，一是对待他人诚信不欺，二是对自己的承诺要信守不怠。诚实信用原则在民法中地位突出，“诚信原则之作用力，世罕其匹，为一般条项之首位”，因此，该原则被称为民法特别是债法的最高指导原则，甚至被称为“帝王原则”。

我国历来强调诚信原则在社会治理中的作用。孔子说过，“人而无信，不知其可也。大车无輗，小车无軏，其何以行之哉?”仁义礼智信，是中国传统的道德律。新中国民法关于诚信原则的规定，首见于《民法通则》，其第 4 条规定民事活动应当遵循诚实信用原则。《合同法》第 6 条规定，当事人行使权利、履行义务应当遵循诚实信用原则。此后相关民事立法大多明确规定了诚实信用原则。诚实信用原则作为民法特别是交易法中的基本原则地位已经确立下来。2012 年《民事诉讼法》修改，在其第 13 条增加规定，民事诉讼应当遵循诚实信用原则。诚实信用原则发展到民事诉讼法领域，成为民事法律的通用原则。

公序良俗原则包括公共秩序（社会公共秩序和生活秩序）和善良风俗（社会公共道德，由全体社会成员所普遍认可、遵循的道德准则）。在《民法总则》之前，我国的法律并未明确采用公序良俗的概念，而是在《民法通则》第 7 条规定，“民事活动应当尊重社会公德，不得损害社会公共利益，扰乱社会经济秩序”。《合同法》第 7 条进一步具体规定，“当事人订立、履行合同，应当遵守法律、行政法规，尊重社会公德，不得扰乱社会经济秩序，损害社会公共利益”。不少学者认为，所谓社会公共利益和社会公共道德，就相当于国外民法中的公序良俗的概念。公序良俗原则的功能主要包括对于习惯的调控、判断法律行为的法律效力。采纳公序良俗原则的意义在于，对私法自治进行必要限制、弘扬社会公共道德，建立稳定的社会秩序，协调个人利益与社会公共利益和弥补强行法的不足。公序良俗原则和诚实信用原则两者有着密切的联系，都要求遵守社会主义法律和道德规范。区别在于，在适用范围上，诚实信用原则主要适用于财产关系，特别是商品交换关系，强调在交易活动中恪守信用、讲究诚实。而公序良俗原则主要适用于民事法律行为领域，同时也普遍适用于各种民事关系。在原则内容上，公序良俗原则比诚实信用原则更加具体、明确，而诚信原则更具有弹性，给予法官更大的自由裁判权。

本案中，蔡某勤的行为是否违反诚信原则和公序良俗，是需要审慎思考的问题。从原告的集赞方式看，其行为有违朋友之间应有的诚信、友善原则，也有损网络世界的公序良俗。重义轻利是中华民族的传统美德，也是社会主义社会大力提倡的处世原则。而原告仅仅为获得一部手机的奖品便将微信好友随意增删系一种对朋友极不尊重的行为，属典型的重利轻义，该行为不仅应受道德谴责，法律亦应予以制裁。通常情况下，目前微信朋友圈设置5000个好友的上限，足以满足一个人毕生的交往需求，该设限同时还是一种对社会正常秩序的维护和个人精力的保护，而原告在集赞活动中设法突破此限制，扰乱了网络秩序，这也是在网络时代下对公序良俗原则的破坏，为法律所不允。

总之，《民法典》确立的平等原则、自愿原则、公平原则、诚信原则、守法原则、绿色原则，是社会主义核心价值观在民法中的具体体现，也是人民法院处理民事纠纷的基本价值遵循。理解适用《民法典》，要遵循法律精神和原则，充分发挥司法政策、司法解释、指导性案例、个案审理和裁判对彰显法治精神、强化规则意识、引领社会风尚、维护公共秩序的重要作用，维护法律的严肃性，体现正确价值导向，使符合社会主义核心价值观的行为受到鼓励、褒奖，使背离社会主义核心价值观的现象受到制约、制裁，形成有利于弘扬主流价值观念的法律导向、社会环境。

编写人：安徽省宁国市人民法院　陈胜

【第9条　绿色原则】

3

《民法典》绿色原则对“大棚房”合同纠纷中隐藏行为的适用

——高某诉某农业有限公司农村土地承包合同案

【基本信息】

1. 裁判书字号

北京市昌平区人民法院（2020）京0114民初3422号民事判决书

2. 案由：农村土地承包合同纠纷

3. 当事人

原告：高某

被告：某农业有限公司（以下简称某公司）

【基本案情】

高某系北京市某城区居民。2009年，某公司从北京市昌平区某镇某村承包集体土地346亩后，将土地划分为A～F 6个区域的100余个种植单元后分别编号，每个种植单元包括阳光房大棚、棚外土地以及独立的铁栏围挡，不同区域之间的道路是硬化路面，并通水通电。随后，某公司印制宣传彩页和图片进行发放，宣传彩页标明六合成生态农场、六合成乡村生态酒店，功能包括餐厅、停车场、采摘接待、垂钓园、游乐园、拓展中心等，宣传照片显示样板间为阳光房造型。高某到现场查看咨询时，某公司接待处称，承包种植单元后可将大棚进行装修改造，建设各式阳光房、木屋等房屋，公司提供有偿物业服务。2010年4月11日，双方签订了《“六合成观光园”阳光温室承包合同》，约定发展集农业生产和生态休闲观光于一体的现代化自家种植式的生态农业庄园——日光温室，让京城市民享受乡村田园生活，高某承包观光园内的2个种植单元（各占地面积400平方米）及棚外面积（各占地面积1050平方米），承包期限30年，自2010年4月11日至2040年4月10日，交工日期为2010年4月18日，承包费30万元，一次性付清。公司负责建立农业大棚种植示范园区，引进以蔬菜、植物为主的高新产品和技术，保证水、电接入日光温室及正常使用。高某自主决定种植项目，不得进行任何违反法律法规的活动，如有违反，造成的损失自行负担，不得提出赔偿。合同签订当日，高某向公司交付30万元后接收种植单元。2015年9月，高某花费8万元将大棚翻建为阳光房，房内置办家具家电，房外种植树木蔬菜，周末居住。2018年6月15日，因园区内建设项目未取得规划、用地等行政许可手续，种植单元被依法拆除。高某向某公司要求赔偿，公司认为，双方之间的合同载明是利用农业大棚进行种植，其并未承诺承包人建设阳光房等违规建筑，也未准许肆意装修，目前出现的改变用途的状况与公司无关。承包合同是双方的真实意思表示，且不违反法律法规的强制性规定，应属合法有效，高某应自行承担全部损失。高某则认为，公司当初虚假宣传的可建设项目因涉嫌违法根本无法建设，该合同违反了相关土地管理方面法律的强制性规定，改变土地性质进行建房用于商业经营，应为无效合同。故请求法院判令确认合同无效，公司返还高某款项30万元并赔偿大棚建设费8万元。

【案件焦点】

1. “大棚房”合同效力如何认定；2. 合同一方要求退还《承包合同》款项及赔偿“大棚房”建设费用的诉讼请求应否支持。

【裁判要旨】

北京市昌平区人民法院经审理认为：行为人与相对人以虚假的意思表示实施的民事法律行为无效。以虚假的意思表示隐藏的民事法律行为的效力，依照相关法律规定处理。本案中，原被告双方签订的《承包合同》中虽然书面约定为农业种植用途，但被告发放的彩页和图片中宣传为生活居住用途，提供给原告的大棚外修建有围墙、加装有铁门和围挡，大棚内外路面进行了硬化，而原告承租大棚后将其用于生活休闲，被告对此也予以许可。故双方以农业种植承包为目的签订的土地承包合同系伪装行为，当然无效。而双方合意将承包土地用于非农业休闲居住的行为系隐藏行为，该行为将涉案的农业土地用于非农建设，未按照土地利用总体规划确定的用途使用土地，破坏了耕地资源，损害了生态环境，违反了《土地承包法》第 18 条和《土地管理法》第 4 条的强制性规定，亦属无效。

合同无效或者被撤销后，因该合同取得的财产，应当予以返还；不能返还或者没有必要返还的，应当折价补偿。有过错的一方应当赔偿对方因此所受到的损失，双方都有过错的，应当各自承担相应的责任。本案中，双方对于合同无效均存在过错，均应对损失承担相应责任。现原告所承包的大棚已经被拆除，无法再继续使用，被告应当将原告未占用大棚期间的承包费退还，故本院对该诉讼请求予以支持。同时，原告应当按现状返还被告承租的种植单元。对于原告主张的大棚建设费用，系其违反土地规划用途使用土地而造成的损失，应当自行负担，本院不予支持。最终判决：确认合同无效，公司返还高某款项 247470 元、高某按现状返还公司种植单元及棚外土地。

宣判后，双方均未上诉，判决书已经生效。

【适用解析】

我们要建设的国家，应当是山清水秀、空气清新、蓝天白云、绿树成荫的美丽国家。我们要建设的小康社会，应当是环境友好、人与自然充分和谐的社会。为了保护好环境生态，给子孙后代留下可持续发展的空间，必须要遵守民法的绿色原则，有效利用资源、保护好环境生态。近三年，党中央、国务院曾多次部署统一清理整治“大棚房”，维护农地使用用途不被改变，本案正是其中的典型案例。下文将从《民法典》中新增的“绿色原则”对“大棚房”合同纠纷的审理指导角度进行分析。

一、绿色原则的含义和基本价值

1. 含义

“绿色原则”又称生态文明原则或生态环境保护原则，是指民事法律行为应当有效率地利用资源以及保护环境和生态。绿色原则是此次《民法典》新增的基本原则，具体内容规定于总则编第 9 条，“民事主体从事民事活动，应当有利于节约资源、保护生态环境”。

2. 基本价值

“绿色原则”被公认为当代民法最为重大的价值发展之一，我国《民法典》也因此发展成为更具多元价值的社会化民法典。它是回应资源紧缺和环境破坏这一时代难题的重要立法举措，也是对传统民法基本原则体系的重要创新。具体来说，首先，“绿色原则”是习近平总书记“绿水青山就是金山银山”的生态文明思想在我国法律中的全面贯彻，与我国人口大国、资源浪费严重、生态环境污染严重，需要长期妥善处理不断增长的人口与资源生态的矛盾的国情相适应；其次，“绿色原则”贯彻了宪法关于保护环境资源的要求，将环境资源保护上升至民法基本原则的地位，承担起引导资源合理和有效利用的功能，将全面开启环境资源保护的民法通道；最后，《民法典》中有 18 条规定直接与生态环境保护有关，分布于用益物权、合同履行、侵权责任等不同章节中。《民法典》中无论绿色原则的创制，还是绿色条款的体系化设计，都是世界首创的中国方案，具有引领全球治理体系的重大意义。

3. 绿色原则对农用地保护的价值

在我国现有国情体制下，农用地是农民最基本的生产资料，是农民赖以生存的命脉。因此，确保农用地的农业用途，节约和保护农用地资源，这是我国的基本国情决定的，是不容动摇的。绿色原则对农用地保护的价值主要体现在以下两个方面。第一，严格保护和节约使用农用地资源是绿色原则基本价值的体现。众所周知，我国是一个人口众多的农业大国，但是人均农用地数量少，农用地的后备资源严重不足。中国城镇建设用地人均面积过多、增速过快，土地城镇化快于人口城镇化是以上问题产生的重要原因，该问题也被列入《国家新型城镇化规划（2014 年—2020 年）》中亟待解决的重点问题之一。另有学者认为，虽然我国农业环境问题的产生有其特殊性，但立法缺乏对农村土地生态环境价值的全面认识和有效规制是其制度根源。正基于此，“绿色原则”的创制回应着时代对于立法的需求和呼唤。同时，《民法典》物权编亦明确规定，“国家对耕地实行特殊保护，严格限制农用地转为建设用地”。第二，农村土地流转是实现农村土地承包经营权的重要方式之一。现阶段，土地流转中出现的一个重要问题就是，农地非农化、过度非粮化，导致农村土地环境资源破坏。一些地方违规流转耕地甚至是永久性基本农田、以建设农业生态园、生态观光园为幌子进行非农设施开发；一些地方全占、破坏耕地，损毁农田基础设施、建设别墅群和“大棚房”。农村土地流转中的生态环境问题，是民事主体过度追求经济利益的后果，是市场失灵的表现。我国民法重视市场机制的作用，围绕农用地产权的流转与保护建立了比较完备的债权、侵权制度，来保护农用地资源的经济价值，但是忽视了其生态价值，这是导致农村土地流转中生态环境问题的制度诱因。在农村土地流转中贯彻绿色原则，要求民事主体在追求经济利益的同时，兼顾对土地资源生态价值的保护，实现民事权益与生态权益相平衡。农村土地流转中贯彻绿色原则，就要将生态安全作为平衡农村土地经济价值与生态价值的“利器”，明确农村土地非农化、过度非粮化、环境污染、生态退化等严重影响农村土地生态安全的交易行为无效。

二、“绿色原则”对“大棚房”合同纠纷中隐藏行为的适用

人民法院在审理合同纠纷案件过程中，要依职权审查合同是否存在无效的情形。在包括“大棚房”合同纠纷在内的农用地流转合同纠纷中，通谋的虚伪表示最为常见，此时应当在绿色原则的指导下，结合《民法典》《土地承包法》《土地管理法》的具体规定审慎认定合同效力。

1. 大棚和大棚房

大棚本身是一种常见的、合法的用于农业生产经营的农业设施。而与之不同，“大棚房”是指一些工商企业、个人及组织借建农业设施或农业园区之名，未经农业主管部门或国土规划部门审批或违反审批规定，占用耕地甚至永久基本农田，违法违规建设的“私家庄园”等非农设施。

2. 何为通谋的虚伪表示

王泽鉴教授认为，通谋的虚伪表示，是指表意人与相对人通谋而为虚伪的意思表示。在《民法总则》施行以前，《合同法》第52条第3项规定以合法形式掩盖非法目的的合同无效。《民法典》修订后，对此条规定作了改变和延伸，在第146条中规定了“通谋的虚伪表示”，即“行为人与相对人以虚假的意思表示实施的民事法律行为无效。以虚假的意思表示隐藏的民事法律行为的效力，依照有关法律规定处理”。所谓“虚假的意思表示”，是指行为人与相对人都知道自己所表示的意思并非真意，却通谋作出了与真意不一致的意思表示。而“隐藏的民事法律行为”，是指被虚假的意思表示所掩盖的、按照当事人真实意思表示而实施的民事法律行为。

此时，“虚假的意思表示”在结构上体现为表里两层行为，表面行为是做出的伪装行为，而隐藏在表面行为之下的里层行为才体现着双方的真实意思表示。民法法理认为，只有当行为人的表示行为真实反映其内心意愿的时候，让其受自己意思表示的约束才具有正当性。故对于表层行为，依据《民法典》第 143 条之规定，民事法律行为有效的前提是行为人的意思表示真实，而“虚假的意思表示”中双方均不希望此行为真正发生法律上的效力，这个民事法律行为本身欠缺效果意思要件，背离了意思自治的基本原则，自然无效。对于隐藏行为，却并不当然无效，需要对其按照民事法律行为效力的法律规定处理。此时，对于隐藏行为法律效力的判断，与未被隐藏的民事法律行为效力的判断，并无二致。

3. 绿色原则对于认定隐藏行为效力的适用

在发包方与承包方签订的农村土地承包合同中，若合同直接约定改变土地使用用途，比如将涉案大棚用于餐饮住宿、游乐拓展等非农用途，此时应直接认定合同无效，此为最简单的一种情形。若合同中未约定改变土地使用用途，但因双方在合同中约定的内容并不一定代表着双方的真实意思表示，此时不可直接认为合同有效，需要结合证据探究双方签订合同的本意所在。

在国家逐步加大整治违法建设的情形下，发包方从规避法律的角度出发，多注意避免在合同内容中直接约定改变土地使用用途，而约定为“农业生产、自家种植、建立农业大棚种植示范园区、成立种植专业合作社、培育引进以蔬菜植物为主的高新产品和技术”等内容，或“打擦边球”约定为“建设集农业生产与生态休闲于一体的种植庄园”。此时又分为两种情况，一种情况下，发包方为达到招揽承包人的目的，会将园区内的“大棚房”建设完成用于出租，此时园区内已经完成了违法建设，发包方改变土地使用用途的性质和目的明显，而承包方对此现状予以满意和接受，结果昭然。另一种情况下，基于发包方缺乏资金进行统一建设或给承包方自由选择建房方案的考虑，发包方并未将园区建设完成。此时，发包方会印制宣传彩页和宣传图片，在郊区旅游要道的路口进行发放，或者由专业中介机构进行设计、发放和营销。该类宣传彩页和图片中往往印制园区整体规划图（包含地理位置、餐厅住宿垂钓竞技等公共休闲服务区、硬化后的路面、区域划分），阳光房造型户型方案、样板间照片，并在口头营销中允诺可以进行建设装修。在此种情形下，承包方理应知道发包方发包土地及出租大棚的目的所在，若其认可此种宣传并达成合意签订合同，则也可以认定双方在订立合同时存在改变土地用途的合意。而且，在接收大棚后，承包方会进行建设和装修行为，此种行为也符合其订立合同的本意。具体到本案中，双方的表面行为系进行农业种植，因意思表示不真实而无效；隐藏行为系改变土地使用用途进行非农建设，该行为违反了绿色原则关于保护耕地资源和保护环境的基本要求，应当依法确认双方签订的土地承包合同（或名大棚房出租合同、农业观光园承包合同等）无效。反之，在合同约定为农业用途、发包方将符合行政规章规定的大棚发包，且发包方不存在“改变土地用途”方面的宣传三个条件均满足时，应当认定为合同有效。即使在后期的履行过程中，承包方自行改变了土地用途用于建造大棚房，也不应认定为合同无效。在此种情况下，《民法典》第562条规定了合同的“约定解除权”，即“当事人可以约定一方解除合同的事由。解除合同的事由发生时，解除权人可以解除合同”。第563条第4项规定了合同的“法定解除权”，即“有下列情形之一的，当事人可以解除合同：……（四）当事人一方迟延履行债务或者有其他违约行为致使不能实现合同目的”。若合同中约定了不得改变土地用途等类似内容，当事人可以行使约定解除权；若合同中未约定以上内容，当事人可以以上述条款为依据行使法定解除权，来实现解除合同的目的。

编写人：北京市昌平区人民法院　杨杰

【第153条　违反强制性规定及违背公序良俗的民事法律行为的效力】

4

公序良俗原则在“暗刷流量”合同效力认定中的适用

——常某某诉许某网络服务合同案

【基本信息】

1. 裁判书字号

北京互联网法院（2019）京0491民初2547号民事判决书

2. 案由：网络服务合同纠纷

3. 当事人

原告：常某某

被告：许某

第三人：马某某

【基本案情】

双方于2017年9月15日就“暗刷需求”达成一致：代码：http：//mac. iguzi. cn/az_ gz6. js；结算方式：周结；单价：0. 9元/千次UV；按被告指定的第三方后台CNZZ统计数据结算。根据被告指定的第三方CNZZ后台数据：10月9日至10月23日期间，流量投放统计为27948476UV，结算金额应为30743元。原告催促被告结算付款，被告于10月23日微信回复称今天能结。11月3日，被告意图单方面变更双方商定的以“第三方后台CNZZ数据为结算”依据，而强行要求以其甲方提供的数据为结算依据，只同意付款16293元。原告请求法院依法裁决，判令被告许某支付服务费30743元及利息。

被告辩称，第一，原告起诉案由与事实不符，原告与被告之间实质为居间服务关系，被告并非本案适格被告，无任何法定或约定义务向原告支付服务费。第二，原告提供的“网络暗刷服务”本身违反法律禁止性规定，此类服务提供方无权要求支付对价，依托此类服务所成就的服务协议因违反法律禁止性规定而应认定为无效。

第三人未到庭参加诉讼。

北京互联网法院经公开审理查明：虽许某曾提及需求来源于其朋友，但许某和常某某均认可许某并未将朋友明确身份等向常某某披露过，事实为，许某直接参与磋商，并以自己的名义和常某某缔结合同。

原被告双方达成如下合意：“王鹏”为许某提供“暗刷流量资源”，要求是来源为iOS手机移动端的流量，结算方式为周结，单价0. 9元/千次UV，履行时间为自2017年9月15日开始，3～4个月的合作周期。双方确认通过第三方统计平台CNZZ对“暗刷”的流量进行统计并区分媒体来源。

双方订立的服务合同分为三个履行阶段，前两个阶段的履行和给付都顺利完成，对第三阶段 10 月 9 日至 23 日的流量质量和投放统计标准产生争议。CNZZ 后台统计数据显示“暗刷流量”为 27948476UV，按单价 1.1 元/千次 UV 计算，总金额应为 30743 元。“王鹏”坚持以 CNZZ 统计数据为结算标准，许某则主张对方提供的“暗刷流量”中大约有 40% 的数据掺假，应以其甲方确认的数据结算，仅同意支付经甲方认可的“真实流量”部分，对应价款为 16293 元。

【案件焦点】

1. 涉案合同是否有效，是否存在损害社会公共利益和违背公序良俗的情形；2. 如果合同无效，相应的法律后果和责任如何承担。

【裁判要旨】

第一，就涉案合同是否有效问题。北京互联网法院经审查认为，涉案“暗刷流量”行为不属于真实的、基于用户对网络产品的喜好而自愿产生的点击行为，属于欺诈性点击。

原被告双方“暗刷流量”的行为，一方面，使得同业竞争者的诚实劳动价值被减损，破坏正当的市场竞争秩序，侵害了不特定市场竞争者的利益；另一方面，会欺骗、误导网络用户选择与其预期不相符的网络产品，长此以往，会造成网络市场“劣币驱逐良币”的不良后果，最终减损广大网络用户的福祉，属于侵害广大不特定网络用户利益的行为。上述不特定主体的利益均为社会公共利益的体现，因此，本案原被告之间“暗刷流量”的交易最终损害了社会公共利益。

同时，双方当事人在进行具有明显欺诈性质的“暗刷流量”的磋商交易时，均表示不关注或不必要知晓流量对应的被访问网站或产品，仅关注与己相关的利益获取，双方的交易行为置市场公平竞争环境和网络用户利益于不顾，谋取不当利益，违反商业道德底线，违背公序良俗。根据《合同法》第 52 条第 4 项和《民法总则》第 153 条第 2 款的规定，双方订立合同进行“暗刷流量”交易，损害社会公共利益、违背公序良俗，应属无效。

第二，就合同无效后相应的法律后果和责任承担问题。合同无效的后果为自始无效，双方当事人不得基于合意行为获得其所期待的合同利益。本案中，原被告双方为了追求一起“喝肉汤”的不当利益，大量制造虚假流量，损害社会公共利益，过错程度较高。

为倡导诚实信用的法律精神，发挥司法裁判价值导向和社会指引的功能，同时，考虑本案呈现的技术复杂性、“暗刷流量”行为的隐蔽性，以及由此产生的对社会公共利益的严重损害，需通过个案的处理表明司法对此类行为的否定态度。有鉴于此，本院特援引《民法通则》第61条第2款和《合同法》第59条的规定，发挥法律保留的司法权收缴不当获利、平抑被损害社会公共利益的功能，另行制作决定书，对原被告双方在合同履行过程中的获利，予以收缴。

北京互联网法院依照《民法总则》第153条第2款、第157条，《民法通则》第61条第2款，《合同法》第52条第4项、第59条、第424条，《民事诉讼法》第56条第2款，《最高人民法院关于适用〈中华人民共和国民事诉讼法〉的解释》第240条之规定，判决如下：

驳回原告常某某的诉讼请求。

【适用解析】

一、本案中认定“暗刷流量”合同无效的裁判思路

此案是全国首例涉及“暗刷流量”交易的案件，揭示了互联网经济语境下的流量属性和“暗刷流量”行为的社会危害性，明确了法院对网络乱象坚决说“不”的司法态度。具体来说，此案在适用法律方面作出了如下考虑：

首先，在事实层面，认定涉案“暗刷流量”交易具有严重社会危害性。本案通过对产业的调研得出，虚假流量对互联网产业、市场经济、社会福利获得有着严重的危害性。判决评述道，“真实的流量可激发产业创新、鼓励诚实劳动、增强投资信心、繁荣网络市场、惠及网络用户。而虚假的流量会阻碍创新价值的实现，降低诚实劳动者的信心，扭曲决策过程，干扰投资者对网络产品价值及市场前景的判断，影响网络用户的真实选择，扰乱公平有序的网络营商环境”。

此后，在法律适用层面，合议庭考虑到涉案交易严重的社会危害性，拟认定此类“暗刷流量”交易无效。在具体适用哪条法律确认合同无效的问题上，合议庭进行了反复斟酌和慎重考虑。此案审理正值《合同法》和《民法总则》新旧交替的过程中，两部法律均在生效期间。涉案合同可考虑适用《合同法》第52条第4项、第5项的规定，损害社会公共利益，违反法律、行政法规的强制性规定的合同无效。同时，也可以考虑适用《民法总则》第153条的规定，违反法律、行政法规的强制性规定的民事法律行为无效，但是该强制性规定不导致该民事法律行为无效的除外，以及违背公序良俗的民事法律行为无效。

上述两条法律具有一定的同质性。主要分为两方面的内容，一是适法性的规定，即违反法律、行政法规的强制性规定；二是社会妥当性的规定，即损害社会公共利益、违背公序良俗。需先确定是否存在“违反法律、行政法规的强制性规定”的情形。合议庭对相关法规进行了检索，《反不正当竞争法》第 8 条第 2 款规定，“经营者不得通过组织虚假交易等方式，帮助其他经营者进行虚假或者引人误解的商业宣传”。然而，一方面，考虑到本案事实发生在 2017 年 9 月至 10 月，而上述涉案条款于 2018 年 1 月 1 日修订施行，不能溯及适用于本案。另一方面，上述规定作为规范市场竞争行为的法律，不能直接得出该规定属于效力性强制性规定的结论。且根据《反不正当竞争法》第 20 条的规定，更倾向于对行为人科以相应的行政处罚和民事赔偿责任。故本案未直接适用该规定，转而考虑适用有关社会公共利益和公序良俗的规定。

最终，合议庭选择适用《合同法》有关损害社会公共利益和《民法总则》关于违背公序良俗的规定。考虑到纠纷产生正值上述两部法律的过渡期，加之社会公共利益和公序良俗存在一定的同质性，均属于不确定、需要法官根据个案作出价值填补的概念，故本案同时适用了上述两项规定进行论证，认定涉案合同无效。

二、民法典关于民事法律行为无效规定的变化

前述案例通过个案的方式体现了对《合同法》第 52 条第 4 项、第 5 项和《民法总则》第 153 条规定选取适用的考量。下面就民法典中相关规定的变化进行进一步阐释。

《民法总则》第 153 条，也即《民法典》总则编第 153 条的规定，与《合同法》第 52 条第 4 项、第 5 项有何联系和区别呢？二者在无效的规定上，均通过适法性条款和社会妥当性条款两方面进行了界定，立法上存在一定的稳定性、传承性，但亦存在一定差异。

《民法典》第 153 条第 1 款规定，违反法律、行政法规的强制性规定的民事法律行为无效，但是该强制性规定不导致该民事法律行为无效的除外。该规定在《合同法》第 52 条第 5 项的基础上，将《最高人民法院关于适用〈中华人民共和国合同法〉若干问题的解释（二）》第 14 条在进行了一定纠偏的基础上予以体现。《最高人民法院关于适用〈中华人民共和国合同法〉若干问题的解释（二）》第 14 条规定，导致合同无效的“强制性规定”，是指效力性强制性规定。而《最高人民法院关于当前形势下审理民商事合同纠纷案件若干问题的指导意见》提出，违反管理性强制性规定的，人民法院应当根据具体情形认定合同效力。也即，效力性强制性规定和部分管理性强制性规定均可能导致合同无效，但并非所有强制性规定均导致合同无效。《民法总则》对导致合同无效的强制性规定进行了更为精确的表述，需在个案中结合强制性规定所保护的法益类型、违法行为的法律后果以及交易安全保护等因素，综合判断哪些是导致合同无效的强制性规定。

三、民法典关于“公序良俗”规定的理解及其适用规则

除前文提及的立法变化外，需要注意的是，《民法典》第 153 条第 2 款，未采取《合同法》第 52 条第 5 项关于损害社会公共利益的表述，亦未采取该法第 7 条关于社会公德的表述，而是使用了“违背公序良俗”的表述。在适用“公序良俗”相关条款时，应首先把握这一概念的内涵。一般认为公序良俗包括公共秩序和善良风俗两个方面，违反公共秩序主要包括违反国家公序行为、限制经济自由行为、违反公平竞争行为、违反消费者保护行为等；违反善良风俗主要包括违反性道德、违反家庭伦理道德、违反职业道德行为等。[①] 与《合同法》第 52 条第 5 项关于损害社会公共利益的表述相比较，社会公共利益和公序良俗均可被理解为社会妥当性方面的规定，二者的内容具有一定的一致性，但也体现出差异。有观点认为，社会公共利益和社会公德，在性质和作用上与公序良俗原则相当，社会公共利益相当于公共秩序，社会公德相当于善良风俗。[②] 有观点认为，无论社会公共利益，还是公序良俗，其共同特征在于内涵的不确定性，是富有弹性的概念，欲发挥规范功能，需要法官在个案中对其具体内涵予以充实。[③] 其内涵和外延需要在司法裁判中不断充实，体现了法官在个案中的价值取向和评判。

① 沈德咏主编：《〈中华人民共和国民法总则〉条文理解与适用（下）》，人民法院出版社 2017 年版，第 1017 页。

② 梁慧星：《民法总论》（第三版），法律出版社 2007 年版，第 49 页。

③ 韩世远：《合同法》（第四版），法律出版社 2018 年版，第 228 页。

在适用规则上，《民法典》第153条有两款关于无效的规定，如何确定应选择适用违反法律、行政法规的强制性规定，还是违背公序良俗的规定？一种观点认为，二者具有包含关系，后者是凌驾于其他各项规定之上的“帝王条款”。学术界也存在以公序良俗统合违反强制性规定的“一元论”。① 而其他规定，例如关于违反法律、行政法规强制性规定的条款，则是对其的具体化。②另一种观点认为，二者性质不同，前者为适法性，后者为社会妥当性，属于并列关系，各自独立发挥规范功能。③

在适用上，应体现出一定的顺序和层次。在有具体的法律、行政法规强制性规定可引致的情况下，适用该规定的可操作性更佳。④ 由于具体规定比公序良俗等原则概念更为具体，在存在具体规定的情况下，应优先适用具体规定条文。

编写人：北京互联网法院　张雯　颜君

【第1条　立法目的，第10条　法律适用】

5

公序良俗原则在祖父母探望权保护中的适用

——袁某诉廉某探望权案

【基本信息】

1. 裁判书字号

河南省新乡市中级人民法院（2019）豫07民终2861号民事判决书

---

① 孙鹏：《论违反强制性规定行为之效力——兼析〈中华人民共和国合同法〉第52条第5项的理解与适用》，载《商法研究》2006年第5期。

② 黄忠：《违法合同效力论》，法律出版社2010年版，第126~130页。

③ 韩世远：《合同法》（第四版），法律出版社2018年版，第241页。

④ 韩世远：《合同法》（第四版），法律出版社2018年版，第240页。

2. 案由：探望权纠纷

3. 当事人

原告（被上诉人）：袁某

被告（上诉人）：廉某

【基本案情】

原告袁某之子闫某某与被告廉某原系夫妻关系，双方婚后于2015年9月生育长子闫甲，2018年4月生育次子闫乙。闫某某于2017年4月因车祸去世，两个孩子现随被告廉某一起生活。闫某某去世后，原、被告因对孩子的探望权产生纠纷，原告袁某向法院起诉，要求对其孙子行使探望权。

【案件焦点】

祖父母定期探望孙子女的权利能否通过诉讼方式获得司法保护。

【裁判要旨】

探望权是依赖于身份关系而形成的权利，是亲权的延伸。祖父母对父母已经死亡的未成年孙子女尽了抚养义务，其定期探望的权利应当得到尊重，并有权通过诉讼方式获得司法保护。祖父母探望孙子女系人之常情，既符合探望权的价值取向，也符合我国传统家庭伦理及善良风俗。因此，法院判决原告袁某可自本判决生效之日起，在次月及以后每月的第一个周六或周日探望闫甲、闫乙一次，被告廉某应当予以协助。被告不服，二审法院驳回上诉，维持原判。

【适用解析】

探视权广义上泛指一方看望另一方的权利，婚姻法中规定的探视权具有特定的含义，是指基于血亲或拟制血亲关系的父母在婚姻关系解除后与未成年子女之间没有财产内容的一种探视、看望行为的权利。通常，探视权是指夫妻离婚后，不直接抚养子女的父或母按照离婚协议或法院判决，遵循一定的方式和时间，探望子女的权利。探视权属于身份权的范畴，是基于父母子女关系而享有的身份权，也是有子女的父或母，基于夫妻离婚而产生的一种身份权。它是一项独立的民事权利。

本案探视权纠纷的发生不是因为父母离婚，而是因为父亲死亡而产生。诉请行使探视权的一方不是孩子的父或母，而是孩子的祖父母。

本案的主审法官基于对《民法典》公序良俗原则的正确理解，从探望权的立法原则和价值取向的角度和我国传统家庭伦理及善良风俗出发，书写了一篇弘扬社会主义核心价值观的民事判决书。

“法律与善和正义永远密不可分。”维护和规范社会公序良俗，不仅是人们的共同期待，也是法治的重要目标。灵活应用公序良俗原则，可以在协调复杂利益冲突、维护社会正义的同时，恰当引导社会利益与公共道德秩序，这应是公序良俗原则的根本价值。

公序良俗，即公共秩序与善良风俗的简称。所谓公序，即社会一般利益，包括国家利益、社会经济秩序和社会公共利益。所谓良俗，即一般道德观念或良好道德风尚，包括社会公德、商业道德和社会良好风尚。公序良俗原则在司法实践中应用非常广泛，在民事审判中具有重要意义。

祖父母探望孙子女系人之常情，于情于理，古今亦然。既符合探望权的价值取向，也符合我国传统家庭伦理及善良风俗。民法既尊重当事人的意思自治，也强调一切民事活动均应遵守公序良俗。两个原则相辅相成，才能够建立起和谐的社会秩序。《民法典》多次提及公序良俗。如第 8 条规定，民事主体从事民事活动，不得违反法律，不得违背公序良俗。第 10 条规定，处理民事纠纷，应当依照法律；法律没有规定的，可以适用于习惯，但是不得违背公序良俗。第 153 条规定，违背公序良俗的民事法律行为无效。《民法通则》第 7 条、《合同法》第 7 条和《物权法》第 7 条关于社会公德、社会公共利益和社会经济秩序的规定，通常被认为承认了公序良俗原则。这是我国民事立法首次明确使用“公序良俗”这一表述，并将其作为民法的基本原则。

民法之所以规定公序良俗原则，是因为法律不可能预见一切损害国家利益、社会公益和道德的行为并对其作出规制，因此设置这一概括性的弹性原则，以弥补法律规则上的客观不足。公序良俗原则包含了法官自由裁量的因素，具有极大的灵活性，因而能处理现代市场经济中发生的各种新问题，在确保国家一般利益、社会道德秩序，以及协调各种利益冲突、保护弱者、维护社会正义等方面发挥极为重要的机能。当遇有损害国家利益、社会公益和社会道德秩序的行为，而又缺乏相应的禁止性法律规定时，法院可直接依据公序良俗原则认定该行为无效。

公序良俗的生命力和争议点都在于它的不确定性。用公序良俗的标准来判断法律行为的效力，依据的不是具体的法律规范，而是存在于法律本身的价值体系或法律外的伦理秩序，其目的在于不能让人们通过法律行为，使不道德的行为变为法律上可强制要求履行的行为。虽然公序良俗原则的适用领域随着社会的发展而不断扩大，但它始终是判断法律行为效力的底线。因此，它永远具有顽强的生命力。但也正因如此，法官作为判断某行为是否违背公序良俗的主体，其个人社会经历、法律素养、价值观念等各种因素，都会直接影响到他们对公序良俗的理解，因而法官对于该原则的判断适用很大程度上是主观和感性的。在司法实践中，不可避免地出现对于某些纠纷和争议行为，不同的人作出了不同的判断，影响了社会公平公正。

基于此，新近颁布的《民法典》，在总结我国现有民事立法司法实践经验和借鉴国外《民法典》立法成果的基础上，对公序良俗进行了全面、系统的整合。除了第 8 条外，还在另外几处涉及该原则：一是对适用新增设的习惯民法渊源时的限制，即第 10 条："处理民事纠纷，应当依照法律；法律没有规定的，可以适用习惯，但是不得违背公序良俗。"当民事主体之间对设立、变更、消灭民事法律关系出现争议时，司法部门首先要根据法律之规定对其进行分析判断，当然在法律没有明确规定的情况下也可以适用习惯，但前提条件是必须遵守公共秩序和善良风俗，这是处理民事争议必须坚守的最基本的道德底线。该规定对于社会上存在的一些不良风俗，可以起到明显的矫正和引领作用。二是从肯定和否定两个层面对民事法律行为的效力作出了明确的规定。一方面，民事权利的行使和民事法律行为的有效，必须同时符合包括不违背公序良俗在内的条件；另一方面，各民事主体在实施民事法律行为时，不管目的方面还是内容方面，只要违反了公序良俗原则，即使法律对其没有明确的禁止性规定，也应认定该行为无效。

编写人：河南省封丘县人民法院　李正盛

【第 7 条　诚信原则】

6

购房者是否违反诚实信用原则的认定

——周某诉某房地产开发公司、株洲市某营销策划推广有限公司房屋买卖合同案

【基本信息】

1. 裁判书字号

湖南省株洲市芦淞区人民法院（2019）湘 0203 民初 2627 号民事判决书

2. 案由：房屋买卖合同纠纷

3. 当事人

原告：周某

被告：某房地产开发公司、株洲市某营销策划推广有限公司（以下简称营销公司）

【基本案情】

2018 年 5 月 12 日，某房地产开发公司（甲方）与营销公司签订《东成中心项目营销代理合同》，某房地产开发公司委托营销公司对东成中心 1 号栋地下商业项目全部可售物业进行销售。

2018 年 7 月 12 日，原告周某到被告某房地产开发公司“东成商业广场”销售中心交纳了东成商业广场附 1 号栋－1110 号商铺优惠金 20000 元，原告还分多笔在该销售中心刷卡支付了房款 78000 元。

2018 年 7 月 12 日，原告周某（买受人）与被告某房地产开发公司（出卖人）签订了芦淞区人民中路 218 号东成商业广场 1 号栋－1110 号房《商品房买卖合同（预

售)》(编号：9000550311)。合同约定："房产预测建筑面积共6.64平方米。……第6条 计价方式与价款……2. 按照建筑面积计算，该商品房毛坯单价为每平方米10246.99元，毛坯总价款为68040.01元，装修单价为每平方米1500元，装修总价为9960元；总房款为78000元……第10条 交付时间和手续（一）出卖人应当在2020年12月31日前向买受人交付该商品房……"

同日，原告周某（乙方）与被告某房地产开发公司（甲方）签订了一份《补充协议》，原告周某委托某房地产开发公司经营管理东成商业广场1号楼负一楼1110号商铺。协议约定：委托期限自2019年1月1日起连续3年；乙方三年委托经营的收益，已由甲方一次性支付给乙方（冲抵该商铺购房款）。在此委托期限内产生的租金及其他各项收益均归甲方所有。

诉讼中，被告营销公司提交了东成农贸市场负一层商铺销售价格表、置业预算单、株洲市百顺广告业务制作单、印刷品委托承制合约、宣传单、农贸市场价格公示、东成中心项目地下商业营销方案，以及（2019）湘株国证内字第10922号公证书（对2019年9月22日营销公司向业主发放及回收《调查问卷表》的现场情况进行公证）、（2019）湘株国证内字第10916号公证书（对株洲市天元区黄河北路百顺广告设计部陈某的证人证言进行公证）。

被告营销公司提交的《东城农贸市场负一层商铺销售价格表》中记载的涉案1110号房屋的返租销售公示单价为21072.54元/平方米、返租销售公示总价为139921.67元、自购自营公示单价为19526.47元/平方米、自购自营公示总价为129655.74元。被告营销公司另提交了一份客户姓名为周某、房号为1110的《置业预算单》，记载的原单价为21072.54元、原总价为139921.67元，优惠政策为交2万优惠定金抵4万元房款、优惠后总价为99921.67元，收益每年7%共三年合计为20985元，金额为99921.67元－20985元＝78936.67元，备注"三天内签约78936元×0.99＝78146.64元，特别申请优惠146.64元，返租后总价78000元＋2万元，实际交纳98000元，2万元优惠定金不计入房款"。在该《置业预算单》上有置业顾问的签名，但没有原告的签名确认。

【案件焦点】

原告所交纳的2万元款项的性质。

【裁判要旨】

湖南省株洲市芦淞区人民法院经审理认为：原告周某有意向购买某房地产开发公司开发的东成商业广场1号栋-1110号商铺，被告营销公司基于其与某房地产开发公司签订的项目营销代理合同，向原告收取商铺优惠定金2万元。原告购买商铺时享有“团购2万抵4万，3年统一委托经营管理，客户交2万元，享受总价额外4万元优惠团购费不抵房款”的权利。原被告达成合意并实际履行，系双方真实意思表示，且不违反法律法规的禁止性规定，应为合法有效。

本案中，对于购房活动现场的工作人员究竟以何种方式、何种价格为原告介绍、推销涉案房屋，并以此为基础衡量原告是否享受了团购优惠活动和商铺实际销售价格，双方持有异议。被告称，结合补充协议、营销代理合同和公证书等，涉案商铺的市场挂牌总价为139921.67元，相较于原被告订立的《商品房买卖合同（预售）》中的房价款78000元，原告已经享受了团购优惠活动。原告则坚称，就算原告知道被告的商铺原价格和优惠活动，但对优惠活动的理解双方不一致，故原告实际成交价格就是78000元。双方各执一词。在此情况下，本院认为，从常理出发，原告作为购房人，其对购买涉案商铺应支出的费用应有整体的匡算，若其认为没有享受优惠活动政策，则其在剩余房款的支付过程中，理应就此向某房地产开发公司提出异议，并就其应支付的后续款项予以相应调整。而事实上，没有证据显示原告向某房地产开发公司提出过调整商铺款项的相应主张，其又未选择退出团购活动，而是继续与某房地产开发公司签订了商品房买卖合同并向某房地产开发公司支付合同项下的全部价款。表明原告已参加被告开展的优惠促销活动并接受了优惠购房条件。根据营销公司提交的价格公示表，原告购买的商铺价格为139921.67元，交2万优惠定金抵扣4万元后，再扣除三年返租租金及三天内签约折扣与特别优惠后应为78000元。故可以推断，原告在支付商铺优惠定金时，已就开发商的销售价格表与优惠促销活动的价格进行了了解，在此前提下，选择了优惠的购铺方式。由此即可表明原告交2万元优惠定金后，商铺总价款减4万元，原告已经享受了被告承诺的购房优惠。原告在享受优惠之后再行要求被告返还优惠定金有悖于双方约定。但原告可要求被告按照实际交纳的房款总额出具相关不动产发票。

湖南省株洲市芦淞区人民法院依据《合同法》第6条与《最高人民法院关于审理商品房买卖合同纠纷案件适用法律若干问题的解释》第2条、第3条之规定，判决如下：

驳回原告周某的全部诉讼请求。

一审判决作出后，双方当事人均未上诉，本判决已生效。

【适用解析】

多年来房产交易中房屋买卖合同纠纷有增无减，其中，房屋价款的支付、房屋的交付、不动产权证的办理、惩罚性赔偿责任和违约责任的追究等常为争议的焦点。在人民法院审理的房屋买卖合同纠纷案件中，因开发商违约引发购房者起诉的案件占了绝大多数，有关房屋买卖合同纠纷的司法解释中对于开发商“一房二卖”、不按期交付房屋、逾期办证等的违约责任规定较为明确，对于购房者不按约定支付房屋价款的违约责任也有所涉及。但是近几年，随着房地产市场的低迷，开发商“交一万抵二万”“交二万抵四万”“零首付”等新型广告（销售）模式的出现，法院受理的开发商作为原告起诉的案件有所增加。商品房买卖合同纠纷案件中因购房者与开发商对于新型广告（促销）宣传中的有关内容理解不一，引发了不同于传统房屋买卖合同纠纷案件类型的出现，案件的处理结果也往往会关系到案涉楼盘的利益相关方（包括开发商、营销代理商、业主等）的整体利益及当地房产市场的稳定，成为人民法院审理该类案件的实务难点。

《民法典》总则编第 7 条规定，民事主体从事民事活动，应当遵循诚信原则。诚信原则的规定在《民法典》出台前，在《合同法》总则中也有规定。诚实信用原则是我国《民法总则》《合同法》坚持的基本原则。诚信原则是现代法治社会的一块重要基石，它体现了公平正义等人类社会的最高理想，赋予了法官在法律空缺时自由裁量的权力，从而达到个案的社会正义和利益平衡。诚实信用原则虽然只是一个模糊的概念，并不对权利义务各方的行为模式、内容和要件作十分具体的规定，而是授予法官以自由裁量权，根据案件具体情况来判断是否适用该原则解决纠纷，因此适用该原则判案时更考验法官的智慧。具体到本案中，法官在处理案件时，没有狭义、片面地理解有关房屋买卖合同的司法解释，而是积极地通过调查取证、实地走访等方式，结合房屋的备案价格、同地段的市场行情等，了解合同成立时的背景、真实情况，以此探索法律与案件事实，寻求诚信原则下的法律解决方案，由此在判决中认定不仅是开发商需要遵守诚信原则，严格按照合同约定、广告宣传等的表述履行义务，同时对于购房者也应当按照约定履行合同义务，而不能在有利可图时随意改变合同内容，从而达到维护社会公平正义的目的。

另外，法官在查明案件事实后，对于开发商将购房者交纳的优惠金不计入房款，用以规避税费的行为也进行了审查，在说理部分中将开发商应当按照实际交纳的房款总额出具相关不动产发票予以明确。同时对于购房者本人利用开发商或营销代理商在制度、销售模式、票据上的漏洞，想要推翻签订合同时已经谈妥的购房条件，达到以低于市场价格取得房屋的行为，虽然在法律上没有明确规定，但法官通过适用诚实信用原则的法律规定，对市场主体、交易双方违背诚实信用原则的行为不予纵容；也没有仅仅认为购房者处于买卖合同中的弱势地位，就作出对开发商不利的判决。本案通过诚实信用原则对双方当事人的行为予以恰当规制，保护了市场经济的发展和社会秩序的稳定。

编写人：湖南省株洲市芦淞区人民法院　张青

【第 140 条　意思表示的作出方式，第 142 条　意思表示的解释】

7

银行在债权全部实现前同意解除抵押的行为能否视为以默示意思表示免除债务

——某银行股份有限公司重庆分行诉某科技发展有限公司等金融借款案

【基本信息】

1. 裁判书字号

重庆自由贸易试验区人民法院（2019）渝 0192 民初 14669 号民事判决书

2. 案由：金融借款合同纠纷

3. 当事人

原告：某银行股份有限公司重庆分行（以下简称某银行重庆分行）

被告：某科技发展有限公司（以下简称某科技公司）、李某山、陈某燕

【基本案情】

某银行重庆分行与某科技公司于2016年签订《综合授信合同》，对授信额度、期限等进行约定。2016年1月15日，某银行重庆分行与李某山、陈某燕签订《最高额保证合同》，约定保证人为债务人提供连带保证责任担保。同日，某银行重庆分行与某科技公司签订《人民币流动资金贷款合同》，约定某银行重庆分行向某科技公司提供贷款3000万元，并对贷款期限、贷款利率、罚息复利进行约定。后某银行重庆分行依约向某科技公司发放了贷款3000万元。2016年1月18日，某银行重庆分行与某科技公司签订《电子银行承兑汇票承兑协议》，约定某科技公司向某银行重庆分行申请承兑汇票两张，票面金额共计6000万元。后某银行重庆分行依约为某科技公司开具汇票并在到期后垫付票款29415000元。其后，对《人民币流动资金贷款合同》《电子银行承兑汇票承兑协议》项下借款，某科技公司陆续归还完毕借款本金，剩余部分利息、罚息、复利未归还。

另查明，某银行重庆分行为实现债权支付律师费10000元。

审理中，某科技公司举示《关于还款解押的函》，主张其可视为银行的结清证明，银行无权再主张罚息及复利。该函件载明："重庆黑米百货公司：贵公司以重庆市渝中区中华路189号6－1#，建筑面积为6969.69平方米的房产，为某科技公司在我行授信提供抵押担保。截至本函出具之日，上述授信本金余额为7616万元，抵押合同编号为……我行同意在某科技公司结清上述授信本金7616万元及利息3518077.29元（拟定还款日为2017年11月15日）的情况下，向贵公司出具上述抵押物的解押手续。此函告自出具之日起生效，有效期至2017年11月20日止。某银行重庆分行。"某银行重庆分行对该证据的真实性不予认可，但认可该函中涉及的房产为本案涉及贷款的抵押财产，该财产的抵押登记已解除。

【案件焦点】

银行在罚息复利未完全清偿的情况下同意解封抵押物能否视为其作出免除罚息

和复利的默示意思表示。

【裁判要旨】

重庆自由贸易试验区人民法院经审理认为：某科技公司向某银行重庆分行借款后，虽然已经归还借款本金，但因未按时足额履行还款义务，在归还借款本金前产生了罚息和复利。银行对于该部分罚息和复利是否作出过免除的意思表示的问题，应依据《民法总则》第140条规定“行为人可以明示或者默示作出意思表示。沉默只有在有法律规定、当事人约定或者符合当事人之间的交易习惯时，才可以视为意思表示”进行认定。

首先，某银行重庆分行没有明示同意免除。某科技公司辩称某银行重庆分行口头同意免除，但无相应证据予以证明。

其次，某银行重庆分行在债权全部实现前同意解除抵押的行为不构成默示同意免除。基于商事交易行为的复杂性，对何种行为能够构成默示行为应当结合行业惯例、双方之间的交易习惯、交易内容、表达对象、债务人的注意义务等方面进行认定。第一，从金融借款合同的一般交易习惯来看，确实存在银行不会在全部债权实现前解除抵押的习惯，但银行作为正规金融机构，通常会出具书面文件来明确表达意思，如本案中银行在债权未全额回收情况下对担保利益的放弃，即是以出具《关于还款解押的函》的方式进行明示。第二，从双方之间的交易惯例来看，某科技公司未举示证据证明双方之间存在默示同意的惯例。第三，从交易内容来看，某科技公司主张某银行重庆分行默示表达的意思是放弃自身权利，相比能够获得回报的其他交易形式，对于放弃权利的认定应当更加谨慎。第四，从意思表示的对象来看，某银行重庆分行出具《关于还款解押的函》的对象是抵押人重庆黑米百货公司，而不是某科技公司。第五，从债务人的注意义务角度来看，债务人作为商主体，具有基本的商事风险认知，如与银行达成债务豁免协议，应当会要求银行出具债务免除同意书或共同签署协议等来满足交易的形式，但某科技公司却未要求银行出具，不能达到一般商主体的交易注意义务。

最后，某银行重庆分行没有联系某科技公司或保证人李某山、陈某燕要求还款，不属于以沉默表示同意。权利人享有行使权利的自由，在没有法律规定或者合同约定的情况下，只要在诉讼时效期间内，权利人于何时行使权利不应当受到拘束。某银行重庆分行在两年内没有联系某科技公司或保证人李某山、陈某燕要求还款，属于沉默，沉默只有在有法律规定、当事人约定或者符合当事人之间的交易习惯时，才可以视为意思表示。

重庆自由贸易试验区人民法院依照《民法总则》第 140 条、第 143 条和《民事诉讼法》第 64 条、第 142 条等相关法律规定，判决如下：

一、被告某科技公司于本判决生效之日起 10 日内支付原告某银行重庆分行贷款利息 114583. 35 元，截至 2019 年 8 月 27 日的罚息 2235529. 67 元、复利 422735. 7 元，并支付自 2019 年 8 月 28 日起至还清之日止的复利（以所欠利息和罚息为基数，按照年利率 8. 25% 计算）；

二、被告某科技公司于本判决生效之日起 10 日内支付原告某银行重庆分行承兑汇票垫款罚息 3640464. 11 元；

三、被告某科技公司于本判决生效之日起 10 日内支付原告某银行重庆分行律师服务费 10000 元；

四、驳回原告某银行重庆分行的其他诉讼请求。

【适用解析】

债务催收一直处于灰色的中间地带，债务催收过程中的不规范行为屡见不鲜，如两年前引起社会广泛关注的“辱母杀人案”中的讨债行为。客观地说，金融机构或类金融机构的债务催收人员在追收债权时，采取各种手段催收债权较为常见。甚至不排除采用诱导性语句引导债务人先归还本金和利息，向领导申请减免罚息和复利等模棱两可的表述。但具体到个案中是否存在这些情况，不宜根据印象当然推定，仍然需要根据具体案情和证据具体分析。债务人主张债务免除，负有对主张事实的举证责任，至少应当证明债权人作出的何种语言、文字或举动将免除的意思表示送达到了债务人。

关于意思表示，1988 年最高人民法院发布《关于贯彻执行〈中华人民共和国民法通则〉若干问题的意见（试行）》第 66 条进行了规定，2017 年《民法总则》颁布时吸纳并调整第 66 条内容为第 140 条。《关于贯彻执行〈中华人民共和国民法通则〉若干问题的意见（试行）》第 66 条规定：“一方当事人向对方当事人提出民事权利的要求，对方未用语言或者文字明确表示意见，但其行为表明已接受的，可以认定为默示。不作为的默示只有在法律有规定或者当事人双方有约定的情况下，才可以视为意思表示。”《民法典》第140条规定：行为人可以明示或者默示作出意思表示。沉默只有在有法律规定、当事人约定或者符合当事人之间的交易习惯时，才可以视为意思表示。调整内容主要有：（1）列明了意思表示的三种形式，即明示、默示和沉默，增加了“明示”和“沉默”；（2）将第66条中暗含的“用语言或者文字明确表示意见”明确定义为“明示”；（3）将“不作为的默示”定义为“沉默”，并增加“符合当事人之间的交易习惯”作为沉默同意的情形之一。调整后的《民法典》第140条更周延、逻辑更严密。本案的判断也是基于第140条的逻辑结构展开。

首先，判断是否存在“明示”同意免除。本案中双方当事人均没有直接证据能够证明作出或没有作出债务免除的意思表示。其次，判断是否存在“默示”同意免除。这是本案的关键问题。默示与沉默不同，默示有一定的行动，沉默则完全没有行动。沈德咏主编的《〈中华人民共和国民法总则〉条文理解与适用》中认为：默示意思表示是从有可能显露意思的行为来推定，默示运用的场合一般应当是基于交往惯例、法定或约定的肢体等行为，如行人向出租车招手示意搭乘、消费者将商品放置在超市收银台等。本案中银行确实存在一个行动，即出具《关于还款解押的函》。但此举动是否能够视为默示同意免除债务？债务人的抗辩并非全无道理，因为从银行等正规金融机构的行业惯例来看，银行很少会在全部债权实现前就同意解除对抵押物的抵押。《民法典》第142条第1款规定了对有相对人的意思表示的解释规则，“应当按照所使用的词句，结合相关条款、行为的性质和目的、习惯以及诚实信用原则，确定意思表示的含义”，即文义解释、整体解释、目的解释、习惯解释和诚信解释。此规则主要是针对通过语言文字方式进行明示意思表示的解释，特别是前三种解释方法，是针对语言文字所特有的方式，但后两种解释方式则不妨用于解释默示意思表示。在考虑习惯解释时，本案结合了金融行业的行业惯例和双方之间的交易习惯两种情形。从习惯的角度来看，银行的行为存在一定的矛盾，但这个矛盾不能直接被视为默示同意。因为通过习惯考察本案中银行的行为，银行间并不存在以解除抵押来放弃主债权的惯例，只是银行在主债权全部实现前解除抵押这一行为违背了行业习惯。此处银行的行为引发了疑问。对于这个疑问的回答，需要结合其他因素综合评判。诚信解释较为抽象，主要原则是保障利益平衡，本案从交易内容上进行了考虑，某银行重庆分行如免除债务是放弃自身权利，相比能够获得回报的其他交易形式，对于放弃权利的认定应当更加谨慎。此外，除第 142 条第 1 款规定的习惯和诚信考量因素，笔者认为表达对象和债务人的注意义务也是重要的考量因素。条文中虽然没有明确写明需要考虑表达对象，但从第 142 条规定了有相对人的意思表示和无相对人的意思表示两种情形来看，相对人是谁对于意思表示同样至关重要。至于债务人的注意义务，则是从对债权人的行为解读转换视角至债务人，作为商主体的公司债务人比一般的民事主体负有更严格的交易注意义务。最后，还需要判断是否存在“沉默”同意免除。经判断本案银行未在一定时间内主张还款是对自身诉讼权利行使时间的选择或忽视，并没有法律规定、当事人约定或者当事人之间的交易习惯。

以上分析逻辑，和对意思表示具体五个方面考量因素的归纳，是对《民法典》第 140 条、第 142 条第 1 款意思表示的解释规则进行的演绎和补充，既有基于个案因素的归纳，也同时对实践中不鲜见的金融机构缺乏明确意思表示状态下的行为性质认定问题进行了一定探索，希望对于类案审理能够提供一些参酌意义。

编写人：重庆两江新区人民法院（重庆自由贸易试验区人民法院）　何欣

【第 147 条　基于重大误解实施的民事法律行为的效力，第 152 条　撤销权的消灭】

8

当事人因重大误解所享有的撤销权消灭的认定

——王某年诉某科技有限公司产品销售者责任案

【基本信息】

1. 裁判书字号

江苏省无锡市中级人民法院（2018）苏 02 民终 3828 号民事判决书

2. 案由：产品销售者责任纠纷

3. 当事人

原告（上诉人）：王某年

被告（被上诉人）：某科技有限公司（以下简称某公司）

【基本案情】

2016年9月，王某年儿子王某烽至某公司处询问购买电脑事宜，双方协商确认电脑型号后，吴某晨将其名片留给王某烽，名片载明：外星人 ALW17E－4738，17.3寸6代i7，8G。9月10日11时王某烽支付2000元定金。9月10日下午王某年至某公司提货，某公司出具《销售确认单》并开具《增值税发票》，购买价格为22000元，《销售确认单》中关于电脑型号载明为：外星人17英寸笔记本，Intel i7四核/32G/256G＋1TB/独立游戏显卡/17英寸，王某年和销售员吴某晨在《销售确认单》上签字，某公司退还定金2000元。同年9月15日，王某年发现涉案笔记本电源线为旧的，且经过查询该笔记本为在美国销售的版本，即美行，显卡内存仅为4G，同时其在使用该电脑玩游戏时出现显卡不流畅和死机问题，遂告知某公司，某公司承认电源线为当时拿错了，可以更换，电脑确实为美行，并承诺可以对系统进行维护。后双方亦多次对涉案电脑更换问题进行协商，但未达成一致意见。王某年据此认为某公司构成欺诈，应退还其购买的电脑款22000元并三倍赔偿其66000元。

【案件焦点】

1. 某公司是否构成欺诈；2. 王某年与某公司之间买卖行为是否构成重大误解，若构成重大误解，王某年行使撤销权是否超过法律规定的期间。

【裁判要旨】

江苏省无锡市滨湖区人民法院经审理认为：欺诈是指故意隐瞒真实情况或者故意告知对方虚假的情况，欺骗对方，诱使对方作出错误的意思表示而与之订立合同。本案中某公司不存在欺诈行为，理由为：（1）王某年有能力和义务在《销售确认单》上签字前对电脑的型号进行再次确认，在其确认签字后，表示其认可某公司出售给其的电脑型号与其购买的电脑型号是一致的。某公司并未隐瞒该电脑的相关配置，也未告知王某年虚假的电脑配置。（2）名片所载型号仅为王某年之子意欲购买的型号，并非双方最终确认的电脑型号，因双方有最终的《销售确认单》来确定最终的电脑型号，故王某年依据该名片所载型号来与其最终购置的电脑型号作比较，认为某公司存在欺诈，不予支持。（3）双方并未明确约定所购电脑为国行或美行，王某年亦没有证据证明其在购买前要求某公司提供的为国行。综上，某公司的行为并不构成欺诈。

江苏省无锡市滨湖区人民法院依照《合同法》第44条、第61条，《消费者权益保护法》第55条以及《最高人民法院关于适用〈中华人民共和国民事诉讼法〉的解释》第90条之规定，作出如下判决：

驳回原告王某年的诉讼请求。

江苏省无锡市中级人民法院经审理认为：《民法总则》第147条规定，基于重大误解实施的民事法律行为，行为人有权请求人民法院或者仲裁机构予以撤销。《民法总则》第152条第1款第1项规定，重大误解的当事人自知道或者应当知道撤销事由之日起三个月内没有行使撤销权的，撤销权消灭。本案中，王某年的儿子王某烽向某公司询问购买电脑事宜，某公司留给王某烽的名片上记载了电脑型号及相应系统配置，其中显卡内存要求为8G，此后王某烽于2016年9月10日支付了定金。由于王某烽当时系未成年人，某公司与王某烽之间未成立买卖合同关系，最终买卖关系系与王某年之间成立。支付定金当日下午，王某年到某公司提货付款，某公司出具的《销售确认单》中载明了电脑型号及具体系统配置，除了未注明显卡内存信息外，其余配置的属性与名片记载的内容基本相符。某公司作为电脑经销商，通常情况下对于电脑产品的配置相比普通消费者有更为深刻的了解。虽然某公司销售的是同个品牌及型号的电脑，但因该产品是美行，显卡内存仅为4G，在已先行与王某年的儿子达成买卖意向的前提下，某公司未向王某年作出提示，容易造成王某年对所购产品的误解，故某公司的销售行为确有不当之处。不过，某公司销售时并未隐瞒该电脑的相关配置，也未向王某年告知虚假的电脑配置信息，且本案现有证据不能证明双方对所购置产品是国行还是美行作出过明确约定，故王某年主张某公司存在欺诈，依据不足，本院不予采信。对王某年要求某公司支付三倍惩罚性赔偿的上诉主张，不予支持。王某年作为买受人在收到标的物时应当及时检验，其在销售确认单上签字的行为，至少表明其认可所购买的电脑与《销售确认单》载明的电脑配置相符，即便其为儿子王某烽购买的电脑有显卡内存8G的要求，但由于某公司在销售时未就显卡内存差异及时向其作出提示，王某年亦因疏忽大意未对该显卡内存配置核实而造成其对所购电脑有重大误解，根据《民法总则》的有关规定，王某年也应当在知道撤销事由之日起三个月内行使撤销权，以撤销双方的买卖行为。而王某年在购买电脑几日后即发现问题，双方亦曾多次对涉案电脑更换问题进行协商，故王某年当时就应当知道其可能存在重大误解，但其于2017年7月提起本案诉讼，已超出了行使撤销权的除斥期间，撤销权归于消灭。其要求退还22000元的主张不予支持。

江苏省无锡市中级人民法院依照《民事诉讼法》第170条第1款第1项之规定，作出如下判决：

驳回上诉，维持原判。

【适用解析】

基于重大误解实施的民事法律行为，行为人享有撤销权。本案中，王某年与某公司对于所购电脑为美行或国行、显卡内存大小存有争议，依据查明的事实，不能认定双方对该两项内容进行了明确约定，而涉案电脑系美行或国行，显卡内存系4G或8G，显然对涉案标的物有重大影响，且足以导致交付的标的物存在重大差异，因此，二审法院认定某公司在销售时未就显卡内存差异及时向王某年作出提示，王某年亦因疏忽大意未对该显卡内存配置核实而造成其对所购电脑有重大误解。故王某年基于重大误解可以行使其撤销权，在《民法总则》颁布实施以前，王某年可基于《最高人民法院关于贯彻执行〈中华人民共和国民法通则〉若干问题的意见（试行）》第73条之规定，自行为成立时一年内行使撤销权，但自《民法总则》于2017年10月1日施行后，基于重大误解当事人所享有的撤销权期间已发生变化，即自知道或者应当知道撤销事由之日起三个月内，王某年自知道或应当知道该事由后三个月内没有行使撤销权，该撤销权即归于消灭。故王某年已不能基于该规定享有撤销权。

意思自治是民法的基本原则，行为人应对自己所做的民事法律行为负责、承担相应的后果，但社会生活、市场交易的情形总是复杂的，不可避免地会出现行为人与相对人在表意过程中存在信息传导误差甚至错误，导致行为人所要表达的意思与其内心真实的意思存在区别，为了维护善意相对人的权益，法律对此进行了规定，即基于重大误解实施的民事法律行为，行为人有权请求仲裁机构或者人民法院予以撤销。但该种撤销权的行使并非随意，否则相对人将处于不安定之状态，不利于交易的稳定性，因此，法律对撤销权的行使进行了限制。

关于重大误解的相关法律规定，《民法通则》第 59 条规定："下列民事行为，一方有权请求人民法院或者仲裁机关予以变更或者撤销：（一）行为人对行为内容有重大误解的；（二）显失公平的。被撤销的民事行为从行为开始起无效。"《合同法》第 54 条规定："下列合同，当事人一方有权请求人民法院或者仲裁机构变更或者撤销：（一）因重大误解订立的；（二）在订立合同时显失公平的。一方以欺诈、胁迫的手段或者乘人之危，使对方在违背真实意思的情况下订立的合同，受损害方有权请求人民法院或者仲裁机构变更或者撤销。当事人请求变更的，人民法院或者仲裁机构不得撤销。"第 55 条规定："有下列情形之一的，撤销权消灭：（一）具有撤销权的当事人自知道或者应当知道撤销事由之日起一年内没有行使撤销权；（二）具有撤销权的当事人知道撤销事由后明确表示或者以自己的行为放弃撤销权。"《最高人民法院关于贯彻执行〈中华人民共和国民法通则〉若干问题的意见（试行）》第 73 条规定："对于重大误解或者显失公平的民事行为，当事人请求变更的，人民法院应当予以变更；当事人请求撤销的，人民法院可以酌情予以变更或者撤销。可变更或者可撤销的民事行为，自行为成立时起超过一年当事人才请求变更或撤销的，人民法院不予保护。"《民法总则》第 147 条规定："基于重大误解实施的民事法律行为，行为人有权请求人民法院或者仲裁机构予以撤销。"第 152 条规定："有下列情形之一的，撤销权消灭：（一）当事人自知道或者应当知道撤销事由之日起一年内、重大误解的当事人自知道或者应当知道撤销事由之日起三个月内没有行使撤销权；（二）当事人受胁迫，自胁迫行为终止之日起一年内没有行使撤销权；（三）当事人知道撤销事由后明确表示或者以自己的行为表明放弃撤销权。当事人自民事法律行为发生之日起五年内没有行使撤销权的，撤销权消灭。"即将于 2021 年 1 月 1 日实施的《民法典》第一编总则中的第 147 条及第 152 条沿袭了《民法总则》的相关规定，其中对于重大误解的撤销权行使期间又变更为：自知道或者应当知道撤销事由之日起九十日内。

从前述关于重大误解的相关规定中可见，我国关于重大误解相关规定处于不断发展变化的过程中，从重大误解的民事法律行为可撤销或可变更，演变为可撤销；从重大误解撤销权行使的一年期间，演变为行为人自知道或应当知道之日起三个月内，直至《民法典》规定的九十日内。《民法总则》或者《民法典》之所以对重大误解的民事法律行为人行使撤销权的期间进行改变，有其内在的价值追求。在《民法总则》未颁布实施以前，重大误解撤销权的行使期间为一年，即行为人超过一年请求变更或撤销的，人民法院不予保护，该一年期间完全符合除斥期间的法理，适用过程中也便于裁判者统一裁判尺度，减少了因对行使期间的不同理解而造成的适用纷争，但该种规定所带来的弊端就是不能保护所有本应享有撤销权的行为人，因为在复杂的社会生活中，不是所有的行为人均能当然在该期间内发现法律所规定的撤销事由即重大误解。而《合同法》第55条对于该期间的起算时间表述为自知道或应当知道撤销事由之日起，该规定虽将自知道或应当知道撤销事由作为除斥期间的起算时间不太符合法理，但更有利于对撤销权人的保护，因此《民法总则》对此种规定进行了延续。《民法总则》或者《民法典》对撤销权规定的改变不仅仅在于起算时间的变化，更重要的在于撤销权期间的缩短，即缩短为“自知道或者应当知道撤销事由之日起三个月内”，《民法典》实施以后，该期间又变更为九十日内，之所以作出如此规定，系因在重大误解的民事法律行为中，误解人往往存在一定的过错，而相对方尽管也可能存在过错，但没有欺诈或胁迫的主观故意。例如本案，王某年没有将其意欲购买的国行或美行，显卡内存系4G或8G明确地告知某公司，显然存在过错，但某公司作为电脑产品的销售者，理应对此尽到合理的提示义务，但某公司却未能进行及时的提醒或提示，导致了双方的误解，但根据查明事实，某公司显然也没有就出售电脑的行为存在欺诈的故意。如果不对误解方行使撤销权进行必要的限制，必将使存在相对较轻过错的一方即某公司在一年时间内法律关系处于不确定的状态，不利于交易的稳定性，因此，《民法总则》从该角度出发，将撤销权的除斥期间规定为三个月，避免统一规定所带来的利益失衡问题。但撤销权的行使也不可能永久有效，撤销权的行使期间变更为“自知道或者应当知道撤销事由之日起三个月内”客观上延长了对撤销权人的保护期限，但也使得法律关系在更长时间内处于不稳定状态，因此，为了平衡撤销权人的利益和法律秩序之间的关系，《民法总则》规定了最长5年的保护期。

在处理重大误解的撤销权时，应该正确界定“自知道或应当知道”。知道是事实，应当知道是根据事实所作出的推断，二者的效力应当是等同的。就本案而言，王某年在购买电脑几日后即发现电脑存在问题，并通过检测软件进行了检测，即其对涉案电脑与其意欲购买电脑存在差别理应已经知道，但在其没有明确表示知道的情况下，法院只能基于查明的事实进行推断王某年应当知道，在其应当知道后近十个月才向法院起诉，显然已经超过了三个月的除斥期间，故王某年基于重大误解所享有的撤销权已经归于消灭。

重大误解撤销权行使期间的演变过程，也是我国民事法律保护体系不断完善的过程，尤其是《民法典》对该期间的进一步明确规定，更彰显了该种完善达到了新的高度。

编写人：江苏省无锡市滨湖区人民法院　陈果

【第 34 条　监护人的职责与权利及临时生活照料措施，第 35 条　监护人履行职责的原则与要求，第 36 条　撤销监护人资格】

9

最有利于被监护人原则的司法适用及监护内容分离的司法认定

——吴某丙申请变更监护人案

【基本信息】

1. 裁判书字号

上海市闵行区人民法院（2020）沪 0112 民特 6 号民事裁定书

2. 案由：申请变更监护人

3. 当事人

申请人：吴某丙

被申请人：吴某丁

【基本案情】

于某的配偶已死亡，育有吴某甲、吴某乙、吴某丙、吴某丁四人。吴某甲于2018年8月死亡，125号101室房屋原登记在吴某甲名下。

2018年年底，吴某丁在（2018）沪0112民特661号一案中，曾提到要把125号101室房屋卖掉购买墓地，剩余的钱给吴某乙保管，于某租房需要的钱凭发票向吴某乙要。吴某丙表示，不同意吴某丁一个人做监护人，吴某丙可以出钱，凭发票报销。最终，该案判决宣告于某为无民事行为能力人并指定吴某丁为监护人。吴某丁支付了律师费、鉴定费。

2019年，吴某丁代表于某申请办理吴某甲遗产的继承公证和房屋变更登记手续，125号101室房屋变更登记至于某名下。吴某丁支付了公证费、税费等。之后，吴某丁又代理于某办理125号101室房屋的出售事宜，以173万元的价款转让给案外人，售房款全部转入于某名下的银行账户内。现，该房屋核准登记至案外人名下。2019年10月至2020年1月15日期间，于某名下尾号8023的账户共计转出约31万元。其中，2万元备注为房屋中介费，151950元备注为上海市嘉定区松鹤墓园，101300元备注为支付吴某甲于某生活费用。2018年7月至今，吴某丁租住曹某房屋用于照顾于某，每月房屋租金约3200元。

除法院查明的费用外，吴某丁另在庭审中自述，在吴某甲死亡前，吴某丁为其支付保姆、外购药费用、125号101室房屋相关物业费杂费；于某每月养老金收入为4000余元，吴某丁为于某支付房租费、护工费、医疗费、生活费。案外人吴某乙在诉讼中表示，吴某丁将于某护理得很好，于某的工资卡在吴某丁处保管，用于于某的日常花销；173万元售房款到账后，除了支付为吴某甲购买墓地的相关费用和吴某丁之前为照顾于某居住、生活垫付的部分报销之外，剩余款项仍在于某的银行卡内，由吴某乙保管。

【案件焦点】

1. 侵害被监护人财产权利的判定；2. 对“最有利于被监护人的原则”的理解；3. 监护内容分离的探索。

【裁判要旨】

上海市闵行区人民法院经审理认为：当监护人实施严重损害被监护人身心健康行为、怠于履行监护职责，或者无法履行监护职责并且拒绝将监护职责部分或者全部委托给他人，导致被监护人处于危困状态或者实施严重侵害被监护人合法权益的其他行为时，人民法院可依申请撤销监护人资格、安排必要的临时监护措施，并按照最有利于被监护人的原则依法指定监护人。本案中，被监护人于某系无民事行为能力人，吴某丁经法院生效判决指定为于某之监护人，且 2018 年 7 月至今，于某的生活主要由吴某丁照顾，现吴某丙欲申请撤销吴某丁的监护资格，需证明吴某丁具有上述不适合担任监护人的情形。

关于吴某丁出售 125 号 101 室房屋的行为：其一，在（2018）沪 0112 民特 661 号指定监护人的诉讼中，吴某丁明确陈述，申请作为于某监护人的理由和准备将 125 号 101 室房屋出售以及售后房款的用途，吴某丙亦作出不同意的回应，说明双方曾就售房、监护等问题进行过协商，但协商无果。其二，吴某丙并未提供证据证明 125 号 101 室房屋出售存在明显低于市场价格的情况，系争房款均打入于某名下账户内，大额支出的用途与吴某丁庭审所述及其提供的票据基本相符，且吴某丁自述已经发生的款项金额大于于某账户实际转出的资金金额。法院认为，吴某丁在吴某甲生前照顾吴某甲的费用，吴某丁多年来照顾于某的相关房租、护工、医疗、生活等费用，为实现 125 号 101 室房屋继承、出售而支出的诉讼、鉴定、律师、公证、税费等费用，均属于合理支出，未见明显不合常理及侵害于某权益之处。其三，125 号 101 室房屋余款现由吴某乙保管，并未处于吴某丁的控制之下，吴某丙在指定监护人诉讼及本次诉讼中，均多次表示愿意出资为吴某甲购买墓地或承担于某生活开销支出，但并未提供相应的证据予以证明，也未能提供充分证据证明吴某丁出售 125 号 101 室房屋侵害了于某的权益。

同时，吴某丙、吴某丁、吴某乙三人作为于某的子女，对于某均负有赡养义务，赡养义务系持续性的综合义务，赡养人应在老年人需要时，在金钱、物质、行动及精神层面上履行必要的赡养义务，吴某丙积极要求照顾于某的良好愿望值得赞扬，可以通过金钱、物质、行动、精神等其他方式更好地赡养老人，让于某安享晚年。吴某丁作为于某的监护人，亦应保护于某的人身、财产及其他合法权益，除为于某的利益外，不得处理于某的财产，并及时将于某的支出情况向吴某丙、吴某乙公开，避免家庭成员之间相互猜疑、互不信任。

综上，吴某丙未举证证明吴某丁存在虐待、遗弃于某等不履行监护职责、侵害于某合法权益的情形，亦未举证证明吴某丁存在其他不宜担任于某监护人的情形，故法院对吴某丙要求撤销吴某丁监护人资格并变更其为于某监护人的请求不予支持。

【适用解析】

《民法典》从未成年人监护和成年人监护两方面对监护制度进行了规定。其中，成年人监护的适用对象为无民事行为能力和限制民事行为能力的成年人。

一、撤销监护的考量因素

家庭是被监护人最好的生活环境，撤销监护人资格应当慎之又慎。《民法典》第36条列举了撤销监护人资格的三种情形，都属于严重侵害被监护人权益的情形，根据该条规定，在撤销、变更监护人案件中，应当根据被监护人的意愿、能力、危险性等因素进行综合判断。

监护意愿是非常重要的考量因素，因为即使监护人能力再强，如果其不愿意履行监护职责，怠于履行监护职责甚至遗弃被监护人，反而对被监护人不利。本案中，被申请人在知晓被监护人已经为名下房屋订立公证遗嘱公证给申请人的情况下，仍愿意继续照顾被监护人，被监护人的遗嘱并未影响其担任监护人的积极性和主动性，说明被申请人的监护意愿强烈，且非基于财产因素，应当予以褒奖。

监护能力是对监护人是否事实上具有履行监护职责能力的判断，监护人履行监护职责，需要付出时间和精力。在撤销、变更监护人案件中，除了监护人去世、入狱等特殊情形外，应当对监护人在诉讼之前的监护情况进行考量。本案中，被监护人的日常生活基本由被申请人负责照顾，除每天照顾被监护人之外，还包括被监护人在医院就医治疗的检查陪护、方案确定及出入院相关事宜的操办，实际上，相较于申请人投入和付出更多的时间和精力，对被监护人的生活、医疗需要更为熟悉。

监护危险性是指被申请人对被监护人有人身或财产上的侵害。人身侵害主要为遗弃、打骂、忽视被监护人等情形。财产侵害的情形比较常见，种类也更为复杂，一是放弃被继承人的既得利益，包括继承、分家析产、接受赠与等情形；二是抵押、出售被继承人的财产，也是认定的难点。《民法典》第35条第1款规定，监护人应当按照最有利于被监护人的原则履行监护职责。监护人除为维护被监护人利益外，不得处分被监护人的财产。本案中，被申请人确实出售了被监护人名下的房产，判断关键在于该行为是否侵害了被监护人的利益。

二、侵害被监护人财产权益的评判标准

成年被监护人的财产多为积蓄或者通过继承等方式获得，通常用于负担被监护人的日常开支，如衣食住行、医疗看护，以及因特殊情况造成的额外开销，是确保被监护人获得持续生活保障的物质基础。而成年监护关系中亲权的亲疏关系与父母对未成年人的亲疏关系有所区别，监护人由于人性的自私作出侵害被监护人利益的行为的可能性更大。

法律规定中，并未对“为维护被监护人利益”作出相应的明确规定，实践中，也不可能制定清晰的界限和标准，司法实践中主要有两种观点：主观利益标准和客观利益标准。主观利益标准从监护人处分财产的目的出发，不问监护人是否实际上将财产用于被监护人身上，此观点虽易于判别，但主观因素太大，现成年监护监督制度尚不完善，主观利益标准仅仅依赖监护人道德良知，难以防止监护人借监护之名不当处分被监护人的财产，容易滋生监护财产之滥用；客观利益标准则是要求监护人处分财产只能直接使用在被监护人身上，包括用于被监护人的生活、就医等方面，客观利益标准虽能对财产的用途进行限制，通过财产流向可以轻易判断，但在处分房产类大额财产的情况下，无法保障处分行为本身的合理性与必要性，亦不能因财产未实际用于监护人生活而得以侵害被监护人权益。一言概之，两种观点均有偏颇之处，笔者认为，应当各取所长，结合个案实际情况加以分析。

由此可见，并非所有处分监护财产的行为均侵害被监护人的财产权益，因此确定评判的标准对于裁判尤为关键，本案实际也是采用了主客观相结合的标准。首先，被申请人处分125号101室房屋的意图及目的在（2018）沪0112民特661号指定监护人的诉讼中已经明确，申请人也多次作出不同意的回应，双方就售房、监护等问题协商无果。在此，法院主要着眼于被申请人是否基于隐匿、转移被监护人财产的目的，私自、暗中处理了被监护人的财产，或者是通过隐蔽手段，损害被监护人的财产利益。其答案显然是否定的。被申请人处分原登记于吴某甲名下的125号101室房屋，其本意是使吴某甲的不动产得以流转、利用，用吴某甲自己的财产购买墓地，其本意并不存在侵害被监护人的利益的情形。同时，125号101室房屋并非被监护人实际居住的房屋，被监护人名下亦有其他房屋，出售该房屋并不影响被监护人的实际居住及就医治疗。其次，125号101室房屋出售的价格，基本符合市场价格，售房所得款项均打入被监护人名下账户内，账户则由吴某乙进行保管、

控制，也说明被申请人没有侵占被监护人财产的恶意。最后，售房款的具体用途主要分为三个方面：其一，根据房屋的来源，为房屋变现而发生的相关费用，包括继承公证、聘请律师、进行监护人认定的诉讼、出售房屋等相关费用，而被申请人在法律上并无支付相关费用的义务，这些费用作为必要费用的支出，尚属合理；其二，为吴某甲购买墓地所支付的费用，现无其他证据证明吴某甲名下还存有其他遗产足以支付墓地费用，且125号101室房屋系由被监护人从吴某甲处因法定继承所得，被监护人生前也均由吴某甲照顾，所售房款用于支付吴某甲购买墓地的费用，符合中国传统的亲情人伦思想，合情合理；其三，售房款实际被领取的部分，被申请人就房款进入被监护人账户后实际被领取的部分提供了大量的单据和证明，吴某乙作为被监护人的子女也予以认同，且根据被申请人陈述，实际照顾被监护人支出的费用要远远大于转出的金额，综合考虑被监护人的收入、就医支出等情况，法院认定上述领取的金额及用途基本属实。综上，法院认定被申请人的行为未见明显不合常理及侵害被监护人权益之处。

三、最有利于被监护人原则

法律设立监护人制度的目的，是更好地保护被监护人的利益。《民法典》确立“最有利于被监护人”和“尊重被监护人的真实意愿”两个原则，充分体现了高度重视被监护人权益保护的立法态度，也为相关民事法律关系的调整提供了基本思路和法律依据。

在变更监护关系案件中，案件当事人系申请人与被申请人。虽然被监护人并非案件的当事人，贯彻最有利于被监护人原则的关键在于明确被监护人的价值维度，而非平衡申请人与被申请人之间的关系。对于成年限制民事行为能力人，可以参照《民法典》第1084条关于8周岁以上未成年子女意愿的规定，征询其监护人由谁担任的意见。变更监护人不是解决此类案件的万灵药，案件的出发点和落脚点都应是为了更好地保障被监护人的生活起居、保护被监护人的财产权益。同时，也需要根据个案的具体情况，因人因事进行判断，把握好比例和必要性，如果撤销或变更监护人之后，无法切实保障被监护人能够获得更好的照顾，或者变更监护的理由优势并不十分明显，就更应慎重对待。

在成年人的监护中，包含监护和赡养责任两个方面。监护人除了要代理被监护人实施民事法律行为外，还要完成对被监护人的日常生活及身体状况进行照顾照料等事实行为，因此，法官需要充分考虑被监护人的情感、精神、方便、效用等因素，以便做出最有利于被监护人的判断。本案中，法官曾考虑通过共同监护或变更监护来实现对被监护人的最有利监护，以解决双方之间的矛盾。

首先是共同监护。相关法律规定，监护人可以是一人，也可以是同一顺序中的数人。申请人、被申请人均系被监护人的子女，监护资格属于同一顺序。主观上，申请人、被申请人在两个案件中均不同意对被申请人进行共同监护；客观上，申请人与被申请人家庭住址较远，双方对被监护人应居住的住处及就医的医院均有分歧，双方都想让监护人就近居住及就医方便各自照顾，在此情况下，由二人共同监护分担监护责任，反而不利于行使对被监护人的监护之责。故本案没有适用共同监护的可行性。

其次是变更监护。本案中，被监护人长期由被申请人照顾，就医治疗及饮食起居皆由被申请人安排，被申请人对被监护人的生活习惯较为了解、照顾也更为周到。反观申请人，除了探望被监护人之外，也未对被监护人提供其他帮助或参与照料，申请人虽多次表示愿意出资为吴某甲购买墓地或承担被监护人生活开销支出，但并未践行承诺。申请人虽计划让被监护人住回航华房屋，并准备聘请保姆照顾，但本案的被监护人系无民事行为能力人，长期需要就医治疗，日常生活需要有人长时间的照料，精神上也需要亲情的慰藉与陪伴，从指定监护前后的情况看，被申请人能够付出更多时间精力，更妥善照顾被监护人的起居生活和精神需求。事实上，被申请人及被监护人的其他子女之间，已经为便于照顾及就医，为被监护人租住离被申请人更近的房屋，形成较为熟悉的生活环境和稳定的生活状态，随意变更被监护人的居住地点，会对被申请人及其他子女照顾被监护人带来不便，一旦申请人的承诺未能正常施行，将使对被监护人的照顾处于真空状态，无法切实保障被监护人的相关权益。

四、老年人监护与赡养的关系

赡养制度是由赡养人为老年人提供经济上的支持、生活上的照料和情感上的抚慰。监护与赡养两者可能产生重合，在赡养义务人不是监护人的情形下，该赡养义务人只是不能管理老年人的财产和代理老年人处理事务，但仍需在金钱、物质、行动及精神层面上履行必要的赡养义务。

本案中，申请人将监护片面地理解为权利，认为其不是监护人就无法对被监护人进行照料。实际上，承担监护职责并非享受权利，而是履行保护被监护人的身体健康、照顾被监护人的生活等法定职责。同时，申请人亦为赡养义务人之一，赡养义务系持续性的综合义务，赡养人应在老年人需要时在金钱、物质、行动及精神层面上履行必要的赡养义务。申请人积极要求照顾被监护人的良好愿望值得赞扬，其对被监护人公证遗嘱的感恩可以通过金钱、物质、行动、精神等其他方式更好地赡养老人，让被监护人安享晚年。申请人、被申请人、吴某乙三人作为被监护人的子女，对被监护人均负有赡养义务，应铭记抚育之恩、尽赡养之责，共同照顾好被监护人的晚年生活。同时，三人也应处理好兄弟姐妹之间的关系，以家庭和睦团结为重，遇事友好协商解决，避免家庭矛盾的发生。

五、监护内容分离的探索

假设监护人处分监护财产的行为确实侵害被监护人的合法权益，是否还要考虑侵害合法权益的程度、轻重、原因、损害结果，还是非此即彼地一概予以撤销？倘若监护人的行为尚未达到《民法典》中全部撤销监护的程度，放任监护人继续管理监护财产显然不妥当，但一概予以撤销，又恐使被监护人常态的生活管理和监护之责产生真空状态，但我国现行的撤销监护制度尚无相应救济途径。此外，《民法典》对撤销的内涵也未进行解析，在司法实务中，撤销监护意味着全部撤销。如果在一个案件中，没有比监护人更好的监护候选人，法院是必须将监护人对被监护人的人身和财产监护职责一并撤销，还是可以选择部分撤销，即仅撤销在侵权范围内监护人相应的监护职责；同时，撤销监护人资格后，如何才能做到最有利于被监护人的原则等更细节、更具体的问题，或者如果在部分撤销的情况下，被撤销部分应由谁代管、如何代管等问题，《民法典》尚未作出明确的规定。

回到本案的案情，结合审理查明的事实并综合案情考量，法院仍认定，现在的监护人已是监护意愿最为真实、监护能力最为耐心细致的，全部撤销显然非最有利于保护被监护人的人身利益。若监护人在出售房屋这一情节上，确实有损于被监护人的财产权益，是否可以通过监护内容的分离来实现对被监护人的监护利益最大化？而且，随着时间的推移，当大量独生子女或二胎子女一代面临赡养、监护老人问题的情况下，全部撤销监护本身的缺陷会逐渐显现。

《民法典》第 34 条第 1 款规定被监护人的权利包括“人身权利、财产权利以及其他合法权益等”，体现了立法者对被监护人权利的细化，为监护内容分离提供了法律依据，监护内容分离也并未突破或是违背《民法典》中关于监护内容内涵的规定。司法实践中，如何真正做到符合"最有利于被监护人原则"，需要在《民法典》下更新对相关制度的理解与研究，使得成年被监护人的合法权益得到更为周全的保护。

本案中，被监护人的银行卡在吴某乙处保管，被申请人将自己对吴某甲及被监护人支出的费用进行详细记录，以便交给吴某乙过目报账，客观上已经形成了部分监护内容的分离。由于吴某乙并非共同监护人，且系被监护人的子女，与申请人、被申请人处于同等的亲兄弟姐妹关系，并未有明显的偏袒一方的情形，故其以独立的案外人身份占有监护财产，可以有效地对被监护人的财产起到保护、管理和监督作用。同时，被申请人也应当将被监护人的日常开支等建立台账，及时将台账情况向申请人、吴某乙公开，避免家庭成员之间相互猜疑、互不信任。《民法典》的相关监护内容，在第一编总则的自然人章节项下，婚姻家庭编未增设监护专章，在后续的立法和司法解释中，或可借鉴本案的情况，除有亲缘关系的第三人代管之外，也可考虑将提存、信托等相关机构的代管纳入监护体系，以保护被监护人的财产，使被监护人的财产保管处于更规范、更安全的状态之下。

编写人：上海市闵行区人民法院　刘文燕　沈璐

【第 184 条　紧急救助人不承担民事责任】

10

在见义勇为过程中受害，可请求受益人给予适当补偿

——汪某平、李某诉某生态农庄有限公司、某财产保险股份有限公司岳阳中心支公司见义勇为受害者责任案

【基本信息】

1. 裁判书字号

湖南省岳阳县人民法院（2018）湘 0621 民初 173 号民事判决书

2. 案由：见义勇为受害者责任纠纷

3. 当事人

原告：汪某平、李某

被告：某生态农庄有限公司、某财产保险股份有限公司岳阳中心支公司

【基本案情】

2017 年 6 月 26 日 12 时左右，某生态农庄有限公司因厨房环保油发生泄漏，引起特大火灾。当时，正在农庄处就餐消费的汪某平和李某见火灾现场（厨房）摆有四只装满液化气的气罐，存在极大爆炸的安全隐患危及在此几十名就餐顾客的人身安全，在这一紧急关头，两人不顾自身的安全，冲入火海，将液化气瓶拖移到安全地方，而导致两人全身重度烧伤，避免了一桩爆炸事故的发生，确保了现场几十名顾客的生命安全。汪某平和李某受伤后，同时被送往岳阳市第二人民医院治疗。经确诊事故造成汪某平身体体表 40% ~49% 烧伤，呼吸道烧伤；造成李某身体体表 30% ~39% 烧伤，呼吸道烧伤。为此，汪某平住院治疗 38 天，某生态农庄有限公司支付医药费用 23 万多元，汪某平自行垫付 24000 元。李某住院治疗 47 天，某生态农庄有限公司支付医药费用 12 万多元，李某自行支付医药费用 21000 元。2017 年 11 月 22 日，经岳阳市金盾司法鉴定所分别作出伤残鉴定，确认汪某平构成三级伤残、确认李某构成八级伤残。2018 年 3 月 26 日，某财产保险股份有限公司岳阳中心支公司提出重新鉴定申请。本院委托岳阳市平安司法鉴定所对汪某平和李某的伤残程度进行了重新鉴定。结论为：汪某平构成一处四级伤残一处八级伤残；李某构成九级伤残。某生态农庄有限公司对汪某平和李某的见义勇为事迹予以认可，但认为其已向某财产保险股份有限公司岳阳中心支公司投保了公众责任险，汪某平和李某的损失应由某财产保险股份有限公司岳阳中心支公司在每人次 200000 元限额内予以赔偿。

2017 年 6 月 17 日，某生态农庄有限公司向某财产保险股份有限公司岳阳中心支公司投保了公众责任险。保险合同约定，本保险合同累计赔偿限额人民币 3000000 元，每次事故赔偿限额人民币 1000000 元每次事故财产损失赔偿限额 10000 元，每次事故每人人身伤亡赔偿限额 200000 元（含医疗费用限额为 20000 元）。保险合同的保险期限从 2017 年 6 月 18 日至 2018 年 6 月 17 日，其事故发生在保险期

间内。某财产保险股份有限公司岳阳中心支公司承认某生态农庄有限公司向其投保了公众责任险。但认为，本案为见义勇为受害者纠纷，某财产保险股份有限公司岳阳中心支公司既不是本案事故的引起者，也不是本案事故的受益人，更不是本案的适格被告；且本次火灾事故具有保险责任的免责情形，某财产保险股份有限公司岳阳中心支公司不应承担保险责任；即使承担保险责任也应在确保属于保险责任的前提下，只在医疗费 20000 元和残疾赔偿金 180000 元保险限额内赔偿，对于伤者的其他损失均不属于保险合同赔偿范围。

【案件焦点】

1. 见义勇为者汪某平和李某在见义勇为过程中造成了严重的人身伤害，某生态农庄有限公司作为侵害人，亦是受益人，应否承担赔偿责任；2. 某财产保险股份有限公司岳阳中心支公司是否应在保险责任范围内承担保险责任。

【裁判要旨】

湖南省岳阳县人民法院经审理认为：汪某平、李某因防止、制止他人的财产、人身遭受侵害而使自己受到人身、精神损害，应由侵害人承担赔偿责任，受益人也可以给予适当的补偿。本案中，汪某平、李某遭受侵害的侵害人是某生态农庄有限公司，而某生态农庄有限公司亦是受益人。故某生态农庄有限公司应承担汪某平、李某的赔偿责任。对汪某平承担的损失以 252821 元为准，对李某承担的损失以 237023 元为准。某生态农庄有限公司向某财产保险股份有限公司岳阳中心支公司投保了公众责任险。保险合同约定，本保险合同每次事故每人人身伤亡赔偿限额 200000 元（含医疗费用限额为 20000 元）。其事故发生在保险期间，依据法律规定“保险人对责任保险的被保险人给第三者造成的损害，可以依照法律的规定或者合同的约定，直接向第三者赔偿保险金”，某财产保险股份有限公司岳阳中心支公司应当对汪某平、李某在本次事故的损害依法在保险责任范围内承担赔偿责任。

湖南省岳阳县人民法院依照《民法通则》第 109 条、第 119 条，《最高人民法院关于审理人身损害赔偿案件适用法律若干问题的解释》第 17 条第 1 款和第 2 款、第 18 条、第 19 条、第 20 条、第 21 条、第 22 条、第 23 条、第 24 条、第 25 条，《保险法》第 14 条、第 65 条之规定，作出如下判决：

一、由某财产保险股份有限公司岳阳中心支公司分别赔偿原告汪某平、李某经济损失各200000元，合计400000元；

二、由某生态农庄有限公司赔偿原告汪某平经济损失52821元；由某生态农庄有限公司赔偿原告李某经济损失37023元；

三、驳回汪某平、李某其他的诉讼请求。

判决后，原、被告均服判，未提起上诉。判决生效后，两被告支付了汪某平、李某的赔偿款。

【适用解析】

习近平总书记指出："核心价值观，承载着一个民族、一个国家的精神追求，体现着一个社会评判是非曲直的价值标准。"2012年，党的十八大从国家、社会、个人三个层面分层提出了以"富强、民主、文明、和谐、自由、平等、公正、法治、爱国、敬业、诚信、友善"为倡导内容的社会主义核心价值观，并在全社会大力培育和弘扬社会主义核心价值观，使之融入人们生产生活和社会发展治理的各个方面。

2016年，为深入贯彻习近平总书记系列重要讲话精神，大力培育和践行社会主义核心价值观，运用法律法规的力量向社会传导正确的价值取向，中共中央办公厅、国务院办公厅印发《关于进一步把社会主义核心价值观融入法治建设的指导意见》，把社会主义核心价值观融入法治国家、法治政府、法治社会建设全过程，融入科学立法、严格执法、公正司法、全民守法各环节。而后，2020年应运而生的新中国第一部以法典命名的法律——《民法典》的问世，将"弘扬社会主义核心价值观"作为一项重要的立法目的载入法典，体现了坚持依法治国与以德治国相结合的鲜明中国特色。"富强、民主、文明、和谐"在社会主义核心价值观中居于最高层次，对《民法典》制度设计和价值理念具有统领作用，决定着《民法典》编纂的旗帜和方向；"自由、平等、公正、法治"是对美好社会的生动表述，是《民法典》制度设计的灵魂，成为《民法典》编纂的骨架和纲领；"爱国、敬业、诚信、友善"是公民基本道德规范，是《民法典》制度设计的情怀所系、价值所倚、根基所在、目的所归，成为《民法典》编纂的根本遵循和落脚点。社会主义核心价值观入法对建设法治国家、推进国家治理体系和治理能力现代化具有重大而深远的意义。

要确保社会主义核心价值观落到实处，就要强化法治的引领、规范和保障作用。将社会主义核心价值观融入法治建设，人民法院义不容辞，社会主义核心价值观是抽象的，而法院的审判执行工作是具体的，法院正是通过一个个具体案例来弘扬和引领社会主义核心价值观。

具体到本案，见义勇为是中华民族传统美德，弘扬见义勇为精神是践行社会主义核心价值观的重要内容，现行《民法通则》第109条规定，“因防止、制止国家的、集体的财产或者他人的财产、人身遭受侵害而使自己受到损害的，由侵害人承担赔偿责任，受益人也可以给予适当的补偿”，本案经过人民法院的依法审理、法官的明理释法以及公正裁判，进一步确定了涉案见义勇为行为的正义性，并使得见义勇为者在舍己为人、保护人民群众生命财产安全时受到的损失得到了应有补偿，弘扬了保护英雄的社会正气，也弘扬了法治的价值追求，对类似案件的审判起到了示范指引作用。另外，就法院审理的效果来看，案件生效后，被告方及时主动赔偿了原告方受伤后的经济损失，该案的处理在社会上形成了广泛的价值认同，取得了法律效果、社会效果的有机统一，见义勇为者的英雄壮举得到了社会各界的肯定，本案事迹受到当地广大群众的一致称颂，更是得到了人民政府的充分肯定与表彰，确认两名原告的行为为见义勇为行为，在《岳阳日报》上作了专题长篇宣传报道。

与此相呼应的《民法典》第184条可以说是社会主义核心价值观在其中的生动体现，《民法典》第184条规定“因自愿实施紧急救助行为造成受助人损害的，救助人不承担民事责任”，掷地有声地解除了长期以来人们对于“扶不扶”“救不救”“英雄流血又流泪”等不良社会现象的纠结与矛盾，弘扬了助人为乐、匡扶正义、见义勇为等核心价值选择，正是在这种价值指引之下，司法裁判工作通过将社会主义核心价值观贯穿工作始终，充分发挥了司法裁判的指引、评价和教育功能。

伟大的时代需要伟大的精神，人民法院依法裁判，确认见义勇为的正义行为，正是大力彰显和弘扬了社会主义核心价值观。人民法院在审执工作中应坚持不懈培育和践行社会主义核心价值观，用公正裁判体现社会主义核心价值观，用法治手段捍卫公平正义，使匡扶正义、维护稳定成为大家的自觉行动，在引导人们坚定不移地走中国特色社会主义法治道路、实现中华民族伟大复兴的中国梦的宏伟目标中发挥应有的重要作用。

本案见义勇为责任纠纷案的处理只是将社会主义核心价值观融入法治建设的一个小小缩影，此次将“弘扬社会主义核心价值观”作为立法目的写入《民法典》意义之重大更体现在它为裁判者提供裁判依据、为管理者指明价值取向以及为行为者示范行为指引的实践效用上。一是，社会主义核心价值观入法以立法目的为指引，以原则与规则相结合的方式，体现了情理法相融合的传统司法观，其开放性立法之义也为裁判者审理民事案件提供了正当的法理选择，是增强裁判正当性的应有之义。同时，由于社会快速发展，法律不可避免存有滞后性缺陷，社会主义核心价值观入法也在规范解释、漏洞填补方面起到了重要补充作用。二是，社会主义核心价值观入法有着深刻的时代烙印，体现了鲜明的中国特色，《民法典》明确弘扬社会主义核心价值观是贯彻落实习近平新时代中国特色社会主义思想、坚持依法治国与以德治国相结合的生动实践，进一步完善了社会治理体系、提升了社会治理能力。三是，社会主义核心价值观入法全面落实于调整人与自然的关系、人与社会的关系、人与人的关系、家庭成员之间的关系等制度体系之中，对于培育行为人在社会公德、职业道德、家庭美德、个人品德等各个方面均有着指引、示范和教育的重大意义，可谓“社会生活的百科全书”。

此外，社会主义核心价值观入法，是社会主义核心价值观作为一种人文理念转化为法理的一次华丽转身，《民法典》将社会主义核心价值观转换成权利、义务、行为、责任等内容，形成法律制度，不仅开宗明义地在第1条规定中就明确“弘扬社会主义核心价值观”作为立法目的，还在具体条文中一一内化以应用于制度落实。一方面，《民法典》将与社会主义核心价值观具有同源性的平等、自愿、公平、诚实信用、守法与公序良俗和绿色等价值观转化为民法的基本原则，在法理上设置了原则性的规范适用；另一方面，《民法典》还具体设置了一系列制度和规范作为规则性适用：如第184条为保护见义勇为者的合法权益作出“救助人不承担民事责任”的规定；第185条对侵害英烈等的姓名、肖像、名誉、荣誉等的行为规定了相应民事责任；第1043条首次将“家庭应当树立优良家风，弘扬家庭美德，重视家庭文明建设”作为婚姻家庭的倡导性规定写入法典；第1176条对自愿参与危险性活动的行为确立了“自甘风险”的规则……

习近平总书记指出“法安天下，德润人心”，国家治理需要法律和道德协同发力，法治和德治是不可分离、不可偏废的有机统一。以法治承载道德理念，道德才有可靠制度支撑。法律法规为社会发展进步树立鲜明的道德导向和价值取向，社会主义法治要能动体现社会主义道德要求，把社会主义核心价值观融入法治建设之中，使社会主义法治成为良法善治，引导全社会崇德向善，此为法治之路的最终归途。

编写人：湖南省岳阳县人民法院　周娜

二、物权编

【导言】

物权编对物权规则进行了较大的修改和完善，该编共5分编、20章、258条，主要新增制度和重大修订内容包括：

第一分编　通则

第二章“物权的设立、变更、转让和消灭”规定：因继承取得物权的生效时间（第230条）。

第三章“物权的保护”规定：物权保护方式的单用和并用（第239条）。

第二分编　所有权

第四章“一般规定”：1. 征收（第243条）；2. 征用（第245条）。

第五章“国家所有权和集体所有权、私人所有权”规定：集体财产状况的公布（第264条）。

第六章“业主的建筑物区分所有权”规定：1. 设立业主大会和业主委员会（第277条）；2. 由业主共同决定的事项与表决规则（第278条）；3. 业主将住宅转变为经营性用房应当遵循的规则（第279条）；4. 建筑物及其附属设施的维修基金的归属（第281条）；5. 业主共有部分产生收入的归属（第282条）；6. 物业服务企业或者其他接受业主委托的管理人的管理义务（第285条）；7. 业主守法守约义务和业主大会与业主委员会职责（第286条）；8. 业主请求权（第287条）。

第八章“共有”规定：1. 共有人对于共有财产重大事项的表决权规则（第301条）；2. 按份共有人行使优先购买权的规则（第306条）。

第九章“所有权取得的特别规定”：添附（第322条）。

第三分编　用益物权

第十章“一般规定”：用益物权的行使规范（第326条）。

第十一章“土地承包经营权”规定：1. 土地的承包期限（第332条）；2. 土地承包经营权的互换、转让（第334条）；3. 土地承包经营权的流转（第339条）；4. 土地经营权人的基本权利（第340条）；5. 土地经营权的设立与登记（第341条）；6. 以其他方式承包取得的土地经营权流转（第342条）。

第十二章“建设用地使用权”规定：1. 建设用地使用权的设立原则（第346条）；2. 建设用地使用权的出让方式（第347条）；3. 建设用地使用权期限届满的处理规则（第359条）。

第十四章“居住权”规定：1. 居住权的定义（第366条）；2. 居住权合同（第367条）；3. 居住权的设立（第368条）；4. 居住权的限制性规定及例外（第369条）；5. 居住权的消灭（第370条）；6. 以遗嘱设立居住权的法律适用（第371条）。

第十五章“地役权”规定：1. 在享有或者负担地役权的土地上设立用益物权的规则（第378条）；2. 土地所有权人在已设立用益物权的土地上设立地役权的规则（第379条）。

第四分编　担保物权

第十六章“一般规定”：担保合同及其与主合同的关系（第388条）。

第十七章“抵押权”规定：1. 可抵押财产的范围（第395条）；2. 浮动抵押（第396条）；3. 禁止抵押的财产范围（第399条）；4. 抵押合同（第400条）；5. 流押条款的效力（第401条）；6. 动产抵押权对抗效力的限制（第404条）；7. 抵押权和租赁权的关系（第405条）；8. 抵押期间抵押财产转让应当遵循的规则（第406条）；9. 同一财产上多个抵押权的效力顺序（第414条）；10. 既有抵押权又有质权的财产的清偿顺序（第415条）；11. 买卖价款抵押权（第416条）；12. 集体所有土地使用权抵押权的实现效果（第418条）；13. 最高额抵押所担保债权的确定事由（第423条）。

第十八章“质权”规定：1. 质押合同形式及内容（第427条）；2. 流质条款的效力（第428条）；3. 可出质的权利的范围（第440条）；4. 有价证券质权（第441条）；5. 基金份额质权、股权质权的设立（第443条第1款）；6. 知识产权质权的设立（第444条第1款）；7. 应收账款质权的设立（第445条第1款）。

本编选取10个案例，分别从业主的建筑物区分所有权、共有、土地承包经营权、建设用地使用权、居住权、担保物权等角度，对《民法典》有关物权的新制度、新规则进行解读。

【第 274 条　建筑区划内的道路、绿地等场所和设施属于业主共有财产】

11

住宅小区配套建筑权属的确定

——沈阳市铁西区某某 A 住宅小区业主委员会诉沈阳某某置业发展有限公司业主共有权案

【基本信息】

1. 裁判书字号

辽宁省沈阳市中级人民法院（2015）沈中民二终字 0291 号民事判决书

2. 案由：业主共有权纠纷

3. 当事人

原告（上诉人）：沈阳市铁西区某某 A 住宅小区业主委员会

被告（被上诉人）：沈阳某某置业发展有限公司

第三人：某某银行股份有限公司

【基本案情】

沈阳某某置业发展有限公司为沈阳市铁西区某某 A 住宅小区的建设单位。其与 A 住宅小区全体业主签订的商品房买卖合同中已明确除业主自购房屋外，小区内其他一切房屋、设备的所有权均属于沈阳某某置业发展有限公司。2005 年 3 月起，沈阳某某置业发展有限公司在沈阳市铁西区某某 A 住宅小区内建造两处房屋（建筑面积分别为 374.44 平方米、432.05 平方米），即本案诉争房屋。沈阳市铁西区规划委员会会议纪要载明：关于沈阳某某置业发展有限公司在开发项目A、B区增加物业用房、办公用房、医院、警卫室等5栋2200平方米办公用房事宜。会议原则同意建设5栋办公用房。会议明确该公司必须承诺不得改变新增5栋办公用房的使用性质。2005年12月21日，沈阳某某置业发展有限公司向铁西区城建局出具承诺：保证在A、B区建设食堂、物业公司用房、办公用房（沈阳某某置业发展有限公司自用）、医院及警卫室，并保证不改变建筑功能。2007年9月7日沈阳市房产局发放了两处争议房屋的产权证，房屋所有权人为沈阳某某置业发展有限公司，设计用途为办公。2007年12月28日大连市西岗区人民法院作出（2008）西民执字第2号民事裁定，将两处争议房屋交付给某某银行股份有限公司抵偿债务。2007年左右小区正式交付使用时，沈阳某某置业发展有限公司已另行配置了物业管理用房（建筑面积117.67平方米）。

沈阳市铁西区某某A住宅小区业主委员会以沈阳某某置业发展有限公司将A区2栋办公用房作为商品房对外销售，拒不向业委会及业主移交为由，诉至法院。请求判令沈阳某某置业发展有限公司向业委会移交争议房屋作为小区配套用于物业用房、办公用房、警卫室、医院等；如不能移交上述两处房屋，则在A小区范围内移交等面积的物业等配套用房。

【案件焦点】

在法无明文规定、合同亦未明确约定的情况下，如何确定住宅小区配套建筑的权属。

【裁判要旨】

沈阳市铁西区人民法院一审认为，当事人对自己提出的主张，有责任提供证据。没有证据或者证据不足以证明当事人的主张的，由负有举证责任的当事人承担不利后果。该两处房屋已经被法院依法裁定，移交案外人抵偿债务，沈阳市铁西区某某A住宅小区业主委员会要求沈阳某某置业发展有限公司交付上述两处房屋的诉讼请求，不予支持。A住宅小区业主委员会要求另行安置物业等配套用房，但未能提供有效证据证明沈阳某某置业发展有限公司在该小区还有其他尚未出售的房屋可用于物业管理用房，亦未提供证据证明A小区规划许可过程中涉及的除物业用房外的食堂、办公用房、医院及警卫室等房屋的权利人为A小区业主。该诉讼请求证据不足，不予支持。依据《物业管理条例》第30条、第38条，《最高人民法院关于民事诉讼证据的若干规定》第2条之规定，判决如下：

驳回沈阳市铁西区某某A住宅小区业主委员会的诉讼请求。

沈阳市铁西区某某A住宅小区业主委员会不服，提起上诉。

沈阳市中级人民法院二审认为，我国《物业管理条例》第30条规定，建设单位应当按照规定在物业管理区域内配置必要的物业管理用房。第38条规定，物业管理用房的所有权依法属于业主。未经业主大会同意，物业服务企业不得改变物业管理用房的用途。根据沈阳市的规定，建设单位应当按照不低于物业总建筑面积0.3%的标准配置物业管理用房，但总面积不得低于150平方米。其中，物业办公用房和业主委员会办公用房应为地面以上的成套房屋，具备水、电、供热等条件。按照上述规定，沈阳某某置业发展有限公司应当按照小区面积及上述比例为小区业主配置192.30平方米（64101.4平方米×0.3%）的物业管理用房。

本案诉争的两处房屋均系沈阳某某置业发展有限公司投资建设。A住宅小区业委会虽主张沈阳某某置业发展有限公司移交上述房屋，但除物业管理用房外，对于A小区办公用房规划许可中涉及的食堂、办公用房、医院及警卫室等房屋，法律没有规定上述房屋应由开发单位无偿配置给全体业主，A住宅小区业委会亦未能举证证明上述房屋应归其所有或无偿使用，A住宅小区业委会的诉讼请求不应得到支持。沈阳某某置业发展有限公司已经配置了沈阳市铁西区某号房屋（建筑面积117.67平方米）供小区物业管理使用，对于其未按规定提供符合标准的物业管理用房问题，A住宅小区业委会可另行主张权利。依照《民事诉讼法》第170条第1款第1项规定，判决如下：

驳回上诉，维持原判。

【适用解析】

新颁布的《民法典》在物权编第六章中规定了业主的建筑物区分所有权，就有关业主的建筑物区分所有权的相关内容，《民法典》在结合《物权法》等现行法律法规的基础上，进行了较大的补充和完善，特别明确了建设单位、物业服务企业或者其他管理人等利用业主的共有部分产生的收入，在扣除合理成本之后，应当属于业主共有，这无疑加强了业主权利的保护。落实该条款的前提是明确住宅小区业主的共有部分。司法实践中，住宅小区配套建筑是否属于业主共有是争议较大的问题之一。

一、立法现状及评析

住宅小区配套建筑的规划与建设，初衷是为居民日常生活提供便利服务，其合理配置和充分运用已成为衡量小区整体质量的一个重要标志。欲界定小区配套建筑的权属，首先要从现行法律法规、地方性法规当中寻找答案。《物权法》第73条规定："建筑区划内的道路，属于业主共有，但属于城镇公共道路的除外。建筑区划内的绿地，属于业主共有，但属于城镇公共绿地或者明示属于个人的除外。建筑区划内的其他公共场所、公用设施和物业服务用房，属于业主共有。"新颁布的《民法典》第274条与《物权法》第73条内容基本一致，考虑严谨性，仅在立法用语上作了补正。《最高人民法院关于审理建筑物区分所有权纠纷案件具体应用法律若干问题的解释》第3条规定："除法律、行政法规规定的共有部分外，建筑区划内的以下部分，也应当认定为物权法第六章所称的共有部分：（一）建筑物的基础、承重结构、外墙、屋顶等基本结构部分，通道、楼梯、大堂等公共通行部分，消防、公共照明等附属设施、设备，避难层、设备层或者设备间等结构部分；（二）其他不属于业主专有部分，也不属于市政公用部分或者其他权利人所有的场所及设施等。建筑区划内的土地，依法由业主共同享有建设用地使用权，但属于业主专有的整栋建筑物的规划占地或者城镇公共道路、绿地占地除外。"从以上第3条的规定可以看出，根据《物权法》《民法典》关于"建筑区划内的其他公共场所、公用设施和物业服务用房，属于业主共有"的规定，与小区房屋使用密切相关的锅炉房、配电房、物业管理用房等可以当然地理解为该条规定的公用设施，但食堂、医院及警卫室是否属于该条规定的"公共场所、公用设施"没有明确的判定依据。《关于审理建筑物区分所有权纠纷案件具体应用法律若干问题的解释》列举的共有部分不包含本案诉争房屋的情况，但在第2项中规定了兜底情形和例外情形。结合本案诉争房屋来看，首先，要分析诉争房屋是否属于开发单位所有，开发单位是否可以认为是该条规定中的其他权利人。在业主委员会与开发商就诉争房屋权属发生纠纷时，无法直接引用该条规定将开发商认定为权利人。其次，本案中诉争房屋用地是否可以理解为"属于业主专有的整栋建筑物的规划占地"亦不明确，故无法适用该条得出诉争房屋权属的结论。

《物业管理条例》第 27 条规定："业主依法享有的物业共用部位、共用设施设备的所有权或者使用权，建设单位不得擅自处分。"第 30 条规定，建设单位应当按照规定在物业管理区域内配置必要的物业管理用房。从这两条规定可以看出，开发商就物业管理用房的无偿配置责任是明确的，但关于物业管理用房的配置标准，并无统一规定，需各地根据当地情况另行制定相关标准。根据《沈阳市住宅物业管理规定》第 20 条的规定"建设单位应当按照不低于物业总建筑面积 0.3% 的标准配置物业管理用房，但总面积不得低于 150 平方米。其中，物业办公用房和业主委员会办公用房应为地面以上的成套房屋，具备水、电、供热等条件"，因此，物业管理用房明确归全体业主所有，沈阳某某置业发展有限公司应当无偿配置并移交物业管理用房面积，但因本案业主委员会并未针对物业管理用房不足部分主张权利，故不宜在本案中一并处理。

地方性法规关于配套建筑权属的规定不尽相同。其中以《上海市住宅物业管理规定》（2010 修订）第 39 条第 1 款规定较为详尽，其内容为："物业管理区域内的下列配套设施设备归业主共有：（一）物业管理用房；（二）门卫房、电话间、监控室、垃圾箱房、共用地面架空层、共用走廊；（三）物业管理区域内按规划配建的非机动车车库；（四）物业管理区域内的共有绿化、道路、场地；（五）建设单位以房屋销售合同或者其他书面形式承诺归全体业主所有的物业；（六）其他依法归业主共有的设施设备"。《山东省物业管理条例》第 14 条规定："按照规划要求在住宅小区内配套建设的会所、幼儿园的归属，应当在商品房买卖合同中约定。约定属于建设单位所有的，建设单位应当提供产权归其所有的证明文件，并优先为业主提供服务。"《深圳经济特区物业管理条例》第 52 条规定："建设单位应当在物业管理区域内无偿提供物业服务用房，包括物业服务设备用房、物业服务办公用房和业主委员会办公用房。"在物权法司法解释及相关法律法规未对小区配套建筑权属作出细化规定之前，借助地方性法规可以解决部分配套建筑（会所、幼儿园等）的权属争议，但本案争议的食堂、医院及警卫室仍无法确认权属。

二、认定诉争小区配套建筑权属的标准

第一，考虑建设费用是否分摊进住房销售价格。基于对《物业管理条例》第 27 条的误读，小区业委会以配套建筑食堂、医院及警卫室即条例所指共用设施为由，主张产权属于小区全体业主共有。然而，配套建筑系指包含物业管理用房在内的全部小区附属建筑，与共用设施的概念完全不同，《住宅专项维修资金管理办法》第 3 条规定：共用设施设备是指住宅小区或单幢住宅内，建设费用已分摊进入住房销售价格的共用的上下水管道、落水管、水箱、加压水泵、电梯、天线、供电线、照明、锅炉、暖气线路、煤气线路、消防设施、绿地、道路、路灯、沟渠、池、井、非经营性车场车库、公益性文体设施和共用设施设备使用的房屋等。故在无明确证据证明诉争房屋的建设费用已分摊进入住房销售价格的情况下，不能当然地将本案诉争房屋等同于物权法或物业管理条例中规定的公用设施、共用设施。

第二，考虑所占用土地是否分摊给业主。基于对《关于审理建筑物区分所有权纠纷案件具体应用法律若干问题的解释》第 3 条第 2 项的误读，业主委员会主张诉争配套建筑所占用的土地已分摊到其购买的房屋中，故诉争房屋应归全体业主所有。然而，从土地面积的分摊方法来看，即使是以小区占地面积除以所有建筑面积，所得系数再乘以每户建筑面积的方法分摊，也无法得出诉争配套建筑土地已经分摊给全体业主的结论，因为在小区范围内，住宅和独栋的配套建筑同样分摊其余土地面积，两者按照同一系数分摊土地面积，独栋配套建筑占用土地的面积并未分摊到住宅上，不能仅依据诉争配套建筑建在小区内就当然认定归全体业主所有。

第三，考虑建设资金投资主体及行政审批等因素。沈阳某某置业发展有限公司在本案中提交的证据证明，诉争配套建筑占用土地的权利来源合法，房屋的规划、建设等经过了政府相关部门批准，全部建设资金均由沈阳某某置业发展有限公司投入。尽管业委会提出沈阳某某置业发展有限公司向沈阳市铁西区城建局出具了承诺，“保证在 A、B 区建设食堂、物业公司用房、办公用房、医院及警卫室，并保证不改变建筑功能”，但该承诺书的内容仅为不改变建筑功能，并非承诺无偿给付或配置。该承诺书系沈阳某某置业发展有限公司在立项报批时向行政机关出具，即使沈阳某某置业发展有限公司违反承诺，其应当面临的也是行政处罚，而非对业主的民事责任。结合以上分析，本案最终认定诉争房屋权属归沈阳某某置业发展有限公司所有。

三、本案例所引入的裁判思路、原则

《民法典》物权编条文所涉及的土地征用、房屋拆迁、物业纠纷等许多问题，其实质无不涉及产权关系的明确、权利人财产权益的保护，与我们的个人权益尤其是经济利益有着密切联系。确定物之权属、定分止争是《民法典》物权编所要发挥的重要作用之一。本案例的社会意义就在于力争通过明晰住宅小区配套建筑权属，充分保护各方利益，激励市场主体创造财富，实现有恒产者有恒心，这也是落实《民法典》精神的体现。

本案中一审法院碍于立法缺陷，仅以案涉房屋为生效裁定执行为由，对配套建筑的权属问题未作充分论述。二审法院适用证据规则，结合本案具体情节，诠释法理，充分平衡各方利益，以确保尽可能实现公平性。

二审从宏观上提供了解决类案的裁判思路和原则。在法律、法规有明确规定的情况下，首先，适用法律、法规的规定，即法定原则。依据法理精神，只有在没有法律规定的情形下才可以遵循习惯或善良风俗等民事法律原则。基于社会公共利益，国家及地方规定开发商必须配套修建并明确其产权归属的配套建筑，如物业管理用房、设备间、非机动车车库等，应归全体业主共同所有。根据《民法典》第274条规定，建筑区划内的共有配套设施和共有基地属共有物业。其中，共有配套设施指与建筑区划内建设和使用分不开，依法必须配套修建的，且其建设费用一般已摊进住房销售价格的，由全体业主享有共有权的小区配套设施。[①] 其次，如商品房买卖合同中通过列举的方式明确约定配套建筑的产权归属，且此约定不违反法律、行政法规的强制性规定，则应按照合同约定认定配套建筑权属。在确定小区配套建筑权属的过程中，不仅有开发商与业主之间的纠纷，也有政府与开发商之间的争议。在签订国有土地使用权出让合同时往往约定受让人应配套建设一定面积的行政管理用房或教育、文化、体育等配套建筑，如合同中同时约定此类配套建筑的权属，则应依据当事人意思自治原则，按合同约定认定配套建筑权属。最后，投资受益原则的适用。“谁投资谁受益”符合民事行为的公平原则，在无法律规定又无约定的情况下，适用“谁投资谁受益”原则更趋于公正。运用该原则的有利之处还在于对激励开发商建设、完善配套建筑、改善小区的居住环境、方便业主的生活有促进作用，对于幼儿园、业主会所、食堂等非依法必须修建，可独立使用服务性、营利性建筑，如认定归全体业主所有，则将陷入开发商建设缺乏动力，业主管理没有秩序的局面，最终导致小区配套建筑失去其应有的功能。

---

① 最高人民法院民法典贯彻实施工作领导小组主编：《中华人民共和国民法典物权编理解与适用（上）》，人民法院出版社2020年版，第356页。

诚然，《民法典》在规定业主共有权方面完全继承了《物权法》的规定。这样规定从司法实践的角度看，给法官留下了很大的自由裁量空间，使审判活动更加灵活，更加贴近实际和现实，更好地服务于经济活动，以保障经济社会健康发展。笔者也期望透过对本案的研析，以《民法典》第 274 条为法定原则，在“约定原则”为基本运行框架范畴内，遵循“谁投资谁受益”原则，探索创新物权确认裁判的新思路。

编写人：沈阳市中级人民法院　王纪
辽宁省高级人民法院　周文政

【第 274 条　建筑区划内的道路、绿地等场所和设施属于业主共有财产】

12

社区活动中心属业主共有

——吉安市吉州区某某花园业主委员会诉吉安某某房地产开发有限公司物权保护案

【基本信息】

1. 裁判书字号

江西省吉安市中级人民法院（2019）赣 08 民终 8 号民事判决书

2. 案由：物权保护纠纷

3. 当事人

原告（被上诉人、再审申请人）：吉安市吉州区某某花园业主委员会

被告（上诉人、再审被申请人）：吉安某某房地产开发有限公司

第三人：吉安市吉州区某某社区居民委员会

【基本案情】

江西省吉安市吉州区某某花园小区由吉安某某房地产开发有限公司开发建设。某某花园业主委员会于2016年10月15日经吉安市吉州区某某办事处、吉安市吉州区住房保障局备案成立。被告在小区南门入口左侧建有吉安某某花园社区活动中心二层楼房一幢（以下简称案涉建筑物），吉安市建筑设计院（以下简称设计院）于2004年12月作出规划设计，在该平面图上载明：涉案建筑物底层规划有门厅、棋牌活动室、桌球室、乒乓球室、卫生间等场所，二楼规划有阅览室、健身房、办公室、健康服务中心等场所。涉案建筑物建成后，因小区业主反对被告在小区北入口处另建物业服务用房，经被告申请，吉安市城乡规划建设局于2013年10月18日作出《关于调整某某花园“社区活动中心”房屋规划用途的批复》载明：“同意将小区内原社区活动中心改为物业管理用房及活动中心。”2014年4月，设计院就涉案建筑物作出平面图修改方案载明：底层规划有活动中心和物业管理用房；二层全部规划为物业管理用房。2014年11月，吉安市吉州房地产测绘队对涉案建筑物底层和二层活动中心和物业管理用房面积分别进行测绘，并向被告出具的《商品房面积实测变更报名》载明：涉案建筑物活动中心建筑面积128.96平方米，物业管理用房建筑面积508.87平方米。同月，吉安市吉州房地产交易所测绘管理科向被告出具的《吉安市房产面积测绘成果审核表》载明：1. 涉案建筑物为非住宅性质，其中活动中心实测建筑面积128.96平方米、物业管理用房实测建筑面积508.87平方米；2. 该房屋为某某地产公司房产。2017年3月14日，被、原告签订的《物业用房移交协议》载明，被告于2014年11月8日将坐落于某某花园内物业管理用房面积508.87平方米提供给原告作为物业管理用房（房屋产权归被告所有）。在庭审过程中，原、被告及第三人一致确认：1. 涉案建筑物底层活动中心现有4间办公室的桌球室由被告实际占有；2. 二层物业管理用房中的阅览室由被告某某地产公司实际占有；3. 除上述桌球室和阅览室外，涉案建筑物的其余部分由原告、第三人、物业管理公司、社区民警实际占有。原告以被告应将上述桌球室和阅览室返还给原告占有，被告以活动中心属被告所有为由予以拒绝，遂引发本案纠纷。

【案件焦点】

涉案活动中心是否属于“建筑区划内的其他公共场所”，是否应归业主共有。

【裁判要旨】

《物权法》第73条规定："建筑区划内的其他公共场所、公用设施和物业服务用房，属于业主共有。"关于活动中心的权属认定，是否属于"建筑区划内的其他公共场所"应从以下几个方面进行分析。首先，建筑物建造及其规划设计审批、变更系行政主管部门对建筑物地域及其范围、公共设施面积及负担率等特定事项的确定，系行政机关对土地、建筑物相关主体权利义务的确定，属于行政许可行为，对申请人、全体业主及相关管理人具有拘束力。本案中，经被告申请和行政机关规划审批变更，某某地产公司未对涉案建筑物规划定点物业管理用房和活动中心属性提出异议，故其应当遵守规划定点确定的义务，维持该物业管理用房和活动中心规划性质不变。其次，所谓其他公共场所指小区绿地、道路之外的公共场所。《最高人民法院关于审理建筑物区分所有权纠纷案件具体应用法律若干问题的解释》第3条第1款第2项规定，其他不属于业主专有部分，也不属于市政公用部分或者其他权利人所有的场所及设施等，也应当认定为建筑物区分所有权的共有部分。该解释采取了排除法，即如果不属于业主专有和其他人所有的场所和设施，则属于业主共有的"其他公共场所"。本案中，涉案建筑物规划活动中心的四间办公室属于小区配套公建，经过国家相关主管部门规划审批和竣工验收，与住宅楼同步规划、同步建设和同时投入使用，属于合法配套建筑，其规划目的系为满足小区业主共同利益，应区别于经营性的会所等场所，其产权应属全体业主。再次，被告提出房产测量部门作出的测量报告上载明，涉案建筑建为被告房产，并据此认为系权属认定的依据，该主张与法律规定不符，且测量报告不能作为产权登记的证明，不具法律效力。最后，商品住宅价格成本应当包括住宅小区基础设施建设费和住宅小区级非营业性配套公共建筑的建设费，小区业主活动用房、物业服务用房属于小区独立的、非营利性的且产权属于全体业主的公共配套设施，其费用已列入开发建设成本，业主在购房款中已经支付了小区配套公建费用的成本费用。故判决：被告吉安某某房地产开发有限公司于本判决生效后十日内，将其占用的、位于吉安市吉州区某某花园小区内物业管理用房及活动中心底层桌球室和二层阅览室（2004年12月，吉安市建筑设计院出具的底层及二层平面图所注明位置）返还给原告吉安市吉州区某某花园业主委员会。

【适用解析】

该案是吉州区首例业委会就小区活动中心产权归属问题与开发商产生争执后，诉至法院维权的案例。住宅区活动中心是否属于公用设施，当前法律和司法解释均没有明确规定，各地裁判标准并不统一，本案裁判认为小区规划设计的活动中心应属业主共同所有，具体理由如下：

一、经过国家相关主管部门规划审批和竣工验收，与住宅楼同步规划、同步建设和同时投入使用，属于合法配套建筑，其规划目的系为满足小区业主共同利益，其产权应属全体业主

小区活动中心为商品住宅项目附属活动中心的简称，系指规划部门批准的商业配套用房中用于向业主提供商业、娱乐、文体等配套服务的场所。《物权法》第 73 条规定："建筑区划内的其他公共场所、公用设施和物业服务用房，属于业主共有。"《民法典》第 274 条规定："建筑区划内的道路，属于业主共有，但是属于城镇公共道路的除外。建筑区划内的绿地，属于业主共有，但是属于城镇公共绿地或者明示属于个人的除外。建筑区划内的其他公共场所、公用设施和物业服务用房，属于业主共有。"即《民法典》第 274 条沿用了《物权法》第 73 条"建筑区划内的其他公共场所、公用设施和物业服务用房，属于业主共有"的规定，这意味着此类案件的裁判在《民法典》生效后法律依据是一样的，这正是本案值得探讨的价值所在。本案中的活动中心权属认定，是否属于"建筑区划内的其他公共场所"是从以下两个方面进行分析的。

首先，涉案活动中心属于建筑区划内配套建筑。建筑物建造及其规划设计审批、变更系行政主管部门对建筑物地域及其范围、公共设施面积及负担率等特定事项的确定，系行政机关对土地、建筑物相关主体权利义务的确定，属于行政许可行为，对申请人、全体业主及相关管理人具有拘束力。"建筑区划内道路、绿地、其他公共场所、公用设施及物业服务用房，除例外情形外，只要是按照建筑区划建设的，业主即应享有共有权……因为建筑区划内的上述配套设施是整个建筑区划环境配套服务所必需的，也是确保建筑物合理利用正常发挥功能所应达到的标准和条件。"① 从

① 最高人民法院民法典贯彻实施工作领导小组主编：《中华人民共和国民法典物权编理解与适用（上）》，人民法院出版社 2020 年版，第 356 页。

法理学上分析，物权法上规定了建设用地使用权人和建设人对自己土地上的建筑物享有所有权，但对于涉及业主共有利益的必需保障性用房，法律可以另行规定。比如，《物权法》和《物业管理条例》都明确规定了物业管理用房属于全体业主共有，但这不等于法律无端为业主增加了一项权利，因为开发商是建设者和销售者，业主共有的物业管理用房的成本一定是分摊到房价上了。但是活动中心的性质通常认为是一种增值品而非必需品，在是否分摊到房价上并不统一，因此争议较大。对此，笔者认为，如果开发商在开发过程中将活动中心作为独立产权报建，活动中心面积又未计入公摊面积，且开发商依法应无偿提供的物业管理服务用房不包括活动中心内，此时，活动中心产权应属开发商所有。如果开发商将活动中心作为公共配套报建，包括在物业管理服务用房面积内，或将活动中心面积计入公摊的，或者开发商在销售时承诺活动中心产权归业主所有的，活动中心产权应该由小区业主共同享有。也就是说，活动中心的产权归属要看活动中心的性质，开发商送审的平面图上标注活动中心的用途是商用还是公共场所，如果属于小区的公共设施，则活动中心的所有权属于业主；反之，则属于开发商所有。本案中，涉案活动中心是经过国家相关主管部门规划审批和竣工验收，与住宅楼同步规划、同步建设和同时投入使用的建筑，且经被告申请和行政机关规划审批，变更涉案建筑物活动中心为物业管理用房和活动中心。也就是说，涉案建筑物不仅在规划设计时，经行政机关规划审批与小区住宅楼同步规划、同步建设和同时投入使用，后经被告申请还确认变更活动中心属性为物业管理用房和活动中心共存属性。而《物权法》第 73 条明确规定物业服务用房，属于业主共有。《民法典》第274 条沿用了《物权法》第73 条的规定，与物权法对此立法的精神是一脉相承的。也就是说，不管是按照《物权法》还是按照《民法典》的规定，涉案活动中心均属于经过国家相关主管部门规划审批和竣工验收的，与住宅楼同步规划、同步建设和同时投入使用的建筑区划内建筑。即这一条款说明，不管小区的配套附属设施面积有没有计入公共面积分摊，也不管它们的造价是否分摊进房价，只要是小区规划要求配建的，都必须作为配套使用的附属设施，而归全体业主所有。即法律规定每一栋建筑物，都会因业主分别购买、使用，而使业主享有其共有部分的共有权，配套使用的附属设施、附属设备、公用部位属全体业主所有。具体到本案中，也就是说案涉建筑物规划活动中心属于小区配套公建，其规划目的系为满足小区业主共同利益，有别于经营性的会所等场所，属于建筑区划配套建筑。

其次，案涉活动中心属于小区绿地、道路之外的公共场所。所谓其他公共场所指小区绿地、道路之外的公共场所。《最高人民法院关于审理建筑物区分所有权纠纷案件具体应用法律若干问题的解释》第3条第1款第2项规定，其他不属于业主专有部分，也不属于市政公用部分或者其他权利人所有的场所及设施等，也应当认定为建筑物区分所有权的共有部分。该解释采取了排除法，即如果不属于业主专有和其他人所有的场所和设施，则属于业主共有的“其他公共场所”。商品住宅价格成本包括住宅小区基础设施建设费和住宅小区级非营业性配套公共建筑的建设费，小区业主活动用房、物业服务用房属于小区独立的、非营利性的公共配套设施，其费用应当已列入开发建设成本，业主在购房款中已经支付了小区配套公建费用的成本费用，具体到本案中，涉案活动中心既不属于业主专有也非其他人所有的场所，即属于小区绿地、道路之外的公共场所。

二、小区活动中心的所有权确定应采用综合评判的方式来确定

在法律尚未对活动中心的属性作出明确的规定前，可以采用综合评判的方式来分析小区活动中心的性质，在综合评判中所要考虑的因素有以下几个方面：

（一）业主与开发商之间的约定

双方的约定体现了私法领域最高的原则：意思自治原则。因此，如果双方明确约定了活动中心的归属，这样的法律关系就是比较明确的。但是如果开发商在宣传中单方面做出允诺，就要具体情况具体分析。《最高人民法院关于审理商品房买卖合同纠纷案件适用法律若干问题的解释》第3条规定：“商品房的销售广告和宣传资料为要约邀请，但是出卖人就商品房开发规划范围内的房屋及相关设施所作的说明和允诺具体确定，并对商品房买卖合同的订立以及房屋价格的确定有重大影响的，应当视为要约。该说明和允诺即使未载入商品房买卖合同，亦应当视为合同内容。”由此可见，开发商如果在宣传中做出了说明活动中心属性的宣传，并且对房屋的价格和订立有巨大影响的话，那么这个宣传即视为单方允诺。

（二）房价构成

如有些开发商所言，活动中心的建筑并未分摊到房价中，但是这里所说的房价构成并不以开发商是否明确将活动中心的造价纳入房价中，作为弱者的业主来说，在房地产市场尚处于价格虚高不下的状态下，要举证开发商已经将活动中心的造价分摊到房价中是比较艰难的，所以这时候就需要一些相关的司法解释出台来确定开发商的举证责任倒置，让开发商来举证并未将活动中心的建设造价分摊到业主的房价中去。

（三）规划项目类型

如果开发商在申报时是以公共设施来进行开发的，那么在以后的建设中也应该以此作为建设的目的和用途，而作为公共设施的建筑，根据《物权法》第73条的规定，建筑区划内的其他公共场所、公用设施和物业服务用房，属于业主共有。

因此，本文所采纳的观点即为，在立法对于活动中心的属性尚不明确界定之前，对于小区活动中心的所有权应综合考虑相关的因素，首先应由双方约定，如果没有约定，则应当推定归业主共有。其主要原因在于：首先，除了当事人在合同中有特别约定外，活动中心不仅是一个服务于业主的场所，而且面向社会开放，活动中心不仅服务于特定人，且要服务于许多不特定的人，所以不能够把活动中心理解为业主的公用设施，更不是一个仅仅服务于业主的公共场所。其次，通常活动中心的投资巨大，如果完全归业主所有，也可能导致建设单位将风险转移给业主，拉高房价。活动中心可以成为小区的附属设施，但是，小区也可以不需要活动中心。所以，从鼓励建设单位兴建活动中心考虑，通过约定来确定活动中心的归属，也许对业主是有利的。即使建设单位保留了对活动中心的所有权，也可以通过双方之间的另行约定来规定活动中心的服务对象和经营问题。

编写人：江西省吉安市吉州区人民法院　王国勇

江西省吉安市中级人民法院　彭璇

【第 277 条　设立业主大会和选举业主委员会】

13

居委会代行业委会职责

——刘某诉北京某某物业管理有限责任公司物业服务合同案

【基本信息】

1. 裁判书字号

北京市第二中级人民法院（2019）京 02 民终 7266 号民事判决书

2. 案由：物业服务合同纠纷

3. 当事人

原告（上诉人）：刘某

被告（被上诉人）：北京某某物业管理有限责任公司（以下简称某某公司）

【基本案情】

刘某于 2006 年 10 月与某某公司签订《物业管理服务协议》，约定由某某公司提供物业管理服务，物业服务费按年计算为 18 元/平方米。自合同签订生效后，刘某一直按照双方约定履行。但从 2014 年 6 月开始，某某公司一直拒绝按照合同约定收取刘某物业服务费，而是要求刘某按照新的物业费收费标准缴纳物业费。刘某等业主认为某某公司上调物业费没有依据，故提起本案诉讼，要求法院判令某某公司继续履行双方物业服务协议义务，即按每年 18 元/平方米收取物业管理费。

某某公司不同意刘某等业主的诉讼请求，主张涉诉小区多年未调整物业费，导致物业公司入不敷出，在经过对小区物业费依法评估的基础上，社区居委会代行业委会职责，已经按照法定程序上调了物业费，刘某应当按照调整后的物业收费标准缴纳物业费，不同意刘某的诉讼请求。

法院经审理查明，2006 年 10 月 11 日，刘某（甲方，委托方）与某某公司（乙方，受托方）签订《物业管理服务协议》，约定甲方委托乙方实施物业管理，物业费按 18 元/平方米每年收取；物业服务费缴纳起止日期为 2005 年 5 月 5 日至 2007 年 5 月 4 日；物业管理服务期限自本协议签订之日起至本小区业主大会成立后业主委员会所选聘的物业管理企业签订的物业服务合同生效时止。

2014 年 7 月 1 日，某某公司在涉案住宅小区内发布公告，决定于 2014 年 7 月 15 日起对涉案住宅小区的物业服务费标准进行调整，其中住宅（带电梯）单价 2.50 元/平方米·月；住宅（不带电梯）单价 1.80 元/平方米·月，商业单价 2 元/平方米·月。

某某公司提交相关的报告、申请、公告、入户调查表等材料，证明其涨价行为符合国家法律及行业规定。某某公司提交的证据显示：1. 2013 年 12 月 17 日，某某公司委托国泰民生物业服务评估监理（北京）有限公司对涉案住宅小区的物业服务费用进行评估；2. 2014 年 1 月 16 日，某某公司向社区居民委员会出具《关于调整物业费的民意调查申请》，申请居委会根据住建部［2009］274 号文《关于印发业主大会和业主委员会指导规则的通知》第 58 条的规定代行业主委员会的职责，对涉案住宅小区业主入户调查物业费用涨价的民意，同时废止 2013 年某某公司与业主签订的物业管理服务协议，重新按照调价后新物业服务合同与建设单位签订前期物业服务合同；3. 社区居委会于 2014 年 1 月 23 日出具《关于调整物业费的回复》，同意代行业主委员会的职责，并全权委托某某公司负责入户征询业主上调物业费价格的意见；4. 2014 年 5 月 31 日，某某公司向区建委小区办出具《关于上调物业服务费价格的报告》，报告其拟上调物业服务费的原因及价格标准；5. 2014 年 6 月 30 日，某某公司向社区居委会和区住建委小区办分别出具“《关于调整小区物业服务费》入户调查情况报告”，载明入户调查详细信息；6. 2014 年 7 月 1 日，某某公司在涉案住宅小区张贴涨价公告；7. 社区居委会于 2014 年 7 月 3 日出具“关于调整物业费入户调查情况报告的回复”，同意上调物业费；8. 2015 年 2 月 5 日，镇小区办、社区居委会以及某某公司针对《关于调整物业服务费签约缴费情况审核报告》进行了盖章确认；9. 2015 年 7 月 15 日，某某公司向区建委小区办提交了“北京市物业服务合同变更申请表”，2015 年 11 月 25 日，小区办决定予以变更。

刘某对某某公司入户调查结果的真实性不予认可。

【案件焦点】

在未成立业主大会并选举业主委员会的小区，居民委员会是否有权代行业主委员会职责对小区物业费进行调整。

【裁判要旨】

北京市大兴区人民法院经审理认为：关于物业费收费标准，某某公司向某某居委会提交了物业费涨价的民意调查申请，在民意调查后将调查结果向某某居委会和某某小区办分别进行报告，某某居委会对该结果予以认可并同意按照新调整价格执行，此后某某公司进行了相关备案工作，同时某某小区内过半数业主在物业服务费调整后进行了缴费签约，某某公司的物业费涨价行为符合形式要求，刘某要求某某公司继续按照原《物业管理服务协议》约定的标准收费，无事实和法律依据，不予支持。

北京市大兴区人民法院依据《最高人民法院关于适用〈中华人民共和国民事诉讼法〉的解释》第 90 条之规定，判决如下：

驳回刘某的诉讼请求。

刘某不服一审判决，提出上诉。北京市第二中级人民法院经审理认为：物业服务费的调整属于物业管理区域内重大物业管理事项，根据《物权法》的规定，应当由业主共同决定，并经专有部分占建筑物总面积过半数的业主且占总人数过半数的业主同意。住建部［2009］274 号文《关于印发业主大会和业主委员会指导规则的通知》第 58 条规定：业主委员会产生之前，可以由物业所在地的居民委员会在街道办事处、乡镇人民政府的指导和监督下，代行业主委员会的职责。本案中，某某小区尚未成立业主大会并选举业主委员会，根据某某公司的申请，某某居委会代行业主委员会职责未违反相关规定。某某居委会根据民意调查结果同意上调物业费，某某小区办亦在《关于调整物业服务费签约缴费情况审核报告》上盖章确认审核结果，后某某公司向大兴小区办申请变更物业收费标准并进行了相关备案工作。某某公司的物业费涨价行为符合形式要求，并无不当。刘某要求某某公司继续按照原《物业管理服务协议》约定的标准收费，无事实和法律依据，法院不予支持。

北京市第二中级人民法院依据《民事诉讼法》第 170 条第 1 款第 1 项之规定，作出如下判决：

驳回上诉，维持原判。

【适用解析】

业主自治，是指特定物业区域的业主集体，基于其所在小区物业的共有权和共同使用权，为了保护与发展业主、物业使用人的合法权益，遵照法律法规的规定，通过选举产生业主自治团体对全体业主的共有物业实行统一的公益性、自律性、民主化的管理方式和管理制度。《民法典》第277条第1款规定，业主可以设立业主大会，选举业主委员会。业主大会和业主委员会是业主自治的组织形式，通过一定的程序和规则实现业主自治。但是实践中，并非所有住宅小区都成立业主大会，也非每个住宅小区都选举业主委员会，恰恰相反，很多住宅小区特别是老旧小区业主大会及业主委员会缺位的现象非常普遍，导致业主不能形成集体意志，业主大会及业主委员会的权利和职责无法真正落实，业主自治陷入“僵局”。

《民法典》的颁布，对于业主自治在实践中遇到的问题进行了回应，有助于推动业主自治真正实现。但是，《民法典》尚未特别关注到业主自治组织缺位情形下的补救措施。因此，在《民法典》颁布背景下，我们仍需寻找并确认破解业主自治“僵局”的应对之策。

业主自治的本质为共同事项由全体业主共同决定和管理。业主大会和业主委员会是业主自治的外在载体，代表全体业主共同表达意见，实现自治管理。《民法典》赋予业主大会及业主委员会法律上的地位，这从本质上体现了业主的事情由业主共同决定的基本原则。但是，业主大会与业主委员会仅是承载业主集体意志的外在载体，即使未成立业主大会，全体业主同样有权作出集体意思表示，即使没有业主委员会，全体业主同样可以通过委托其他组织的方式执行集体意志。没有业主大会及业主委员会绝非业主自治的“死穴”，在这样的小区，业主的集体意志同样需要也可以寻求表达的途径。

《业主大会和业主委员会指导规则》第58条规定，因客观原因未能选举产生业主委员会或者业主委员会委员人数不足总数的二分之一的，新一届业主委员会产生之前，可以由物业所在地的居民委员会在街道办事处、乡镇人民政府的指导和监督下，代行业主委员会的职责。据此，成立业主大会但未选举产生业委会的小区，居民委员会在街道办事处或乡镇人民政府的指导和监督下，可代行业主委员会的职责，根据业主大会的授权，代为执行全体业主的决定；未成立业主大会、业委会等组织的，经符合条件的业主授权，亦存在居民委员会代行业主委员会职责的空间。

于2020年5月1日实施的《北京市物业管理条例》则规定，在未成立业主大会或业主委员会的小区，可以由街道办事处、乡镇人民政府负责组建物业管理委员会，在一定条件下代行业主大会或业主委员会的职责。综上可以看出，是否成立业主大会以及选举业主委员会，并不能从实质上阻碍全体业主作出集体意思表示，如果全体业主能够通过某种方式共同作出决定，效力上同样应当给予肯定。《民法典》第277条第2款规定，地方人民政府有关部门、居民委员会应当对设立业主大会和选举业主委员会给予指导和协助。该规定源于居民委员会的特别法人地位，其具有鲜明的公共属性，承担着社区建设的职责。据此，居民委员会已经从法律上成为业主大会和业主委员会法定的指导和协助单位，而不仅仅只是协助街道办事处履职的办事单位。在业主委员会缺位的情况下，由作为“指导和协助”主体的居民委员会及时补位，代为履行业主委员会的职责，进而组织全体业主共同做出相关决定，是现行法律框架下的最优选择。本案即是在未成立业主大会的小区，创新业主自治模式，由居民委员会代行业主委员会职责，进而破解业主自治“僵局”，实现调整物业费的典型案例。

本案中，涉案小区建成时间早，小区物业费长期得不到调整，为了维持收支平衡，物业公司只能通过各种方式控制成本，一定程度上降低了服务质量，导致业主体验变差，物业纠纷频发。物业费长期无法调整导致小区物业纠纷陷入“恶性循环”。因此，按照市场调节价格适当调整物业费，保证物业服务质量质价相符，成为解决问题的关键。

根据法律规定，物业服务费的调整属于物业管理区域内重大物业管理事项，应当由业主共同决定，并符合法定条件。但是涉案小区未成立业主大会，也未选举业主委员会，缺少法律合法赋权主体，业主集体意志缺少表达途径，调整物业费在很长一段时间内难以实现，涉案小区的物业服务质量没有明显改观。

为了打破“恶性循环”的僵局，为小区业主提供质价相符的物业服务，提高小区的居住环境，涉案小区的部分业主及物业公司积极寻求破解之策。在对涉案小区物业费进行依法评估并公示的基础上，居民委员会代行业主委员会职责，并全权委托物业公司负责入户调查，征求全体业主意见。根据调查结果，涉案小区专有部分占建筑物总面积过半数的业主且占总人数过半数的业主同意按照评估价格上调物业费。物业公司及时将调查结果向居民委员会和街道办事处分别进行报告，居民委员会及街道办事处均对调查结果予以认可并同意上调涉案小区物业费，物业公司则及时向行政主管部门申请变更物业服务合同并进行了相关备案工作，行政主管部门同意变更物业合同、上调物业费。

综上，涉案小区通过由业主委员会代行居委会职责，实现了调整物业费的目标，解开了没有业主大会或业主委员会就无法办事的“死穴”，也为小区走向物业服务良性循环奠定了基础。整个过程既符合法律规定和政策要求，又公开、透明，表决程序符合双过半的要求，本质上体现了业主事情由业主共同决定的基本原则，物业费调整符合形式要求，应对全体业主产生效力，全体业主应当按照新的物业费收费标准缴纳物业费。刘某等部分业主不同意物业费上涨结果，而是要求按照原来的物业费缴费标准履行合同，无事实及法律依据，应当不予支持。

编写人：北京市第二中级人民法院　王磊

【第 322 条　添附】

14

误划款项产生的物权变动法律后果

——河南省 A 土地开发有限公司与刘某某执行异议案[①]

【基本信息】

1. 裁判书字号

最高人民法院（2017）最高法民申 322 号民事裁定书

2. 案由：执行异议

3. 当事人

原告（上诉人、被申请人）：河南省 A 土地开发有限公司（以下简称 A 土地公司）

① 载《中华人民共和国最高人民法院公报》2018 年第 2 期，第 33～37 页。

被告（被上诉人、再审申请人）：刘某某

第三人（被申请人）：河南省B建设集团有限公司（以下简称B建设公司）

【基本案情】

A土地公司在河南省淇县人民政府（以下简称淇县政府）对社会资金实施耕地占补平衡项目进行招投标过程中中标，并于2012年5月、2013年2月先后与淇县政府签订两份《淇县补充耕地后备资源合作开发合同书》，约定由A土地公司负责合同所涉项目的投资开发及验收。上述合同签订后，A土地公司与B建设公司于2012年8月1日签订《淇县2012年补充耕地储备项目第二标段施工合同书》及《淇县2012年补充耕地储备项目第三标段施工合同书》各一份；又于2013年9月16日签订《淇县2013年第一批补充耕地储备项目第三标段施工合同书》一份。上述施工合同约定，由B建设公司负责涉案项目前后三个标段的复垦工作。工程完工后，B建设公司对上述三个标段施工项目工程款提出的申报结算价分别为：2012年二标段7143072.53元，2012年三标段5222434.75元，2013年三标段7977289.36元，共计20342796.64元；经最终结算审核，A土地公司、B建设公司及审核单位C建设管理股份有限公司（以下简称C建设公司）共同认可，并签字盖章形成上述三个标段的竣工结算审核定案表，载明上述三个标段的审核结算价分别为：2012年二标段5827377.85元，2012年三标段4221527.42元，2013年三标段6421600.96元，合计16470506.23元，上述款项即为A土地公司应支付B建设公司的工程款总额。根据B建设公司向A土地公司开具的发票显示，A土地公司通过淇县政府财政部门分三次向B建设公司支付了上述三个标段的工程款，其中2012年二标段5769523元，2012年三标段4194171元，2013年三标段6381831元，共计支付工程款16345525元，尚有124981.23元未予支付。

2013年7月，B建设公司承包河南省D土地开发复垦有限公司（以下简称D复垦公司）在河南省襄城县的2012年第二批及2013年第一批补充耕地储备项目（以下简称襄城县项目）的相关工程，施工决算价为7352905.65元，D复垦公司已支付工程款6980526元，尚欠B建设公司372379.65元。D复垦公司在法院二审询问时表示，其并未委托A土地公司代为向B建设公司支付上述款项。A土地公司与D复垦公司外聘财务人员系同一人。

中国民生银行四份《支付业务回单（付款）》显示，2015 年 7 月 3 日，A 土地公司通过民生银行账户向 B 建设公司在中国建设银行股份有限公司郑州 E 支行的账户先后转账支付四笔款项。在四份回单的“客户附言”处分别载明：“淇县 2012 年项目二标段”（该单付款 1373549.53 元），“淇县 2012 年项目三标段”（该单付款 1028263.75 元），“淇县 2013 年项目三标段”（该单付款 1595458.36 元），“襄城县 2012 年、2013 年项目”（该单付款 372379.65 元）。上述四笔款项共计 4369651.29 元。

B 建设公司因与刘某某的另案诉讼执行问题，其在中国建设银行股份有限公司郑州 E 支行的账户，被榆林中院于 2015 年 1 月 10 日以（2014）榆中执字第 00197 - 21 号裁定冻结；A 土地公司向该账户划入上述四笔款项之后，榆林中院于 2015 年 7 月 6 日将上述款项扣划至该院执行账户。

此后，A 土地公司以上述四笔款项系误转为由，以刘某某为被告、B 建设公司为第三人，向榆林中院提出执行异议之诉，请求确认其转入 B 建设公司账户的上述四笔款项共计 4244670.06 元系其误转，应停止对该款项执行并返还 A 土地公司；榆林中院认为，银行存款作为一种财产性权利，具有不可区分的性质，基于公示公信原则，其归属应基于占有的情况确定，本案系争款项 4244670.06 元在 B 建设公司银行账户内且与该账户中的其他款项不可区分，故应当认定该系争款项 4244670.06 元属于 B 建设公司所有，A 土地公司对本案系争款项 4244670.06 元并不享有排除执行的权益，遂裁定驳回 A 土地公司的执行异议。A 土地公司不服并提起上诉；陕西省高院二审审理后认为，关于货币所有权归属的问题，一般认为，货币是商品的一般等价物，是一种特殊的动产，在交易上可以替换，具有不可区分的性质，故货币所有与占有是同一的，但本案不适用“所有与占有一致原则”。首先，B 建设公司的账户在 A 土地公司向其转账之前已被榆林中院查封，A 土地公司转账后，榆林中院对涉案四笔款项统一进行了扣划，现该款项仍在榆林中院执行账户内，因此，涉案款项可以与 B 建设公司账户中的其他款项进行区分。其次，该原则中的占有应指有权占有。占有以其是否有本权的存在，可以分为有权占有与无权占有。区别有权占有与无权占有的实质，在于无权占有人遇有本权之人为请求时，应返还占有标的物。B 建设公司共三个标段的申报决算价、审核结算价、淇县政府向 B 建设公司的付款情况以及 A 土地公司向 B 建设公司的付款情况，A 土地公司分三次向 B 建设公司支付的款项金额分别等于对应标段 B 建设公司的申报决算价金额减去淇县政府向B建设公司的已付款金额，可以与A土地公司称系其公司财务人员将B建设公司申报的决算价款误以为是最终的审核结算价款，导致错误支付3997271.64元的说法相互印证。A土地公司称其与D复垦公司聘用同一财务人员，因两公司名称相近导致错误转账，D复垦公司也明确表明未委托A土地公司付款，并称确实欠付B建设公司372379.65元，故可以认定2015年7月3日A土地公司向B建设公司转账的四笔款项确因误转所致。B建设公司占有该四笔款项没有事实和法律依据，系无权占有，对该四笔款项不享有所有权。A土地公司应为该四笔款项的所有权人，该民事权益足以排除对该四笔款项的强制执行，遂判决撤销榆林中院一审判决；判令不得执行2015年7月3日A土地公司向B建设公司的转账的4244670.06元。

刘某某不服，向最高人民法院申请再审，最高人民法院再审后裁定驳回刘某某的再审申请。

【案件焦点】

A土地公司就涉案4244670.06元是否享有足以排除强制执行的民事权益。

【裁判要旨】

一、案外人所有的款项误划至被执行人账户，误划款项的行为因缺乏当事人的真实意思表示，不能产生转移款项实体权益的法律效果，案外人就该款项享有足以排除强制执行的民事权益。

要判定A土地公司就案涉款项是否享有足以排除强制执行的民事权益，须以判定案涉款项的归属为前提；而本案中案涉款项的归属，取决于A土地公司向B建设公司划款的行为是否确系误划。根据再审法院查明事实，淇县工程完工之后，经双方及审核单位结算审核，A土地公司应付B建设公司工程款16470506.23元，A土地公司已通过淇县财政部门向B建设公司付款16345525元，尚有124981.23元未予支付。根据常理，A土地公司仅需向B建设公司支付尚欠工程款124981.23元即可，但其又于2015年7月3日先后向B建设公司划款四笔，分别为1373549.53元、1028263.75元、1595458.36元和372379.65元，合计4369651.29元。对此，A土地公司称，其财务人员在向B建设公司支付尚欠工程款时，本应按照审核决算价减去已付工程款的计算方法，支付尚欠工程款124981.23元，但其误将B建设公司报送的申报结算价作为审核结算价进行计算，以至于错误得出案涉淇县项目三个标段的应付款为 1373549.53 元、1028263.75 元、1595458.36 元，并进行转账；另，A 土地公司与 D 复垦公司外聘财务人员为同一人，因 A 土地公司与 D 复垦公司名称相近，且支付对象均为 B 建设公司，该财务人员又误将 D 复垦公司欠付 B 建设公司的 372379.65 元通过 A 土地公司的账户，一并转账给 B 建设公司。经审查，A 土地公司于 2015 年 7 月 3 日向 B 建设公司支付的四笔款项，在每一笔划款回单的“客户附言”处均载明所付款对应的标段名称，其中三笔款项注明的标段名称与案涉淇县项目三个标段名称吻合，且款项数额与对应标段申报结算价扣减已付工程款之后的差额完全一致；另一笔款项注明“襄城县 2012 年、2013 年项目”，与襄城县项目名称一致，款项数额与 D 复垦公司在襄城县项目中欠 B 建设公司工程款数额亦相符。此外，B 建设公司亦认可 A 土地公司仅欠其工程款 124981.23 元，其余款项系误划，并表示愿意将上述误转款项返还给 A 土地公司。A 土地公司关于案涉款项系误划的诉讼主张符合常理和日常逻辑，且与上述事实相符，应予认定。二审判决在对以上 A 土地公司与 B 建设公司之间经济往来查明的基础上，确认 A 土地公司转入 B 建设公司账户的 4369651.29 元，在扣除应支付的尚欠工程款 124981.23 元后，其余 4244670.06 元系误转，事实清楚，证据充分，并无不当。刘某某在一审判决认定案涉款项系误转的情况下，未对一审判决提出上诉，应视为其对一审判决所认定的事实予以认可；二审判决确认上述事实后，刘某某虽又否认该事实，但未提出新的证据证明其诉讼主张，故其关于二审判决认定事实错误的再审申请理由不能成立。

二、款项系通过银行账户划至被执行人账户，且进入被执行人账户后即被人民法院冻结并划至人民法院执行账户，被执行人既未实际占有该款项，亦未获得作为“特殊种类物”的相应货币，该误划款项不适用“货币占有即所有”原则。

由于 A 土地公司向 B 建设公司划款 4244670.06 元系误转所致，A 土地公司对于划款行为不具有真实的意思表示，B 建设公司亦缺乏接受款项的意思表示，故该划款行为不属于能够设立、变更、终止民事权利和民事义务的民事法律行为，而仅属于可变更或撤销的民事行为——该误转款项的行为未能产生转移款项实体权益的法律效果，该款项的实体权益仍属 A 土地公司所有，而不属于 B 建设公司。案涉款项虽因误转进入 B 建设公司账户，但因该账户已被榆林中院冻结，在款项进入冻结账户后即被榆林中院扣划至其执行账户，故该款项事实上并未被 B 建设公司占有、控制或支配，且因账户冻结及被划至执行账户使其得以与其他款项相区别，已属特定化款项。在此情况下，A 土地公司对该 4244670.06 元款项享有合法的民事权益，该民事权益足以排除榆林中院对该款项的强制执行。

根据《民事诉讼法》第 227 条规定，执行过程中，案外人对执行标的提出执行异议被驳回的，可以向人民法院提起案外人执行异议之诉。A 土地公司在执行异议被榆林中院裁定驳回后，向该院提起案外人执行异议之诉，符合法律规定。《最高人民法院关于适用〈中华人民共和国民事诉讼法〉的解释》第 312 条第 1 款第 1 项规定，案外人就执行标的享有足以排除强制执行的民事权益的，人民法院经审理，判决不得执行该执行标的。A 土地公司对案涉款项的民事权益足以排除强制执行，故二审判决依据上述司法解释规定，支持 A 土地公司的诉讼请求，判决不得执行案涉款项 4244670.06 元，适用法律并无不当。

三、案外人执行异议之诉旨在保护案外人合法的实体权利，在查明案涉款项实体权益属案外人的情况下，应直接判决停止对案涉款项的执行以保护案外人的合法权益，无须通过另一个不当得利之诉解决纠纷。

刘某某主张货币属于一种特殊的种类物，其性质和职能决定货币的所有权不得与对货币的占有相分离，即货币“占有即所有”原则，且该原则并无例外，不适用《物权法》第 34 条、第 245 条规定，因此其认为 A 土地公司只能根据不当得利之债的相关规定另案主张权益，二审判决排除适用上述原则，实质上适用《物权法》第 34 条规定处理本案属适用法律错误。再审法院认为，该主张不能成立，理由如下：1. 虽然货币属特殊种类物，在一般情况下适用“占有即所有”原则，但本案中 A 土地公司向 B 建设公司误转 4244670.06 元，系通过银行账户转账实现，并非以交付作为“物”的货币实现，B 建设公司事实上并未从 A 土地公司处获得与案涉 4244670.06 元相等价的货币；且如前所述，案涉款项因被榆林中院冻结账户并直接扣划至执行账户，B 建设公司并未实际占有、控制或支配上述款项。因而，本案中并不存在刘某某所主张的作为“特殊种类物”的货币，且 B 建设公司亦并未占有案涉款项，故不具备适用“货币占有即所有原则”的基础条件，二审法院未适用该原则处理本案并无不当。2. 案外人执行异议之诉旨在保护案外人合法的实体权利，在已经查明案涉款项的实体权益属案外人 A 土地公司的情况下，直接判决停止对案涉款项的执行以保护案外人的合法权益，该处理方式符合案外人执行异议之诉的立法目的，也有利于节省司法资源和当事人的诉讼成本；如仍要求案外人再通过另一个不当得利之诉寻求救济，除了增加当事人诉讼成本、浪费司法资源之外，并不能产生更为良好的法律效果和社会效果，亦不符合案外人执行异议之诉的立法初衷。因此，刘某某关于应由 A 土地公司另案诉讼主张其权益的再审申请理由，不予支持。3. 二审判决仅依照《最高人民法院关于适用〈中华人民共和国民事诉讼法〉的解释》第 312 条的相关规定，判决不得执行案涉款项，并未引用《物权法》第 34 条之规定处理本案，刘某某再审申请称二审判决适用上述规定属适用法律错误，缺乏事实依据，不予支持。

综上，最高人民法院认为刘某某的再审申请不符合《民事诉讼法》第 200 条规定的情形，依法裁定驳回刘某某的再审申请。

【适用解析】

本案争议的核心问题是，案外人将其所有的钱款这类特殊财产误划至被执行人账户后即被划到人民法院执行账户的，该误划款项是否与被执行人账户资金发生了混合，是否产生钱款物权变动亦即转移该钱款实体权益的法律后果。本案的价值在于，法官通过本案确立了审理该类纠纷案件的裁判规则，亦即，案外人将资金款项误划至被执行人账户，且进入被执行人账户后即被人民法院冻结并划至人民法院执行账户，该误划资金款项的行为因缺乏当事人的真实意思表示，不能产生转移资金款项实体权益的法律效果，被执行人既未实际占有该款项，亦未获得作为“特殊种类物”的相应货币，该误划款项与被执行人账户资金并未发生混合，不产生物权变动法律后果，案外人就该款项享有足以排除强制执行的民事权益。简要阐述如下：

一、作为货币的物的混合及其认定标准

《民法典》第 322 条规定，因加工、附合、混合而产生的物的归属，有约定的，按照约定；没有约定或者约定不明确的，依照法律规定；法律没有规定的，按照充分发挥物的效用以及保护无过错当事人的原则确定。因一方当事人的过错或者确定物的归属造成另一方当事人损害的，应当给予赔偿或者补偿。该条正式以法律方式明确规定了添附制度，其中混合是添附制度中动产所有权取得及丧失的一种原因行为。

混合与加工、附合，统称为添附，系民法典规定的动产所有权取得、丧失的一种原因，均有添加、结合之关系。其中，混合、附合系不同所有人之间物与物的结合，加工为劳力与他人的所有物的结合。《物权法》未规定添附制度，《最高人民法院关于适用〈中华人民共和国担保法〉若干问题的解释》（以下简称《担保法解释》）第62条就添附作了明确规定，该条规定“抵押物因附合、混合或者加工使抵押物的所有权为第三人所有的，抵押权的效力及于补偿金；抵押物所有人为附合物、混合物或者加工物的所有人的，抵押权的效力及于附合物、混合物或者加工物；第三人与抵押物所有人为附合物、混合物或者加工物的共有人的，抵押权的效力及于抵押人对共有物享有的份额”，《民法典》第322条在总结多年司法实践基础上，对添附制度作了明确规定。

《民法典》第322条中的“混合”，系指不同所有人的动产，互相混合，成为一物，不能识别或识别需要的费用过高时而发生的所有权变动的法律事实，因混合形成的动产，称为混合物。构成物的混合，一般须具备三项要件：一是须为动产与动产混合，包括固体与固体的混合、液体与液体的混合、金钱与金钱的混合；二是动产属于不同所有人，混合的动产与被混合的动产不得属于同一人所有；三是须混合后不能识别或识别所需费用过高，动产与动产混合后须达到不能识别或识别费用过高的程度。具备混合的上述要件，即产生以下法律效力：各动产的所有人原则上按混合时价值共有混合物所有权；混合后的动产有可视为主物的，由主物的所有人取得混合物的所有权；丧失权利而遭受损害者，可根据情况而依不当得利规则或侵权损害赔偿规则请求救济；[①] 构成恶意添附的情况下，因所有人受有利益不符合所有人主观利益，侵权人就该利益不得请求返还[②]；《担保法解释》第62条规定添附的法律效力。

本案诉争款项确系A土地公司误打入B建设公司账户的货币款项。货币作为民法上一种特殊的动产物，具有下列法律特征：货币为不具有个性，而有高度替代性的种类物，货币一经使用人使用，便转入他人之手；货币所有权中的所有与占有

---

① 梁慧星、陈华彬：《物权法》（第五版），法律出版社2010年版，第226页。

② 刘德全主编：《最高人民法院裁判意见精选（上）》，人民法院出版社2011年版，第117～118页。

一致，取得货币的占有即取得货币的所有权，丧失货币的占有也就丧失对货币的所有权；货币所有权的转移，即意味着货币的占有的取得或丧失；在对货币权利人的救济方面，货币没有所有物返还请求权与占有的回复请求权；货币的占有，仅指现实占有，而无间接占有，将货币的直接占有授予他人者，在丧失对货币的占有的同时，亦丧失了对货币的所有权。本案中，判定案外人 A 土地公司将其钱款误打入被执行人 B 建设公司账户后即被划到人民法院执行账户的，该误划款项是否与被执行人账户资金发生了混合，须遵守上述添附制度以及对于货币种类物混合的判定标准。

二、案外人 A 土地公司钱款物权是否存在混合事实及权属变动，应以 A 土地公司是否具有转移该钱款权属的意思表示为判定基础

民事主体钱款物权的权属变动，是意思表示行为。《民法典》第 133 条规定，民事法律行为是民事主体通过意思表示设立、变更、终止民事法律关系的行为；《民法总则》第 143 条也规定，“具备下列条件的民事法律行为有效：（一）行为人具有相应的民事行为能力；（二）意思表示真实；（三）不违反法律、行政法规的强制性规定，不违背公序良俗”，《民法典》与《民法总则》的上述规定一脉相承，均强调民事主体的民事法律行为要有真实意思表示，民事主体缺乏意思表示的民事行为，不能认定为有效。本案中，法院查明的事实能够认定，案外人 A 土地公司系在榆林中院对被执行人 B 建设公司案件执行期间，将其钱款误转入被执行人 B 建设公司账户的，A 土地公司在此期间并不存在将其案涉钱款权属转移给 B 建设公司的意思表示，法院认定 A 土地公司对于划款行为不具有真实的意思表示，B 建设公司亦缺乏接受款项的意思表示，该划款行为不属于能够设立、变更、终止民事权利和民事义务的民事法律行为，该误转款项的行为未能产生转移款项实体权益的法律效果，该款项的实体权益仍属 A 土地公司所有，而不属于 B 建设公司，是合法和正确的。

三、案外人 A 土地公司钱款物权是否存在混合事实及权属变动，应以 A 土地公司是否已将该钱款实际交付给 B 建设公司占有和支配为判定标准

货币钱款系特殊动产。《民法典》第 224 条规定，动产物权的设立和转让，自交付时发生效力，但是法律另有规定的除外，该项规定与《民法通则》《物权法》的规定一致。《民法典》《民法通则》《物权法》对于因法律行为的物权变动，原则上采用债权形式主义，例外地采取债权意思主义[①]，判定案外人 A 土地公司案涉钱款物权是否转让以及是否已经与 B 建设公司账户钱款发生混合，应以 A 土地公司对于该钱款是否存在客观有效的交付，以及 B 建设公司是否已经现实地占有案涉钱款作为判定标准。本案中，A 土地公司的案涉款项因被榆林中院冻结账户并直接扣划至执行账户，B 建设公司并未实际占有、控制或支配上述款项，而且，A 土地公司也未与 B 建设公司就案涉款项的交付做出过特别约定，因而 A 土地公司的案涉钱款物权并不存在与 B 建设公司账户资金混合的事实及案涉钱款权属变动的事实，法院认定被执行人 B 建设公司既未实际占有该款项，亦未获得作为“特殊种类物”的相应货币是合法正确的。

编写人：陕西省高级人民法院　杨新斌

陕西省西安市中级人民法院　何育凯

【第 334 条　土地承包经营权的互换、转让，第 339 条　土地经营权的流转】

15

集体农业用地性质变更后的土地承包经营权及其流转

——浏阳市官渡镇某村民小组诉浏阳市官渡某集团有限公司、徐某某等确认合同无效案

【基本信息】

1. 裁判书字号

湖南省长沙市中级人民法院（2020）湘 01 民终 1584 号民事判决书

---

① 梁慧星、陈华彬：《物权法》（第五版），法律出版社 2010 年版，第 83～84 页。所谓“例外地采取债权意思主义”，系指《物权法》考虑到社会经济生活的复杂性与发展水平的不平衡性，就土地经营权的变动，地役权的变动，船舶、航空器、机动车等物权的变动以及生产设备、原材料、产品、交通工具、正在建造的船舶、航空器设立抵押权、动产浮动抵押等，采取债权意思主义，登记为物权变动的对抗要件。

2. 案由：确认合同无效纠纷

3. 当事人

原告（上诉人）：浏阳市官渡镇某村民小组（以下简称某村民小组）

被告（被上诉人）：浏阳市官渡某集团有限公司（以下简称官渡某公司）、徐某某等 4 人

【基本案情】

2016 年 9 月 20 日，某村民小组的户主徐某某等 4 人（甲方）与官渡某公司（乙方）签订《山岭租用协议》，双方约定，乙方因生产需要租用甲方山岭在冯家冲山岭一处使用面积 13.2 亩的土地，使用期限从 2016 年 9 月 20 日起到 2045 年 3 月 14 日止。某村民小组共有农户 17 户，其中 14 户与官渡某公司签订了土地租赁协议。2019 年左右，浏阳市官渡镇某村民委员会（出让方、土地所有权人、甲方）与官渡某公司（受让方、土地使用权人、乙方）签订《农村集体经营性建设用地使用权出让合同》（合同编号：201917），约定将位于某村的 34912 平方米集体经营性建设用地使用权出让给官渡某公司，出让期限至 2048 年 4 月 2 日止。上述《农村集体经营性建设用地使用权出让合同》约定的土地包含了官渡某公司与徐某某等 4 人签订的《山岭租用协议》约定的土地。2019 年，官渡某公司对其使用宗地面积 29200.82 平方米、房屋建筑面积 19190.59 平方米、宗地面积 5712.86 平方米、房屋建筑面积 3038.25 平方米，分别办理了湘（2019）浏阳市不动产权第 0008870、0008875 号《不动产权证书》，对其入市面积 34912 平方米，由浏阳市人民政府办理了集体经营性建设用地使用权出让审批单。因某村民小组认为徐某某 4 人签订的《山岭租用协议》违反法律、行政法规强制性规定，遂向一审法院提起诉讼，请求确认无效。

【案件焦点】

官渡某公司与徐某某等 4 人签订的《山岭租用协议》的效力。

【裁判要旨】

一审法院主要判决理由和判决结果：1. 湖南省浏阳市作为试点地区，对《土地管理法》第 63 条“农民集体所有的土地的使用权不得出让、转让或者出租用于

非农业建设”的规定暂时调整实施，而且官渡某公司依法办理了不动产权证书和使用林地审批手续，因此，某村民小组主张涉案土地出租用于非农业建设导致合同无效的理由不能成立。2. 涉案签订的《山岭租用协议》并不属于《农村土地承包法》第28条、第52条规定的必须或应当经本集体经济组织成员的村民会议三分之二以上成员或者三分之二以上村民代表同意的情形，故某村民小组认为涉案《山岭租用协议》签订程序违法导致合同无效的理由不能成立。3. 关于租赁期限问题。涉案《山岭租用协议》的租赁期限应受《农村土地承包法》第21条所规定期限的调整，不应受《合同法》第214条规定期限（20年）的调整。徐某某等4人签订的生产责任制合同只有15年，但到期后发包方并未收回，可以认定已经同意顺延，可以按照中共中央、国务院《关于保持土地承包关系稳定并长久不变的意见》的规定，在土地承包期再延长30年期限内继续有效。经一审法院审判委员会讨论决定，判决：驳回某村民小组的诉讼请求。

二审法院主要判决理由与判决结果：1. 根据《农村土地承包法》（2009年修正）第32条之规定，徐某某等4人可以自主决定将涉案土地经营权以出租的方式流转给官渡某公司，而不适用该法第48条关于发包方将农村土地直接发包给本集体经济组织以外主体的程序规定。同时，官渡某公司承租了涉案土地后，在未改变涉案土地农业用地性质的情况下，将土地用于鞭炮烟花生产等非农业建设，已违反上述法律的强制性规定。2. 涉案土地已从农业用地变性为集体经营性建设用地，土地用途为工业，根据试点决定及《土地管理法》（2019年修正）的规定，在符合规划、用途管制和依法取得的前提下，允许存量农村集体经营性建设用地使用权出让、租赁、入股。因此，即使涉案《山岭租用协议》的效力在合同订立时存在瑕疵，但因在履行过程中土地用途及法律法规的变化得到了补正。3. 关于涉案土地，本案中存在两个法律关系：一是基于《山岭租用协议》产生的土地租赁合同关系；二是基于《农村集体经营性建设用地使用权出让合同》产生的集体经营性建设用地使用权出让合同关系。因涉案土地从农业用地变性为集体经营性建设用地时，其权利主体也变更为浏阳市官渡镇某村民委员会，因此在《农村集体经营性建设用地使用权出让合同》签订后，《山岭租用协议》已经实际终止。因此，官渡某公司使用涉案土地的年限不受农村土地承包法的调整，而应适用《土地管理法》（2019年修正）第63条第4款“集体经营性建设用地的出租，集体建设用地使用权的出让及其最高年限、转让、互换、出资、赠与、抵押等，参照同类用途的国有建设用地执行。具体办法由国务院制定”以及《城镇国有土地使用权出让和转让暂行条例》第12条“土地使用权出让最高年限按下列用途确定：……（二）工业用地五十年”之规定。《农村集体经营性建设用地使用权出让合同》约定的土地出让年限为29年，并未超过上述法律规定的最高年限。故判决：驳回某村民小组的诉讼请求。

【适用解析】

本案是关于《农村土地承包法》、《民法典》与《土地管理法》的衔接适用问题。

第一，土地经营权流转有效的前提是土地经营权人不能改变土地的农业用途。在集体农业用地的性质未改变前，农户可以通过家庭承包取得的土地承包经营权，根据《民法典》第339条规定，土地承包经营权人可以自主决定采取出租、入股或者其他方式向他人流转土地经营权。土地经营权人并不限于本集体经济组织的成员，但是对于这种农业用地的流转仍然有一个限制，即《农村土地承包法》（2009年修正）第33条所规定的“土地承包经营权流转应当遵循以下原则：……（二）不得改变土地所有权的性质和土地的农业用途”。《民法典》第334条也规定：“……未经依法批准，不得将承包地用于非农建设。”因此，如果土地经营权人在未改变土地农业用地性质的情况下，将土地用于非农业建设，则明显违反了上述法律的强制性规定，将导致土地经营权流转合同无效。而且，农业农村农民问题是关系国计民生的根本性问题，土地承包经营各项权益是广大农民极为重要的基本民事权利，更是构建农村社会保障制度体系的基础条件，系列国家政策也表明了“严格实行土地用途管制”的基本立场，《最高人民法院关于为推进农村改革发展提供司法保障和法律服务的若干意见》（法发［2008］36号）更是明确指出“对改变土地集体所有性质、改变土地用途、损害农民土地承包权益的流转行为，要依法确认无效”。

第二，土地经营权的流转可由承包经营权人自主决定。《农村土地承包法》第27条第2款规定：“承包期内，因自然灾害严重毁损承包地等特殊情形对个别农户之间承包的耕地和草地需要适当调整的，必须经本集体经济组织成员的村民会议三分之二以上成员或者三分之二以上村民代表的同意，并报乡（镇）人民政府和县级人民政府农业等行政主管部门批准。”第48条第1款规定：“发包方将农村土地发包给本集体经济组织以外的单位或者个人承包，应当事先经本集体经济组织成员的村民会议三分之二以上成员或者三分之二以上村民代表的同意，并报乡（镇）人民政府批准。”因此，现行法律关于农业土地必须经本集体经济组织成员的村民会议三分之二以上成员或者三分之二以上村民代表同意的事项主要在于农村土地所有权人发包土地的情形，是为了更好地保障各农户的土地承包权利。由于土地承包经营权人取得了承包土地后，将土地进行流转并不会直接损害其他农户的合法权益，故法律并未予以程序上的限定，也不要求该流转行为必须经本集体经济组织成员的村民会议三分之二以上成员或者三分之二以上村民代表的同意。此外，土地经营权的流转期限只要不超过承包期的剩余期限，均为有效。

第三，集体农业用地变性为集体经营性建设用地后，土地承包经营权亦随之消灭。《农村土地承包法》适用的范围为“农村土地，指农民集体所有和国家所有依法由农民集体使用的耕地、林地、草地，以及其他依法用于农业的土地”，即土地承包经营权的客体也仅为“耕地、林地、草地，以及其他依法用于农业的土地”。在集体农业用地变性为集体经营性建设用地后，必将导致不受土地承包经营权的调整，亦不符合土地承包经营权的客体范围。在这种情况下，即使土地承包户未与发包人签订解除原土地承包经营合同的协议，客观上也将导致原土地承包经营合同无法继续履行，原承包户也不能要求直接由其使用变性后的集体经营性建设用地，但可以要求发包人另行更换承包土地。

第四，集体农业用地变性为集体经营性建设用地后，关于土地的流转不再适用《农村土地承包法》和《民法典》，而应适用《土地管理法》的相关规定。(1) 集体经营性建设用地的所有权人可以通过出让、出租等方式交由单位或者个人使用，但是与发包人发包承包土地一样，必须应当经本集体经济组织成员的村民会议三分之二以上成员或者三分之二以上村民代表的同意。但通过出让等方式取得的集体经营性建设用地使用权可以自主决定转让、互换、出资、赠与或者抵押。(2) 关于集体经营性建设用地的出让、出租期限也不同于土地承包经营权的承包期限，而是参照同类用途的国有建设用地执行。例如，集体经营性建设用地的所有权人以出让的方式另行与土地使用人订立集体土地出让合同的，适用《城镇国有土地使用权出让和转让暂行条例》第12条“土地使用权出让最高年限按下列用途确定：（一）居住用地七十年；（二）工业用地五十年；（三）教育、科技、文化、卫生、体育用地五十年；（四）商业、旅游、娱乐用地四十年；（五）综合或者其他用地五十年”之规定，分别认定出让的最高年限。

编写人：湖南省长沙市中级人民法院　金新贵

【第339条　土地经营权的流转，第340条　土地经营权人的基本权利，第341条　土地经营权的设立与登记】

16

土地经营权流转过程中当事人权利义务关系的认定

——卢某才诉赵某甲等农村土地承包合同案

【基本信息】

1. 裁判书字号

广西壮族自治区平南县人民法院（2018）桂0821民初1475号民事判决书

2. 案由：农村土地承包合同纠纷

3. 当事人

原告（反诉被告）：卢某才

被告（反诉原告）：赵某甲、李某甲、赵某乙等12位村民

第三人：赵某丙、卢某林、卢某乾

【基本案情】

2011年11月10日，广西平南县武林镇罗云村赵某甲等村民经第三人赵某丙的联系、介绍，将土地出租给案外人高某种植果树。与村民协商一致后，赵某甲、李某甲等在打印好的《承包土地合同书》背面的“土地同意承包签名册”上签名，

承诺将各自相应面积的土地出租给高某种植果树。案外人高某租赁上述土地种植果树经营两年后，将其承租上述土地经营的果园转让给第三人卢某林。卢某林又联系赵某乙等其他几户村民，承租他们的部分土地种植果树，扩大果园面积，并在原《承包土地合同书》基础上由这些农户在该合同书背面签名册处接续签名确认。之后卢某林以其患病无力打理为由转让果园给原告卢某才并签订《果场转让合同》。原告卢某才接续经营该果场后，按照原卢某林与农户的约定向出租的各农户支付了2016年、2017年的租金。2017年年底，部分出租户与卢某才发生纠纷，不愿意继续出租土地给卢某才经营果园。卢某才于2018年2月15日张贴通知，通知出租户到果场领取租金。其中的五户出租户领取了2018年度的租金，其他出租户则未领取，并要求终止出租土地给卢某才。双方发生纠纷后协商调解未果，部分出租户破坏了果园内的房子以及部分果园围栏。原告卢某才遂起诉至法院要求依法确认第三人赵某丙和第三人卢某林于2011年11月16日签订的《承包土地合同书》以及原告与第三人卢某林、卢某乾于2016年1月16日签订的《果场转让合同》合法有效，判令被告继续履行上述两份合同，并排除妨碍，消除影响。被告（反诉原告）赵某甲等12人向本院提出反诉请求确认第三人赵某丙和第三人卢某林于2011年11月16日签订的《承包土地合同书》以及原告与第三人卢某林、卢某乾于2016年1月16日签订的《果场转让合同》无效，判决解除反诉原告与第三人卢某林口头租赁承包合同，由反诉被告卢某才返还坐落在荒塘旁边的17.58亩土地及其上果树、构筑物给反诉原告。

【案件焦点】

1. 土地承包经营权流转过程中土地承包经营权人与受让人之间签订的合同是否有效；2. 流转过程中土地承包经营权人与土地经营权人之间权利义务关系如何确定。

【裁判要旨】

《承包土地合同书》表面上是第三人赵某丙与本诉被告签订的土地租赁合同，实际上是案外人高某通过第三人赵某丙介绍，承租赵某甲等农户的土地种植果树。案外人高某实际租赁了上述出租户的土地种植果树并支付了租金，赵某甲等农户也领取了高某支付的租金，双方按照《承包土地合同书》约定履行了合同主要义务，合同已经依法成立并生效。高某未在合同上签名以及合同书打印承包方为“赵某丙”是合同存在的瑕疵，不影响高某与赵某甲等实际出租户履行该合同。高某与赵某甲等农户形成了事实上的租赁承包合同关系，高某是《承包土地合同书》约定的土地的实际承包人。高某将其租赁的上述土地及其上果树作为果园打包转让给第三人卢某林，被告对此并无异议，并领取了卢某林支付的两年租金，是以其行为表明其已经默示同意高某转包给卢某林的行为和事实，《承包土地合同书》的权利义务发生了转移，被告与当事人卢某林之间形成新的土地租赁承包合同关系，其合同的书面形式仍然是本案的《承包土地合同书》。卢某林在承包经营上述果园两年余后将上述果园转让给原告卢某才并于 2016 年 1 月 16 日签订了《果场转让合同》。卢某才接手经营后，按照《承包土地合同书》约定的承租方的义务支付了 2016 年、2017 年的租金，被告也收取了上述租金。被告的行为表明其已经默示同意卢某林转包给卢某才的行为和事实，被告与原告形成了事实上的基于《承包土地合同书》约定的新的土地租赁承包合同关系。原告在合理期间内张贴《通知》，明确告知本诉被告方领取租金，表明了其积极履行主要债务支付租金的意愿。被告在与原告发生纠纷后不再收取租金导致本诉原告未能按期交清租金，是被告为了自己的利益不正当地促成退包的条件成就，应视为退包条件不成就。同时本案不存在《合同法》第 94 条、第 219 条规定的合同解除条件，被告方部分群众恶意破坏果园附属设施、房屋的行为和事实，一定程度上妨害本诉原告对涉案果园的经营活动，依法应当排除。综上所述，判决确认本案《承包土地合同书》《果场转让合同》合法有效；本诉被告赵某甲、李某甲、赵某乙等 12 位农户继续履行《承包土地合同书》约定义务，并排除妨碍。

【适用解析】

本案发生于 2018 年农村土地承包法修改之际，案件主要争议焦点为土地承包经营权流转过程中双方签订的合同是否有效以及土地承包经营权人与土地经营权人之间权利义务关系的确定。

2013 年十八届三中全会开启了新一轮农村土地权利制度改革，“三权分置”的概念在制度上不断被提及。2018 年 12 月 29 日第十三届全国人大常委会第七次会议通过了《农村土地承包法》，在第二章第五节专门规定了土地经营权，明确了土地经营权流转的方式、原则以及土地经营权的权能等内容。[①] 明确了土地所有权、土地承包权、土地经营权并列为我国土地之“三权分置”制度。2020 年 5 月 28 日第十三届全国人民代表大会第三次会议通过《民法典》，进一步完善了农村集体产权相关制度，在物权编的用益物权分编的土地承包经营权部分通过条文的形式确定土地经营权可以通过出租、入股或其他方式流转，并对土地经营权的设定及效力等内容进行了规定。[②] 农村土地制度改革中“三权分置”频频被提及，土地经营权也多次出现在政策性文件和相关法律条文中，但是法学界对于土地经营权的性质存在诸多争议，理解和适用《民法典》相关规定的前提在于对“土地经营权”“三权分置”等概念进行法律层面的解读。

一、土地经营权的性质

关于土地经营权的性质认定，学界存在多种观点，有学者认为土地经营权是债权，是通过租赁合同设定的，本质上是土地租赁权。[③] 有学者认为土地经营权是一种特殊的债权，具有一定的物权化效力。[④] 有学者认为土地经营权应当成为物权，以落实“三权分置”的改革要求；[⑤] 也有学者认为土地经营权既可以是债权也可以是物权，权利性质根据其流转方式而确定。笔者认为，关于土地经营权是物权还是债权的问题，应当从我国民事法律体系中进行解释，兼顾物权与债权的区别。

我国《农村土地承包法》第 10 条规定，“国家保护承包方依法、自愿、有偿流转土地经营权，保护土地经营权人的合法权益，任何组织和个人不得侵犯”。该条直接赋予了土地经营权的对世效力，义务人是不特定的第三人，义务内容是不作为，这与债权的相对性具有根本性的区别。同时，《农村土地承包法》还规定承包人可以自主流转土地经营权，受让方在承包方同意并向集体经济组织备案后也可流转土地经营权，土地经营权可以用于向金融机构融资担保。这就意味着土地经营权

---

① 龙卫球：《民法典物权编“三权分置”的体制抉择与物权协同架构模式——基于新型协同财产权理论的分析视角》，载《东方法学》2020 年第 4 期。

② 参见关于《中华人民共和国民法典（草案）》的说明。

③ 单平基：《“三权分置”理论反思与土地承包经营权困境的解决路径》，载《法学》2016 年第 9 期。

④ 温世扬、吴昊：《集体土地“三权分置”的法律意蕴与制度供给》，载《华东政法大学学报》2017 年第 3 期。

⑤ 宋志红：《三权分置下农地流转权利体系重构研究》，载《中国法学》2018 年第 4 期。

具有了一定的财产性质，而不仅仅是一种债权性权利。因此，笔者认为将土地经营权认定为债权与农村土地承包经营法的规定相背离。

有学者认为将土地经营权认定为物权有悖于物权法定原则和一物一权原则，笔者认为，一方面，《民法典》将物权法定原则规定在总则中，而不是在物权编的通则中进行规定，应当认定为《民法典》中物权法定原则中的“法”不仅仅为物权编的法，而是由全国人大及其党委会制定的法。《农村土地承包法》将土地经营权作为一种物权来进行保护并不违反物权法定的原则。另一方面，法律与政策、社会生活相比往往具有滞后性，机械地适用物权法定原则可能导致法律与政策的脱轨，缓和适用物权法定主义，有利于减少法律与政策改革和社会生活的不适应。①

综上，笔者认为从我国民事法律体系来看，土地经营权为土地承包经营权中派生出来的子权利或者说从权利。它并非独立的用益物权，而是依附于土地承包经营权而存在，属于具有用益物权法律属性的一种物权，符合一物一权原则。

二、《民法典》视野下“三权分置”中的法律关系

《民法典》在物权编用益物权分编规定了“土地承包经营权”，并在其之下新增“土地经营权”规定，以顺应“三权分置”的农村土地改革要求。这种“三权分置”的架构符合习近平总书记强调的“顺应农民保留土地承包权、流转土地经营权的意愿，把农民土地承包经营权分为承包权和经营权，实现承包权和经营权分置并行”②。《民法典》中的“三权分置”其实是由原有的农村土地集体所有权和土地承包经营权分置的“二权分置”演变而来，将其中的承包经营权细分为承包权和经营权。实现了承包权归“农民集体”所有，确保农民不失地；同时规定经营权可以流转给新型农业经营主体，放活土地经营权，增加土地流转收益，释放土地生产要素活力。③

三权分置的权能内涵分为三个部分：一是落实集体所有权。按照《民法典》及

---

① 张志坡：《物权法定缓和的可能性及其边界》，载《比较法研究》2017 年第 1 期。

② 习近平：2013 年 12 月 23 日《在中央农村工作会议上的讲话》。

③ 韩文龙、李强、张继瑞：《习近平新时代农地“三权”分置的实践探索》，载《财经科学》2018 年第 11 期。

《农村土地承包法》的规定，农村土地归农民集体所有①，由农村集体经济组织或者村民委员会、村民小组代表农民集体行使所有权②。农民个体作为农民集体的成员，其权利的享有和实现体现在相应的土地收益中。二是稳定农民的承包权。这种承包权即农村土地承包经营权，在《民法典》中属于典型的用益物权，土地承包经营权人的身份资格严格依照法律规定，只能由集体经济组织成员或者以其他方式承包土地的承包人。承包人依法对其承包经营的耕地、林地、草地等享有占有、使用和收益的权利，有权从事种植业、林业、畜牧业等农业生产；有权依照法律规定将土地经营权互换、转让；可以自决定依法采取出租、入股或其他方式流转土地经营权③。三是放活土地经营权。从土地承包经营权中衍生分离出土地经营权，故而土地经营权具有用益物权的法律属性，土地经营权人可以在合同约定的期限内占有农村土地，自主开展农业生产经营并取得收益。但是与承包权不同之处在于其主体资格、流转期限和流转方式上更为灵活，土地经营权的受让方具有农业经营能力或资质即可，经营权可以流转给本集体经济组织以外的人员。

三、土地经营权流转的规则与适用

我国《民法典》确立了关于土地经营权流转的四条基本规则：一是土地承包经营权人可以自主地通过特定法律行为流转土地经营权；二是明确权利期限为合同约定的期限内，权利基本内容体现为“占有农村土地，自主开展农业生产经营并取得收益”；三是流转5年以上的土地经营权采取登记对抗主义，土地经营权自流转合同生效时成立，当事人可以通过登记取得对抗善意第三人效力；四是非集体成员通过特定法律方式取得土地承包经营权的，在登记取得权属证书后也可以自主流转创设土地经营权。

虽然《民法典》确立了土地经营权流转的四条基本规则，但是《民法典》物权编关于土地经营权的引入，与此前物权法时期关于土地承包经营权的确立一样，仅选择设定对于体制确立具有关键意义的有限规定，而不是作出全面具体化展开。在适用或参照适用《民法典》解决法律纠纷的过程中无法解决的问题还需适用2018年专门修改的《农村土地承包法》的相关规定。

---

① 《农村土地承包法》第2条。

② 《民法典》第260条、第262条。

③ 《民法典》第331条、第334条、第339条。

（一）土地经营权人可以再流转土地经营权。

《民法典》第二编第十一章明确规定土地承包经营权人可以自主决定依法采取出租、入股或其他方式向他人流转土地经营权，[①] 土地经营权人有权在合同约定的期限内占有农村土地，自主开展农业生产经营并取得收益。[②] 由此看来《民法典》并未规定土地经营权人享有再次流转土地经营权的权利。实践中集体经济组织的农户依法取得农村土地承包经营权后将土地转包给集体经济组织以外的民事主体，而受让人取得土地经营权后再行流转的情况亦不少，《民法典》实施后土地经营权人是否可以流转土地经营权呢？笔者认为，《民法典》是调整平等民事主体之间民事法律关系的一般法，为了确保《民法典》的稳定性很难针对土地经营权进行全面具体的规定。在一般法没有明确规定的情况下，应适用特别法优于一般法的原则，参照“法不溯及既往”确定当事人之间的权利义务关系。《民法典》实施后《农村土地承包法》并未废止，根据《农村土地承包法》第 46 条的规定，经承包方书面同意并向本集体经济组织备案，受让方可以再流转土地经营权。[③] 由此可见，土地承包经营权人受让农村土地的经营权后可以再次流转。

在本案中，被告赵某甲等农户取得农村土地承包经营权后，将案涉土地通过出租的方式将土地经营权流转给案外人高某，案涉土地经营权经过二次流转后最终由原告卢某才享有。虽然土地经营权的流转没有经承包方书面同意，但是被告赵某甲等农户已收取原告卢某才交付的租金长达两年以上，是以其行为同意土地经营权人的流转行为。《农村土地承包法》第 46 条并非是对效力性的强制性规定，不影响土地经营权的流转效力，但是对土地经营权的流转具有指引作用。土地经营权人在流转农村土地经营权时应该按照农村土地承包合同的规定，经承包方书面同意并向本集体经济组织备案，否则将自行承担由此产生的不利法律后果。

（二）土地经营权流转过程中当事人之间的法律关系。

土地经营权流转过程中涉及发包人、承包人、经营权人以及后续经营权人，各方之间权利义务关系如何确定在司法实践中亦需进一步思考。根据我国《民法典》的规定，农村集体所有或国家所有由农民集体使用的耕地、林地、草地以及其他用

---

① 《民法典》第二编第十一章第 339 条。

② 《民法典》第二编第十一章第 340 条。

③ 《农村土地承包法》第 46 条。

于农业的土地，依法实行土地承包经营制度。[①] 首先，农村集体经济组织与承包农村土地的集体经济组织成员之间依法成立农村土地承包合同关系。农村集体经济组织作为发包人享有依据《民法典》及农村土地承包法规定的权利并承担相应的义务，集体经济组织成员在承包农村土地后依法取得土地承包经营权，依法对其承包的土地享有占有、使用、收益的权利，并可向他人流转土地经营权。其次，受让人通过受让农村土地而享有土地经营权，成为土地经营权人，与土地承包经营权人即农村土地的承包人之间就土地经营权流转而形成相应法律关系。土地经营权人并非是土地承包经营权人，二者相互区分具有不同的权利义务关系。具体而言，土地承包经营权人既与发包人具有土地承包关系，又与经营权人具有土地经营权流转的法律关系；而土地经营权人仅与土地承包经营权人之间具有法律关系，并不因土地经营权的取得而成为农村土地承包人，只享有《民法典》及《农村土地承包法》等相关法律所赋予的权利并承担相应的义务。最后，受让人流转土地经营权后，后续土地经营权人不仅与原土地经营权人存在经营权流转的法律关系，还与土地承包经营权人即农村集体经济组织的成员之间形成了土地经营权流转的法律关系，必须遵循土地承包经营权人与土地经营权人之间的合同约定享有权利并履行义务。

本案中赵某甲等农户与农村集体经济组织之间存在农村土地承包合同关系，因其将土地出租及后续土地经营权的流转而与案外人高某、原告卢某才之间存在土地经营权流转合同关系。虽然原告卢某才未与赵某甲等农户签订土地经营权流转合同，但其因为案外人高某与赵某甲等农户签订的《承包土地合同书》，以及其与第三人卢某林、卢某乾签订的《果场转让合同》而与被告赵某甲等农户之间形成了土地经营权流转合同，应当遵照案外人高某与赵某甲等农户签订的《承包土地合同书》，享有相应的权利并履行缴纳租金等义务，被告赵某甲等农户不得妨碍原告在案涉土地上开展农业生产经营活动。

（三）流转期限为 5 年以下的土地经营权设立问题。

我国《民法典》规定流转期限为 5 年以上的土地经营权自流转合同生效时设立。当事人可以向登记机构申请土地经营权登记，未经登记不得对抗善意第三人。[②]

---

① 《民法典》第二编第十一章第 330 条第 2 款。

② 《民法典》第二编第十一章第 341 条。

对于流转期限为5年以下的土地经营权何时设立并未进行规定。笔者认为，认定短期土地经营权（流转期限为5年以下）的设立应当从其权利性质来认定。认定土地经营权的性质是物权还是债务应当通过体系解释、目的解释甚至历史解释来得出结论。综合《民法典》《农村土地承包法》及其他相关法律法规、司法解释的规定，可以认定土地经营权为用益物权。首先，《民法典》将土地经营权列入物权编，并赋予土地经营权人自主开展农业生产经营并取得收益的权利。[①] 其次，《农村土地承包法》相关规定明确规定了土地经营权的用益物权内容，[②] 并赋予绝对性纳入侵权保护，明确国家保护承包方依法、自愿、有偿流转土地经营权，保护土地经营权人的合法权益，任何组织和个人不得侵犯。[③] 最后，土地经营权人具有独立的法律责任，《农村土地承包法》第63条明确规定承包方、土地经营权人违法将承包地用于非农建设的，由县级以上地方人民政府有关主管部门依法予以处罚，这意味着承包方和土地经营权人出现违法使用时，各自承担独立责任。[④] 因此，土地经营权属于用益物权，其设立应当遵循用益物权的一般规定，以登记为生效要件的自登记之日起设立，不以登记为生效要件的自权利公示之日起设立。土地承包经营权人与受让人成立土地承包经营权流转合同后，自合同成立且生效之日起设立，双方在合同中约定了土地经营权流转期限的自流转起始之日起受让方享有土地经营权。若双方未就土地经营权短期流转签订合同，则以土地转交给受让人进行农业生产经营活动之日起设立或按双方约定设立。

从法律体系角度解读《民法典》对土地经营权的规定，有利于促进《民法典》在“三权分置”土地改革中的适用，明晰土地产权关系，促进土地资源合理利用，构建新型农业经营体系，发展多种形式适度规模经营，推动现代农业发展。

编写人：广西壮族自治区平南县人民法院　赵珍

① 《民法典》第二编第十一章第340条。
② 《农村土地承包法》第37条。
③ 《农村土地承包法》第10条。
④ 《农村土地承包法》第63条。

【第366条 居住权的定义，第368条 居住权的设立】

17

居住权性质及冲突规则的司法适用

——包某某诉北京某房地产开发有限责任公司、刘某物权保护案

【基本信息】

1. 裁判书字号

北京市第二中级人民法院（2019）京02民初15115号民事裁定书

2. 案由：物权保护纠纷

3. 当事人

原告（上诉人）：包某某

被告（被上诉人）：北京某房地产开发有限责任公司（以下简称某地产公司）、刘某

【基本案情】

1998年11月30日，某地产公司与包某1（包某1为包某某之兄，在本案中系代理包某某签订拆迁协议）签订《北京市城市住宅房屋拆迁安置补助协议书》。载明：拆迁人为：某地产公司，被拆迁人为包某某（赵某某），拆迁地址为西城区北太常胡同8号，安置位于北京市丰台区某小区某号楼某号房屋一间。庭审中，包某某与某地产公司均认可双方签订协议后，包某某于1998年入住诉争房屋，并交纳供暖费用。包某某称1998年办理入住手续后，房屋一直空置，准备留给其姑姑使用，屋内仅有桌椅床铺，其间其一直未去过涉诉房屋，直至2014年才发现屋内有人居住。因其手中没有任何证据材料，后就一直在准备证据。现其提交的安置协议是从房管局复印所得，拆迁安置房屋系租赁房屋，其手中没有房屋租赁合同。包某

某向本院提出的诉讼请求为：1. 请求法院判令位于北京市丰台区某小区某号楼某号房屋（以下简称诉争房屋）由原告居住使用；2. 诉讼费由被告承担。

被告某地产公司称1999年包某某将房屋出售给案外人朱某某，某地产公司从朱某某处将诉争房屋买回来，之后二次安置给被告刘某的父亲刘某某。

另查，1999年3月25日，因西城区前泥洼2号房屋拆迁，被告某地产公司与被拆迁人刘某A、刘某签订《北京市城市住宅房屋拆迁安置补助协议书》，约定某地产公司将诉争房屋安置给刘某A、刘某。1999年4月30日，刘某办理诉争房屋的准住证。2000年12月18日，被告刘某与北京市某物业管理经营公司签订《公有住宅租赁合同》，约定刘某租赁诉争房屋。被告刘某称其于1999年入住房屋，入住时房屋是空置状态，后其及家人一直居住使用该房屋，到本案诉讼时从未有人找过他们，也从来不知道房屋分配给过他人。

【案件焦点】

1. 包某某与刘某对诉争房屋权利性质的认定；2. 诉争房屋的权利冲突如何解决。

【裁判要旨】

本案争议焦点主要有以下几点：

一、包某某对诉争房屋是否享有居住使用权。本院经审理后认为，包某某基于西城区北太常胡同8号房屋拆迁与某地产公司签订房屋拆迁安置补偿协议，该补偿协议合法有效，包某某基于该协议享有被安置房屋，其对诉争房屋曾经享有居住使用权。

二、原告是否将诉争房屋出售给朱某某。被告某地产公司称原告将涉诉房屋出售给朱某某，后又从朱某某手中将涉诉房屋购买下来，并进行了二次分配，某地产公司对此虽提交了支出凭证单和转账凭证，但上述二份证据仅能证明某地产公司向朱某某支付了175000元的费用，并不能得出包某某将涉诉房屋出售给朱某某的结论，现包某某对此不予认可，某地产公司又不能提交其他证据加以佐证。另，关于其提交的退费收据，即便该收据为真，亦不能就此认定包某某将房屋出售给了朱某某，故某地产公司的辩称不予采信。

三、刘某对诉争房屋居住使用权的取得是否合法。刘某基于西城区前泥洼2号房屋拆迁，与被告某地产公司签订房屋拆迁安置补助协议书。刘某对之前诉争房屋曾经进行过拆迁安置分配给他人的情况完全不知情，故不存在与某地产公司恶意串通损害包某某利益的情形，故刘某与某地产公司签订的房屋拆迁安置补助协议书合法有效，刘某基于该协议取得涉诉房屋使用权亦合法有效。

四、诉争房屋居住使用权归谁所有。现包某某与刘某均基于房屋拆迁被安置到涉案房屋，二人的拆迁安置协议均为合法有效。虽包某某安置在先，刘某安置在后，但首先被安置的涉诉房屋系租赁房屋，二人享有的均为承租使用权，而非所有权。其次，诉讼过程中，刘某自 2000 年起已就诉争房屋签订租赁合同，且自 1999 年起刘某及其家人就一直在诉争房屋内居住。而包某某不能提交任何原始证据，提交的拆迁安置协议系从房管局复印取得，亦无涉诉房屋承租使用的租赁合同，且自称自入住手续办完后房屋就一直空置，至 2014 年期间其一直都未去过，不知有他人居住使用，上述情况有悖常理。综上，结合包某某和刘某房屋使用权的取得及使用情况，本院认为，刘某在房屋使用权的取得和使用上没有任何瑕疵，刘某对该房屋的居住使用权本院应予保护。故对包某某起诉要求判令涉诉房屋居住使用权归其所有的诉讼请求，本院不予支持。

依照《合同法》第 52 条之规定，判决如下：驳回包某某的诉讼请求。

后包某某不服一审判决，提出上诉，后在二审期间申请撤回上诉。二审法院准许包某某撤回上诉，一审判决自二审裁定书送达之日起发生法律效力。

【适用解析】

本案争议焦点的本质为居住权性质的认定及冲突解决的法律规则。居住权是本次《民法典》的亮点之一，是贯彻党的十九大提出的加快建立多主体供给、多渠道保障住房制度的要求，以满足居住权人稳定的生活居住的需要。[①] 在《民法典》出台之前，根据物权法定原则，居住权不属于物权，无法直接适用物权法律规则裁判，只能依据既有规定及物权法法理并运用类推司法技术保护当事人利益。对此，本案即是将规定与法理相结合解决居住权纠纷的现实案例。

---

① 全国人民代表大会常务委员会副委员王晨同志在 2020 年 5 月 22 日在第十三届全国人民代表大会第三次会议上作关于《中华人民共和国民法典（草案）》的说明。

（一）本案争议权利性质分析

根据《民法典》第 366 条的规定，居住权是指以满足生活居住为目的，对他人的住宅享有占有、使用的用益物权。早在罗马法中，居住权就是一种特殊的人役权，系指对房屋的用益权或使用权。[①] 最初居住权旨在解决特定的家庭成员和家庭服务人员之间的居住困难问题，[②] 但随着社会经济的不断发展，人口数量的不断增加，要求每个人都通过所有权的形式实现“居者有其屋”是一种脱离现实的理想状态，较为合理的做法是创设侧重对房屋的占有使用、限制收益处分的权利状态，因此，居住权的社会功能得以扩展，现实中的单位公租房、经济适用房、拆迁安置房等保障性住房的财产形态部分即是迎合权利人此类“居住”需求的典型表现。本案中，拆迁安置补偿协议签订后，被安置人刘某仍需向安置人交纳低于房屋租赁市场价的使用费，可知当事人的真实意思表示并不是为被安置人设定房屋所有权，而是设立以居住为目的的权利。

判决书中虽然对诉争房屋有“租赁房屋”“承租使用权”等租赁权的表述，但并不能否认本案当事人的权利性质为居住权，更不代表租赁权等同于居住权，具体理由如下：1. 居住权是用益物权，居住权人比租赁权人对房屋有更强的支配力。居住权人有权决定房屋装饰装修、改变房屋用途（例如“半住半商”情形），无须征得所有权人同意，而租赁权人装饰装修、改变房屋用途必须经过出租人同意；2. 居住权是绝对权，具有对世效力，而租赁权是相对权，除了“买卖不破租赁”外，不具有对世效力；3. 居住权必须经过公示才能设立，而租赁权不需要公示，签订合法有效的租赁合同即可产生；4. 居住权具有长期性，根据《民法典》第 370 条规定，居住期限届满或居住权人死亡时权利消灭，居住期限也没有法律限制，而租赁权最长期限不得超过 20 年；5. 居住权为无偿设立，另有约定除外。租赁合同为有偿合同，承租人需按照市场价格支付租金。本案拆迁安置补偿协议签订时，现行法律并没有居住权规则的指引，但从协议内容及履行情况看，拆迁安置补偿协议赋予安置人刘某对于安置房屋的支配力远远高于承租人，安置人可以自主决定对房屋装饰装修，改变用途，甚至对外出租满足自身生活需要；虽然诉争房屋由于客观

---

① 陈华彬：《人役权制度的构建——兼议我国〈民法典物权编（草案）的居住权规定〉》，载《比较法研究》2019 年第 2 期。

② 王利明：《论民法典物权编中居住权的若干问题》，载《学术月刊》2019 年 6 月。

原因无法办理产权登记，但刘某拥有类似于物权凭证的“准住证”，证明刘某对该房屋拥有居住权利，该权利可以对抗不特定第三人，同时，刘某自1999年4月30日即在此居住，至今已有21年，其持续占有居住涉案房屋，其权利持续得到法律保护。刘某向安置人交纳的房屋使用费低于房屋租金市场价格。通过以上事实可知，被安置人诉争房屋的权利是一种比租赁权效力强、比所有权效力弱的一种权利，该权利在功能上主要是保障被安置人的居住利益，具有对抗所有权人的返还原物请求权和排除不特定第三人干涉其占有使用房屋的效力，只是由于缺乏居住权的法律规定及相应的登记机关，采取了在功能上与之较为接近的租赁权予以保障而已。因此，将该权利认定为居住权更符合拆迁补偿安置的实际情况，也能为被安置人居住利益提供更有力的制度保障。

（二）居住权冲突的司法裁量

根据区分原则，当事人之间订立有关不动产物权的合同，原则上自合同成立时生效，未办理物权登记的，不影响合同效力。本案中的两份拆迁补偿协议均系当事人的真实意思表示，不存在违反法律、行政法规强制性规定的情形，均合法有效，包某与刘某基于各自的拆迁补偿协议对涉案房屋均应享有居住权。

根据物权的排他性，一物之上不得成立二个以上内容相冲突的物权，而居住权是以占有使用为内容的用益物权，一套独立房屋之上不能存在多个居住权。在发生权利冲突时，若法律明确规定了居住权这一物权类型，则可以通过“公示优先、时间在先”[①] 的物权效力优先规则予以处理。根据《民法典》第368条的规定，居住权的产生采取“登记生效主义”规则，因此已经办理居住权登记的权利人可借助居住权的公示公信力，排除其他人对于房屋居住权的争议；两人均办理了居住权登记，则后续办理的为错误登记，应予注销。

但本案纠纷产生之时，没有居住权的相关法律规则可供适用，于是类推适用了租赁权的法律规则，并结合居住权法理进行了裁判。具体思路为：

1. 参考权利公示情况。租赁权虽为债权，但其内容为对物的占有使用，而直接占有一般是动产物权的静态公示方式，登记是不动产物权的公示方式，房屋租赁

---

① 即两个以上物权存在于一物之上，已公示的优先于未公示的，公示在先的优先于公示在后的。

权人一般会对房屋构成直接占有，谋求使用，而登记仅具有备案性质，并非租赁权设立所必需，据此我国《最高人民法院关于审理城镇房屋租赁合同纠纷的案件具体应用法律若干问题的解释》第6条明确规定了房屋租赁权相互冲突的法律适用顺序为："（1）已经合法占有租赁房屋的；（2）已经办理登记备案手续的；（3）合同成立在先。"由此可见，作为常见公示方式的占有和登记亦是判断房屋租赁权优先顺序的参考因素，与"公示优先"的物权效力优先原则原理一致，居住权可参照租赁权予以处理。具体到本案，刘某自1999年起就在涉案房屋中居住，对外以直接占有方式进行了权利公示，且拥有准住证作为初步的物权凭证，而包某某自拆迁补偿协议签订之日起既没有对涉案房屋进行占有，亦未进行备案登记，其居住权效力理应劣后于刘某。

2. 参考直接占有时间情况。大陆法系国家一般都规定物权的时效取得制度，[①]该制度会产生所有权及其他财产权变动的法律后果。我国目前没有时效取得的法律规定，但鉴于静态财产秩序的保护和物尽其用的鼓励，当民事主体和平、公开、持续占有标的物已达相当长的时间，占有人对标的物的支配效力和对他人的排他效力应予强化，该理念应贯彻到法官自由裁量权的运用中。结合本案关于权利优先效力的争议，取得时效本具有消灭既存物权，产生新物权的效力，举重以明轻，当内容冲突的物权同时存在于一物之上时，直接占有时间长的物权效力应在司法裁量中予以优先考虑。本案中，刘某和包某某分别为根据拆迁安置补偿协议的居住权人，但刘某直接占有涉案房屋已20余年，从不知晓包某某对涉案房屋的权属情况，包某某在此期间内亦对涉案房屋使用情况毫不知情，从未与刘某产生争议，有违常理，因此，根据实际情况肯定了刘某对涉案房屋的居住权，包某某的利益诉求可根据与某地产公司签订的拆迁安置补偿协议另行解决。

（三）总结——《民法典》出台后拆迁安置房屋居住权问题的实践回应

法官在对本案进行裁判时，在现行法律对居住权未规定的前提下，采用了类推适用的法律技术：在肯定拆迁补偿协议的债权效力，明确涉案房屋的权利属性为居住权定性的前提下，依据无名合同参照适用最类似有名合同的规则，将居住

---

① 时效取得是指无权利人以行使所有权或其他财产权的意思公然、和平地持续占有他人的同产，经过法律规定的期间，即依法取得该财产的所有权或其他财产权的法律制度。参见江平主编：《民法学》，中国政法大学出版社2016年版，第320页。

权类推适用于租赁权法律规则作出了公正裁判。《民法典》出台，拆迁安置房屋的居住权问题应当予以实践回应。首先，应根据《民法典》中的居住权的规定，同步完善拆迁补偿协议示范条款，旨在为被安置人设定居住权的，应在当事人协商一致基础上，变更已生效协议，修改未签订协议，夯实居住权的权利基础；其次，应完善居住权登记制度，对此类房屋的居住权进行权属登记，让公示公信力发挥定分止争的作用；最后，在《民法典》正式施行前的时间内，法院仍可借助租赁权的权利外壳，融入居住权新法律规则予以裁判，切实保障当事人的居住利益。

编写人：北京市丰台区法院　陈志博　田磊

【第368条　居住权的设立，第370条　居住权的消灭】

18

居住权制度在执行程序中的适用

——某某公司申请执行李某某承揽合同案

【基本信息】

1. 裁判书字号

重庆市第五中级人民法院（2015）渝五中法执复字第00207号民事裁定书

2. 案由：承揽合同纠纷

3. 诉讼双方

申请复议人（异议人、被执行人）：李某某

申请执行人：无锡市某某有限公司（以下简称某某公司）

被执行人：牟某某（已于2015年1月26日死亡）

【基本案情】

对江苏省某某公司与牟某某、李某某承揽合同纠纷一案，无锡市北塘区人民法院一审判决：牟某某、李某某支付某某公司1428367元及逾期付款利息。牟某某、李某某上诉后，无锡市中级人民法院作出二审判决：驳回上诉，维持原判。履行期限届满后，李某某、牟某某未履行给付义务，某某公司向北塘区法院申请强制执行，北塘区法院委托重庆市南岸区人民法院执行。另查明，一审诉讼保全时，对二被执行人位于南岸区某村83—23号房屋（以下简称23号房屋）未采取保全措施，以保障被执行人居住需要。一审判决后，牟某某将该房转让他人，致使南岸区某村84号房屋（以下简称84号房屋）成为李某某名下的唯一住房。执行中，被执行人无其他财产可供执行，某某公司请求执行84号房屋的所有权，并承诺拍卖、变卖或以物抵债后继续由李某某（申请执行时李某某年满71岁，牟某某已死亡）继续居住直至李某某死亡时止，不收取李某某租金。

2014年6月26日，重庆市南岸区人民法院裁定：续行查封84号房屋。2014年11月25日，南岸区法院作出执行裁定：拍卖84号房屋。李某某以该房屋是其唯一住房为由提出执行行为异议，请求撤销执行裁定，终止对该房屋的执行程序。

【案件焦点】

在执行程序中能否通过设定居住权而强制执行被执行人唯一住房的所有权。

【裁判要旨】

重庆市南岸区人民法院审查认为，某某公司在执行程序中作出承诺，其取得84号房屋后保证被执行人继续居住直至被执行人死亡或自愿交出房屋，不收取租金等，确保被执行人原有的居住条件不受影响。执行法院可以按照法律规定并根据个案的具体情况在保证被执行人生活基本条件的前提下实现债权。李某某的异议理由不成立，遂作出裁定：驳回李某某的执行异议请求。

李某某不服该裁定，申请复议。

重庆市第五中级人民法院审查认为，84号房屋虽为李某某唯一住房，但在保证被执行人原有居住条件下，执行法院对房屋作出有限制条件的处置，不违背法律规定的立法精神。为此，裁定驳回申请复议人李某某的复议申请。

【适用解析】

判断本案中被执行人的异议是否成立，不能简单以最高人民法院《关于人民法院民事执行中查封、扣押、冻结财产的规定》（法释［2004］15 号）（以下简称《查封扣押冻结规定》）第 6 条规定来判断，而应当从生道执行的立法原意、所有权构成理论展开评析、判断。

一、生道执行的应然解读

生道执行原则是人民法院强制执行工作的底线，即人民法院的强制执行不得侵害被执行人的生存权。生存权是人的基本权利。对何为生存权，有多种表述：生存权是公民享有的维持其本身所必需的健康和生活保障权。[①] 生存权，是指在一定社会关系和历史条件下，人们应当享有的维持正常生活所必需的基本条件的权利。[②] 生存权是指人有免予因饥寒而丧失生命的权利。[③] 各种表述的核心含义就是公民保有或获得基本生活条件的权利。生存权的本源性权域指的就是最低生活水准权，具体包括生命体的维护、有尊严的生活和安全的生活。[④] 生存权是指人们获得足够的食物、衣着、住房以维持有尊严的相当生活水准的权利，它包括食物权、衣着权、住房权等具体内容。[⑤] 生存权是其他权利存在的前提和基础。住有所居，是人们维持“基本生活水准”的一个必要条件。居住权属于生存权，在权利位阶上高于债权，不能因强制执行债权而导致被执行人流离失所。从所有权构成看，居住是房屋的使用价值，属于房屋所有权中的占有、使用权能，居住权不能等同于房屋所有权，房屋所有权虽然与生存权有一定关联，但并不属于生存权的范畴。

二、生道执行的制度变迁与实践变异

（一）生道执行的制度变迁

我国民事强制执行历来坚持执行有限原则。执行有限原则主要是指在强制执行中基于人权保障的需要而对被执行人及其财产进行有限的执行。[⑥] 原《民事诉讼法

---

① 许崇德：《中华法学大辞典（宪法学卷）》，中国检察出版社 1995 年版，第 524 页。

② 汪进元：《论生存权的保护领域和实现途径》，载《法学评论》2010 年第 5 期。

③ 唐忠民：《生存能力、生存权利与生存权利的保护方式》，载《河北法学》2005 年第 1 期。

④ 汪进元：《论生存权的保护领域和实现途径》，载《法学评论》2010 年第 5 期。

⑤ 上官丕亮：《究竟什么是生存权》，载《江苏警官学院学报》2006 年第 11 期。

⑥ 沈志先主编：《强制执行》，法律出版社 2012 年版，第 25 页。

（试行）》（1982 年制定）第 172 条第 1 款规定人民法院查封、扣押、冻结、变卖被执行人的财产，应当保留被执行人必要的生产工具和他本人及其所供养家属的生活必需品。1991 年制定的《民事诉讼法》第223 条第1 款规定，被执行人未按执行通知履行法律文书确定的义务，人民法院有权查封、扣押、冻结、拍卖、变卖被执行人应当履行义务部分的财产，但应当保留被执行人及其所扶养家属的生活必需品。虽然内容有所修改，但基本精神是一致的。2007 年、2012 年修订的《民事诉讼法》除在法典中条文序号有变动外，均未对该条内容进行实质性修改。《查封扣押冻结规定》第 6 条规定："对被执行人及其所扶养家属生活所必需的居住房屋，人民法院可以查封，但不得拍卖、变卖或者抵债。"第 7 条规定在保障被执行人及其所扶养家属最低生活标准所必需的居住房屋和普通生活必需品后，对超过部分可予以执行。最高人民法院《关于人民法院执行设定抵押的房屋的规定》（法释［2005］14 号）规定，只有在保障被执行人及其所扶养家属基本居住权利的条件下，才可以强制执行被执行人的唯一住房。《执行异议复议规定》第 20 条规定，除非满足该条规定的三种情形，被执行人的唯一住房仍应豁免执行。可见，民事诉讼立法及司法解释恪守人道主义，保障被执行人生存权，坚持执行有限原则的理念是一致的，但具体对唯一住房执行，越来越注重债权人与被执行人权利的平衡，对被执行人提出对唯一住房豁免执行的限制趋于严格。

（二）生道执行的实践变异

生道执行旨在保障被执行人的生存权，实践中却被一些失信债务人滥用，并容易形成困局。

1. 唯一住房豁免执行成为失信被执行人逃避执行的"避风港"。生道执行本是保障被执行人的基本生存权利，实践中却被一些失信被执行人滥用。《民事诉讼法》第 102 条、《查封扣押冻结规定》第 21 条均规定了保全的价值相当原则，即人民法院在审理阶段或执行阶段采取保全措施的，保全债务人的财产价值不得超过债权人诉讼请求的金额或执行根据确定的债务人应履行的债务金额。所谓"相当"，并不要求查封、扣押的财产价值与应履行的债务数额完全相当，而是以不显著超额为限。[①] 在保全时，即使查明被执行人有多套房产，如果一套房产价值与涉案标的相

① 江伟主编：《民事诉讼法学关键问题》，中国人民大学出版社 2010 年版，第 349 页。

当，人民法院也只能选择保全价值相当的一套房产。一些失信债务人常通过赠与、买卖等方式将其多余住房转移至亲友、子女名下，使被保全的房屋成为其“唯一住房”，借以逃避执行。人民法院明知其失信赖账，不应支持，但基于《查封扣押冻结规定》的刚性约束，只能依法不予执行。本案中，牟某某正是利用这一规则，人为形成“唯一住房”格局，企图逃避执行。《执行异议复议规定》第20条第1款第2项虽然规定执行依据生效后，被执行人为逃避债务转让其名下其他房屋的，对其唯一住房仍可执行，但在实践中容易沦为法律上的“马奇诺防线”，有些被执行人可轻易绕过这个法律障碍，在裁判文书生效前转让其他房屋，留下唯一住房。《执行异议复议规定》第20条第1款第3项对唯一住房豁免执行虽然有所严格，但仍为申请执行人设置了较为不利的条件，即需要按照当地廉租住房保障面积标准为被执行人及所抚养家属提供居住房屋，或者同意参照当地房屋租赁市场平均租金标准从该房屋的变价款中扣除5~8年租金。该规定将导致申请执行人的合法债权不能充分实现。

2. 唯一住房豁免执行容易形成执行困境。被执行人名下只有唯一住房，申请执行人不能满足《执行异议复议规定》第20条第1款第3项规定的条件的，该房屋必须豁免执行，必然形成查封与执行结案的矛盾。被执行人只有唯一住房而无其他可供执行的财产的，依据《最高人民法院关于适用〈中华人民共和国民事诉讼法〉的解释》（以下简称《民诉法解释》）第519条之规定，人民法院可以裁定终结本次执行程序。实践中，人民法院裁定终结本次执行程序后，申请执行人通常不愿放弃债权，要求继续对该房屋予以查封，《民诉法解释》第487条规定，查封不动产的，期限不得超过3年，申请执行人申请延长期限的，人民法院应当在查封期限届满前办理续行查封手续，续行查封期限不得超过3年。这延长了《查封扣押冻结规定》规定的查封及续行查封的期限，减少了人民法院续行查封的次数，但被执行人唯一住房仍需要多次查封，存在长期查封又不能强制执行的问题。裁定“终结本次执行程序”后，执行案件结案，还存在续行查封手续谁来办理、归入何档等问题，容易形成执行困局。

三、所有权权能分离理论为破解唯一住房执行困局拓宽思路

如前所述，生道执行的落脚点在于保障被执行人的居住权而非保护被执行人的房屋所有权。执行中，只要保障了被执行人的基本居住条件，就满足了被执行人在居住方面的生存权。

一般认为，所有权由占有、使用、收益、处分四项权能构成，这四项权能中的某一项、某几项甚至全部，能够与所有权暂时分离。有学者进一步认为，完整的所有权权能结构应包括占有、使用、收益、处分和归属五种权能。其中归属权能是指所有权人对其所有的财物独自享有的法律意义上的永久独占权。它是一种法律权利，只能由所有权人享有。归属权能是一种非积极的法律权利，在他人没有对所有物侵犯时，所有人即实现了该权利的内容，但是，如果他人非法侵犯所有物，该权利通过所有人依法请求其他人不得非法侵犯所有物体现出来，如果有非法侵犯行为存在，那么，所有人（即享有归属权的人）可请求司法机关予以保护。当所有权的占有、使用、收益和处分四项权能的部分或全部永久分离时，只要所有人保留这一权能，所有人享有的所有权就仍然不变。除了归属权能以外，占有权、使用权、收益权和处分权四项权能可以部分或全部与所有权暂时或永久分离，成为单独的权利。[①]《民法典》第二编物权第十四章确定了居住权制度。《民法典》第366条规定："居住权人有权按照合同约定，对他人的住宅享有占有、使用的用益物权，以满足生活居住的需要。"居住权在法律上正式成为一种新的物权类型，可以与住宅的所有权相分离。在不能为被执行人落实公租房或廉租房，申请人又不能或不愿另行为被执行人提供房屋居住的，所有权权能分离论为破解被执行人唯一住房执行困局提供了另一思路。

根据所有权权能分离论，所有权的各项权能可以由不同的主体行使。人民法院在执行被执行人唯一住房时，基于人道主义，经申请执行人同意，在被执行人唯一住房上设定居住权，被执行人可继续居住该房屋，但该房屋所有权仍可强制执行。

人民法院拍卖、变卖该房屋时，设置权利负担，即具备下列情形之一的，才能实际交付房屋：（一）被执行人取得其他居住房屋；（二）被执行人死亡且没有需要被执行人扶养的人；（三）被执行人自愿交出房屋；（四）具备《执行异议复议规定》第20条第1款第3项规定的条件的。此种权利负担比较沉重，拍卖、变卖成功的概率相对较小。若拍卖、变卖不能，申请执行人同意以物抵债的，裁定以物抵债，申请执行人不同意以物抵债的，裁定解除查封措施，终结本次执行程序。申

---

① 欧锦雄：《所有权权能结构理论研究》，载《河北法学》2000年第6期。

请执行人取得该房屋所有权后，与被执行人形成房屋借用或租赁关系，申请执行人可另行主张租金。涉及房屋的执行一般是较大金额的债权，通过对房屋所有权的执行，一次性大额债权执行可向定期小额债权执行转化，执行难度降低，执行矛盾钝化，同时平衡了申请执行人与被执行人之间的利益。

本案被执行人李某某年满 71 周岁，此种执行方法具有特别的价值。老年人对原居住房屋通常有深厚的感情和多年的居住习惯，对换房执行一般有强烈的抵触情绪，强制其搬迁风险很大，居住权保留下的执行所有权，既保障了被执行人的生存权，又防止案件久拖不决，既充分保障了申请执行人的权利，又防止在被执行人死亡后执行其遗产的程序烦琐。

四、结语

居住权是新的物权类型，属于生存权，其权利位阶高于一般债权。居住权系房屋所有权结构中的占有、使用权能，可与所有权相分离。在执行程序中，经申请执行人同意，可以在被执行人的唯一住房上设定居住权，保障被执行人的居住权利，强制执行被执行人唯一住房的所有权。

编写人：重庆市渝中区人民路重庆市第五中级人民法院　代贞奎

【第 406 条　抵押期间抵押财产转让应当遵循的规则】

19

抵押权追及效力的司法适用

——吴某某等诉彭某等抵押权案

【基本信息】

1. 裁判书字号

上海市第二中级人民法院（2019）沪 02 民终 8110 号民事判决书

2. 案由：抵押权纠纷

3. 当事人

原告（被上诉人）：吴某某、施某某、周某某

被告（被上诉人）：陈某

被告（上诉人）：彭某

第三人（上诉人）：唐某某

【基本案情】

2011 年 11 月 14 日，陈某与彭某签署《抵押借款协议》一份，约定陈某向彭某借款 200 万元，借期至 2012 年 11 月 13 日止，陈某将名下的上海市凯旋北路某某房屋（以下简称系争房屋）向彭某作抵押。该协议签订后，当事人于 2011 年 11 月 18 日完成了房产抵押登记，抵押权人为彭某，债权数额为 200 万元。

2013 年 10 月 12 日，吴某某、施某某、周某某（以下简称吴某某方）作为买受方，陈某作为出售方就系争房屋签订《上海市房地产买卖合同》一份，约定房价款为 590 万元，2014 年 2 月 15 日前完成房屋交接。之后，陈某出具三张收条确认收到吴某某方支付的房款共计 360 万元。2014 年至 2015 年期间，交易双方多次签订确认书对房屋过户日期及违约责任进行了补充约定，其中 2014 年 3 月还通过签署房屋交接书的方式对房屋进行了验收交接，但始终未完成房屋产权的过户。

2016 年 5 月 23 日，唐某某与陈某就借贷纠纷通过上海市长宁区人民法院达成（2016）沪 0105 民初 8337 号民事调解书，确认陈某应于 2016 年 6 月 15 日前向唐某某归还借款本金 386 万元及相应利息，否则唐某某可对系争房屋进行折价或申请拍卖、变卖后行使优先受偿权。

2017 年 7 月 14 日，上海市长宁区人民法院就吴某某方与唐某某、陈某关于前述民事调解书的撤销权之诉作出（2017）沪 0105 民撤 1 号民事判决，认为因唐某某并非系争房屋抵押权人，其在陈某已将房屋向吴某某方出售并由吴某某方付款且对房屋实现占有使用后，再与陈某达成对系争房屋优先受偿的协议损害了吴某某方的民事权益，故将（2016）沪 0105 民初 8337 号民事调解书中赋予唐某某对系争房屋的优先受偿权撤销。

2017 年 12 月 1 日，吴某某方向上海市普陀区人民法院提起（2017）沪 0107 民初 28910 号民事诉讼，请求判令陈某继续履行买卖合同并支付违约金，该案除查明

了吴某某方与陈某就系争房屋的买卖关系，吴某某方履行了部分付款义务，房屋已完成交接等事实外，还查明陈某为系争房屋的产权人，彭某为房屋的抵押权人之一，上海市长宁区人民法院对房屋采取了司法限制措施。2018年8月15日，上海市普陀区人民法院就该案作出判决，以系争房屋产权已被采取司法限制措施而不具备过户条件为由对吴某某方诉请不予支持。

2018年12月7日，吴某某方提起本案诉讼，请求判令彭某、陈某办理抵押权登记解除手续。

【案件焦点】

1. 如何认定案涉被“代持”抵押权的法律效力；2. 抵押权追及效力的司法适用。

【裁判要旨】

上海市普陀区人民法院经审理认为：一、吴某某方作为买受方已履行了大部分付款义务并实际占有房屋，其有权要求出售方陈某履行房屋产权过户并在此过程中排除相应的隐患或侵害；二、系争房屋得以办理抵押登记手续并以彭某为抵押权人显然是基于其与陈某签订的抵押借款协议，现彭某自认其本人并未按合同约定向陈某某出借钱款，故彭某取得该抵押权缺乏依据；三、对不动产享有抵押权应以具有公示公信效力的登记手续为依据，唐某某并非系争房屋的登记抵押权人，而民事活动中所谓的“隐名”或“委托”均以不侵害善意第三方为前提，目前并无证据证实吴某某方在购房时明确知晓彭某对系争房屋的抵押权系代唐某某行使，房屋产权人陈某对此亦未予以确认。

一审法院判决：撤销设定于系争房屋之上的、抵押权人为彭某的抵押登记。

彭某、唐某某提起上诉。

上海市第二中级人民法院经审理认为：本案中，彭某与陈某签订《抵押借款协议》后登记为系争房屋抵押权人，且彭某认可其与姐姐彭某A向陈某转账系代唐某某出借资金，加之另案生效调解书业已确认唐某某对陈某享有债权，因此案涉抵押权实质上是为了担保唐某某所享有的债权能顺利实现而设立。针对抵押权人与债权人不一致的情形，该不一致仅是登记上的形式不一致，而实质上的抵押权人与债权人仍相统一，只是债权人须通过登记的抵押权人来实现其抵押权利。由此可见，案涉抵押权的设立具有相应的债权债务基础，并未突破抵押权的从属性，符合法律规定。

案涉抵押权登记时吴某某方尚未购买系争房屋，该抵押权的设立显然不存在侵害其合法权益的情形。同时，吴某某方作为购房人，其在交易时应对设定于系争房屋上的抵押权尽到审慎的注意义务，并据此做出购买与否的决定。本案中，吴某某方称其签约时并不知晓案涉抵押权的存在，对此其应承担相应责任。据此，吴某某方作为房屋买卖合同当事人一方，起诉主张撤销设立在先的案涉抵押权缺乏法律依据，法院对此无法支持。

二审法院判决：撤销一审判决，驳回吴某某方的全部诉讼请求。

【适用解析】

一、如何认定被“代持”抵押权的法律效力

根据法律规定，债务人提供的抵押财产应登记在债权人名下，届时由债权人作为抵押权人就该财产优先受偿。但当事人基于意思自治主动选择将抵押权登记在非债权人名下的，该抵押权并不因此而无效。人民法院应结合该抵押权的设立是否存在债权基础、该抵押权是否损害信赖登记的善意第三人利益及将该抵押权撤销是否损害债权人利益等因素综合认定抵押权的法律效力。

（一）基于从属性特征的分析

抵押权作为担保物权的一种，其设立目的在于担保特定债务的履行，因此从属性是抵押权的根本属性。从属性贯穿于抵押权的始终，这就要求抵押权的存在、转移及消灭均应从属于特定债权。被“代持”抵押权最显著的特征就是，债权人与抵押权人在登记上的分离。这一形式上的分离直接隐藏了抵押权与其所担保债权之间的对应关系，容易造成该被“代持”抵押权缺乏债权基础的假象，从而对其效力产生怀疑。因此，要认定被“代持”抵押权的法律效力，首先应该明确该抵押权是否能与特定债权形成对应关系，也即是否符合从属性特征。回到本文案例，涉案房屋抵押权虽登记在彭某名下，但是其并非该抵押权所担保债权的债权人，而是接受债权人唐某某委托代为持有抵押权。虽然彭某亦向债务人陈某转账，但其认可该转账系代唐某某出借资金。案涉抵押权所担保的债权债务关系实际发生在唐某某与陈某之间，且该债权有另案生效民事调解书予以确认。因此，案涉由彭某代持的抵押权能与唐某某对陈某享有的债权形成对应关系，即案涉抵押权的设立为了担保唐某某的债权得以实现，符合抵押权的从属性特征。

（二）基于公示公信原则的分析

公示公信原则是物权法的基本原则，其中公示对于维护物权的归属秩序具有重要意义，而公信是以保护交易安全为其旨趣，并以此实现交易便捷。我国《物权法》在第一章“基本原则”中明确了物权公示为物权法的一项基本原则，第 6 条规定不动产物权的变动以登记为其公示方法，动产物权的变动以交付为其公示方法。当事人基于物权公示而产生公信并进行交易的，其权利受到法律保护，即便公示所表征的物权与实质权利并不相符，这也是公示公信原则对善意第三人信赖利益的保护。回到本文案例，案涉抵押权于 2011 年登记在彭某名下，而抵押人陈某与吴某某方就抵押物买卖所达成的协议签订于 2013 年。鉴于设立在先的案涉抵押权已通过登记的形式予以公示，吴某某方作为后来的买受方对此应当知晓，其交易安全已得到了保护。实际上，无论案涉抵押权的真实享有人是彭某还是唐某某，都不会对吴某某方基于登记而产生的公信产生影响。因此，设立在先的案涉抵押权并不存在侵害吴某某方合法权利的情形，其应根据登记公示情况审慎辨别交易风险。

（三）基于债权人利益保护的分析

抵押权的设立目的主要为担保特定债务的履行，当债务人不履行到期债务或者发生当事人约定的实现抵押权的情形，债权人有权就该抵押财产优先受偿。如前文所述，被“代持”抵押权亦符合从属性特征，也即其设立也是为了担保特定债务的履行。如果仅因抵押权未登记在债权人名下而否定其效力，则债权人的利益必然受到损害。因此，从保护债权人利益的角度，也不应轻易否定被“代持”抵押权的合法性。回到本案案例，如果案涉抵押权被撤销，则唐某某对陈某的债权将面临难以受偿的风险。案涉抵押权是唐某某实现债权的重要保障，应该也是其愿意出借资金的重要考量因素，其效力应依法予以确认。

综合上述分析，案涉抵押权虽然登记在非债权人彭某名下，但是其设立确系为了担保唐某某对陈某所享有债权的实现，符合抵押权的从属性特征。同时，根据物权公示公信原则，案涉抵押权依法办理了登记，其设立不会破坏交易安全，吴某某方应该自行承担未尽审慎注意义务所产生的后果。最后，从保护债权人利益的角度考虑，若将案涉抵押权撤销，则唐某某对陈某的合法债权必然受到威胁。因此，案涉抵押权应属合法有效。

二、抵押权追及效力的司法适用

抵押权的追及效力是物权追及效力的一种体现。关于抵押权的追及效力，传统上一般在抵押权人与抵押物的买受人关系层面上讨论。然而如果按照物权追及效力的概念推理，抵押权的追及效力应是指抵押人不论抵押物辗转落入何人之手，均得追踪物之所在，主张其权利。

（一）我国现有的抵押物转让规则

《物权法》第191条规定："抵押期间，抵押人经抵押权人同意转让抵押财产的，应当将转让所得的价款向抵押权人提前清偿债务或者提存。转让的价款超过债权数额的部分归抵押人所有，不足部分由债务人清偿。抵押期间，抵押人未经抵押人同意，不得转让抵押财产，但受让人代为清偿债务消灭抵押权的除外。"学者普遍认为，我国《物权法》并非通过抵押权的追及效力保护抵押权人的利益，而是通过严格限制抵押物的转让甚至禁止抵押物的转让来实现对抵押权人的保护，即未经抵押权人同意，抵押人不得转让抵押物，而即使经抵押权人同意转让抵押物，抵押人也应将转让抵押物所得价金向抵押权人提前清偿或者提存。

依字面含义，我国《物权法》第191条之所以规定"未经抵押权人同意，不得转让抵押财产"，显然是法律为了保护抵押权人的利益不因抵押物的转让而受影响，对抵押人的处分权进行了严格的限制。但是，如果将《物权法》第191条的规定理解为对抵押人处分权的限制，并进而认定未经抵押权人同意的物权转让行为无效，那么其结果就是赋予抵押权以排他效力，即除非抵押权人同意，否则抵押权的设立即排除了抵押物转让之可能性。

问题是，保护抵押权人的利益是否需要通过赋予抵押权以排他效力的途径来实现呢？依民法通说，物权的排他效力有强弱之分：所有权的排他效力最强，一物之上只能存在一个所有权；用益物权的排他效力次之，一物之上可能存在两个以上的用益物权，如建设用地使用权与地役权可以并存于一物之上；担保物权的排他效力最弱，尤其是不以占有为内容的抵押权往往不具有排他效力，如一物之上设定多个抵押权为实践所常见，亦为物权法所认可。笔者认为，通过赋予抵押权如此强大的排他效力来保护抵押权人的利益，既不符合民法的基本法理，对社会经济的发展也无实益，还会给法律适用带来困难，可谓有百弊而无一利。

（二）我国担保制度是否承认抵押权的追及效力

在《物权法》通过之后，有观点认为我国《物权法》并未承认抵押权的追及效力，进而认为法律对抵押权人的保护，乃是通过严格限制抵押物的转让来实现的，并据此认为未经抵押权人同意之抵押物转让行为应为无效。虽然该思路与《物权法》第191条的文义最为接近，但却不可取，因为这一思路同样误解了抵押权之追及效力在保护抵押权人方面的功能以及物权公示制度在保护受让人交易安全方面的功能。若法律承认抵押权之追及效力并确立物权公示制度，不仅抵押权人的利益不会因抵押物的转让而受到影响，买受人的交易安全更不至于因抵押物的转让而有不测之危险。

实际上，早在《物权法》之前，《最高人民法院关于适用〈中华人民共和国担保法〉若干问题的解释》第67条规定："抵押权存续期间，抵押人转让抵押物未通知抵押权人或者未告知受让人的，如果抵押物已经登记的，抵押权人仍可以行使抵押权；取得抵押物所有权的受让人，可以代替债务人清偿其全部债务，使抵押权消灭。受让人清偿债务后可以向抵押人追偿。如果抵押物未经登记的，抵押权不得对抗受让人，因此给抵押权人造成损失的，由抵押人承担赔偿责任。"有学者高度评价了此条规定：第一，它把抵押物分为登记的抵押物和未登记的抵押物两种不同情况，以登记制度作为衡平抵押权人与买受人的制度工具；第二，它首次规定了抵押权人的追及力；第三，它赋予第三人代位清偿权，这是对第三人利益保护的重大完善。较之《担保法》只考虑到抵押人和抵押权人，代位清偿制度是我国抵押物转让制度对买受人利益保护的重大突破。

此外，我国相关规范也承认了抵押物转让时抵押权的追及效力。《最高人民法院关于适用〈中华人民共和国民事诉讼法〉若干问题的意见》第432条规定：人民法院对抵押物、留置物可以采取财产保全措施，但抵押权人、留置权人有优先受偿权。《最高人民法院关于人民法院执行工作若干问题的规定（试行）》第93条规定：人民法院对被执行人所有的其他人享有抵押权、质押权或留置权的财产，可以采取查封、扣押措施、财产拍卖、变卖后所得价款，应当在抵押权人、质押权人或留置权人优先受偿后，其余额部分用于清偿申请执行人的债权。由此可见，即使抵押物被法院采取强制措施，抵押权人仍可依法追及至抵押物，并享有优先受偿权。举重若轻，抵押物被强制转让时，抵押权尚有追及效力，抵押物被协议转让时，抵押权亦应有追及效力。

（三）《民法典》正式确立抵押权的追及效力

《民法典》第 406 条第 1 款规定："抵押期间，抵押人可以转让抵押财产。当事人另有约定的，按照其约定。抵押财产转让的，抵押权不受影响。"该规定删除了《物权法》第 191 条有关"未经抵押权人同意，不得转让抵押财产"的一般原则，明确除当事人另有约定，抵押期间抵押人可以转让抵押财产，只是抵押权不受影响。回到本文案例，抵押人陈某虽将系争房屋出售给吴某某方，但其并未用转让所得的价款向债权人唐某某清偿债务以涤除案涉抵押权，故吴某某方请求撤销该抵押权的诉请不应得到支持，否则债权人的利益将无法得到保护。司法实践中，在《民法典》之前，房屋买受人请求法院判决过户的，在买卖之前已合法设立的抵押权未被涤除前，买受人的诉请不会得到支持。而根据《民法典》所确立的抵押权追及效力，房屋买受人请求过户的诉请应得到支持，只是抵押权应追及设立到买受人受让的房屋之上，买受人替代出让人成为抵押人，在发生实现抵押权的情形时，债权人仍可向新抵押人行使抵押权。

编写人：上海市第二中级人民法院　王晓梅　高勇

【第 441 条　有价证券质权】

20

动产质押监管纠纷中监管责任探析

——大连 B 投资管理有限公司诉辽宁 A 储运公司、大连 C 谷物公司借款合同案

【基本信息】

1. 裁判书字号

最高人民法院（2016）最高法民终 650 号民事判决书

2. 案由：借款合同纠纷

3. 当事人

原告（被上诉人）：大连B投资管理有限公司（以下简称B投资公司）

被告（上诉人）：辽宁A储运公司（以下简称A储运公司）

被告：大连C谷物公司（以下简称C谷物公司）

第三人：D港股份有限公司（以下简称D港公司）

【基本案情】

2013年5月，C谷物公司向李某借款1亿元，并签订了《借款协议书》。2013年9月26日，大连E粮食公司（以下简称E粮食公司）向杨某借款4500万元，并签订了《借款合同》。2013年12月26日，C谷物公司向黄某借款6000万元，并签订了《借款合同》。2014年5月12日，C谷物公司向崔某借款300万元，并签订了《借款合同》。2014年5月31日，杨某将对E粮食公司的债权本金及利息转让给B投资公司；黄某将对C谷物公司的债权本金及利息转让给B投资公司。同日，B投资公司与C谷物公司、E粮食公司约定：债务人E粮食公司截至2014年5月31日欠债权人B投资公司人民币5580万元整。E粮食公司提出并同意将该笔债务转让给C谷物公司，C谷物公司同意接受该笔债务，B投资公司同意原由E粮食公司所欠债务5580万元由C谷物公司承担。

2014年6月1日，崔某将对C谷物公司的债权本金及利息转让给B投资公司。2014年6月5日，李某将对C谷物公司的债权本金及利息转让给B投资公司。

2014年6月4日，B投资公司与C谷物公司签订《最高额动产质押合同》，约定担保的债权最高余额折合人民币3亿元；C谷物公司同意以自有玉米145400吨为所欠上述债务提供质押担保。

同日，B投资公司、C谷物公司、A储运公司共同签订一份《动产质押监管协议》，约定鉴于C谷物公司同意将其享有所有权的货物质押给B投资公司，B投资公司和C谷物公司同意将质物交由A储运公司监管，A储运公司同意接受B投资公司的委托并按照B投资公司的指示监管质押物。同日，B投资公司、C谷物公司出具致A储运公司《代出质通知书》。同日，A储运公司出具《收到质物通知书》。

2014年7月，因C谷物公司未能履行还款义务，B投资公司多次去A储运公司处确认质押物情况，A 储运公司确认质押物在其监管下并出具签字确认的动产质押工作记录，质押物现场监管员出具了现场核查笔录证明质押物存在完好无损，并承诺只要 B 投资公司出具提货通知，即将质物交付 B 投资公司。B 投资公司按照《动产质押监管协议》的约定行使质权并向 A 储运公司出具了《放货通知书》，要求 A 储运公司办理对质押物 145400 吨玉米的提货手续，但 A 储运公司以没有跟 C 谷物公司联系上为由没有向 B 投资公司提供质押物。B 投资公司认为：C 谷物公司未按照借款协议的约定履行还款义务，其行为已经构成违约，A 储运公司未按照《动产质押监管协议》的约定履行监管及向 B 投资公司交付质押物的义务已经构成违约，诉至法院，请求判令：C 谷物公司向 B 投资公司清偿欠款及逾期利息；处置质押物所得价款由 B 投资公司优先受偿；A 储运公司就 B 谷物公司所欠债务在 3 亿元范围内承担连带赔偿责任；B 谷物公司、A 储运公司共同承担本案全部诉讼费用及保全费用。

一审法院在审理过程中，B 投资公司向该院提出财产保全申请，要求查封存放于大连市开发区某仓库 145400 吨玉米。2014 年 9 月 14 日，D 港股份公司在该协助执行通知书的回执中明确载明：“我公司没有贵院协助执行通知书中所载明的‘某仓库’。协助执行通知书中所涉公司在我公司没有任何存粮。”

C 谷物公司法定代表人刘某某因涉嫌合同诈骗罪现被羁押于吉林省新康监狱，因其刑事案件正在审理中，故一审法院委托长春中院提讯刘某某。刘某某在被讯问中自认其与 B 投资公司签订《最高额动产质押合同》后未依约向该公司提供质押物 145400 吨玉米。

【案件焦点】

在动产质押监管合同纠纷案中质权的设立及质押监管责任的承担。

【裁判要旨】

辽宁省高级人民法院一审认为：B 投资公司受让的本案债权，不违反法律法规的强制性规定，真实有效。C 谷物公司在合同履行期限届满后，未依约履行还款义务，已构成违约，应承担相应的违约责任。故该院对 B 投资公司主张的借款本金 20800 万元及利息依法予以支持。《最高额动产质押合同》系双方当事人的真实意思表示，不违反法律、行政法规的强制性规定，合法有效。双方当事人理应依约履行合同义务。从现有证据看，刘某某在该院委托长春中院调查时，已自认与B投资公司签订《最高额动产质押合同》之时和其后未提供质押物145400吨玉米，A储运公司负责监管的孙某某亦证实包括B投资公司14万~15万吨玉米在内的质押物根本不存在。B投资公司多次要求核验质物，均被A储运公司以有台账、仓位图等证据搪塞。虽然A储运公司在庭审时一直称该质物玉米存在于D港股份公司散粮码头，但D港股份公司被追加为本案第三人后证实A储运公司根本未有该批玉米存放在散粮码头。依B投资公司、A储运公司提供线索对该质物进行查封保全时，亦未查封到该质物。据此，现有证据无法证明C谷物公司已经交付质押物145400吨玉米。依据《物权法》第212条的规定，质权自出质人交付质押财产时设立，涉案质权未依法设立，B投资公司无法享有处置质押物所得价款优先受偿的权利，故对B投资公司主张处置质押物所得价款优先受偿的权利的诉求，该院无法支持。B投资公司与C谷物公司、A储运公司签订的《动产质押监管协议》系三方的真实意思表示，并不违反法律、行政法规的强制性规定，故应为有效。依据该《动产质押监管协议》的约定，A储运公司的义务包括对出质人进行监督、对质物进行监控，对出质人对质物的入库、提货等过程进行监督，一旦发现违反本协议约定之行为，A储运公司应及时制止并向B投资公司报告。A储运公司接受B投资公司委托作为质物的监管人首先应对质物进行核对和查验，而A储运公司在明知B谷物公司根本未提供质押物145400吨玉米，更没有转移占有该质押物的情况下，未将该情况及时报告、通知B投资公司，而仍出具《收到质物通知书》，并在B投资公司查验质物时，向B投资公司出具所谓的台账、仓位图等证明该质物存在，明显违反了《动产质押监管协议》约定的义务，对此应承担给B投资公司所造成损失的赔偿责任。但因C谷物公司系主债务人，A储运公司为监管人，依据公平原则，A储运公司应在C谷物公司不能偿还B投资公司债务的范围内承担赔偿责任即应承担的是补充赔偿责任。对于A储运公司关于本案B投资公司与C谷物公司之间的质押合同属于权利质押即为仓单质押而非动产质押，其对资料的保管存放均尽到责任，没有违约行为的抗辩。依据B投资公司与C公司签订的《最高额动产质押合同》约定，C谷物公司系以其自有的玉米对借款本息提供质押担保。本案所涉质物是145400吨玉米本身，而并非是对玉米仓单的质押。故A储运公司关于其对资料保管已尽到责任，没有违约行为的抗辩，缺乏事实及法律依据，该院不予支持。依照《合同法》第8条、第52条、第60条第1款、第79条、第80条、第81条、第107条、第196条、第205条、第206条、第207条、第211条，《物权法》第212条，《担保法》第63条、第67条，《最高人民法院关于人民法院审理借贷案件的若干意见》第6条，《民事诉讼法》第142条、第144条之规定，判决：（一）C谷物公司于本判决生效后十日内偿还B投资公司借款本金20800万元及逾期利息；（二）A储运公司对C谷物公司本判决第一项还款义务在3亿元范围内承担补充赔偿责任；（三）驳回B投资公司的其他诉讼请求。

A储运公司不服，提起上诉。

最高人民法院二审认为，C谷物公司、B投资公司与A储运公司对涉案质权不能设立所造成的损失均有过错，均应承担责任。根据《物权法》第212条的规定，质权自出质人交付质押财产时设立。本案中，C谷物公司与B投资公司签订《最高额动产质押合同》，合同成立并生效，但是C谷物公司自始没有交付质物145400吨玉米，质权未设立。对因质权未设立给B投资公司造成的损失，应当根据C谷物公司、B投资公司和A储运公司的过错程度，分别承担相应责任。对C谷物公司而言，根据《担保法》第63条的规定，C谷物公司应依法将涉案质押玉米交付B投资公司。C谷物公司法定代表人刘某某因涉嫌合同诈骗罪被羁押，在被讯问中自认了C谷物公司在与B投资公司签订合同后没有依约提供质押玉米，涉案质物自始不存在的事实。由此，涉案质物实际并未交付，负有交付质物义务的一方C谷物公司必然对质物自始不存在的事实是明知的，主观过错明显。因是否交付质物直接决定质权的设立，没有质物，质权一定不能设立，而其实际上并没有交付质物，故其对质物自始不存在而致B投资公司因质权不能设立所造成的损失，应当承担主要责任。对B投资公司而言，涉案质物是应当首先由C谷物公司交付B投资公司，然后再由B投资公司交由A储运公司监管。在交付A储运公司前，C谷物公司应按照质押合同的约定将质押监管物交付B投资公司，由B投资公司保管。因此，B投资公司在将质押监管物交付A储运公司监管之前是知道或应当知道涉案质物是否存在的。B投资公司作为质权人，具有审查保管质押财产的义务，应当对债务人C谷物公司交付的质押财产进行严格审查。但B投资公司不仅怠于履行其法定质物审查义务，而且对自己债权的实现疏于管理并听任债权不能实现的风险放大。对质物自始不存在致使质权不能设立所造成的损失，B投资公司本身存在明显过错，也应当承担相应责任。对A储运公司而言，A储运公司作为专业监管人，应对涉案质物进行核对和查验，但其无视《动产质押监管协议》的约定，在未经实际审查质物交付情况及实际库存的情况下，于签订监管协议的当日即随意出具《收到质物通知书》，并且未将该情况及时报告、通知B投资公司。在B投资公司查验质物时，向B投资公司出具所谓的台账、仓位图等证明质物存在。A储运公司上述行为明显违反了《动产质押监管协议》约定的义务。由于A储运公司对B投资公司因质权不能设立所造成的损失存在过错，且这种过错行为违反了《动产质押监管协议》的约定，其对该损失也应当承担相应责任。综上，由于质押人C谷物公司、质权人B投资公司、质物监管人A储运公司对涉案质权不能设立均存在过错，三方均应承担相应的责任，且作为质物交付主体的C谷物公司为主要责任，质物监管人A储运公司对涉案质权不能设立给B投资公司造成的损失应承担的责任份额以不超过30%为宜。A储运公司对涉案质物的监管在后出现，涉案债权并不是因信任C谷物公司提供的质权保障及A储运公司对质物的监管而产生，其不能实现的首要原因是债务人C谷物公司不能清偿债权，与A储运公司作为质物监管人的后续进入并不存在直接因果关系。另外，涉案B投资公司质权因质物自始不存在而不能设立，首要原因在于在先的债务人C谷物公司的虚假出质以及债权人B投资公司对债务人虚假出质的审查存在过错，A储运公司作为质物监管人的后续加入只是将这种虚假出质状态延续下去，而不是因为A储运公司的监管行为直接造成了虚假出质。因此，A储运公司的责任应当排位在债务人C谷物公司及相关担保人的直接责任之后，责任方式应认定为补充赔偿责任。依照《民事诉讼法》第170条第1款第1项、第2项，第175条之规定，判决如下：（一）维持辽宁省高级人民法院（2016）辽民初1号民事判决第一、三项；（二）变更辽宁省高级人民法院（2016）辽民初1号民事判决第二项为：A储运公司在人民法院对债务人C谷物公司及其他担保人强制执行后B投资公司债权仍不能清偿部分，承担不超过30%的补充赔偿责任。

【适用解析】

动产质押监管业务发展近二十年，实现了商贸、金融、物流行业的共赢。但随着其业务发展模式的多元化及创新性，对质物进行监管所引起的质物监管纠纷越来越多，涉及的法律问题越来越复杂。其中一个原因是受困于没有全国统一的相关物权登记制度，公开公示性查询和备案功能缺失，管理较为混乱。各地对金融仓储行业的监管也仅仅是各自挂在地方属地监管，没有形成统一、权威的监管模式。各地金融仓储企业也是各自为政、单打独斗，没有形成行业自律组织、制定具有约束力的行业规范或标准。《民法典》删除了有关动产抵押和权利质押中各种具体登记机构的内容，为建立统一的动产担保公示制度留下了制度空间。

一、动产质押监管中质权的设立与合同的效力

（一）质权的设立

《民法典》第 441 条规定，以汇票、本票、支票、债券、存款单、仓单、提单出质的，质权自权利凭证交付质权人时设立。本案中双方系争的第一个问题是质权是否设立。根据《民法典》第 425 条和第 429 条规定，所谓质权的设立，是指当事人通过订立质押合同并移转对质物的占有，从而创设质权，出质人应当依据合同约定向债权人及时交付质押物，在交付并移转对质押物的占有之后，才导致质权的设立。动产质权是否有效设立，是当事人诉讼争议的最主要争点。按传统物权法理论，质物转移占有是质权设立的必备条件。动产占有的转移即动产的交付，包括现实交付和拟制交付。拟制交付包括简易交付、指示交付和占有改定。质权设立要求的质物转移占有不限于质物的现实交付，还包括简易交付、指示交付两种拟制交付方式。本案中，C 谷物公司法定代表人刘某某在自认与 B 投资公司签订《最高额动产质押合同》之时和其后未提供质押物 145400 吨玉米，A 储运公司负责监管的孙某某亦证实包括 B 投资公司 14 万至 15 万吨玉米在内的质押物根本不存在。因此涉案质权未依法设立，B 投资公司无法享有处置质押物所得价款优先受偿的权利。

（二）动产质押监管合同效力

动产质押监管合同是独立于借款合同的三方合同，即债权合同的无效或部分无效，不会影响动产质押监管合同的效力。动产质押合同是指债务人或第三人与债权人签订的，约定债务人或第三人将其财产移交债权人占有，将该财产作为债权的担保，债务人不履行债务时，债权人有权以该财产卖得价款优先受偿的协议。[①] 对于动产质押监管合同性质的界定，不仅影响相关纠纷的案由认定，还在一定程度上决定了应适用或准用何种法律规范。在实务中，动产质押监管合同有些被定性为保管

① 高圣平：《担保法论》，法律出版社 2009 年版，第 485 页。

合同，也有被认定为仓储合同的，还有的被认定为委托监管合同。笔者认为，动产质押监管合同可以参照保管合同的相关规定。因为物流监管人须根据出质人和质权人的委托承担核验、占有、盘点质物及协助质权人实现质权的义务等，这些责任和义务显然典型的仓储合同不能涵盖。此外，受托人处理事务，除法律另有规定外，不应以委托人的名义和费用进行。所以，委托合同的后果，直接归委托人承受。在动产质押监管业务中，监管人在未尽到监管义务导致动产质物毁损灭失时，要承担独立的赔偿责任，这与委托合同中结果直接归委托人承受截然不同。将质权人与监管人之间定性为保管合同法律关系，并参照保管合同的相关规定处理案件纠纷更为妥当。

二、动产质押监管责任的归责原则与责任承担

（一）归责原则

如前所述，笔者认为，目前实务中最常见的动产质押监管合同属于保管合同。因此，监管人监管责任的归责原则应按《民法典》第 897 条处理，即采取过错责任原则。从这条规定可以看出，保管合同作为《民法典》的有名合同是以过错责任和推定过错责任作为其归责原则。对保管人而言，在其保管期间所发生的保管物的毁损、灭失承担违约责任必须以保管人在保管期间对其保管行为存在过错为前提，若保管人在保管期间对保管物的毁损、灭失没有任何过错，那么保管人就不必承担违约责任。据此，当监管人未按协议约定履行监管义务，因其过错致使质物发生损毁灭失的，应承担损失赔偿责任；如监管人已尽妥善监管义务，质物的损毁、灭失并非其主观过错所致，则监管人不承担监管责任。在前引案例中，监管协议约定监管人 A 储运公司对因质权未设立而给 B 投资公司造成损失存在过错。一方面，B 投资公司与 C 谷物公司签订《最高额动产质押合同》的时间是 2014 年 6 月 4 日，同日，A 储运公司与 B 投资公司、C 谷物公司签订《动产质押监管协议》，B 投资公司与 C 谷物公司也在当日给 A 储运公司出具了《代出质通知书》，A 储运公司同样在 2014 年 6 月 4 日出具了《收到质物通知书》。涉案质物是玉米 145400 吨，质物数量巨大，实际查验、核对、清点需耗费大量人力、物力和时间。然而，A 储运公司在签订监管协议当天就出具了《收到质物通知书》，确认涉案质物已在其占有和监管之下，时间如此之短，显然没有对质物进行清点审核。另一方面，A 储运公司的监管员孙某某在被讯问中自认，其经手过 B 投资公司的 14 万至 15 万吨玉米质物的监管，监管期间，根据领导授意，在明知仓内没有粮食并且不知储粮仓位具体位置的情况下编造的监管日志和明细分类账目，以证明粮食存在并处于监管之中。对于该证言，A 储运公司予以认可。C 谷物公司法定代表人刘某某在被讯问中也陈述，A 储运公司对质物 145400 吨玉米自始不存在是知道的。A 储运公司对质物 145400 吨玉米不存在是知道或应当知道的，在此情况下仍提供所谓的监管，其对质权未设立给 B 投资公司造成的损失存在明显过错。另外，C 储运公司违反了《动产质押监管协议》中的合同义务。根据《合同法》第 369 条（《民法典》第 892 条）的规定，保管人应当妥善保管保管物。涉案《动产质押监管协议》约定，A 储运公司对出质人进行监督、对质物进行监控、对出质人对质物的入库、提货等过程进行监督，一旦发现违反本协议约定之行为，A 储运公司应及时制止并向 B 投资公司报告。如 C 谷物公司交与的货物及实际库存与《代出质通知书》记载不一致，A 储运公司不得接收货物并签发《收到货物通知书》，并应立即书面通知 B 投资公司、C 谷物公司。A 储运公司派驻监管员在监管场地查验、核对、清点质物，获取和记录质物状况数据；对质物进行监控，发现质物不足或其他异常情况及时报告 B 投资公司和 C 谷物公司，并要求 C 谷物公司采取措施制止、纠正。监管期间，因各种原因质物发生短少、毁损、变质、灭失等可能影响 B 投资公司权益的情形，A 储运公司应当在 24 小时内通知 B 投资公司，并采取适当的应急措施。A 储运公司应接受 B 投资公司对质物及相关单证的查询，接受 B 投资公司对质物的检查，并给予必要的协助。本案 A 储运公司作为专业监管人，首先应对涉案质物进行核对和查验，但其无视《动产质押监管协议》的约定，在未经实际审查质物交付情况及实际库存的情况下，于签订监管协议的当日即随意出具《收到质物通知书》，并且未将该情况及时报告、通知 B 投资公司。在 B 投资公司查验质物时，向 B 投资公司出具所谓的台账、仓位图等证明质物存在。A 储运公司上述行为明显违反了《动产质押监管协议》约定的义务。由于 A 储运公司对 B 投资公司因质权不能设立所造成的损失存在过错，且这种过错行为违反了《动产质押监管协议》的约定，其对该损失也应当承担相应责任。

（二）动产质押监管人责任承担

动产监管责任产生的基础是动产监管合同。当监管人因过错致使质物损毁灭失时，债权人可依据动产监管合同直接诉请动产监管人承担监管责任，赔偿因质物损毁灭失而造成的损失。实践中，当债务人不履行债务，以债权人为原告，有两种诉讼方式：一是以动产监管合同单独起诉监管人赔偿损失；二是起诉债务人还款，确认对质物具有优先受偿权一并起诉监管人连带赔偿。

笔者倾向于监管人承担责任的方式应为补充赔偿责任。在债权债务及担保法律关系中，债务人是终局性义务人，担保人在替代债务人清偿债权后可以向债务人追偿，属于从义务人，二者依法或依约定而产生，都是债权人的直接义务人。相对于债务人与担保人而言，担保物监管人仅是帮助债权人实现债权的辅助人，而不是债权实现的直接义务人，其责任虽具有一定的独立性，但除因自身原因造成监管担保物灭失外，其责任需依附于债务人与担保人的直接责任，如果直接责任因清偿而消灭，由于债权人因获得清偿而不存在损失，则其监管责任也相应消灭。所以其只可能是前述直接义务人后的辅助性补充性义务人。实践中，在以下两种情况中更应如此。一是债权产生在先并已陷入不能清偿风险。由于这种情况中债权不能清偿风险已在先产生，而担保物监管在后出现，债权并不是因信任担保权的保障及担保物监管人的监管而产生，债权不能实现的首要原因是债务人不能清偿债权，与担保物监管人的后续进入并不存在直接因果关系。二是债权人、担保人对质权不能设立存在过错且过错在先。由于这种情况中债权不能实现的首要原因除债务人不能清偿债权外，主要是债权人、担保人的在先过错导致质权没有设立，所以担保物监管人的后续进入对质权实质上已无法设立并不能产生根本性影响。上述两种情况中，动产质押监管人的责任都只应是辅助性的、补充性的。此外，监管人收取的监管费用并不多，如果让监管人承担连带保证责任会给监管企业带来极大的负担，明显造成权利义务不对等，从而挫伤监管企业的积极性，使动产质押监管这项业务丧失活力，阻碍动产质押业务的发展。

具体到本案，涉案原始债权早在 2013 年 5 月、9 月、12 月及 2014 年 5 月已形成，且均已超过约定还款期限而未清偿。即使对于受让上述原始债权的 B 投资公司而言，其相当一部分债权的受让也发生在涉案《动产质押监管协议》签订时的 2014 年 6 月 4 日之前。涉案债权不能清偿风险发生在《动产质押监管协议》签订前，A 储运公司对涉案质物的监管在后出现，涉案债权并不是因信任 C 谷物公司提供的质权保障及 A 储运公司对质物的监管而产生，其不能实现的首要原因是债务人 C 谷物公司不能清偿债权，与 A 储运公司作为质物监管人的后续进入并不存在直接因果关系。另外，涉案B投资公司质权因质物自始不存在而不能设立，首要原因在于在先的债务人C谷物公司的虚假出质以及债权人B投资公司对债务人虚假出质的审查存在过错，A储运公司作为质物监管人的后续加入只是将这种虚假出质状态延续下去，而不是因为A储运公司的监管行为直接造成了虚假出质。因此，A储运公司的责任应当排位在债务人C谷物公司及相关担保人的直接责任之后，责任方式应认定为补充赔偿责任。

三、公示制度的引入对动产质押监管制度的完善

《民法典》删除了分散的登记机构规定，为统一动产担保公示留下空间。依据物权的公示理论，物权的变动必须以一定的可以从外部察知的方式来表示。动产以交付为公示手段，不动产以登记为公示手段。物权的变动要求公示，是基于物权的基本属性。虽然，法律只规定了动产抵押和权力质押的登记要件，并未规定动产质押需要登记，但是将登记制度引入动产质押的监管之中便于交易人和他人查询，借助登记的公信力，可以有效确认质物真实性，避免重复质押和权属纷争问题。

为实现动产质押模式下各债权人信息的畅通，可考虑就动产质押建立全国统一具有法律效力的担保存货融资登记公示平台，即针对动产质押业务中存在的质押物监管风险，及出质人、监管公司、仓储公司之间的信息不对称问题，先建立质押物登记信息查询平台以通过信息技术手段对质押物进行监管，确认质物真实性，避免重复质押现象。建立全国统一的担保存货登记公示平台，不仅对动产质押监管行业，而且对于整个中国投资商业环境以及中国在世界中的排名，提高中国竞争力，提高中国经济实力和综合国力都具有十分重要的意义。可以预见，动产担保交易将借助统一的公示制度蓬勃发展。

编写人：辽宁省高级人民法院　周文政

三、合 同 编

【导言】

合同编共 3 个分编、29 章、526 条。主要新增制度和重大修订内容包括：

第一分编　通则

第一章“一般规定”规定：1. 完善合同的解释规则（第466 条）；2. 明确非合同之债的法律适用规则（第468 条）。

第二章“合同的订立”规定：1. 完善电子合同规则（第491 条）；2. 完善国家订货制度（第494 条第1 款）；3. 增加预约合同的规定（第495 条）；4. 完善格式条款制度（第496～498 条）；5. 增设完善悬赏广告（第499 条）。

第三章“合同的效力”规定：明确当事人违反报批义务的法律后果（第502 条第2 款）。

第四章“合同的履行”规定：1. 增加绿色原则，规定当事人履行合同应当避免浪费资源、污染环境和破坏生态（第509 条第3 款）；2. 选择权的享有和行使规则（第515～516 条）；3. 多数人之债的履行规则（第517～521 条）；4. 完善利益第三人合同的规则（第522 条）；5. 增加第三人代为履行制度（第524 条）；6. 增加情势变更制度（第533 条）。

第五章“合同的保全”规定：1. 完善代位权制度（第535 条）；2. 代位权行使后的法律效果（第537 条）；3. 完善撤销权等合同保全制度（第538～539 条）。

第六章“合同的变更和转让”规定：1. 对金钱债权转让区别处理制度（第545 条第2 款）；2. 明确债权转让时担保权利的变更（第547 条）；3. 增加债务人抵销权一种情形（第549 条）；4. 增加第三人加入债务制度（第552 条）。

第七章“合同的权利义务终止”规定：1. 增加不定期合同的解除制度（第563 条第2 款）；2. 增加了解除权行使的除斥期间（第564 条第2 款）；3. 增加公力

救济方式请求解除合同的制度（第 565 条）；4. 增加违约解除时的违约责任承担规则（第 566 条第 2 款）；5. 增加主合同解除后担保人的担保责任（第 566 条第 3 款）。

第八章“违约责任”规定：1. 合同僵局中的解除制度（第 580 条）；2. 债务人负担替代履行的费用（第 581 条）；3. 违约损害赔偿的范围（第 584 条）；4. 明确定金罚则条件（第 587 条）5. 增加对受领延迟的相关内容（第 589 条）；6. 对减损规则的规定（第 591 条）；7. 增加双方违约和与有过错规则的规定（第 592 条）。

第二分编　典型合同

第九章“买卖合同”规定：1. 明确无权处分的法律后果（第 597 条）；2. 分期付款之法定解除权，新增合理期限（第 634 条）；3. 规定所有权保留规则（第 641 条）。

第十章“供用电、水、气、热力合同”规定：向社会公众供电的供电人，不得拒绝用电人合理的订立合同要求（第 648 条第 2 款）。

第十一章“赠与合同”规定：经过公证的赠与合同或者依法不得撤销的赠与合同（第 660 条）。

第十二章“借款合同”规定：禁止高利放贷（第 680 条）。

第十三章“保证合同”规定：增加完善保证合同（第 681 ~ 702 条）。如：1. 未明确约定保证方式的按一般保证处理（第 686 条第 2 款）；2. 一般保证人先诉抗辩权的除外事由变化（第 687 条第 2 款）；3. 最高额保证合同（第 690 条）；4. 保证期间（第 692 条）；5. 不承担保证责任的情形（第 693 条）；6. 对一般保证诉讼时效起算点的修改（第 694 条）。

第十四章“租赁合同”规定：1. 增加视为放弃优先购买权的规定（第 726 条第 2 款）；2. 增加房屋承租人的优先承租权（第 734 条第 2 款）。

第十五章“融资租赁合同”规定：1. 明确了租赁的登记效力（第 745 条）；2. 承租人请求出租人赔偿损失的情形（第 748 条）；3. 出租人请求承租人合理补偿的情形（第 758 条第 2 款）。

第十六章“保理合同”规定：增加保理合同（第 761 ~ 769 条）。

第十七章“承揽合同”规定：1. 增加承揽人对完成的工作成果有权拒绝交付（第 783 条）；2. 限制定作人的任意解除权（第 787 条）。

第十八章“建设工程合同”规定：1. 扩大工程质量合格的适用情形（第 793

条第 1 款）；2. 合同解除及后果处理（第 806 条）。

第十九章“运输合同”规定：细化客运合同当事人的权利义务（第 815 条第 1 款、第 819 条、第 820 条）。

第二十章“技术合同”规定：技术许可合同的范围（第 863 条第 2 款）。

第二十一章“保管合同”规定：视为保管的情形（第 888 条第 2 款）。

第二十二章“仓储合同”规定：仓储合同定义（第 905 条）。

第二十三章“委托合同”规定：有偿委托行使任意解除权应赔偿可得利益（第 933 条）。

第二十四章“物业服务合同”规定：增加完善物业服务合同。如：物业服务合同的内容、物业公司定期报告、业主不支付物业费物业公司不得采取停止供水、供电、供热、供燃气等方式催交物业费等（第 937 ~950 条）。

第二十六章“中介合同”规定：委托人私下与第三人订立合同后果（第 965 条）。

第二十七章“合伙合同”规定：增加完善合伙合同。如：合伙合同的协议、表决、合伙事务的执行、合伙的终止等（第 967 ~978 条）。

【第 466 条　合同条款的解释】

21

《民法典》有关合同解释规则的司法适用

——××科技公司诉××公司房屋租赁合同案

【基本信息】

1. 裁判书字号

北京市第一中级人民法院（2019）京 01 民终 4442 号民事判决书

2. 案由：房屋租赁合同纠纷

3. 当事人

原告（反诉被告、被上诉人）：××科技公司

被告（反诉原告、上诉人）：××公司

【基本案情】

2013年4月3日，××公司（出租方、甲方）与××科技公司（承租方、乙方）签订《房屋租赁合同》，约定将××公司所有的办公用房出租给××科技公司使用，租赁期限十年。本合同其他条款约定各方享有解除权时，各方有权解除本合同。除本合同约定的解除合同的情形外，双方均不得无故单方解除本合同，如一方需提前解除本合同，应提前六个月书面通知对方后方可解除，并应向对方支付当期月租金作为违约金。2018年3月，××公司以自身经营需要及享有约定解除权为由作出《解除〈房屋租赁合同〉通知》。

2018年9月，××科技公司诉至北京市海淀区人民法院，请求确认《解除〈房屋租赁合同〉通知》无效，继续履行合同。××公司反诉，请求将涉诉租赁房屋及场地腾空并支付租金、占有使用费。

【案件焦点】

依据合同约定解除条件，能否解除合同。

【裁判要旨】

北京市海淀区人民法院一审认为，××公司以其自身经营需要为由要求收回涉诉租赁房屋及场地不符合《房屋租赁合同》中关于其享有单方解除权的情形。根据《合同法》第8条、第93条第2款规定，判决如下：一、继续履行××科技公司与××公司于2013年4月3日签订的《房屋租赁合同》；二、驳回××科技公司其他本诉诉讼请求；三、驳回××公司全部反诉诉讼请求。

宣判后，××公司不服，提起上诉。

北京市第一中级人民法院二审认为，《房屋租赁合同》中约定的内容不构成任意解除权。对于双方当事人理解存在争议的合同条款，应当按照所使用的词句，结合相关条款、行为的性质和目的、习惯以及诚信原则，确定合同的真实意思表示。综合运用合同的文义解释、体系解释、目的解释、交易习惯等方法寻求最为客观的

结论。××公司所持上诉理由，不符合合同约定解除的条件，相关条款本身并无解除合同的效力，亦有违公平原则、诚实信用原则等基本原则。因此，××公司的上诉请求不能成立。依照《民事诉讼法》第 170 条第 1 款第 1 项规定，判决如下：驳回上诉，维持原判。

【适用解析】

严格来说，任何合同都可能存在对合同理解之争，也均需要合同解释，哪怕是一些词句清晰的合同条款，因为合同条款在合同履行中就是一个再理解、再认知的过程，这本身也是合同解释。解决合同争议的第一步，便是对合同进行合法合理的解释。因此，合同解释的重要性，可见一斑。

《民法典》颁布后，第 142 条第 1 款、第 466 条规定当事人对合同条款的理解有争议的，有相对人的意思表示的解释，应当按照所使用的词句，结合相关条款、行为的性质和目的、习惯以及诚信原则，确定意思表示的含义。本案争议焦点即双方对于××公司因自身经营需要解除合同是否满足合同约定的解除条件，相关条款是否属于任意解除权范畴，进而对于当事人理解有争议的合同条款如何适用《民法典》有关合同解释的规则认定与处理。

一、约定解除的判定

依解除权发生根据的差异，亦即是依合同保留解除权抑或依法律规定发生的解除权，相应地可将解除区分为两类：约定解除和法定解除。《合同法》第 93 条第 2 款为约定解除的规定，当事人可以约定一方解除合同的条件，解除合同的条件成就时，解除权人可以解除合同。约定解除中“解除合同的条件”如何理解。我们认为，“解除合同的条件”之满足是解除权人取得约定解除权的前提；但是在实践中，“解除合同的条件”易与解除条件、解除权行使方法、解除权行使的法律效果等概念产生混淆，进而无法准确识别合同中的约定解除条件，影响合同解除的最终认定。本案中，××公司以自己满足了《房屋租赁合同》第 44 条第 1 款中约定的“提前六个月书面通知对方”，即认为己方享有约定解除权，而未予考量导致合同解除具体的履行障碍情形。因此不能直接认定××公司享有约定解除权。

二、《民法典》有关合同解释的规则认定与处理

本案双方对合同条款内容的理解之争实为对××公司是否享有《房屋租赁合同》中约定的任意解除权产生争议。任意解除权，是合同解除的一个特殊情形，即法律明确规定某些类型的合同，当事人可以随时解除合同的权利。从现行法律来看，任意解除权尚处于法定解除权的范畴，只有在特定的合同类型中，在法律明确规定的情况下，当事人才得以行使该解除权。涉案合同双方是房屋租赁合同关系，而租赁合同中仅不定期租赁，法律规定了任意解除权。对于固定期限的租赁合同，法律并未明确规定任意解除权。在此情况下，当事人通过合同约定任意解除权，不违反法律的强制性规定。

本案中，对于《房屋租赁合同》中约定的条款是否属于任意解除权的判定，要通过合同解释的规则进行认定与处理。通过合同解释，明晰争议合同条款的真实意思，起到定分止争、促进交易之目的，这也是《民法典》有关合同解释规则的价值所在。所谓合同解释，是对于既已成立的合同确定何为其内容的一种作业。[①] 由于语言文字的多义性和当事人订约时认识能力的局限性，合同需要被解释，以探求当事人在订约时的真实意思表示。大陆法系国家对于合同的解释，存在三种理论，它们起源于罗马法，分别是以确定当事人真实意思为主的意思主义、以当事人外部表示为准的表示主义，以及将当事人真意和表示相结合的折中主义。我国目前的合同解释理论通说为折中主义。《合同法》第125条规定，当事人对合同条款的理解有争议的，应当按照合同所使用的词句、合同的有关条款、合同的目的、交易习惯以及诚实信用原则，确定该条款的真实意思。《民法典》第142条第1款明确规定，有相对人的意思表示的解释，应当按照所使用的词句，结合相关条款、行为的性质和目的、习惯以及诚信原则，确定意思表示的含义。第466条规定，当事人对合同条款的理解有争议的，应当依据本法第142条第1款的规定，确定争议条款的含义。合同文本采用两种以上文字订立并约定具有同等效力的，对各文本使用的词句推定具有相同含义。各文本使用的词句不一致的，应当根据合同的相关条款、性质、目的以及诚信原则等予以解释。

对比《合同法》第125条与《民法典》第142条第1款的差别，我们可知二者

---

① 韩世远：《合同法总论》，法律出版社2017年版，第693页。

规定略有不同。《民法典》更为强调文义解释优先原则，第142条第1款中“应当按照所使用的词句”后用逗号，而《合同法》第125条中“应当按照合同所使用的词句”后为顿号。《民法典》将文义解释方法单独列出，以和其余解释方法相区别。忠实于文义，最终回归文义。该规定既符合合同解释的基本原理，也符合契约自由的基本原则，可以说是《民法典》优良立法技术的一大体现。《民法典》第142条第1款中还增加了“行为的性质”作为合同解释的方法之一。这一规定较为“接地气”，在对合同理解发生争议时，可依据合同的法律关系属性进行解释，更有利于司法实践中对个案的准确把握。

因此，《民法典》确认了以探求当事人真实意思表示为目的的各种合同解释方法。同时需要结合文义解释、体系解释、目的解释、行为的性质、习惯、诚信原则等具体的解释方法，以通过客观外在表示确定当事人缔约时的真意。

1. 文义解释。如前所述，在合同解释方法中《民法典》确立了文义解释优先的原则，因此文义解释方法也理所应当成为各种解释方法的首要之选。如果经过文义解释即可得出唯一结论，则合同解释工作即已完成。只有在经过文义解释仍得出多个结论时，才需结合其他解释方法进一步进行解释。有关文义解释的具体规则，依《民法典》的立法原则，文义解释应按照通常理解进行解释，专业用语、专有用语应依据特定领域专业含义进行解释，以防割裂联系、断章取义。因此，欲确定合同条款的含义，必须先了解其所用词句，确定词句的含义，这需要明确该词句的通常含义，在当事人按通常含义使用该词句时尤其如此。① 本案中，双方争议的《房屋租赁合同》第44条第1款约定的内容为：“除本合同约定的解除合同的情形外，双方均不得无故单方解除本合同，如一方需提前解除本合同，应提前六个月书面通知对方后方可解除，并应向对方支付当期月租金作为违约金。”对于该条款是否允许一方在不满足约定解除合同的情形时随时提前解除合同，必须字斟句酌，要挖掘每一个词语、句子、表达的原意。从本款的用语看，“除本合同约定的解除合同的情形外，双方均不得无故单方解除本合同”和“如一方需提前解除本合同”之间语序上紧密相连，中间使用逗号连接，不应将部分内容割裂而断章取义。将本条约定的全部内容作通常及前后关联解读，可以得出本条一方需提前解除合同的前提应

---

① 崔建远主编：《合同法》，法律出版社2017年版，第285页。

仅指满足、符合合同约定的解除合同的情形。

文义解释方法在注重词句规范含义的同时，也允许通过书面或口头约定、当事人双方缔约履约行为等方面确定词句在合同中的具体含义。本案中，虽然××公司提出单方解除合同，但是××科技公司不予认可，双方对此并未达成合意。故，可印证合同第 44 条的含义是提前解除合同的情形仅指满足合同约定的解除合同的情形，而非赋予双方合同的任意解除权。

2. 体系解释。体系解释指将需要的法律条文与其他法律条文联系起来，从该法律条文与其他法律条文的关系、地位和联系等方面，系统全面地分析法律条文的含义。《民法典》第 142 条第 1 款规定了对合同条款的理解有争议时，应当考虑合同的有关条款进行分析，即系统地分析合同条款。

本案的争议焦点在于对《房屋租赁合同》第 44 条的理解，我们将争议条款放到合同的整体中进行解读。该合同第 24 条约定："在本租赁合同有效期内，除合同中约定的甲方单方解除合同的情形外，甲方不得无故收回房屋"，第 38 条约定："本合同其他条款约定各方享有解除权时，各方有权解除本合同"。并在第 31 条、第 32 条、第 36 条、第 41 条、第 42 条、第 43 条明确列举了甲方具有单方解除权的情形，如第 41 条约定："本合同签订后，乙方逾期交纳本合同约定应由乙方负担的费用（租金除外）的……如逾期超过三十日，甲方有权决定单方解除本合同（延付租金违约金不因合同解除而终止计算），乙方还应支付甲方当期月租金作为违约金，且已付押金不予退还。"

该合同第 38 条还约定了解除权行使的法律效果，即合同一方有权解除合同，并通过列举的方式明确了《房屋租赁合同》约定的具有单方解除权的情形仅仅为上述条文列举的情形，又在第 24 条明确限制了甲方除了合同中赋予的单方解除权外，在其他情形下不享有单方解除权。

该合同第 44 条第一句再次强调了单方解除权仅限于合同约定的情形，本句内容与第 24 条保持一致。第二句约定了单方解除权行使的条件，即提前 6 个月书面通知对方，并在后文约定了行使解除权后的措施和义务，即支付当月租金作为违约金，并需在合同存续期间正确履行合同义务。

我们认为《房屋租赁合同》中的第 38 条约定的是单方解除权的法律效果，第 31 条、第 32 条、第 36 条、第 41 条、第 42 条、第 43 条明确列举了具有单方解除权的情形，第 44 条约定了单方解除权的行使条件、补救措施和后果，第 24 条明确排除了合同任意一方在其他情形下的单方解除权。因此，依《民法典》合同解释方法中的体系解释，将涉案合同全部条款和争议及关联的主要条款看作一个统一的整体，亦无法得出成立任意解除权这一结论。

3. 行为的性质及目的解释。在适用《民法典》合同解释规则处理与认定争议问题时，不仅要对行为的性质，即争议合同的法律属性加以正确识别。还应对合同条款从逻辑上进行解释，从制定合同的各方的需要出发，以合理的目的进行解释，以进一步确认双方真实意思表示。毕竟，当事人订立合同必有其目的，缔约时的行为性质与目的才是最初的真意所在。本案中，合同已经约定固定租赁期限为 10 年。涉案《房屋租赁合同》的缔约双方均系商事主体，承租人 × × 科技公司对涉诉租赁房屋进行了装修，并在取得 × × 公司同意的情况下，对部分房屋进行转租。可见，× × 科技公司对于使用涉诉租赁房屋的年限是有明确预期的，符合典型交易目的。如果将争议的第 44 条理解为任意解除权，则合同履行期限无法最终确定，不符合双方最初订立合同的预期及目的。

《房屋租赁合同》第九章乙方权利义务中第 35 条约定：为保护乙方先期装修投资，租赁期限届满前，如甲方同意继续出租房屋，在同等租金价位下，乙方有权继续租赁。此条款可以看出乙方具有续租的意愿，且制定合同时双方的本意是不仅要将合同履行完毕，而且还有续租的可能性，第 34 条约定的奖励两个月免租期更是印证了制定合同时履行合同的意愿。

另外，双方对于违约责任的约定，意在督促双方遵照合同履行义务，而非承担违约责任后即可解除合同，更无意排除守约方依据合同要求继续履行的权利。因此，× × 公司的解释亦不符合双方约定违约责任之本意。

4. 习惯。人们的行为除受法律的支配外，往往还受习惯的支配。各行各业、各个地方都有自己的习惯，如不违反法律强制性规定或者公序良俗，应当将习惯作为一种合同解释的方法。《民法典》第 10 条规定，处理民事纠纷，应当依照法律；法律没有规定的，可以适用习惯，但是不得违背公序良俗。《民法典》明确将习惯作为一种法律适用，符合新时代立法发展的潮流，也符合我国现阶段的社情民情，也使得习惯作为合同解释的方法之一有了更为明确的依据。

从习惯上来看，解除权人行使任意解除权解除合同所应承担的赔偿责任不同于违约方因违约致合同解除所应承担的违约责任，盖因权利所对应的是义务，合同一方行使权利对应的是相对方的负担行为，故解除权人虽因行使任意解除权导致合同解除但其并不因此承担违约的后果。而义务的违反所带来的则是对权利的侵犯，因此违约方要承担相应的违约责任。当事人行使任意解除权导致合同解除，其仅根据合同履行情况及性质赔偿应由其承担的损失。而因一方当事人违约所导致的合同解除，守约方则可要求违约方承担相应的违约责任。本案中，《房屋租赁合同》第44条约定的法律后果是以违约金的形式承担违约责任，因此，从租赁行业的习惯分析，该条款也并非赋予双方任意解除权。

综上，本案对双方争议的合同条款内容作出处理与认定，符合《民法典》第142条第1款、第466条确立的促进交易履行、鼓励诚实信用、文义解释优先与其他解释方法并举等合同解释的立法精神。

编写人：北京市第一中级人民法院　柳适思　赵海洋

【第495条　预约合同】

22

意向书与预约合同的区别

——李某某诉黄某合同案

【基本信息】

1. 裁判书字号

湖北省武汉市洪山区人民法院（2018）鄂0111民初7442号民事判决书

2. 案由：合同纠纷

3. 当事人

原告：李某某

被告：黄某

【基本案情】

2018 年 5 月，原告欲购买被告位于武汉市洪山区康卓新城小区 7 栋 1 单元 ×× 号房屋。在与被告商谈房屋买卖事宜时，原告是以李某的名义进行的。2018 年 5 月 12 日，原告通过支付宝转账的方式向被告支付 20000 元。2018 年 5 月 13 日，被告向原告出具收条 1 张，其内容为："今收到李某康卓新城 7 栋 1 单元 ×× 房屋出售定金人民币贰万元"。经查明，李某不认识被告，未与被告商谈房屋买卖事宜，对被告出具的涉案收条不知情。

后被告未提供涉案房屋的权属证明，原告未与被告签订房屋买卖合同。原告要求被告返还购房定金 20000 元，但被告一直拒绝返还，原告无奈聘请律师催讨购房定金。故请求法院判令：1. 判令被告返还原告购房定金 20000 元；2. 判令被告赔偿原告律师服务费损失 2000 元；3. 本案诉讼费由被告承担。

被告黄某未到庭答辩，也未提交证据。

【案件焦点】

意向书是否属于预约合同。

【裁判要旨】

湖北省武汉市洪山区人民法院经审理认为：根据被告出具的收条以及原告的陈述，双方当事人之间不存在将来要订立房屋买卖合同的意思表示，也不具有受合同拘束的意思，双方当事人之间仅具有房屋买卖的意向，不成立房屋买卖的预约合同和房屋买卖合同（本约合同）。

双方当事人之间存在口头无名合同，其主要内容为：原告交付购房定金 20000 元后，双方就房屋买卖事宜进行磋商；若原告不购买涉案房屋，被告退还原告上述购房定金。双方当事人之间的口头合同合法有效。

湖北省武汉市洪山区人民法院向被告送达民事起诉状副本，应视为原告告知被告双方就房屋买卖事宜停止磋商，催告被告返还购房定金。被告应在原告催告的合理期限内返还原告购房定金。被告未在原告催告的合理期限内返还原告购房定金，构成违约，依法应承担继续履行返还原告购房定金的义务之违约责任。原告主张被告返还购房定金 20000 元，应当予以支持。原告主张律师服务费损失，无法定或约定依据，不应当支持。

依照《合同法》第107条、《民事诉讼法》第144条之规定，判决如下：一、被告黄某于本判决生效之日起五日内返还原告李某某购房定金20000元；二、驳回原告李某某的其他诉讼请求。

【适用解析】

意向书是在民商事活动中，当事人为了订立合同进行多次谈判和反复磋商而订立的，以表达初步设想、记录协议达成程度为内容的文件，目的是更好地规划将来的谈判。意向书体现的是当事人打算订约的意愿性，其内容更灵活，形式更自由。

预约合同，是指当事人约定在将来一定期限内订立合同而达成的允诺或协议。王泽鉴先生认为："预约，乃约定将来订立一定契约的契约，本约则为履行该预约而订立的契约，故预约亦系一种契约（债权契约），而以订立本约为其债务的内容。"预约合同是独立的债权合同，它的合同标的是在未来一定期间内订立本约合同。预约合同的独立性体现在其成立与否与本约是否成立并无关联，也在于订立预约合同的当事人互相之间存在订立本约的独立的请求权，受到法律保护。预约合同是诺成、非要式合同，当事人只要意思表示达成一致即可使预约合同成立，不以交付标的物或其他给付为成立要件。同时预约合同不要求双方当事人采取特定的形式，书面、口头等方式所订立的合同均可成为预约合同。

预约合同的概念首次出现在我国法律体系是在最高人民法院2012年5月10日颁布的《关于审理买卖合同纠纷案件适用法律问题的解释》第2条，"当事人签订认购书、订购书、预订书、意向书、备忘录等预约合同，约定在将来一定期限内订立买卖合同，一方不履行订立买卖合同的义务，对方请求其承担预约合同违约责任或者要求解除预约合同并主张损害赔偿的，人民法院应予支持"。但该规定仅针对一方不履行在未来订立本约合同之义务时对另外一方的救济，并未详细规定预约合同的定义、内容、效力等。此外，需要说明的是，该条规定以列举的方式展现预约合同在具体实践中的表现形式，例如认购书、订购书、预订书、意向书、备忘录等，而没有对生活中意向书的多种性质进行详细区分。关于该条规定的适用，实践中对意向书是否属于预约合同的判断亦存在争议——有观点认为依据该规定，意向书被法定列举为预约合同的一种，那么，意向书的性质理应为预约合同；亦有观点认为，该条规定中的意向书应取狭义概念理解，即只有满足一定条件的意向书才能被认定为预约合同。

2020年5月28日，《民法典》由中华人民共和国第十三届全国人民代表大会第三次会议通过。《民法典》在合同编第495条明确规定了预约合同制度，即“当事人约定在将来一定期限内订立合同的认购书、订购书、预订书等，构成预约合同。当事人一方不履行预约合同约定的订立合同义务的，对方可以请求其承担预约合同的违约责任”。这也意味着预约合同制度由买卖合同司法解释上升到《民法典》的地位。但与最高人民法院《关于审理买卖合同纠纷案件适用法律问题的解释》第2条之规定不同的是，《民法典》列举了预约合同的几种日常表现形式，如认购书、订购书、预订书，而将意向书、备忘录等不再列举。本文认为，这并不是表示生活中的意向书一概不是预约合同，相反，《民法典》是在用更审慎的态度来看待意向书是否属于预约合同的问题，更符合具体问题具体分析的原则，更解决了《关于审理买卖合同纠纷案件适用法律问题的解释》第2条引发的关于意向书究竟是否应当认定为预约合同的争议。

《民法典》合同编第495条的规定既将预约合同的法理地位从司法解释提升到法律层面，又避免了此前规定造成的争议。其虽没有解决意向书究竟是否属于预约合同的问题，但解决了意向书是否一概被认定为预约合同的争议。可以预见，预约合同制度在《民法典》之后的适用将会更加明晰、准确，但关于意向书是否属于预约合同的问题，仍需我们多加判断，下面将具体从意向书和预约合同的区别及意向书认定为预约合同的构成要件两方面，对司法实践中意向书是否属于预约合同的问题详做说明。

一、意向书和预约合同的区别

意向书在实践中常常被看作预约合同的一种，最高院买卖合同司法解释第2条的规定亦将意向书作为预约合同的表现形式之一列举。但正如前文所说，生活中的意向书多种多样，性质也不一而同，本文认为意向书与预约合同存在诸多区别，司法实践中应当将意向书的性质进行详细区分。意向书与预约合同的区别主要有：

第一，法律性质不同。预约合同是合同的一种，具有合同的一切特征，例如：预约合同的签订是一种法律行为，其主体是平等主体的自然人、法人和其他组织，以设立、变更和终止民事权利义务关系为宗旨，以在未来某时间签订本约合同为权利义务等。而意向书并非严格正式的法律文件，其所表达的意思并不明确。

第二，内容不同。预约合同的内容一定对当事人、未来订立本约合同的意思表示、受合同约束的意思表示以及本约合同的类型及性质进行了明确约定。不论是最高院买卖合同司法解释第 2 条，还是《民法典》合同编第 495 条，均对预约合同的内容进行了限定，即“当事人约定在将来一定期限内订立合同”，可见，预约合同的内容是明确的、法定的。而意向书有时只是表达当事人之间有将来订立合同的一种意图，仅仅有当事人以及简单的合同磋商过程的记录，但当事人并不希望受其约束，在措辞上也倾向于谨慎和保守，也可能包含有一些本合同的主要条件，但往往没有当事人明确订立本合同的意思表示，其内容比较随意、灵活。事实上，意向书的内容往往决定了意向书的性质究竟能否被认定为预约合同。

第三，效力不同。预约合同是法定合同的一种，当事人均会受到预约合同中意思表示的拘束，如果一方违背了预约合同的约定，则必须承担合同中事先约定的违约责任或者按照《合同法》的规定承担违约责任。此次《民法典》亦在合同编第 495 条明确规定了当事人一方不履行预约合同则需承担违反预约合同的违约责任。而意向书的效力充其量仅在一定程度上构成继续谈判的基础，不会对当事人的实体权利、义务产生直接的影响，双方当事人不受其约束，在当事人之间也不能产生订约的效力。意向书没有法律约束力，故而违反它也不会产生像违反预约合同一样的违约责任。

在本案中，原告欲购买被告位于武汉市洪山区康卓新城小区 7 栋 1 单元 × × 号房屋，以他人名义与被告商谈房屋买卖事宜。原告向被告支付 20000 元定金后，被告向原告出具写有“今收到李某康卓新城 7 栋 1 单元 × × 房屋出售定金人民币贰万元”的收条一张。从被告出具的收条以及原告的陈述可以看出，原被告之间存在口头无名合同，主要内容为：原告向被告交付购房定金 20000 元后，双方就房屋买卖事宜进行磋商；若原告不购买涉案房屋，被告退还原告上述购房定金。双方之间并不存在将来要订立房屋买卖合同的意思表示，也不具有受合同拘束的意思。原、被告之间仅具有继续商谈房屋买卖的意向，不成立房屋买卖的预约合同和房屋买卖合同。原告向被告交纳的定金仅具有保障磋商继续进行的作用，而不具有担保原、被告未来签订买卖合同的作用。故原告告知被告双方就房屋买卖事宜停止磋商，只能催告被告返还购房订金，而不能依据被告违反预约合同主张双倍返还购房定金。

二、意向书成为预约合同的构成要件

在司法实务中，要判断非法律正式文件的意向书是否为预约合同，应当从预约合同的成立要件出发。预约合同的成立是指当事人就未来某时订立本约合同在意思表示上达成一致并愿受其约束而订立协议的法律事实，因此，意向书认定为预约合同的构成要件主要有：（1）订立主体必须是两个或者两个以上互负权利义务关系的主体，且与本约的订约主体应当一致。（2）当事人共同意思表示，即当事人在意向书中不仅是简单记录，最重要的是要明确约定未来某一期间订立本约合同。（3）意向书的标的为履行未来订立本约合同的行为。（4）权利义务内容明确具体，从鼓励交易和合同自由的角度出发，只要当事人有受约束、约定在将来订立本约合同的意思表示，其权利义务内容便是明确具体的。

本案双方当事人之间之所以不成立购房预约合同，就在于双方之间仅具有继续商谈房屋买卖的意向，并不存在将来要订立房屋买卖合同的意思表示，也不具有受合同拘束的意思，不满足预约合同的成立要件。因此，在今后的审判实务中，法院对当事人之间形成的意向书的性质，不能武断地认为意向书就是预约合同，而应根据意向书的内容、形式加以判断，仅在意向书符合预约合同成立要件时，才能将意向书认定为预约合同，从而适用预约合同的相关规定。这亦更符合《民法典》关于预约合同制度的立法精神。

编写人：湖北省武汉市洪山区人民法院 王点

【第 524 条 第三人清偿规则】

23

商品房次买受人“代履行权”应受法律保护

——程某、杨某诉叶某、某房地产公司商品房预售合同案

【基本信息】

1. 裁判书字号

北京市第三中级人民法院（2019）京 03 民终 13802 号民事判决书

2. 案由：商品房预售合同纠纷

3. 当事人

原告（被上诉人）：程某、杨某

被告（上诉人）：某房地产公司

被告：叶某

【基本案情】

2009年9月21日，某房地产公司（出卖人）与叶某（买受人）签订《商品房预售合同》，约定：涉案商品房坐落在北京市通州区漷县某住宅楼3－401，买受人于2009年9月21日将该房屋总房款738090元，以一次性付款方式交付出卖人。该合同第10条“逾期付款责任”还约定：逾期超过30日后，出卖人有权解除合同。合同还约定了其他内容。2009年9月21日，双方完成了商品房预售合同联机备案登记。

2009年12月30日，叶某（出卖人）与程某、杨某（买受人）签订《北京市存量房屋买卖合同（自行成交版）》，约定：出卖人所售房屋为楼房，坐落为北京市通州区漷县某住宅楼3－401，成交价格为749204元，买受人于签订本合同90日内交付出卖人总房款的55%，剩余购房款于办理网上签订合同后3日内支付。合同还约定了其他内容。2010年2月12日，叶某出具收据一张，写明收到程某交来房款伍拾贰万元等内容。

另查，2010年2月12日，程某、杨某（购房人）与叶某（原房主）、某房地产公司现法定代表人朱某（开发商）签订《换房协议》，协议约定原房主跟开发商协商同意把购房人购买的401房换成201房，201房以购房人名字网签完成后，购房人退还401房合同和钥匙等内容。某房地产公司不认可上述《换房协议》的关联性，主张朱某担任法定代表人系在2012年之后，在签订协议时与公司没有关系。上述《换房协议》签订后，双方未实际履行，程某、杨某于2011年对涉案房屋进行装修并居住至今。后因涉案房屋未办理所有权证书，程某、杨某与叶某之间的合同未能办理网签，亦未办理过户手续。

2017年12月22日，某房地产公司向叶某发出《解除合同通知书》，函告叶某：一、即日起解除您与我司2009年9月21日签订的《商品房预售合同》。二、请您自收到本通知之日起3日内，配合我司办理注销合同备案登记等相关解除手续。

三、按合同第10条第1款第（2）项约定，您应向我司支付违约金人民币22142.7元。四、自本解除通知送达之日我司有权另行出售标的房屋，如因注销合同登记手续未能如期办理，导致标的房屋无法另行出售的，将由您承担由此给我司造成的间接损失。该《解除合同通知书》由叶某家人于2017年12月25日签收。

2018年2月27日，某房地产公司以叶某为被告，起诉至法院，要求确认双方签订的《北京市商品房预售合同》于2017年12月25日解除。该案审理时，因叶某经合法传唤未到庭，法院缺席进行了审理。

【案件焦点】

商品房买受人转卖房屋，且开发商对此应当明知的，开发商以买受人未依约履行付款义务为由，要求解除双方签订的商品房买卖合同时，次买受人对上述债务的履行是否具有合法利益，是否有权向开发商代为履行。

【裁判要旨】

债务人不履行债务，第三人对履行该债务具有合法利益的，第三人有权向债权人代为履行。商品房买受人转卖房屋的，次买受人对买受人向出卖人履行付款义务，进而取得商品房所有权享有期待利益。买受人不履行付款义务时，次买受人有权向出卖人代为履行。出卖人、买受人违背诚实信用原则，未向法院如实陈述房屋转卖事宜，导致法院裁判文书错误，损害次买受人“代履行权”的，次买受人有权请求撤销该裁判文书。

北京市通州区人民法院认为，当事人可以约定一方解除合同的条件。解除合同的条件成就时，解除权人可以解除合同。当事人一方主张解除合同的，应当通知对方。合同自通知到达对方时解除。据此，法院判决如下：某房地产公司与叶某签订的《商品房预售合同》已于2017年12月25日解除。判决后，双方均未上诉，该民事判决现已发生法律效力。

2019年1月，程某、杨某经网络查询到上述判决，遂提起本案诉讼，要求撤销上述民事判决书。诉讼中，程某、杨某明确表示，如果叶某确实未支付房款，其同意代叶某履行向某房地产公司偿付房款的义务。一审法院经审理认为，叶某、某房地产公司未如实向法庭陈述房屋转卖事实，违背了诚实信用原则，导致程某、杨某因不能归责于本人的事由未参加诉讼；程某、杨某对叶某向某房地产公司履行付款义务，进而取得房屋所有权享有合法的期待利益；（2018）京 0112 民初 5665 号民事判决损害了程某、杨某的期待利益。据此，一审法院于 2019 年 8 月 16 日判决：撤销（2018）京 0112 民初 5665 号民事判决书。判决后，某房地产公司不服，提起上诉。二审法院经审理后，判决：驳回上诉，维持原判。

【适用解析】

《民法典》第 524 条是一个新增的条文。该条第 1 款规定，债务人不履行债务，第三人对履行该债务具有合法利益的，第三人有权向债权人代为履行；但是，根据债务性质、按照当事人约定或者依照法律规定只能由债务人履行的除外。上述规定为第三人代为履行规则，赋予了第三人向债权人代为履行的权利，本文称为“代履行权”。下面结合本案，对该款规定的适用问题进行解析。

一、第三人代为履行与由第三人履行

理解第三人代为履行规则的意义，首先需要了解该规则与由第三人履行规则之间的区别。1999 年颁布实施的《合同法》第 65 条规定了由第三人履行规则，《民法典》第 523 条基本采用了该条内容，仅对个别用词进行了修改。《民法典》第 523 条规定，当事人约定由第三人向债权人履行债务，第三人不履行债务或者履行债务不符合约定的，债务人应当向债权人承担违约责任。可见，由第三人履行系“指双方当事人约定债务由第三人履行”，而当事人之所以约定由第三人履行，往往是第三人对债务人负有债务，约定直接由第三人履行“可省去多环履行的烦恼”①。从该条内容看，其主要规范目的，在于解决违约责任承担主体问题。而第三人代为履行，则是指“当一个债务已届履行期，债务人不履行债务，该不履行债务的行为有可能损害第三人的利益时，第三人得代债务人向债权人履行债务，以使自己的合法利益得到保全”②。

由此可见，在由第三人履行规则中，第三人尽管不是合同当事人，但其履行事宜经由当事人约定，成为合同的条款之一。而在《民法典》新增的第三人代为履行

---

① 法律出版社法规中心编：《中华人民共和国合同法注释本》，法律出版社 2017 年版，第 56 页。

② 中国法制出版社编：《中华人民共和国民法典（实用版）》，中国法制出版社 2020 年版，第 354 页。

规则中，该第三人既不是合同当事人，其履行事宜也不是合同当事人约定的条款。该第三人之所以向债权人履行，是其基于对该履行具有合法利益，在债务人不履行的情况下，为保护其自身的合法权益而为的权利手段。以本案为例，在叶某转卖涉案房屋，且尚未完全履行房款给付义务的情况下，假如叶某与某房地产公司约定，剩余房款由程某、杨某给付，则属于由第三人履行合同。而本案的实际情况是，叶某与某房地产公司并未约定“剩余房款由程某、杨某给付”，但由于程某、杨某对叶某履行其债务具有合法利益，程某、杨某有权向该房地产公司代为履行。如果叶某、某房地产公司明知房屋已经转卖，但在未征询次买受人程某、杨某是否同意代叶某向该房地产公司履行债务的情况下，以叶某未履行给付房款义务为由，通过诉讼或协商方式解除合同，则侵犯了程某、杨某的“代履行权”。此即第三人代为履行规则。

二、关于“第三人对履行该债务具有合法利益”

根据《民法典》第 524 条的规定，第三人享有“代履行权”的要件之一，是“第三人对履行该债务具有合法利益”。尽管在现实生活中，合同债务的履行涉及多方利益，比如张三向李四买一台空调，不仅张三受益，其家人甚至客人也受益，但不能据此认为客人对李四履行其给付空调的债务具有合法利益。因为，根据债法基本原理，合同具有相对性，债权属于相对权。但随着社会的发展，合同的相对性逐渐在诸多领域被突破，进而肯定了合同之外的第三人对合同债务履行享有的合法利益。这种利益的保护范围的扩张既应予以肯定，亦应给予适当限制，否则将给市场交易主体带来无穷无尽的义务，从而阻碍市场经济的发展。第三人是否对履行该债务具有合法利益时，应当以该利益的性质作为判断依据。只有在该利益足够重要，足以突破合同的相对性时，才能在法律上予以特殊的保护，以确保市场经济的正常运行。

在民法典出台之前，有关第三人对履行合同债务享有合法利益，进而有权向债权人代为履行的规定，出现在城镇房屋租赁合同领域。《最高人民法院关于审理城镇房屋租赁合同纠纷案件具体应用法律若干问题的解释》（以下简称《房屋租赁合同司法解释》）第 17 条规定，因承租人拖欠租金，出租人请求解除合同时，次承租人请求代承租人支付欠付的租金和违约金以抗辩出租人合同解除权的，人民法院应予支持。但转租合同无效的除外。次承租人代为支付的租金和违约金超出其应付的租金数额，可以折抵租金或者向承租人追偿。上述规定基于对次承租人房屋居住权利益的保护，肯定了次承租人对前手租赁合同债务正常履行享有的合法期待利益。

换言之，上述房屋租赁合同司法解释，之所以赋予次承租人代偿请求权，是因为次承租人的合法承租权是一项重要的法益。对该项法益予以保护，与“买卖不破租赁”规则是一脉相承的。在此基础上，《民法典》第524条确立了第三人代为履行规则，尽管其但书仅将“根据债务性质、按照当事人约定或者依照法律规定只能由债务人履行”之情形排除在外，但如上所述，该规则的适用应重点把握法益的重要程度，上述房屋租赁合同司法解释可资参照。

三、本案的法律适用问题

随着商品房交易市场的发展，商品房转卖现象日益普遍，如何保护次买受人权益成为司法实践的重要课题。一般情况下，次买受人可以通过及时要求买受人过户，以保护自己的权益。但实践中，由于开发商经营不规范，长期未能办理房屋产权证书，导致大量无证房屋转让的现象。以笔者所在法院辖区为例，开发商延迟办证的情况不在少数，有的小区长达十几年未给小区业主办理房屋产权证书。这种情况下，如果买受人尚未完全履行给付房屋价款的义务，我们将面临如何解决开发商的合同解除权与次买受人期待权的冲突问题。根据合同自由、合同相对性原则，合同的当事人既有订立合同的自由，亦有解除合同的自由。合同一方当事人与第三人之间的约定，并不能约束合同另一方。因此，当该合同债务人不履行债务时，债权人有权依据法律规定行使解除权。无论债务人与第三人之间存在何种约定，该约定均不能约束债权人。但在现实生活中，如果机械适用上述原理，将会造成不公平的情况。比如在本案中，某房地产公司将商品房出售给叶某后，如果该房地产公司完全不顾涉案商品房已经转卖给程某、杨某之事实，与叶某协商解除合同，或者通过诉讼解除合同，将极大地损害程某与杨某的期待利益。

实际上，在买受人未履行债务，而出卖人主张行使合同解除权时，我们面临一个两难的问题。因为，我们既不能允许：一方当事人恶意拖欠房款、任意违约，却以该房屋已经转卖为由，阻碍另一方当事人解除合同、收回房屋，导致该方当事人房、钱两空。同时，我们也不能放任：开发商将房屋卖给买受人、买受人转卖给次买受人多年后，开发商与买受人突然声称其实买受人早已违约多年，合同应当解除，房屋应当收回。由于开发商与买受人之间的合同是否履行，通常只有当事人自己知情，外人无从得知。如果允许上述解除情形任意发生，将导致次买受人永远处于一种不安定的状态。因此，次买受人根据买卖合同取得所有权的期待权利应受法律保护。

对于上述两难问题，《民法典》第524条确立的第三人代为履行规则给出了明确答案。双方权利冲突的均衡点在于，次买受人可以向出卖人主张行使代履行权。这样，既保护了出卖人获得价款的权利，也保护了次买受人的期待利益。但本案裁判之时，《民法典》尚未出台，可资参照的仅有前述房屋租赁合同司法解释关于次承租人代偿请求权之规定。该条规定为本案法律适用问题提供了重要依据：既然房屋租赁合同司法解释为保障次承租人的承租权利，赋予次承租人代偿请求权，举轻以明重，作为房屋次买受人的程某、杨某，购买涉案房屋后，对涉案房屋进行装修并居住多年，其居住的权利更应该得到保护。在程某、杨某明确表示同意代叶某向某房地产公司履行房款给付义务的情况下，其取得房屋所有权的期待权亦应受到保护。某房地产公司在明知房屋转卖的情况下，以叶某未履行给付房款义务为由要求解除合同时，应当征询次买受人程某、杨某是否行使其代履行权。如果未征询次买受人的意见，擅自解除前手买卖合同并通过诉讼予以确认，在次买受人因不能归责于本人的事由未参加诉讼的情况下，权益受到损害的次买受人有权请求法院撤销该生效裁判文书。

编写人：北京市通州区人民法院　奉一兵

【第533条　情势变更】

24

情势变更原则在商品房买卖合同纠纷中的适用

——长沙市雨花区市容环境卫生管理局诉某置业有限公司商品房销售合同案

【基本信息】

1. 裁判书字号

湖南省高级人民法院（2018）湘民终196号民事判决书

2. 案由：商品房销售合同纠纷

3. 当事人

原告（反诉被告、被上诉人）：长沙市雨花区市容环境卫生管理局（以下简称雨花区环卫局）

被告（反诉原告、上诉人）：某置业有限公司（以下简称某公司）

【基本案情】

2014 年 5 月 13 日，为解决环卫局职工住房问题，雨花区环卫局与某公司签订《协议书》，其中约定：某公司取得“雨环苑”项目宗地土地使用权，负责该项目开发建设，开发建设完成的所有物业均由雨花区环卫局组织职工按双方的商定价格购买。住房平均价格为 4500 元/平方米，门面 100 平方米以上 9800 元/平方米，100 平方米以下 10200 元/平方米，地下车位价格为 10 万元/个。上述物业价格已包含所有的开发建设成本。项目建设过程中无论市场价格发生任何变化，雨花区环卫局均按上述价格向某公司支付购房款。自该项目工程开工后 18 个月内（即 2015 年 6 月 30 日前），某公司必须完成该项目的全部施工过程，达到竣工验收条件，并办理好竣工验收合格证；开工后 20 个月内（即 2015 年 8 月 31 日前），某公司必须达到交房条件，并配合雨花区环卫局完成房屋交接给购房户。

双方在合同“权利义务”部分特别约定：双方共同协调，争取土地出让金减免，减免费用全部为某公司所得，如减免费用低于 1000 万元减免不成功，则雨花区环卫局配合某公司向湖南恩瑞物流集团追缴原某公司（股权转让前）所欠雨花区环卫局的 406 万元给某公司作为财务成本的补偿，若追缴原某公司所欠雨花区环卫局的 406 万元不成功，雨花区环卫局也不做任何补偿等。

双方在《协议书》中，对各自可能承担的违约责任，作出了全面、明确约定。

《协议书》签订后，雨花区环卫局组织购房人员，按协议书约定的 30% 付款比例，分两次向某公司指定的账户交纳购房款共计 27873000 元。

某公司在完成“雨环苑”部分工程建设后，因资金不足导致该项目停工至今。

长沙市人民政府 2017 年 9 月 22 日作出长住建发（2017）151 号限购政策文件，并于次日生效。

雨花区环卫局以某公司已构成根本违约为由，于 2017 年 1 月起诉，诉讼请求：

一、解除《协议书》。二、某公司返还购房款27873000元。三、某公司支付逾期交房违约金5000万元（违约金计算至2017年8月21日），支付解除合同违约金9291万元。

某公司辩称：一、同意解除《协议书》。二、赔偿逾期交房违约金无依据。三、赔偿解除合同违约金没有依据。长沙市政府对土地出让金不予减免，且《协议书》的履行受到长沙市房屋限购政策严重影响，本公司不应该承担解除合同违约金责任。

【案件焦点】

1. 某公司不能如期交房是否构成违约；2. 违约金如何确定。

【裁判要旨】

湖南省长沙市中级人民法院一审认为：某公司虽辩称"雨花苑"项目未能按期完工系因土地出让金未能减免所致，但《协议书》并未将取得土地出让金减免作为合同履行的必要条件，双方签约时该土地出让金减免是否成功不能确定，某公司应当预计到该项风险，故对该项抗辩主张不予支持。《协议书》约定某公司违约导致协议被解除情况下，某公司应当按照本项目总购房款的全款支付违约金给雨花区环卫局。虽然某公司主张9291万元违约金过高，但考虑到该项目已经停工多年及房价上涨等增值因素，该违约金与雨花区环卫局实际损失基本相符，并未过分高于实际损失，对雨花区环卫局的该项诉请予以支持。因《协议书》仅对某公司逾期交房二个月以内的违约金予以约定，逾期交房二个月以后的违约金数额并未明确约定，且根据违约金弥补实际损失的原则，某公司逾期交房对雨花区环卫局造成的损失通过上述9291万元违约金可以足以弥补，故对逾期交房违约金不予支持。该院2018年1月29日作出（2017）湘01民初16号民事判决：一、解除本案《协议书》；二、某公司向雨花区环卫局返还购房款27873000元；三、某公司向雨花区环卫局支付违约金92910000元；四、驳回雨花区环卫局的其他诉讼请求。

某公司不服该判决，上诉请求撤销一审判决第3项。

湖南省高级人民法院二审认为：雨花区环卫局多次向区政府和市政府申请土地出让金减免，区政府也报请市政府审批，但市政府未批准减免。双方争议的实质是市政府未批准土地出让金减免的后果应由谁承担。从《协议书》第七部分"双方的权利义务"中特别约定可知，土地出让金减免不成功的后果由某公司承担，而非由雨花区环卫局承担；雨花区环卫局需要承担的义务是配合某公司向湖南恩瑞集团追缴原某公司（股权转让前）所欠雨花区环卫局的406万元，而诉讼中某公司并没有主张更没有提供证据证明雨花区环卫局违反了该项义务。因此，某公司主张雨花区环卫局未按合同约定成功减免土地出让金在先，其不按合同约定交付房屋不构成违约，不应承担违约责任的理由不能成立。长沙市房屋限购政策文件系2017年9月22日作出，次日生效，而《协议书》签订于2014年，约定交房期限为2015年8月31日。如《协议书》按期履行，上述限购政策文件对《协议书》没有任何影响。某公司因自身原因迟延履行，导致《协议书》的履行受到房屋限购政策影响，应自行承担由此产生的法律政策风险。因此，某公司以限购政策为由主张其不构成违约也不能成立。某公司在《协议书》明确约定土地出让金减免不成功后果由其承担的情况下，仍然以此为由停止案涉商品房项目的开发，拒绝按期交付房屋，显然属于恶意违约。土地出让金不能减免成功的风险在《协议书》签订时就已预见到，商品房开发成本上涨系正常的市场风险，不构成法律上的情势变更。某公司主张其非恶意违约，系情势变更导致合同无法履行的理由不能成立。某公司不能如期交房构成根本违约。雨花区环卫局依法可以行使合同解除权。某公司应按照《协议书》明确约定承担违约责任。该院2018年6月29日作出（2018）湘民终196号民事判决：驳回上诉，维持原判。

【适用解析】

本案被告某公司事实上是主要依据情势变更原则来主张其不应该承担违约责任。一、二审法院事实上也是主要依据情势变更原则以及《最高人民法院关于适用〈中华人民共和国合同法〉若干问题的解释（二）》（以下简称《合同法司法解释（二）》）第26条规定，来阐述被告的抗辩理由不能成立。本案的成功处理以及二审法院表述的裁判理由及体现在其中的裁判思路，对于我们今天准确理解和适用《民法典》第533条规定，应该具有较大的指引和参考价值。

一、情势变更原则之基本法理和基本适用规则

所谓情势变更原则，简称情势变更，通说认为是指合同有效成立后，因不可归责于双方当事人的原因发生重大变化，致使合同之基础动摇或丧失，若继续维持合同原有效力显失公平，故允许变更合同内容或者解除合同。情势变更原则的意义，在于通过司法权力的介入，强行改变合同已经确定的条款或撤销合同，在合同双方当事人订约意志之外，重新分配交易双方在交易中应当获得的利益和风险，其追求的价值目标是公平和公正。

情势变更原则发源于公平原则，目的是解决继续履行合同对一方当事人明显不公平的情形。情势变更既不属于不可抗力，也不属于商业风险，是属于介于不可抗力与商业风险之间的重大变化[①]。

情势变更原则是公平原则的细化，是为了解决不可抗力规则无法适用时导致明显不公平的情形下才创设并予以补充适用，应当慎重从严把握。

通说认为，情势变更原则的适用条件：一是须有情势变更之事实。所谓“情势”，系指作为《合同法》行为基础或环境的一切客观事实。该事实是否构成情势变更，应以是否导致合同赖以成立的基础丧失，是否导致当事人目的不能实现，以及是否造成对价关系障碍为判断标准。二是情势变更须发生在合同成立以后，履行终止之前。但是，若情势的变更发生在合同履行期间，又在履行过程中归于消灭，一般不得适用情势变更原则，因为履行合同的基础已恢复至原状。三是情势变更须是当事人所不能预见的，且有不可预见之性质。情势变更是否属于不可预见，应根据当时的客观实际情况及商业习惯等作判断标准。当事人事实上虽然没有预见，但法律规定应当预见或者客观上应当预见，则不能适用情势变更，因为当事人应当对自己的主观过错承担责任；如仅有一方当事人不可预见，则仅该当事人可主张情势变更。如果当事人在订约时对于某种情势已有预见，则表明当事人考虑到这种因素并自愿承担该情势发生的风险，自不应适用情势变更原则。但对于发生概率很低的某种情况，如飞机失事等，尽管当事人在订约时会预见这些情况可能发生，但仍应依情势变更原则处理。情势变更须因不可归责于双方当事人之事由而发生。双方当事人在订立合同时对情势的变更无法预见和防止，因此双方当事人在主观上无过错。如情势的变更由可归责于一方当事人或第三人的事由而发生，则有过错的一方当事人或第三人应承担责任。四是因情势变更而使原合同的履行显失公平。是否显失公平，以下几点可作为判断标准：（1）是否符合诚实信用原则和公平原则。（2）显失

---

① 《情势变更原则适用指引》，载澎湃新闻·澎湃号·政务之山东淄博高新区法院2020年2月26日。

公平的事实须存在于合同双方当事人或其中一方。(3) 显失公平的结果，使双方利益关系发生重大变动，危害交易安全。(4) 主张适用的一方因不适用而遭受的损失，一般要远大于适用时对方所遭受的损失。

二、情势变更原则在我国立法及司法层面上的体现及变化

在《合同法》立法过程中，不少学者及最高人民法院都曾努力推动将情势变更原则列入该法规定，作为合同变更或解除的法定事由。但出于各种担心，全国人大在最后表决时，将草案中相关内容删除。

审判实践中客观上需要适用情势变更原则来处理部分特定案件，否则裁判结果将明显不符合公平原则及诚实信用原则之要求。因此，最高人民法院先是通过个案批复，肯定了可以有条件地适用情势变更原则，后通过颁布《合同法司法解释(二)》，正式确定了人民法院在符合法定条件时可以适用情势变更原则来变更或者解除合同，最后通过颁发司法文件，进一步明确适用情势变更原则的条件及应该注意的事项。其基本沿革是：

1. 2009 年 4 月 24 日，最高人民法院发布《合同法司法解释（二)》（法释［2009］5 号)。

"第 26 条　合同成立以后客观情况发生了当事人在订立合同时无法预见的、非不可抗力造成的不属于商业风险的重大变化，继续履行合同对于一方当事人明显不公平或者不能实现合同目的，当事人请求人民法院变更或者解除合同的，人民法院应当根据公平原则，并结合案件的实际情况确定是否变更或者解除。"

2. 2009 年 4 月 27 日，最高人民法院发布《关于正确适用〈中华人民共和国合同法〉若干问题的解释（二）服务党和国家工作大局的通知》(法［2009］165 号)。

"二、严格适用《合同法司法解释（二)》第 26 条

为了因应经济形势的发展变化，使审判工作达到法律效果与社会效果的统一，根据民法通则、《合同法》规定的原则和精神，解释第 26 条规定：(略)。

对于上述解释条文，各级人民法院务必正确理解、慎重适用。如果根据案件的特殊情况，确需在个案中适用的，应当由高级人民法院审核。必要时应报请最高人民法院审核。"

3. 2009 年 7 月 7 日，最高人民法院发布《关于当前形势下审理民商事合同纠纷案件若干问题的指导意见》(法发［2009］40 号)。

“一、慎重适用情势变更原则，合理调整双方利益关系

1. 当前市场主体之间的产品交易、资金流转因原料价格剧烈波动、市场需求关系的变化、流动资金不足等诸多因素的影响而产生大量纠纷，对于部分当事人在诉讼中提出适用情势变更原则变更或者解除合同的请求，人民法院应当依据公平原则和情势变更原则严格审查。

2. 人民法院在适用情势变更原则时，应当充分注意到全球性金融危机和国内宏观经济形势变化并非完全是一个令所有市场主体猝不及防的突变过程，而是一个逐步演变的过程。在演变过程中，市场主体应当对于市场风险存在一定程度的预见和判断。人民法院应当依法把握情势变更原则的适用条件，严格审查当事人提出的‘无法预见’的主张，对于涉及石油、焦炭、有色金属等市场属性活泼、长期以来价格波动较大的大宗商品标的物以及股票、期货等风险投资型金融产品标的物的合同，更要慎重适用情势变更原则。

3. 人民法院要合理区分情势变更与商业风险。商业风险属于从事商业活动的固有风险，诸如尚未达到异常变动程度的供求关系变化、价格涨跌等。情势变更是当事人在缔约时无法预见的非市场系统固有的风险。人民法院在判断某种重大客观变化是否属于情势变更时，应当注意衡量风险类型是否属于社会一般观念上的事先无法预见、风险程度是否远远超出正常人的合理预期、风险是否可以防范和控制、交易性质是否属于通常的‘高风险高收益’范围等因素，并结合市场的具体情况，在个案中识别情势变更和商业风险。

4. 在调整尺度的价值取向把握上，人民法院仍应遵循侧重于保护守约方的原则。适用情势变更原则并非简单地豁免债务人的义务而使债权人承受不利后果，而是要充分注意利益均衡，公平合理地调整双方利益关系。在诉讼过程中，人民法院要积极引导当事人重新协商，改订合同；重新协商不成的，争取调解解决。为防止情势变更原则被滥用而影响市场正常的交易秩序，人民法院决定适用情势变更原则作出判决的，应当按照最高人民法院《关于正确适用〈中华人民共和国合同法〉若干问题的解释（二）服务党和国家工作大局的通知》（法［2009］165 号）的要求，严格履行适用情势变更的相关审核程序。”

通过适用《合同法司法解释（二）》第 26 条规定，严格参照执行最高人民法院上述指导意见，各级人民法院及理论界对于情势变更原则入法已基本达成共识，

并在适用该原则方面积累了较丰富的实践经验。情势变更原则入法，已是水到渠成。

2020 年 5 月表决通过的《民法典》，在我国基本法律层面首次明确规定了情势变更原则。《民法典》第 533 条："合同成立后，合同的基础条件发生了当事人在订立合同时无法预见的、不属于商业风险的重大变化，继续履行合同对于当事人一方明显不公平的，受不利影响的当事人可以与对方重新协商；在合理期限内协商不成的，当事人可以请求人民法院或者仲裁机构变更或者解除合同。人民法院或者仲裁机构应当结合案件的实际情况，根据公平原则变更或者解除合同。"

三、我国法律上之情势变更原则之理解

（一）关于《合同法司法解释（二）》第 26 条

审理本案，当时是直接依据《合同法司法解释（二）》第 26 条，并严格参照最高人民法院颁发的前述通知和指导意见。《民法典》第 533 条的直接立法基础也是《合同法司法解释（二）》第 26 条。因此，首先必须准确理解《合同法司法解释（二）》第 26 条规定。

对于《合同法司法解释（二）》第 26 条"情势变更"条款的适用条件，最高人民法院的基本观点是明确的：（1）应有情势变更的事实，即合同赖以成立的客观情况确实发生变化。（2）情势变更须为当事人（在订立合同时）所不能预见。（3）情势变更须不可归责于双方当事人，系由不可抗力以外的其他意外事故所引起。（4）情势变更的事实须发生于合同成立之后，履行完毕之前。（5）情势发生变更后，如果继续维持合同效力，会对当事人显失公平。适用情势变更原则对于当事人来讲，效力是变更合同或解除合同。[①] 应该坚持认为，最高人民法院在司法解释中明确规定"情势变更"条款，是为了保护没有过错的当事人，而不是让有过错的当事人借以逃避承担违约责任。

（二）《民法典》第 533 条与《合同法司法解释（二）》关于情势变更原则之异同

1. 关于"发生的重大变化"。《民法典》表述为"合同成立后，合同的基础条

---

① 沈德咏主编：《最高人民法院关于〈中华人民共和国合同法〉司法解释（二）理解与适用》，人民法院出版社 2009 年版，第 191～193 页。

件发生了当事人在订立合同时无法预见的、不属于商业风险的重大变化”。《合同法司法解释（二）》表述为“合同成立以后客观情况发生了当事人在订立合同时无法预见的、非不可抗力造成的不属于商业风险的重大变化”。前者表述的是“合同的基础条件”，后者表述的则是“合同成立以后的客观情况”，但特别强调系“非不可抗力造成的”。

2. 关于“继续履行原合同的结果”。《民法典》表述为“对于当事人一方明显不公平”。《合同法司法解释（二）》表述为“对于一方当事人明显不公平或者不能实现合同目的”。前者只强调“对于当事人一方明显不公平”，后者还强调“不能实现合同目的”。

3. 关于程序问题。《民法典》明确规定受不利影响的当事人需在合理期限内先与对方协商，协商不成的才能请求变更或者解除合同。《合同法司法解释（二）》对此程序没有明确规定，但《最高人民法院关于当前形势下审理民商事合同纠纷案件若干问题的指导意见》有要求：要积极引导当事人重新协商，改订合同；重新协商不成的，争取调解解决；调解不成，决定适用情势变更原则作出判决的，应当严格履行适用情势变更的相关审核程序——由高级人民法院审核，必要时应报请最高人民法院审核。

总的来说，对于情势变更原则的适用条件及后果，《民法典》第 533 条规定与《合同法司法解释（二）》第 26 条规定，实质上是一致的，差异主要在个别处文字的表述上，《民法典》第 533 条规定更为严谨。但在程序方面，要求明显不同。

（三）适用情势变更原则还应注意把握的几个问题

结合本案当事人争议，应该认为，适用“情势变更原则”，还须充分把握以下几点：

1. 情势变更原则作为一个衡平性原则，价值在于当合同订立时的“情势”在合同履行过程中发生了重大变化，继续履行合同必然会导致显失公平的结果。

2. 作为合同赖以存在的客观情况——基础条件发生异常变化的时间，必须是合同成立以后尚未履行完毕之前。因为合同履行完毕，就不可能存在变更合同或解除合同之前提。

3. 双方当事人对合同赖以存在的客观情况发生异常变化均无过错。“如果情势变更的发生可以归责于当事人，则该当事人应当承担相应的责任，不适用情势变更原则。若发生的情势变更可以归责于第三人时，则应当由第三人（最终）承担责任，同样不能适用情势变更原则。”

4. 合同赖以存在的客观情况——基础条件发生异常变化之“发生”，应该且只能理解为合同当事人“遭遇”非合同当事人所“造成”的客观情况异常变化。

5. 在调整尺度的价值取向把握上，应遵循侧重于保护守约方的原则。适用情势变更原则并非简单地豁免债务人的义务而使债权人承受不利后果，而是要充分注意利益均衡，公平合理地调整双方利益关系。质言之，保护守约方优先。

四、本案中不适用情势变更原则的理由

（一）长沙市政府对土地出让金不予减免行为在本案中根本不符合情势变更原则的适用条件

根本原因是：根据《协议书》第七部分“双方的权利义务”中特别约定，应该认为，对于长沙市政府对土地出让金不予减免行为，双方当事人在订立《协议书》时即已经明确认识到，因而才对其可能后果即风险的承担者，作出了明确约定——土地出让金减免不成功的后果由某公司承担。根据上述关于情势变更原则的通说及《民法典》第533条、《合同法司法解释（二）》第26条规定，长沙市政府对土地出让金不予减免行为，在本案中显然不能认定为情势变更原则的“情势”，因而根本不符合情势变更原则的适用条件。

（二）长沙市房屋限购政策在本案中不完全符合情势变更原则的适用条件

1. 自2010年“国五条细则”“新国十条”等房地产调控政策出台以后，各地政府，特别是经济发展的热点城市相继推出商品房“限购令”。房地产开发商对于调控政策的发展方向是可能做出大致判断的。长沙市作为湖南省会，又是公认的准一线或者新一线热门城市，当地政府出台房屋限购政策，具有相当大概率。某公司作为专业的房地产开发商，在2014年签订《协议书》时，是完全有可能预见到长沙市政府今后可能会出台房屋限购政策的。

2. 某公司在《协议书》明确约定土地出让金减免不成功的后果由其承担情况下，仍然以此为由停止案涉商品房项目的开发，拒绝按期交付房屋。某公司又不能举证证明其在2015年8月31日之前不能向购房者交房，以及在此后两年内仍然不能交房，系可归责于雨花区环卫局或购房职工的原因所致。因此，应该认定某公司系因自身原因迟延履行，已经构成违约，且是恶意违约。在长沙市政府出台房屋限购政策之前，某公司就已经构成违约，且是根本违约、恶意违约。这是本案处理必须高度注意并坚持的。

3. 长沙市出台房屋限购政策是在某公司已经违约两年多之后，其已经停止“雨环苑”项目的开发。此时，首要问题已经是某公司如何承担违约责任问题，而不是变更合同或者解除合同的问题。质言之，“情势”并非发生在《协议书》正常履行过程中。

4. 在《协议书》约定的交房期限届满两年时，某公司因自己迟延履行，仍然不能向购房者交房，致使“遭遇”房屋限购政策。对于在违约后“遭遇”房屋限购政策，某公司自己有过错，且是重大过错。有过错者是没有资格主张适用情势变更原则来免予承担违约责任的！

根据前述关于情势变更原则之通说及《民法典》第533条、《合同法司法解释（二）》第26条以及最高人民法院前述通知和指导意见，应该坚持认为，长沙市政府出台房屋限购政策在本案中不完全符合情势变更原则的适用条件。某公司应因自己过错，自行承担由此产生的法律政策风险。

五、关于情势变更原则新旧规则的衔接处理问题

《民法典》正式实施后，法官认为应该适用情势变更原则的，当然应该适用《民法典》第533条规定，不得再直接引用《合同法司法解释（二）》第26条规定。这是必须明确的。

《民法典》第533条规定仍然很原则。在具体适用该法条时，法官还是应该参照适用最高人民法院上述通知和指导意见，除非法官有充分理由认为参照适用最高人民法院上述通知和指导意见必将与《民法典》第533条规定明显抵触。这是必须坚持的。

适用《民法典》第533条规定时，在程序方面，不应该再按照上述通知要求，履行相关审核程序。这是必须注意的。

在适用《民法典》第533条规定时，需全面针对各方当事人的诉辩理由，正面、详细地阐述裁判理由。否则，上级法院可以程序违法为由，直接发回重审或者指令再审。这是必须强调的。

编写人：湖南省湘西土家族苗族自治州中级人民法院　胡基厚

湖南省高级人民法院　谭智崇

【第538条 无偿处分时的债权人撤销权行使】

25

债务人可撤销行为的范围

——廖某某诉某房地产开发有限公司扶绥分公司等债权人撤销权案

【基本信息】

1. 裁判书字号

广西壮族自治区崇左市中级人民法院（2020）桂14民终561号民事判决书

2. 案由：债权人撤销权纠纷

3. 当事人

原告（上诉人）：廖某某

被告（被上诉人）：某房地产开发有限公司扶绥分公司（以下简称某扶绥分公司）、某房地产开发有限公司（以下简称某公司）、王某某、梁某某

【基本案情】

2016年，廖某某与某扶绥分公司签订水电承包合同书及附属工程合同书，合同约定由廖某某完成工程建设。2016年5月6日，某扶绥分公司与廖某某签订担保协议，约定因某扶绥分公司资金紧张，需廖某某垫资完成水电工程、附属工程且由其代某扶绥分公司垫付部分税款及其他借款，具体数额待还款时双方据实确认清算。2017年9月19日，某扶绥分公司与廖某某签订《以房抵工程款协议书》，确定某扶绥分公司尚欠廖某某垫资承建的中立东源商住楼工程款900多万元。2018年12月底，某扶绥分公司根据2016年5月8日与王某某签订的四份房屋买卖合同，将名下中立东源商住楼二层201号、202号，三层301号、302号四间商铺办理过

户到王某某名下，2019 年 1 月 7 日至 9 日间，王某某向某扶绥分公司先后支付总计 8419520 元购房款。据查，王某某为某公司原股东梁某某妻子，其 800 多万元购房款全部来自丈夫梁某某。梁某某 2016 年 5 月 20 日将其 80% 某公司的股份无偿转让给另一股东，据传之后其仍为某公司控制人。而王某某购房款转入某扶绥分公司的银行账户后一两天内即被公司法定代表人何某军转到自己的银行账户，再于当天转到梁某勇账户，根据银行资料，梁某勇当时不到 21 岁。

2019 年 4 月 15 日，因某扶绥分公司迟迟未支付 903 万元工程欠款及利息，廖某某将某扶绥分公司诉至法院请求偿还欠款。诉讼过程中，廖某某发现某扶绥分公司无可供保全的财产，遂提起针对上述 2016 年签订的四份房屋买卖合同的债权人撤销权诉讼。另查明，中立扶绥买卖涉案商铺时未缴纳土地增值税。

【案件焦点】

某公司是否存在以出卖名义恶意转移涉案商铺给王某某的行为。

【裁判要旨】

一审扶绥县人民法院经审理认为：根据《合同法》第 74 条规定，债务人放弃其到期债权或者无偿转让财产，对债权人造成损害的，债权人可以请求人民法院撤销债务人的行为。债务人以明显不合理的低价转让财产，对债权人造成损害，并且受让人知道该情形的，债权人也可以请求人民法院撤销债务人的行为。因此，债权人行使撤销权应当符合撤销权构成要件。本案中，2016 年王某某与某扶绥分公司签订商铺买卖合同，双方签订的商铺买卖合同约定交易单价为 4000 元/平方米，该价格在当时并不属于不合理低价，相反高于当地平均单价。某扶绥分公司向王某某转让商铺的行为不构成以明显不合理的低价转让财产，更不构成无偿转让财产的行为。此外，即使王某某的购房款来源于其配偶梁某某，其将购房款支付给某扶绥分公司后，已完成了购房款支付义务。至于某扶绥分公司收到购房款后如何支取购房款，属于另一法律问题。廖某某无证据证实王某某、梁某某的购房款来源于某扶绥分公司或某公司。因此，其主张各被告存在串通损害其债权的行为，无事实依据，法院不予采信。综上，廖某某请求撤销某扶绥分公司转让商铺给王某某的行为，不符合债权人行使撤销权的法定条件，对其诉讼请求不予支持。一审法院判决驳回廖某某的诉讼请求。

原告廖某某不服一审判决提起上诉。二审崇左市中级人民法院根据廖某某申请调取梁某某、王某某、某扶绥分公司、公司法定代表人何某军银行流水，涉案商铺完税材料，补充认定何某军将王某某购房款从某扶绥分公司领出后当天转给梁某勇，及涉案商铺买卖未缴纳土地增值税事实。崇左中院经审理认为：廖某某请求撤销某扶绥分公司与王某某2016年5月8日签订的四份商铺买卖合同符合撤销权行使条件。首先，2016年5月6日某扶绥分公司与廖某某签订的担保协议已表明该公司资金紧张，需廖某某垫资完成工程建设，其已是某扶绥分公司债权人。工程竣工后，某扶绥分公司并未向廖某某支付工程款，明显缺乏偿债能力。虽然公司之后与王某某签订的四间商铺买卖合同购买价格合理，但王某某支付购房款很快被何某军从公司账户提取并转到梁某勇账户，某扶绥分公司只进行款项中转并没有实际获得购房款，等同无偿出让名下房产。是否无偿转让财产或以明显不合理低价转让财产，不能仅从合同约定认定，应结合实际履行结果判断。因此，某扶绥分公司将价值800多万元的四间商铺转移给王某某属于无偿转让财产行为，进一步恶化其偿债能力且对债权人廖某某的债权造成明显损害。根据《合同法》第74条规定，无偿转让财产或以明显不合理低价转让财产，对债权人造成损害的，都属于可撤销行为。其次，从现有事实足以推定商铺买卖双方存在恶意串通。这些事实包括：王某某和梁某某的特殊身份；商铺买卖合同约定买方应在合同生效之日10日内向卖方支付全部价款且合同只能经书面协议变更，实际王某某在签订合同两年半多才支付价款，双方也未就变更合同履行方式续订书面协议；某扶绥分公司在未收到一分钱购房款前提下主动将涉案房产办到王某某名下；根据《土地增值税暂行条例》规定，未缴纳土地增值税，房产部门不能办理房产权属变更登记，某扶绥分公司违规为王某某办理房屋产权登记；王某某购房款全部来自梁某某，且在打到公司账户一两天内即被公司法定代表人何某军提出转到梁某勇账户。根据银行提供的身份资料，梁某勇当时不满21岁，可能与梁某某存在亲属关系。上述事实违背常识、常理、惯例，虽然没有一件直接证明某扶绥分公司与王某某恶意串通，但事实集合形成优势证据，证明串通存在很大可能；另外，能够证明实际情况的当事人梁某某、王某某经传票传唤拒不出庭，自行放弃诉讼权益，应承担于己不利之事实推定后果。因此，法院认定某扶绥分公司与王某某恶意串通。

综上分析，某扶绥分公司与王某某2016年5月8日签订的商铺买卖合约，客观导致某扶绥分公司无偿转移财产、损害廖某某债权，主观上存在恶意串通，符合债权撤销主客观条件，应予撤销。二审法院支持廖某某诉讼请求，判决撤销一审判决，撤销某扶绥分公司与王某某签订的四份商铺买卖合同。

【适用解析】

一、《合同法》与《民法典》中的撤销权规定

本案主要争议点在于债权人撤销权纠纷中债务人可撤销行为范围，以下就该问题的《民法典》规则适用进行解析。《民法典》生效前，关于债权人撤销权的对象行为范围，仅有《合同法》第 74 条第 1 款规定：“因债务人放弃其到期债权或者无偿转让财产，对债权人造成损害的，债务人可以请求人民法院撤销债务人的行为。债务人以明显不合理的低价转让财产，对债权人造成损害，并且受让人知道该情形的，债权人也可以请求人民法院撤销债务人的行为。”根据该项规定，债权人为保护债权，可撤销的债务人行为包括三类：一是债务人放弃到期债权、损害债权人的行为；二是债务人无偿转让财产、损害债权人的行为；三是债务人以明显不合理低价转让财产、受让人知情且损害债权人的行为。其中，损害债权人的行为应理解为债务人通过上述行为降低自身偿债能力，损害债权人债权实现。

相对地，《民法典》通过第 538 条、第 539 条规定债务人可撤销行为范围。第 538 条：“债务人以放弃其债权、放弃债权担保、无偿转让财产等方式无偿处分财产权益，或者恶意延长其到期债权的履行期限，影响债权人的债权实现的，债权人可以请求人民法院撤销债务人的行为。”第 539 条：“债务人以明显不合理的低价转让财产、以明显不合理的高价受让他人财产或为他人的债务提供担保，影响债权人的债权实现，债务人的相对人知道或者应当知道该情形的，债权人可以请求人民法院撤销债务人的行为”。与《合同法》相比，《民法典》扩大债务人可撤销行为范围，明确将影响债权实现作为可撤销行为后果认定标准，提高认定可操作性。

二、适用《民法典》第 538 条之分析

如果将《民法典》相关条款应用于本案，将有以下作用：

首先，改变案件处理思路。本案二审法院通过认定某扶绥分公司与王某某串通签订商铺买卖合同后借助履行合同和相关方倒账将商铺实际无偿过户给王某某的事实，判定某扶绥分公司无偿转让财产。因实现财产无偿转让以签订合同为起始，因此将签订合同行为作为可撤销行为，判决撤销某扶绥分公司与王某某签订的四份合同。问题在于，《合同法》第74条规定的“无偿转让财产”一般理解为规定无偿转让财产的合同，本案四份合同并没有约定某公司将商铺无偿转让给王某某，而是某公司以履行合同为借口，将商铺转给王某某，再将购房款通过多人间倒账方式返还王某某一方，实现商铺无偿转移。为此，二审法院从实质上理解债务人可撤销行为构成，认为“无偿转让财产”不仅包括合同约定无偿转让，也包括以合同为工具，通过系列操作实现无偿转让，在上述两种情况下，合同行为都是实现债务人财产无偿转让的关键，都需要撤销以恢复债务人财产原状，以保证债权人受偿。因此，二审法院通过对“无偿转让财产”的实质性解释作出上述判决。反之，如果法院适用《民法典》第538条处理本案，情况会有所不同。该条不再将债务人无偿处分财产利益行为限定为特定几种行为，而是通过“债务人放弃其债权、放弃债权担保、无偿转让财产等方式无偿处分财产权益”规定，通过“列举加概括”方式，将债务人所有无偿处分财产利益的行为作为债权人撤销权对象，因此，本案中某扶绥分公司与王某某签订的合同，因属于某扶绥分公司无偿处分财产利益的必要环节，自然属于可撤销的债务人行为，不需要进行特别法律解释。

其次，适用《民法典》第538条处理本案增加判决结果合法性。虽然本案中某扶绥分公司将王某某交付的800多万元购房款很快转出，且这笔款项在事实上不可能返还某公司，但毕竟可认为系收到商铺对价后自行处分行为，不因此影响之前买卖合同的效力。因此，法院为补强撤销合同决定合法性，又认定某扶绥分公司与王某某之间存在恶意串通。这样该买卖合同本身既属于“无偿转让财产”可撤销行为，又同时具备“以明显不合理低价转让财产”可撤销行为中双方当事人恶意串通要件，增加撤销决定合法性，使判决立于更充分理由之上。但《民法典》第538条规定明确某一行为只要达到与“债务人放弃其债权、放弃债权担保、无偿转让财产等方式”同样的无偿处分财产权益效果且在法律上可撤销，就属于可撤销的债务人行为。因此，法院不需要审查撤销对象行为是否具有无偿转让形式，是否具有合同外观，只要债务人由此行为实现无偿处分财产权益结果，就符合第538条要求，不需要额外论证，就可以判决撤销行为，简单明了、合法有力。

三、《民法典》第538条之作用与风险

通过对比本案适用《合同法》和《民法典》债权人撤销权条款情况，可以发现《民法典》对相同情境下债权人保护更为周延有力。本案反映的避债行为具有特殊性，当事人没有在合同中直接约定无偿转让，而是以履行合同为名进行财产转移，再通过系列操作将对方支付的对价返还，实现实际上的无偿转让财产。这种方式相较合同直接约定烦琐，但具有可操作性，也可能在将来成为主流避债方式。对此如果还坚持形式化理解适用《合同法》第74条“无偿转让财产”的规定，坚持“无偿转让财产”必须在合同中约定，必将使撤销权条文成为具文，使面对该种情境的债权人失去保障。即使通过内涵解释将上述行为纳入可撤销行为，也仍需面对与法律原文的抵牾，需要进行谨慎论证。相比之下，《民法典》第538条直接以是否实现无偿处分财产权益结果判断债务人行为的可撤销性，无疑釜底抽薪，将债权保护建立在明确标准下，以结果为导向，也覆盖了其他可能出现的各类形形色色的避债行为，反映了《民法典》对时代要求的回应，对诚信、公平、便捷原则的贯彻和先进的民事治理理念。

当然，《民法典》赋予债权人如此广泛的行为撤销权，是否破坏契约自由、交易稳定原则，导致债权人权利滥用。这种担心不无道理，但不是现实。首先，契约自由原则以善意当事人为前提，深陷债务履行困境又无偿处分财产权益的债务人并不具有善意，维护这种当事人的“契约自由”就是对恶意行为的纵容，对债权人利益的侵害；其次，交易稳定应以交易存在为前提，《民法典》第538规定的可撤销行为仅具有交易外形，不具有交易实质，不是真正的“交易”；最后，关于债权人滥用撤销权风险，笔者认为可以从两方面考虑。一是根据“谁主张谁举证”原则，债权人应对债务人无偿处分财产权益的行为举证，通过举证足以使各方了解债务人行为性质，不致误判；二是债权人撤销权必须通过司法程序行使，如果债务人行为确系正当的经营行为，其可以向法庭充分辩解，由法庭裁量作出决定，不致使正当行为效力受损。如本案中王某某向某扶绥分公司支付的800多万元购房款两天内被公司法定代表人何某军提走，如果公司能证明将购房款转给何某军具有正当合理目的且能保证对方及时还款确保自身履债能力，那么法院就不会对其先后行为作出无偿转让商铺认定。

编写人：广西壮族自治区崇左市中级人民法院　李其陆　郑锦墨

【第545条 债权转让，第546条 债权转让通知】

26

债权转让构成要件的认定

——某实业有限公司诉某建设工程有限责任公司债权转让案

【基本信息】

1. 裁判书字号

湖北省武汉市中级人民法院（2019）鄂01民终10968号民事判决书

2. 案由：债权转让纠纷

3. 当事人

原告：某实业有限公司（以下简称某公司）

被告：某建设工程有限责任公司（以下简称某建设公司）

第三人：某新型建材有限公司（以下简称某建材公司）

【基本案情】

2012年6月27日，某建设公司（买方）与某建材公司（卖方）签订一份材料买卖合同，合同签订后，某建材公司向某建设公司供应价值2744749.96元的货物，某建设公司向某建材公司支付货款1250000元，尚欠某建材公司货款共计1294749.96元。

2015年9月9日，某建材公司向某公司出具一份《债权转让确认书》，将某建材公司对某建设公司享有的全部债权转让给某公司。

2015年9月14日，某公司代理律师向某建设公司发出律师函，主张债权转让合同的权利，要求某建设公司将欠付货款支付给某公司。

2016年3月28日，某建设公司向某建材公司出具《关于债权转让无效的函》，不认可某建材公司的债权转让行为。

2015 年 11 月，某公司向武汉市洪山区人民法院提起诉讼，要求某建设公司按照某建材公司出具的《债权转让确认书》支付货款，后某公司撤回起诉。在该案的诉讼过程中，某建材公司于 2016 年 11 月 21 日向本院出具一份情况说明，确认某公司持有的《债权转让确认书》真实有效。

2017 年 6 月 2 日，某建材公司的法定代表人章某向武汉市洪山区人民法院出具一份函，再次重申全部债权转让给某公司是某建材公司的真实意思。

2017 年 6 月 11 日，某建材公司向某建设公司出具一份《债权转让通知书》，告知某建设公司已将其对某建设公司的全部债权，转让给某公司；某建材公司已于 2015 年、2016 年 3 月向某建设公司寄送相关转让通知，并且通过向武汉市洪山区人民法院出示情况说明等文件通知某建设公司转让事宜。

2017 年 6 月 11 日，某建材公司、周某裕与曹某林、某公司之间签订一份《债权转让协议》，约定将某建材公司与某建设公司之间的全部债权转让给某公司。

2018 年 12 月 4 日，周某裕、曹某林、汪某均向武汉市洪山区人民法院出具确认函，确认其在该案买卖合同、债权转让协议等全部涉案材料项下的各种权利都转让给某公司，由某公司主张权利。

现某公司诉至法院，主张某建设公司向其支付货款。

【案件焦点】

债权转让协议是否有效的问题。

【裁判要旨】

湖北省武汉市洪山区人民法院经审理认为：债权转让的前提条件之一，系债权人与债务人之间具有明确的债权债务关系。本案中某建设公司与某建材公司之间具有真实合法的买卖合同关系，且双方之间的债权债务关系明确。债权转让的前提条件之二，系债权人将合同的权利转让给他人，是否系其真实意思表示，是否符合法律规定。某建材公司虽然在庭审中表示 2015 年 9 月 9 日向某公司出具的《债权转让确认书》，并非其加盖的公章，且该转让行为并非其真实意思表示，但之后某建材公司出具的一系列文件，均表明其将对某建设公司享有的债权全部转让给某公司，合同并不存在因合同性质不得转让的情形，双方也未约定不得转让，也不存在法律禁止的情形，故该债权转让符合法律规定。债权转让的前提条件之三，系债权人转让其权利，是否通知了债务人。经查明，某建材公司向某建设公司出具的《债权转让通知书》，其已于2015年、2016年3月向某建设公司寄送相关转让通知，也通过向武汉市洪山区人民法院出示情况说明等文件通知某建设公司转让事宜，应当视为某建材公司作为债权人已向债务人即本案的某建设公司履行了通知义务。故涉案债权转让系有效转让。

某建设公司辩称某建材公司与某公司之间并无合同或债权债务关系，某建材公司不可能无缘无故将对某建设公司享有的债权转让给某公司，故债权转让无效的意见；因债权人将其享有的债权转让给他人，系对其民事权利的处分，并非以债权人与受让人之间是否存在合同或者债权债务关系为前提条件；故对其该辩称意见不予以采纳。

湖北省武汉市洪山区人民法院依照《合同法》第79条、第80条、第81条，《民事诉讼法》第142条的规定，判决如下：

一、某建设公司于本判决生效之日起十日内支付某公司债权转让款1294749.96元；

二、驳回某公司的其他诉讼请求。

某建设公司不服一审判决，提起上诉。

湖北省武汉市中级人民法院经审理同意一审法院裁判意见，依照《民事诉讼法》第170条第1款第1项的规定，判决如下：

驳回上诉，维持原判。

【适用解析】

随着市场经济的不断繁荣发展，债权作为转让标的也被广泛地进行交易转让。为鼓励交易和市场流通，我国《合同法》第79条、第80条对债权转让有所规定。《民法典》第545条、第546条亦对此予以规定。

债权转让，即债权人将债权的全部或部分权利转让给第三人的行为。《合同法》第79条规定：“债权人可以将合同的权利全部或者部分转让给第三人，但有下列情形之一的除外：（一）根据合同性质不得转让；（二）按照当事人约定不得转让；（三）依照法律规定不得转让。”《民法典》第545条则规定：“债权人可以将债权的全部或者部分转让给第三人，但是有下列情形之一的除外：（一）根据债权性质不得转让；（二）按照当事人约定不得转让；（三）依照法律规定不得转让。当事人约定非金钱债权不得转让的，不得对抗善意第三人。当事人约定金钱债权不得转让的，不得对抗第三人。”由此可见，债权转让的法条发生了变化。《合同法》对债权转让定义为转让合同权利，而《民法典》则直接表述为转让债权，产生债权的行为大多是合同，如买卖合同、赠与合同、互易合同等，但是在实践中，也不排除权利人可以将其侵权之债转让给他人。财产性的侵权之债也属于可转让之列，如保险中代位求偿的情形。故《民法典》对债权转让的定义予以修改，更为准确，也是顺应商品流转加速的市场经济的必然要求。同时，《合同法》也增加了对合同约定不得转让债权的范围，即非金钱债权转让不得对抗善意第三人，金钱债权不得对抗第三人。

一、《民法典》关于债权转让构成要件的规定

一是债权人与债务人之间须存在有效的债权。有效的债权，指该债权真实存在且并未消灭。让与人仅负有保证它确实存在的义务，并不负有保证债务人能够清偿的义务。[①] 有效的债权取决于原始债权人和债务人的债权债务关系是否生效，如果原始的债权债务关系无效，转让的前提条件不存在。本案中，某建设公司与某建材公司签订了《买卖合同》，某建材公司送货后，某建设公司尚欠某建材公司货款，形成了买卖债权。在诉讼过程中某公司、某建设公司均对某建材公司与某建设公司之间的债权债务关系无异议，对金额也无异议。因此，某建材公司与被告某建设公司之间的债权债务关系有效，是某建材公司转让其与某建设公司债权的前提条件，也是人民法院确认债权转让是否生效的基础。

二是被让与的债权具有可让与性。无论是《合同法》还是《民法典》，均明确规定了三种不得转让的债权：根据合同性质不得转让的债权、按照当事人约定不得转让的债权、依照法律规定不得转让的债权。但是《民法典》第545条明确区分了当事人约定禁止债权转让的不同效力范围。1. 即使当事人约定的金钱债权不得转让，但是也不得对抗第三人，即合法的金钱债权无论是否是当事人约定不得转让，均可以转让，也是有效的转让；2. 在受让人为善意的情况下，当事人虽然约定的非金钱债权不得转让，但是债权转让合同有效，受让人可以在债务履行期限届满时请求债务人偿还；3. 在受让人为恶意的情形，当事人虽然约定的非金钱债权不得转让，但如果债务人不提出抗辩，则该债权转让有效，若债务人提出受让人是恶意

---

① 崔建远：《合同法》，法律出版社2003年版，第169页。

的，则对债权转让无效的抗辩，应予以支持。本案中，第三人对被告的买卖债权并不违反法律规定，也不违反合同约定，也不属于依合同性质不得转让的债权，应属可转让的债权。

三是让与人与受让人就债权转让达成合意。债权转让合同的成立，必须是让与人和受让人就债权的转让意思表示一致。[①] 本案中，某公司与某建材公司签订了《债权转让协议》，虽然第三人在第二次诉讼中反悔，但是债权转让已经生效，第三人与原告在签署《债权转让协议》时已就债权转让意思表示达成一致。

债权让与合同一经成立并生效，让与人和受让人之间立即发生债权让与的效果。[②] 但是，为了保护债务人的利益，我国立法规定了对债务人的通知义务。《合同法》第 80 条规定："债权人转让权利的，应当通知债务人，未经通知，该转让对债务人不发生效力。债权人转让权利的通知不得撤销，但经受让人同意的除外。"《民法典》第 546 条规定："债权人转让债权，未通知债务人的，该转让对债务人不发生效力。债权转让的通知不得撤销，但是经受让人同意的除外。"由此可见，我国立法采用让与通知原则，一方面，考虑到了债务人的利益，要求在债权让与达成合意后及时地通知债务人，避免债务人因不知情而受到损失；另一方面，它充分尊重了债权人处分其债权的自由，有利于鼓励债权转让，符合市场经济发展的需要。就债权人而言，法律赋予债权人转让债权的自由，债权人可以在不违反法律规定和社会公共利益的基础上，根据自己的意志，转让债权给第三人。法律规定将债权转让是否生效的决定权利交由债权人，体现了国家意志对债权人是否行使自由让与债权的权利的尊重。同时，法律规定，债权人转让权利的，应当通知债务人。未经通知，对债务人不生效。因此，就债务人而言，其享有的是一种程序性的知情权，它要求债权人及时将债权转让的事实告知债务人，避免债务人因不知情而在履行债务上造成一定的损害，以此保护债务人的合法权益。债权人对其债权享有自由处分权，只要符合法律规定，并且对债务人进行了程序性的通知，债权人便可将其债转让给任意第三人。结合本案，某建材公司明确表示其已于 2015 年、2016 年 3 月向某建设公司寄送相关转让通知，也通过向武汉市洪山区人民法院出示情况说明等文

---

① 崔建远：《合同法》，法律出版社 2003 年版，第 172 页。

② 崔建远：《合同法》，法律出版社 2003 年版，第 175 页。

件通知某建设公司转让事宜，债权人已经履行了通知义务。某建设公司述称因安吉源公司与某公司之间不存在债权债务关系，不会无缘由将其债权转让给某公司，故债权转让无效，但是让与人与受让人之间是否存在债权债务关系并非债权转让的生效要件。涉案债权转让已经符合法定条件，该债权即由某建材公司移转给了某公司，某建材公司脱离了原债权债务关系，某公司取代了某建材公司的法律地位而成为新的债权人。

二、关于债权转让的通知义务

债权转让的通知义务，无论是《合同法》还是《民法典》，对于债权转让通知的主体、时间和方式均未有明确规定。按照法律规定，债权转让通知的行为人应当为债权人，但是在可以确认债权转让真实的前提下，对《民法典》第546条的规定进行扩张解释，将受让人纳入债权转让通知主体也应是可行的。从经济交往的实际来看，受让人通知转让人更具有通知的积极性，同时，也能方便受让人主张债务清偿。本案中，某公司作为受让人向债务人发送律师函催款，可以视为受让人也向债务人进行了通知。同时，虽然《民法典》没有规定通知的方式，但是在没有相反规定的情况下，也应当对通知的形式作出较为宽泛的解释，即允许当事人通过口头或书面形式进行通知。另外，受让人直接向人民法院提起债权转让合同纠纷之诉时，也应认定“通知”已经送达，该债权转让通知在相应诉讼材料送达债务人之后对债务人发生法律效力。因此，通知形式可由当事人自由选择，只要在不晚于债务履行的期间内履行的通知均应认定有效。本案中让与人事实上就债权转让进行了多次通知，让与人书面通知、让与人出庭陈述均可以视为有效通知。

另外，《民法典》新增了对保证人的通知义务。《民法典》第696条第1款规定，“债权人转让全部或者部分债权，未通知保证人的，该转让对保证人不发生效力”。实际操作中，经常会出现部分债权人在转让债权时，没有告知保证人的情形，《民法典》新增对保证人履行通知义务，既考虑到了保证人的利益，要求让与人与受让人达成债权转让合意时及时通知保证人，以解决保证人因未接到债权转让通知出现错误清偿、双重清偿的问题，同时，也是规范市场交易、减少财产流转的障碍，维护市场积极秩序的必然要求。

编写人：湖北省武汉市洪山区人民法院　魏慕华

【第564条　解除权行使期限】

27

相对方未催告时违约方合同解除权应及时行使，逾期则消灭

——刘某海诉罗某生房屋买卖合同案

【基本信息】

1. 裁判书字号

北京市第二中级人民法院（2017）京02民终2624号民事判决书

2. 案由：房屋买卖合同纠纷

3. 当事人

原告（反诉被告、上诉人）：刘某海

被告（反诉原告、被上诉人）：罗某生

【基本案情】

2015年3月27日，刘某海、罗某生签订《北京市存量房屋买卖合同》，约定罗某生购买刘某海名下案涉房屋。成交价格为人民币730万元，罗某生应于合同签订当日向刘某海支付定金人民币50万元，定金通过自行交接方式划转。罗某生采取全款方式支付房屋成交总价款。第一次于网签后90日内（2015年6月30日），罗某生向刘某海支付人民币660万元。逾期超过10日的，刘某海有权单方解除合同。刘某海选择解除合同的，应当以书面的方式进行。本合同自刘某海向罗某生发出的书面通知到达罗某生之日起自动解除。罗某生应按成交总价款的20%向刘某海承担违约责任。

同日，刘某海、罗某生还签订《存量房交易结算资金自行划转声明》，确认双方自行划转交易结算资金。同日，双方签订《收条》，内容为“今收到罗某生女士

交来购买房屋定金人民币共计伍拾万元整。另支付卖方刘某海先生购房款人民币贰拾万元整（房款贰拾万元以实物作价，共计肆件实物，支付卖方刘某海先生，支付方式为直接付与卖方本人）。上述共计折合房款人民币柒拾万元整”。2015 年 4 月 19 日，刘某海、罗某生办理网签手续并签订《存量房屋买卖合同》，该合同载明房屋交易价格为人民币 506 万元。

2015 年 6 月 27 日，罗某生向刘某波出示《昆明泛亚有色金属交易所股份有限公司交易商对账单》，罗某生陈述出示交易商对账单只是让刘某波约刘某海来京。

2015 年 6 月 30 日前罗某生可以通过刘某波与刘某海联系，不存在刘某海失联的情况。

2016 年 9 月 30 日前，对罗某生而言，刘某波并非刘某海的有权代理人。

【案件焦点】

1. 罗某生是否逾期付款并构成违约；2. 刘某海是否进行了有效解除；3. 刘某海在本案中是否可行使解除权。

【裁判要旨】

北京市东城区人民法院经审理认为：焦点一，关于罗某生是否逾期付款并构成违约问题。合同约定罗某生应在 2016 年 6 月 30 日之前向刘某海支付 660 万元，客观上罗某生并未依约履行，且逾期超过 10 日。罗某生主张刘某海并未提供接收款项账户，合同约定该笔 660 万元为自行划转，所以罗某生应按照有利于实现合同目的的方式支付该笔款项，罗某生在 2016 年 6 月 30 日之前并未要求刘某海一方提供接收款项账户，且罗某生 2016 年 6 月 30 日前在与刘某波联系时并未表示 660 万元已备齐但不知如何付款，所以罗某生该主张不足以免除其依约付款的义务。同时，关于罗某生向刘某波出示《昆明泛亚有色金属交易所股份有限公司交易商对账单》的目的，罗某生与刘某海各执一词，刘某海的意见更具有高度可能性，法院采信刘某海的意见，即 2015 年 6 月 27 日罗某生向刘某波出示《昆明泛亚有色金属交易所股份有限公司交易商对账单》，是为了证明自己在该交易所有资金但有特殊的原因导致无法提现，付款能力存在问题，并要求刘某海给予宽限期。罗某生并无证据证明刘某海同意宽限期以及刘某海同意免除罗某生逾期付款的违约责任。

综上，罗某生存在逾期付款行为，且超过10日，已构成违约。

焦点二，刘某海是否进行了有效解除。案涉合同约定合同解除应当以书面的方式进行，刘某海未提供证据证明2016年9月30日以书面形式向罗某生发送了解除通知，但刘某海主张其在2016年9月30日向罗某生发送了书面的合同解除通知，但就此存在两个问题，问题一，刘某海所称的解除通知是刘某波以刘某海的名义发送的，效力存疑；问题二，解除通知的接收人是否为罗某生存疑。刘某海所主张的事实不足以对罗某生产生有效解除的法律后果。

焦点三，刘某海是否可行使解除权。《合同法》第95条规定："法律规定或者当事人约定解除权行使期限，期限届满当事人不行使的，该权利消灭。法律没有规定或者当事人没有约定解除权行使期限，经对方催告后在合理期限内不行使的，该权利消灭。"本案中出现了对方当事人没有催告的情形，该类情形的处理《合同法》没有规定，可类推适用《最高人民法院关于审理商品房买卖合同纠纷案件适用法律若干问题的解释》第15条第2款关于"对方当事人没有催告的，解除权应当在解除权发生之日起一年内行使；逾期不行使的，解除权消灭"的规定，应当认定本案解除权行使期限为一年。故刘某海享有解除权，但从其享有解除权之日到本案行使解除权时，已超过了行使解除权的合理期限，其解除权已经丧失，所以刘某海无法据此要求解除合同以及办理网签注销手续。需要指出的是，刘某海不能行使解除权不影响刘某海依据合同向罗某生主张逾期付款的违约责任。

综上所述，北京市东城区人民法院依照《合同法》第60条、第107条的规定，判决如下：

一、刘某海于本判决生效后十日内协助罗某生办理案涉房屋产权过户手续，将上述房屋产权过户至原告罗某生名下；过户同时罗某生向刘某海一次性支付剩余购房款人民币660万元；

二、驳回罗某生的其他诉讼请求；

三、驳回刘某海的全部反诉请求。

刘某海不服一审判决，提起上诉。

北京市第二中级人民法院经审理同意一审法院裁判意见，依照《合同法》第95条，《民事诉讼法》第170条第1款第1项，《最高人民法院关于审理商品房买卖合同纠纷案件适用法律若干问题的解释》第15条第2款，《最高人民法院关于适用〈中华人民共和国民事诉讼法〉的解释》第334条的规定，判决如下：

驳回上诉，维持原判。

【适用解析】

合同解除，是指合同有效成立后，因一方或者双方当事人的意思表示，使合同关系终了，未履行的部分不必继续履行，既已履行的部分依具体情形进行清算的制度。[①] 合同主体可基于约定条件成就或者法定情形具备享有合同解除权，单方行使合同解除权便使合同权利义务终止，对双方具有重大影响。所以从《合同法》到《民法典》也不断对合同解除制度进行完善规定。本文以刘某海与罗某生房屋买卖合同案入手，从解除权发生、行使到消灭来分析、解析司法实践中解除权有关争议。

一、解除权发生

（一）解除权类型

依据发生事由不同，合同解除权分为约定解除权和法定解除权。《合同法》第93条第2款对约定解除权进行了规定，该权利的发生应具备两个条件，一是双方合同约定了合同解除的条件，二是该约定条件成就。未约定解除条件或者约定解除条件未成就时，合同主体并非无所作为，其可在具备法律规定的情形下享有合同解除权。

《合同法》第94条规定了法定解除权发生的五种情形。前四种情形相对明确，但法律规定的其他情形并不完全明确。目前可以确定的是，当事人可基于《合同法》第69条、情势变更规定[②]等行使解除权，但关于违约方能否享有解除权实践中存有争议。

（二）违约方在特定情形下享有解除权

通常意义上，法定的情形是法律赋予守约方的权利，违约方无权行使法定解除权，如守约方要求继续履行合同，法院就应该判决强制履行合同。最高人民法院在

---

① 韩世远：《合同法总论》（第三版），北京大学出版社2011年版，第503页。

② 《最高人民法院关于适用〈中华人民共和国合同法〉若干问题的解释（二）》第26条规定，合同成立以后客观情况发生了当事人在订立合同时无法预见的、非不可抗力造成的不属于商业风险的重大变化，继续履行合同对于一方当事人明显不公平或者不能实现合同目的，当事人请求人民法院变更或者解除合同的，人民法院应当根据公平原则，并结合案件的实际情况确定是否变更或者解除。

（2013）民申字第 1521 号一案中，认为应当对《合同法》第 94 条作限缩性解释，将其理解为当事人一方违约时守约方享有合同解除权，而违约方不享有解除权，进一步印证了上述观点。但对于非金钱给付义务，守约方不当然有要求继续履行的权利。《合同法》第 110 条[①]对此予以规定，违约方可以此作为不履行的抗辩。如果合同既不能被解除，也不能被要求履行，合同履行势必处于僵化状态。同时，守约方要求违约方承担违约责任，如果该违约责任约定的是持续性违约责任，势必造成双方利益显著失衡。反而，在特有情形下，确定违约方也有解除权，解决上述僵化状态，同时明确守约方追究违约责任，也不会造成双方利益失衡。

之所以纠结违约方是否享有解除权，一部分原因在于守约方权利保护的难度较大，完全实现程度较低，即使约定违约金，被大幅酌减的可能性也很大。所以本质上在于守约方与违约方利益衡量问题。与其去否定违约方在符合规定情形下享有解除权，倒不如去建构合理的制度确保守约方追究违约责任。

为应对司法实践需求，《民法典》第 580 条创造性规定了违约方享有解除的情形，但明确违约方应承担违约责任。

二、解除权行使

（一）行使方式

实践中，当事人行使解除权的方式，有自行解除还有诉讼解除。自行通知的当事人，嗣后起诉时便根据通知到达时间，起诉要求确认于通知到达之日解除。诉讼解除的当事人，诉讼请求表现为请求法院判决合同解除，并无解除生效时间节点的内容。

（二）有效主体

关于行为主体，既包括解除权行使主体，也包括解除意思受领主体。合同缔结过程中，合同双方可能有亲属或者工作人员参与其中，但如缔约、解约等重大事项，应由享有权限的主体实施。解约时，应由享有解除权的当事人及其代理人发送解除通知，通知应送达合同相对方或其代理人。任何一方主体不符合规定时，不发生有效解除的法律后果。

---

① 《合同法》第 110 条规定："当事人一方不履行非金钱债务或者履行非金钱债务不符合约定的，对方可以要求履行，但有下列情形之一的除外：（一）法律上或者事实上不能履行；（二）债务的标的不适于强制履行或者履行费用过高；（三）债权人在合理期限内未要求履行。"

（三）生效节点

关于解除生效的节点，应以解除通知送达对方时为准。自行解除的，《合同法》规定得较为明确，以解除通知到达时为准。如双方合同履行已有障碍，守约方发送解除通知，违约方予以拒收时，拒收之日视为解除通知到达之日。实践中，对诉讼解除的生效节点存有较大争议，既有认为在包含解除意思的起诉状送达被告时生效，也有认为法院判决生效之日生效。法律没有明确规定前，任何一方均可说出合理理由论证自己的观点。《民法典》第565条第2款对该情况进行明确规定，“当事人一方未通知对方，直接以提起诉讼或者申请仲裁的方式依法主张解除合同，人民法院或者仲裁机构确认该主张的，合同自起诉状副本或者仲裁申请书副本送达对方时解除”。明确诉讼解除时起诉状送达被告即解除生效。

（四）异议制度

关于解除异议制度，解除通知送达后，该解除并不当然生效。只有在发送解除通知的当事人具有解除权时才具有生效的后果。收到解除通知的当事人有可能提出异议，起诉到法院要求确认解除无效，也可能对解除通知置之不理。双方可能约定了异议期，那么一方发出解除通知后，对方不同意时应在约定异议期或者法定异议期内诉至法院。但考虑到解除生效必须建立在发送解除通知的主体具有解除权的前提下，所以异议期的规定仅具有指引作用，缺乏明确的法律后果。《民法典》未保留异议制度，进一步证明对解除有异议时任何一方均可起诉至法院进行确认。所以发送解除通知后，对方未明确表示同意时，解除通知发出方应起诉到法院，确认解除生效，继而使双方权利义务明确。

（五）意思不可撤销

关于解除意思撤销，解除的意思表示不得撤销，以免法律关系流于复杂。① 守约方因合同暂时无法履行而非根本不能履行时，经法院释明可能调整诉讼请求为解除合同；二审法院发回后，又可能基于合同具备履行条件，调整诉讼请求为继续履行合同。当事人可在法律规定的情形内调整诉讼请求，这是程序性权利。但当事人的诉讼请求能否得到支持，应进行实体审查。结合上述解除生效节点的论述，当事人将解除通知送达对方时，除非其不具有合同解除权，否则解除便已生效。所以守

① 韩世远：《合同法总论》（第三版），北京大学出版社2011年版，第521页。

约方对合同履行前景要有合理预判，非因法律上或者事实上不能履行时，谨慎提出合同解除请求；法院对合同是否能履行做出准确判断，并非法律上或者事实上不能履行而仅存在不能履行的可能性时，可判决继续履行，不能径行驳回当事人要求履行的诉讼请求或者变相释明当事人变更诉讼请求为解除合同。

三、解除权消灭

拥有解除权的人既可以行使权利，也可以不行使，解除权行使与否取决于解除权人的意志，由此会使相对人陷于不安状态，长期放任此种不安状态存在，有失公允，故法律应当限定解除权行使的行使期限，超过行使期限，其解除权消灭。①

（一）期限内未行使

法律规定或者当事人约定解除权行使期限，期限届满当事人不行使的，该权利消灭。此类情形下，没有对方当事人催告的前置程序。解除权人知道或者应当知道解除事由后，应及时有效行使解除权。如未进行有效解除，只要期限届满，解除权决定消灭，合同也就不存在履行的法律障碍。

（二）催告未行使

法律没有规定或者当事人没有约定解除权行使期限，具备解除事由后，解除权人应及时行使解除权，但对方当事人也应及时催告解除权人是否行使解除权。解除权人明确表示不行使，解除权消灭；不发表是否解除明确的意见，不视为其放弃或者行使解除权，合理期限内仍不行使的，该权利消灭。

（三）未催告未行使

解除权人未行使解除权，对方当事人也未催告，该情形下如何处理双方纠纷。一种意见是，解除权人仍可行使解除权，并要求违约方承担违约责任；另一种意见是，解除权消灭，解除权人无法行使解除权但可要求违约方承担违约责任。实践中，往往对方当事人抗辩自己不构成违约，而未提出解除权是否消灭的意见，所以法院在审查构成解除条件时便判决合同解除。但如当事人提出解除权消灭时，应如何处理，有较大争议。

首先，《合同法》对解除权人未行使、对方未催告的情形解除权是否存在除斥期间没有明确的意见。但考虑到解除权作为形成权的重大影响，与为维护交易稳定

① 韩世远：《合同法总论》（第三版），北京大学出版社 2011 年版，第 543 页。

和社会经济秩序的立法目的是相悖的，合同解除权与其他形成权一样，应受到除斥期间的限制，如经过合理期限而不行使，解除权则归于消灭。而且解除权发生后，在相当长的期间内未行使，使得对方对于解除权之不被行使发生合理信赖场合，依据诚实信用原则，可以认定解除权人不得再行使其解除权（权利失效原则）。[1] 其次，结合《合同法》第 55 条规定，具有撤销权的当事人自知道或者应当知道撤销事由之日起一年内没有行使撤销权，撤销权消灭。解除权参照撤销权除斥期间的起算和期限，并无明显不可。最后，本案是房屋买卖合同纠纷，虽无法直接适用《最高人民法院关于审理商品房买卖合同纠纷案件适用法律若干问题的解释》的规定，但类推适用其规定，兼顾合同双方的利益，较为合理。在发现法律漏洞后，司法实践通过类推适用等弥补了缺陷，但立法者并未置之不理。《民法典》将上述精神于合同编的第 564 条予以规定。

具体到本案中，罗某生没有在解除权发生时催告刘某海，但刘某海也未在一年内行使解除权。相反，其妹刘某波并非其代理人，但是在买卖过程中与罗某生多次沟通，在沟通过程中并无明确要求合同解除的意思表示。罗某生合理信赖刘某海不会解除合同意思，也积极与刘某波协商合同履行事宜。在《合同法》没有对该类情形解除权规定除斥期间时，依据诚实信用原则，参考同作为形成权的撤销权除斥期间的规定，类推适用《最高人民法院关于审理商品房买卖合同纠纷案件适用法律若干问题的解释》，认定刘某海未在一年内行使解除权，解除权消灭，同时明确刘某海不能行使解除权不影响刘某海依据合同向罗某生主张逾期付款的违约责任，很好地兼顾了法律适用、利益衡量的司法目标。

编写人：北京市第二中级人民法院　高磊

① 韩世远：《合同法总论》（第三版），北京大学出版社 2011 年版，第 544 页。

【第 565 条 合同解除程序】

28

合同解除时间的认定以及解除后相关问题的处理

——俞某某、张某某诉王某某房屋买卖合同案

【基本信息】

1. 裁判书字号

北京市第三中级人民法院（2018）京 03 民终 3556 号民事判决书

2. 案由：房屋买卖合同纠纷

3. 当事人

原告（反诉被告、上诉人）：俞某某、张某某

被告（反诉原告、被上诉人）：王某某

第三人（被上诉人）：某房地产经纪有限公司（以下简称某置业公司）

【基本案情】

2016 年 12 月 16 日，在某置业公司所提供的居间服务下，俞某某、张某某作为出卖人与买受人王某某签订了北京市存量房屋买卖合同以及补充协议。双方约定：王某某以总价 1060 万元购买俞某某、张某某名下涉诉房屋，该房屋面积为 230.21 平方米。房屋买卖合同以及补充协议对交易定金、付款方式、过户时间、房产产权现状、税费承担、违约责任等进行了明确约定。双方同时约定，购买涉诉房屋的定金为 100 万元，王某某于签约当日支付 45 万元，剩余 55 万元不晚于 2016 年 12 月 19 日支付；首付款（不含定金）为 510 万元，由王某某分两笔支付，于 2017 年 6 月 30 日前支付 210 万元用于俞某某、张某某偿还银行贷款；办理存量房自用交易资金监管时，存入监管账户 300 万元；尾款 450 万元以商业贷款方式支付。另约定

双方于购房合同签订之日起 270 日内办理产权转移手续。王某某依照约定于 2016 年 12 月 16 日，12 月 18 日分两次共计向俞某某、张某某支付了定金 100 万元。

2017 年 3 月 22 日，北京市地方税务局、北京市住房和城乡建设委员会发布《关于进一步严格购房资格审核中个人所得税政策执行标准的公告》，该文件明确：连续 5 年（含）以上在本市缴纳个人所得税，是指按工资、薪金所得缴税的纳税人，从申请月的上一个月开始往前推算 60 个月在本市连续缴纳个人所得税。按照某置业公司所进行的核验结果显示，王某某在本市的购房资格审查未校验通过，原因为未连续 5 年缴纳个人所得税。2017 年 6 月 15 日王某某向俞某某、张某某发出解除合同通知书，通知俞某某、张某某解除购房合同，并要求俞某某、张某某于接到通知后 3 日内办理解约手续并退还购房定金。后双方因合同履行问题发生争议。

【案件焦点】

1. 涉诉房屋买卖合同的解除问题；2. 涉诉房屋合同解除后，后续事项的处理问题。

【裁判要旨】

北京市顺义区人民法院经审理认为：本案中，在某置业公司所提供的居间服务下，俞某某、张某某作为出卖人与买受人王某某签订了北京市存量房屋买卖合同以及补充协议。双方所签买卖合同、补充协议等系合同当事人的真实意思表示，不违反法律和行政法规的强制性规定，应属合法有效。

涉诉房屋买卖合同系因合同订立后住房限购政策的实施，王某某不具备购房资质导致其无法继续购买涉诉房屋进而致使合同目的无法实现，合同无法继续履行。从《合同法》的上述规定可以看出，解除权作为形成权，不需征得对方的同意，仅凭单方的意思表示就可以产生预期的法律后果。按照合同解除权属于简单形成权的理论，其行使应不以诉讼为必要，即依当事人一方意思表示可以产生解除的法律效果。解除权人应当以通知方式解除合同，解除合同通知送达之日即为合同解除之日。本案涉诉房屋买卖合同无法继续履行，属于不可归责于双方当事人的原因，双方当事人均享有合同解除权。在庭审中，王某某虽主张其在 2017 年 6 月 15 日向俞某某、张某某发出解除合同的通知，但俞某某、张某某并未收到该通知。另，在法院于 2017 年 8 月 1 日组织双方谈话时，俞某某、张某某变更诉讼请求，明确提出要求解除涉诉房屋买卖合同。法院当庭将俞某某、张某某的变更诉讼请求申请书送达给了王某某。王某某当日提出反诉，要求解除涉诉房屋买卖合同。双方均明确提出解除涉诉房屋买卖合同，但双方对解除时间有争议。根据上述《合同法》关于合同解除权的相关规定和相关理论，法院认为解除权人直接向法院提起诉讼行使解除权，法院一经确认合同解除，则解除的效力应当自载有解除请求的起诉状送达合同相对方时，发生合同解除的效力。据此结合本案事实，法院认定涉诉房屋买卖合同及相关补充协议于2017年8月1日解除。

合同解除后，尚未履行的，终止履行；已经履行的，根据履行情况和合同性质，当事人可以要求恢复原状、采取其他补救措施，并有权要求赔偿损失。根据庭审查明的事实，本案涉诉合同系因合同订立后住房限购政策的实施，王某某不具备购房资质而导致合同目的无法实现而致解除。合同无法继续履行，属于不可归责于双方当事人的原因，并非王某某恶意违约。故此，俞某某、张某某应当将涉诉定金100万元退还给王某某。法院对俞某某、张某某在本案中所提出的要求依法判决认定王某某违约，其不需向王某某返还定金100万元的诉讼请求不予支持。因涉诉合同的解除并非系俞某某、张某某的原因，其也不存在违约行为，故此法院对王某某所主张的要求俞某某、张某某支付100万元定金相应利息的反诉请求不予支持。

北京市顺义区人民法院依据《合同法》第8条、第9条、第10条、第32条、第44条、第60条、第93条、第94条、第96条、第97条之规定，判决如下：

一、确认俞某某、张某某与王某某之间就涉诉房屋所达成的北京市存量房屋买卖合同以及补充协议于2017年8月1日解除；

二、俞某某、张某某于本判决生效之日起七日内向王某某返还房屋定金100万元；

三、驳回俞某某、张某某的其他诉讼请求；

四、驳回王某某的其他反诉请求。

俞某某、张某某不服一审判决，提起上诉。

北京市第三中级人民法院经审理同意一审法院裁判意见。依照《民事诉讼法》第170条第1款第1项的规定，作出如下判决：

驳回上诉，维持原判。

【适用解析】

当事人可以以向对方发送解除通知的方式解除合同，也可以直接以提起诉讼或仲裁方式解除合同。对于后者而言，合同解除的时点应当如何认定，在此前的司法实践中存在争议。一种观点认为，合同解除时间应为法院判决生效之日。例如（2017）最高法民终722号中，法院认定“×公司起诉请求解除合同符合法定解除条件，据此本院以判决的方式判令案涉两协议予以解除，系人民法院行使公权力对于当事人私领域的商事交易行为的判定，其解除的时间应为本判决生效之日”。另一种观点认为，如法院或仲裁机构确认合同解除的，则合同自起诉状副本或者仲裁申请书副本送达对方时解除。最高院民二庭第七次法官会议纪要持此观点。《九民会议纪要（征求意见稿）》第48条规定“当事人直接以起诉方式解除合同，经人民法院确认原告确有解除权的，合同从起诉状副本送达对方之日起解除，当事人以未向其发出解除通知为由提出抗辩的，人民法院不予支持”（但正式稿未体现此内容）。《民法典》明确采第二种观点，一锤定音地厘清了对该问题的争议和分歧。这一规定，是对解除权系形成权性质的重申，进一步明确了法院或仲裁机构对当事方解除行为的审查系“确认”而非“裁判”。

合同解除是指合同有效成立以后，当具备合同解除条件时，因当事人一方或双方的意思表示而使合同关系自始消灭或仅向将来消灭的行为，也是一种法律制度。[①] 合同解除权是合同当事人依照合同约定或法律规定享有的解除合同的权利，它的行使直接导致合同权利义务消灭，而合同解除时间的认定，对合同解除后违约责任的认定和相关后续问题的处理具有重要意义和作用。司法实践中，由于各种因素导致合同解除时间认定不一致的情形并不鲜见。该案涉及诉讼中合同解除时间的认定以及相关问题的处理，分析如下：

一、合同解除权的行使

合同的解除制度是要解决有效成立的合同提前消灭的问题。[②] 所谓合同解除的程序，是指合同解除所要经过的必要步骤。[③] 无论是合同的协商解除，还是合同的法定解除，都必须遵守法律规定的程序。只有按照法律规定的程序解除合同，其解

---

① 崔建远：《合同法》，法律出版社2010年版，第238页。

② 崔建远：《合同法》，法律出版社2010年版，第238页。

③ 王利明等：《民法学》，法律出版社2011年版，第579页。

除行为才具有法律效力。合同解除的情况比较复杂，所需条件、所经程序和所生效力不尽一致。为了便于分析，学界将合同解除类型化。一般分为协商解除和法定解除。在合同解除中，协商解除又分为协议解除和约定解除。协议解除，是当事人双方通过协商同意将合同解除的行为。[①] 协议解除的程序与约定解除和法定解除的程序相比较，还是要简单一些。除法律和行政法规规定解除合同应当办理审批、登记手续的以外，协议解除一般只需要一方当事人发出解除合同的要约，另一方当事人予以承诺，并经双方协商一致即可以解除合同。但约定解除与法定解除的程序相对要复杂一些。合同解除的条件由法律直接加以规定者，其解除为法定解除。约定解除，是当事人以合同形式，约定为一方或双方保留解除权的解除。[②] 根据《合同法》的有关规定，无论是约定解除，还是法定解除，都是在解除合同的条件成就时，由解除权人依法行使解除权来实现合同的解除。解除权的行使是一种单方法律行为，是解除权人单方的意思表示。解除权人只需要向当事人作出解除合同的意思表示就可以达到解除合同的效果，而无需经对方当事人承诺。一般而言，通过行使约定解除权和法定解除权来解除合同，应当遵守以下法定程序：

（一）在合同约定或者法律规定的解除事由出现时，依法行使解除权

约定解除以合同约定的解除合同事由的出现为前提，法定解除则以法律规定的解除合同事由的出现为前提。如果约定解除或者法定解除的条件没有成就，则任何一方当事人都不得行使解除权解除合同。

（二）解除权人必须在法定或者约定的期限内行使解除权

我国《合同法》第 95 条规定，法律规定或者当事人约定解除权行使期限，期限届满当事人不行使的，该权利消灭。法律没有规定或者当事人没有约定解除权行使期限，经对方催告后在合理期限内不行使的，该权利消灭。这一规定是对当事人行使合同解除权的时间要求。它表明合同解除权的行使期限由法律规定或者由当事人协商约定。在法律规定了合同解除权的行使期限或者当事人协商约定了合同解除权的行使期限的情况下，当事人应当遵守法律的规定、恪守合同的约定，在确定的期限内行使解除权，依法解除合同。如果期限届满当事人仍不行使解除权解除合

---

① 崔建远：《合同法》，法律出版社 2010 年版，第 245 页。
② 崔建远：《合同法》，法律出版社 2010 年版，第 245 页。

同，则其解除权消灭，当事人应当继续履行合同，不得再以同样的理由解除合同。《民法典》第564条规定合同解除权行使的期限为一年。

（三）解除权人在解除合同时，应当通知对方当事人

通知对方当事人，是解除权人的一项义务，也是合同解除的必经程序。通知原则上应该采取书面形式。解除合同的通知在到达对方当事人时生效，合同自通知到达对方时解除。对方当事人对解除合同有异议时，可以请求人民法院或者仲裁机构确认解除合同的效力。

（四）法律、行政法规规定解除合同应当办理批准、登记手续的，必须办理有关批准、登记手续，合同的解除才发生法律效力。否则，合同的解除不发生法律效力。

二、关于合同解除时间的认定

合同解除权是形成权，形成权最大的特点是以单方意思表示即可改变权利义务关系，这个是违反意思自治的，所以一定要有一个正当性的基础，一个是约定，一个是法定。至于解除的意思表示是以什么方式到达违约方的不重要，关键是看意思表示是否到达违约方。

《合同法》第93条第2款规定，当事人可以约定一方解除合同的条件。解除合同的条件成就时，解除权人可以解除合同。《合同法》第96条第1款规定，当事人一方主张解除合同的，应当通知对方。合同自通知到达对方时解除。对方有异议的，可以请求人民法院或者仲裁机构确认解除合同的效力。从《合同法》的以上规定可以看出，解除权作为形成权，它不需征得对方的同意，仅凭单方的意思表示就可以发生预期的法律后果。因此，对于解除通知生效时间的界定十分重要，这关系到合同效力何时归于消灭的问题。在解除权人以通知方式行使解除权时，合同自通知到达相对人时解除，即使相对人提出异议，并请求人民法院或者仲裁机构确认合同解除的效力，但只要人民法院或者仲裁机构作出合同解除的生效判决，则合同解除的时间也应溯及解除合同的通知到达相对人之时。同理，如果解除权人于通知相对人解除合同后另行提起诉讼或者仲裁请求确认合同解除的效力，合同解除的时间也应理解为通知到达相对人之时。如果解除权人直接向人民法院提起诉讼或者仲裁行使解除权，如何认定合同解除的具体时间？解除通知也可以通过诉讼的方式行使，提起诉讼是解除权人意思表示的另一种表达方式，只不过不是解除权人直接通知对方解除合同，而是通过法院以向对方送达法律文书，特别是起诉状通知对方解

除合同而已。在诉前未经通知程序而行使解除权的场合，如果合同解除最终被认定有效，则载有解除请求的起诉状送达被告时，发生合同解除的效力。因此，起诉状就是解除权行使的通知。无论是直接通知还是间接通知，都是解除权人行使解除权这一意思表示的不同表现形式，且均已到达了对方，符合解除通知的条件，均应产生合同解除的法律效果。对此，《民法典》第565条规定，当事人一方依法主张解除合同的，应当通知对方。合同自通知到达对方时解除；通知载明债务人在一定期限内不履行债务则合同自动解除，债务人在该期限内未履行债务的，合同自通知载明的期限届满时解除。对方对解除合同有异议的，任何一方当事人均可以请求人民法院或者仲裁机构确认解除行为的效力。当事人一方未通知对方，直接以提起诉讼或者申请仲裁的方式依法主张解除合同，人民法院或者仲裁机构确认该主张的，合同自起诉状副本或者仲裁申请书副本送达对方时解除。

具体到本案中，本案涉诉房屋买卖合同无法继续履行，属于不可归责于双方当事人的原因，双方当事人均享有合同解除权。在庭审中，王某某虽主张其在2017年6月15日向俞某某、张某某发出解除合同的通知，但俞某某、张某某并未收到该通知。另，在法院2017年8月1日组织双方谈话时，俞某某、张某某变更诉讼请求，明确提出要求解除涉诉房屋买卖合同。法院当庭将俞某某、张某某的变更诉讼请求申请书送达给了王某某。王某某当日提出反诉，要求解除涉诉房屋买卖合同。双方均明确提出解除涉诉房屋买卖合同，但双方对解除时间有争议。根据上述《合同法》关于合同解除权的相关规定和相关理论，本院认为解除权人直接向法院提起诉讼行使解除权，法院一经确认合同解除，则解除的效力应当自载有解除请求的起诉状送达合同相对方时，发生合同解除的效力。据此结合本案事实，故法院认定涉诉房屋买卖合同及相关补充协议于2017年8月1日解除。

三、参照适用《民法典》第565条关于合同解除权的行使的相关规定时应当注意的问题

合同解除是司法实践中运用十分广泛的一项制度，且违约解除作为违约救济的一种方式，可以产生合同终止等法律效果，直接关系到当事人订约目的的实现，合同解除时间的认定关乎合同效力的延续与否，既存权利义务是终止抑或清算，形成权和抗辩（权）的产生与援用，辐射至物的返还请求权、不当得利返还请求权、损害赔偿请求权、附着的担保的命运以至诉讼时效。审理涉及合同解除时间认定问题的案件时，应当从以下方面进行认定和分析：解除权属于简单形成权的理论，其行使应不以诉讼为必要，即依当事人一方意思表示可以产生解除的法律效果，原则上，解除权人应当以通知方式解除合同。在具体的审判实践中，如在诉讼前，解除权人已发出解除合同的通知，相对方有异议提起诉讼或解除权人直接起诉请求法院确认合同解除的效力，法院审理后认为当事人行使合同解除权符合合同约定或法律规定的，解除合同通知送达之日即为合同解除之日。但解除权人未发出解除合同的通知，直接起诉或反诉要求解除合同，法院审理后认为当事人行使合同解除权符合合同约定或法律规定的，也应当判决解除合同，为避免诉讼拖延影响当事人利益，合同解除的时间可以确定为法院传票送达时间，合同相对方有多方当事人的，以最后收到传票一方的送达时间为合同解除时间。当事人双方对合同是否解除存在争议，法院审理后认为主张解除的当事人无合同解除权，合同应当继续履行，但当事人在诉讼中均同意解除合同的，可以双方合意解除之日为合同解除之日。当事人在起诉时未提出解除的请求，但在诉讼过程中，一方当事人变更诉讼请求或对方反诉要求解除合同的，法院经审理认为合同应当解除的，可以诉讼请求通知到达对方之日为合同解除日期。

编写人：北京市顺义区人民法院　张鹏飞

【第580条　非金钱债务实际履行责任及违约责任】

29

违约方合同解除权适用条件认定及其行使解除权的法律后果

——何某发诉平阳县某金属制品有限公司房屋租赁合同案

【基本信息】

1. 裁判书字号

浙江省温州市中级人民法院（2019）浙03民终3801号民事判决书

2. 案由：房屋租赁合同纠纷

3. 当事人

原告（反诉被告、上诉人）：何某发

被告（反诉原告、上诉人）：平阳县某金属制品有限公司（以下简称某金属公司）

【基本案情】

2013年5月3日，某金属公司与何某发签订《租赁协议书》，约定该公司将其一车间第一层靠西的两间约300平方米的厂房和1万升容量的电镀排污许可权出租给何某发使用于电镀硬铬；租赁时间为五年，自2013年7月1日至2018年6月30日，若遇厂房建设未竣工或其他政策性等因素导致厂房无法按时交付使用时，推迟到该厂房验收合格后交付给何某发使用时，方可计算承租日期；何某发应在协议签订之日起三天内一次性给付五年租金共计110万元，如何某发出现违约，某金属公司不予退还租金，某金属公司出现违约，应无理由返还220万元给何某发；如遇自然灾害、政府政策性变动等不可抗力，造成双方无法继续履行本协议的，某金属公司应按何某发实际使用的时间计算承租费，多出部分应如数退还给何某发，其他损失双方均不得向另一方请求赔偿；何某发在租赁期间必须做好安全防护和防范措施，以确保生产安全，某金属公司有权督促并协助何某发做好环保、消防、安全、卫生等一切工作。同日，何某发支付厂房租金110万元。2015年9月1日，双方又签订《租赁补充协议》，约定租赁期限确定为2014年11月25日至2019年11月24日，租期为五年。

2018年4月27日，平阳县环保局发布通知，要求各电镀企业于2018年8月31日前完成污染防治能力深化建设工作，并由县环保局组织核实，对成效不明显的，依法责令停产整治或报请关停。

2018年7月至8月间，何某发与某机车部件公司签订厂房租赁合同，2018年9月底将设备搬离涉案厂房并搬至某机车部件公司，2018年10月开始在该公司进行生产。2018年7月，何某发成为该公司登记股东及法定代表人。之后，何某发参与了某机车部件公司污染防治能力深化的建设方案。

2018年8月12日，某金属公司向平阳县海西镇环保所出具《承诺书》，载明：某金属公司一车间何某发因整改没到位，承诺生产至2018年9月20日为止。2018

年10月22日，某金属公司向县环保局提交《报告》，载明某金属公司一车间原租赁给何某发生产，因租赁快到期没有参加整改，现在已经停电搬迁，特申请报停。截至2019年6月6日，涉案厂房一直处于空置状态。

【案件焦点】

1. 何某发作为违约方是否享有合同解除权；2. 何某发作为违约方解除合同后如何承担违约责任。

【裁判要旨】

浙江省平阳县人民法院经审理认为：何某发要求确认《租赁协议书》及《租赁补充协议》已于2018年9月20日解除，于法无据。但根据实际情况，何某发已经搬离承租的厂房，且已起诉解除合同，表明其不再继续履行合同，现某金属公司要求何某发继续履行合同，已无事实可能性，故对何某发要求解除《租赁协议书》及《租赁补充协议》的诉讼请求予以支持。结合何某发于2018年7月即已与某机车部件公司达成厂房使用合意且参与该公司污染防治的整改，其又无充分证据证明合同解除系因其他原因所致，应认定其系基于自身原因而要求解除租赁合同，故其应赔偿合同解除给某金属公司造成的损失。合同解除前的租金，某金属公司无须退还。合同解除后，考虑到涉案厂房再次使用或出租需必要的准备时间，厂房闲置必然产生损失，但某金属公司亦应合理使用及管理厂房以防止损失扩大，酌定某金属公司退还何某发租金5万元，其余租金作为何某发应赔偿某金属公司的损失。据此，浙江省平阳县人民法院依照《合同法》第60条、第94条、第97条、第197条，《民事诉讼法》第64条第1款，《最高人民法院关于适用〈中华人民共和国民事诉讼法〉的解释》第90条的规定，判决如下：

一、解除何某发与某金属公司于2013年5月3日签订的《租赁协议书》及2015年9月1日签订的《租赁补充协议》；

二、某金属公司退还何某发租金40000元、押金50000元；

三、何某发支付某金属公司经济损失10000元；

四、上述第2项、第3项款项相抵，某金属公司应退还何某发80000元，该款于本判决生效之日起十五日内付清；

五、驳回何某发的其他诉讼请求；

六、驳回某金属公司的其他诉讼请求。

何某发、某金属公司不服一审判决，提起上诉。

浙江省温州市中级人民法院经审理同意一审法院裁判意见，依照《民事诉讼法》第170条第1款第1项，判决如下：

驳回上诉，维持原判。

【适用解析】

一、规则的变化

依法成立的合同对合同双方当事人具有约束力，当事人应当遵循诚实信用原则，按照合同的约定全面履行自己的义务，这是《合同法》效力的重要内容。合同严守是审判实践中应遵循的一项重要原则。但在房屋租赁等长期性合同中，一方因为经济形势的变化、履约能力等原因，不可能履行长期合同，需要提前解约，而另一方却拒绝解约。在出现合同僵局的情形下，允许违约方向法院提起诉讼，请求法院通过裁判终结合同关系，从而使当事人从难以继续履行的合同中脱身，有利于充分发挥物的价值，减少财产浪费，有效利用资源。

《合同法》第110条规定了非金钱债务不适用继续履行的几种情形：一是法律上或者事实上不能履行；二是债务的标的不适于强制履行或者履行费用过高；三是债权人在合理期限内未要求履行。也就是说，在一般情形下，对于非金钱债务守约方要求继续履行的，违约方应当继续履行，但在出现上述例外情形时，违约方继续履约所需的财力、物力超过合同双方基于合同履行所能获得的利益时，合同已不具备继续履行的条件，为平衡双方当事人利益，可以允许违约方解除合同，但必须由违约方向对方承担赔偿责任，以保证对方当事人的现实既得利益不因合同解除而减少。也就是说，在出现上述不适合继续履行的几种情形时，有违约行为的一方也可以请求解除合同。

在此基础上，2020年5月28日通过的《民法典》在沿袭《合同法》第110条规定的同时，对违约方合同解除权及合同解除后的法律后果作出了更加具体而明确的表述。《民法典》第580条规定："当事人一方不履行非金钱债务或者履行非金钱债务不符合约定的，对方可以请求履行，但是有下列情形之一的除外：（一）法律上或者事实上不能履行；（二）债务的标的不适于强制履行或者履行费用过高；

（三）债权人在合理期限内未请求履行。有前款规定的除外情形之一，致使不能实现合同目的的，人民法院或者仲裁机构可以根据当事人的请求终止合同权利义务关系，但是不影响违约责任的承担。”

二、基本法理及立法精神

违约方享有合同解除权的基本法理及立法精神如下：

（一）效率违约理论的支撑

效率违约理论是英美法系的产物，又称有效率的违约，发端于19世纪末美国最高法院大法官霍姆斯提出的法律与道德相分离理论和契约选择理论[①]，经济分析法学派理查德·A. 波斯纳教授的研究使该理论日臻成熟完善。[②] 波斯纳认为，当事人遵守合同并不是法律的强制性规定，当事人一方可以根据实际情况决定是不是按照合同约定实际履行，这要视社会的资源配置是否经济而定。也就是说，违约方从违约中获得的利益大于其向非违约方作出履行的期待利益；或者指当履行的成本超过各方所获得利益时，违约比履行更有效。基于波斯纳的观点，在违约有效率时，违约方可以选择通过承担损害赔偿的方式来替代继续履行合同的义务，违约方并不因不实际履行而遭受非难。效率违约理论，突出体现了《合同法》对效率价值的追求，对个案正义的保护，契合了当事人对合同自由的内心需求，顺应了商品经济市场行情瞬息万变、利益追求多元化的特征，因此得到了英美法系众多国家的一致认可和广泛适用。对公平正义的追求，不能无视代价，对秩序的维护亦是如此。我国《合同法》虽没有采纳该理论，但《合同法》第110条吸收了效率违约的思想，而《民法典》进一步明确赋予违约方合同解除权。

（二）符合设置解除制度的根本目的

合同解除分为协议解除、约定解除权解除和法定解除三类。学界普遍认为，除因不可抗力致使不能实现合同目的的情形外，违约方是不享有法定的合同解除权的。然而，合同有效成立后，有时会因主观或客观情况的变化，而使合同履行成为不必要或者不可能，使当事人一方甚或双方当事人的合同目的无法实现，如仍固守

---

① ［美］埃德加·博登海默：《法理学：法哲学与法律方法》，邓正来译，中国政法大学出版社2004年版，第161页。

② ［美］理查德·A. 波斯纳：《法律的经济分析（上）》，蒋兆康译，中国大百科全书出版社2003年版，第150～162页。

合同约束力，不但对一方或双方有害无益，有时甚至会阻碍市场经济的顺利发展。因此，通过法律手段让合同提前终了，并处理善后事宜，诚属必要。为此，法律上创设了合同解除制度。由此可见，合同解除制度的根本目的在于，使受到合同枷锁束缚的当事人，从毫无意义、没有存在必要的“死亡”合同中解放出来，尽快结束一场没有价值的交易。但解开合同枷锁的途径是否应具有唯一性？如果只把合同的解除权局限于合同守约方一方，当守约方因某种原因，有意不打开枷锁时，则会使合同解除制度的根本目的彻底落空，使当事人永久处于合同束缚的状态。因此，只有守约方才能享有合同解除权的观点，既不能真正平等公平地对待每一个交易主体，也不能促进经济效率，推动商业社会发展。

（三）契合《合同法》的基本原则

法律作为上层建筑，是服务于经济基础的，其滞后性会给经济基础带来消极的反作用。在市场经济高度活跃的当下，《民法典》应当贯彻鼓励交易原则，鼓励当事人订立合法的合同、努力促成合同成立并生效、充分保障合同履行和合同利益实现。[①] 但鼓励交易的对象应当是合法正当交易、自主自愿交易、能够实际履行的交易。尽管从《合同法》第 107 条规定来看，继续履行相较采取补救措施、赔偿损失等其他违约责任的承担方式而言，更有利于履行合同内容、满足合同预期，实现合同目的，是我国违约救济体系中首选的救济方法。但不可忽视的是，继续履行绝非治愈违约的“万能良药”，也并非适用于违约的所有情形。继续履行的前提至少应包括违约方能够继续履行合同，对于不能履行的交易，以鼓励交易为名迫使债务人背负不合理的赔偿责任，在绝大多数情况下，并不是鼓励交易原则的真义。诚实信用原则要求合同当事人恪守诺言，讲究信用，诚实不欺，以信为本，不损害他人的利益，这既是对违约方的要求，也是对守约方的要求，即要求交易双方善意行使权利，在合同履行不能时，应当允许违约方解除合同，才能更好地兼顾《合同法》平等、公平、效率原则，更好地实现上述规定的立法价值。

三、适用规则

在明确了违约方合同解除权及其法律后果的同时，应当明确其行使条件，以此规范违约方合同解除权的行使，才能更有效保护合同双方利益，实现实质正义，促

---

① 王利明：《我国〈民法典〉重大疑难问题之研究》，法律出版社 2016 年版，第 477 页。

进市场经济发展。笔者认为，应当包括以下三点条件：

（一）违约方违约应当是非恶意违约

为了防止违约方实施机会主义行为侵害守约方的利益，违约方在履行困难或者履行对其经济上不合理时选择故意违约，这将引发相关的道德风险，违反了任何人不能从其不法行为中获利的原则。如房屋买卖合同纠纷中，在房屋价格上涨的情形下，卖方“一房数卖”，恶意与购房者解约，如果予以认可，将极大地危害交易安全和交易秩序。而此类违约行为在实践中时常发生，故不得纳入违约方解除权的适用范围。

（二）违约方继续履行合同对其显失公平

在形成合同僵局的情形下，法律上允许违约方提起诉讼解除合同，目的在于纠正利益失衡现象，从而平衡当事人之间的利益关系，最终实现实质正义。因此在合同僵局的情形下，应当是守约方拒绝解除合同将明显导致双方利益失衡。如果继续履行合同给守约方带来的利益与给违约方造成的损失相比，明显不对等，尤其是在违约方能够赔偿守约方因合同解除而遭受的损失的情形下，当事人之间的利益失衡更加明显。实践中，享有解除权的一方在出现合同僵局时拒绝行使解除权，常常是为了向对方索要高价，这就违反了诚信和公平原则。

（三）守约方拒绝解除合同违反诚实信用原则

根据诚实信用原则，合同交易不是零和游戏，而是互赢的关系，合同的双方当事人都要照顾对方的合理期待，任何一方都必须尊重另一方的利益。通常在形成合同僵局的情形下，如果违约方能够找到替代方式，保障守约方履行利益的实现，而且对守约方因合同解除而遭受的损失进行赔偿，则能够保障守约方的利益；在此情形下，守约方坚持继续履行合同，可以认定守约方已违反了诚信原则。本案中，何某发已搬离涉案厂房另选新址进行生产，某金属公司要求何某发继续履行合同，已无事实可能性，且某金属公司在 2018 年 9 月已经明确知道何某发不再继续履行合同，但未采取止损措施，诉讼中又要求对方继续履行，应当认定其行为违反了诚信原则。

四、适用难点

违约方合同解除权作为特别规定，其适用条件应当严格把握。笔者认为，该条款的适用存在以下难点：

（一）适用范围能否作扩大解释

根据《民法典》第580条，违约方解除权的行使必须严格限定为非金钱债务。一般学者认为，与非金钱债务不同，金钱作为一般等价物，不可能发生不可替代的灭失，也不存在履行在经济上不合理的情况，因此，金钱债务原则上总能实际履行。[①] 实践中，在一些混合了金钱债务和非金钱债务的合同关系中，当出现合同僵局时，同样存在继续履行不经济、不合理的情形。如本案房屋租赁合同中，某金属公司仍可请求何某发在另寻其他厂房的同时继续向某金属公司给付租金，但在此情形下，该种请求既不合理也显失公平。

（二）如何判断违约方主观上是否恶意

法律在赋予违约方解除权的同时，虽然为避免出现违约方侵害守约方利益的情形，法院在审理中应当考虑违约方主观层面因素，但实务中，主观因素很难以具体形式体现出来，法官也无从考察当事人内心真实想法。在本案中，何某发因租期快到期，而参与污染防治整改将耗费其大量金钱，出于商人趋利避害的天性，其选择放弃涉案厂房另寻他处，并其已为此负担一大笔损失，故笔者认为，应当推定其不存在恶意。

（三）关于合同解除的起算点存在不同认识

第一种观点认为，享有解除权的人一旦向法院提起诉讼，法院受理案件的通知到达时起合同解除；第二种观点认为，为了防止造成不必要的纠纷，在当事人起诉确认解除合同的效力时，在法院判决未下达之前，合同并没有解除。[②] 笔者认为，解除合同作为违约方的一项诉讼请求，在法院未作出判决前不会产生解除合同的效果，只能等待法院判决生效后才得以执行。解除权的形成权特质决定了其应当是解除通知到达对方时生效，但由于遭遇司法审查的障碍，解除权暂不生效，待确认解除的判决生效时合同正式解除。

编写人：浙江省平阳县人民法院　孙悦纳　李洁

---

① 王利明：《合同法研究》（第二卷），中国人民大学出版社2015年版，第341页。

② 王利明：《我国〈民法典〉重大疑难问题之研究》，法律出版社2016年版，第534页。

【第692条 保证期间，第694条 保证债务诉讼时效】

30

债权受让人及保证人的诉讼时效认定

——某粮油经营开发有限责任公司诉某饮食有限公司等债权转让合同案

【基本信息】

1. 裁判书字号

湖北省武汉市洪山区人民法院（2019）鄂0111民初72号民事判决书

2. 案由：债权转让合同纠纷

3. 当事人

原告：某粮油经营开发有限责任公司（以下简称某公司）

被告：某饮食有限公司（以下简称某饮食公司）、夏某某、范某某、金某

【基本案情】

2014年3月31日，某饮食公司与汉口银行签订《流动资金借款合同》，约定由某饮食公司向汉口银行贷款人民币500万元，贷款期限12个月，自2014年3月31日至2015年3月31日。天诚公司与汉口银行签订《保证合同》，由其为某饮食公司前述贷款向汉口银行提供连带责任保证。某饮食公司与天诚公司签订《委托保证合同》，由天诚公司向某饮食公司提供连带保证，合同约定若某饮食公司不履行还款义务，天诚公司进行代偿的，应向天诚公司承担违约金。夏某某、金某分别与天诚公司签订《抵押反担保合同》，并分别以其房屋为某饮食公司的借款向天诚公司提供反担保，两处抵押房屋均办理了抵押登记。夏某某与天诚公司签订《股权质

押反担保合同》，以其所持有的某饮食公司100%股权向天诚公司提供股权质押反担保，并办理出质登记。夏某某、范某某与天诚公司签订《信用反担保合同》，就某饮食公司前述贷款向天诚公司提供反担保，保证方式为连带保证，保证期限为主合同借款期限届满后3年。

前述贷款到期后，某饮食公司未履行还款义务，天诚公司于2015年4月10日代其向汉口银行偿还贷款本金500万元、利息24438.8元。自2015年4月10日至天诚公司转让债权之日，某饮食公司未向天诚公司偿还代偿款、违约金及迟延履行金。

另查明，天诚公司因涉及集资诈骗和非法吸收公众存款，在2015年11月资金链断裂后，公安机关立刻介入调查，控制了公司全部主要人员，其他工作人员均离职，公安机关为办案需要接收了公司账目、公章、营业执照等相关资料。该案件于2018年12月24日经武汉市中级人民法院判决，前述被告人分别构成集资诈骗罪及非法吸收公众存款罪，被判处有期徒刑三年六个月至无期徒刑不等，二审维持原判。为弥补该刑事案件被害人的损失，洪山区人民政府组织洪山公安分局、洪山区财政局及有关部门和律师团队组成工作专班专门处理天诚公司及其关联企业资产，并于2018年5月清查出天诚公司对夏某某等的到期债权。在取得授权后将天诚公司对夏某某等债权依法转让给某公司。2018年5月25日，天诚公司与某公司签订《债权转让合同》，将本案债权转让给某公司。2018年5月30日，天诚公司被吊销营业执照。2019年1月7日，某公司为主张其权利，遂诉至法院。2019年6月6日，天诚公司将债权转让的通知登于《湖北日报》，向某饮食公司、夏某某、范某某、金某通知案涉债权的转让。

【案件焦点】

1. 该债权转让协议是否有效；2. 本案诉讼时效是否经过。

【裁判要旨】

湖北省武汉市洪山区人民法院经审理认为：争议焦点1，某饮食公司辩称债权转让是在吊销期间作出，债权转让应属无效，某公司提交的加盖武汉市工商行政管理局公章的天诚公司的企业登记信息表显示，天诚公司被吊销营业执照的时间是2018年5月30日，而债权转让是2018年5月25日，天诚公司有权处分该债权。

某公司与天诚公司签订于2018年5月25日的《债权转让合同》，是行政机关在取得相关授权的情况下，为清理天诚公司资产而将天诚公司对某饮食公司的到期债权及对夏某某、范某某、金某的连带责任追偿等从权利一并转让给某公司的协议，根据《合同法》第79条规定“债权人可以将合同的权利全部或者部分转让给第三人”且不存在禁止转让情形，属合法有效。根据《合同法》第80条规定，“债权人转让权利的，应当通知债务人。未经通知，该转让对债务人不发生效力。债权人转让权利的通知不得撤销，但经受让人同意的除外”。天诚公司于2019年6月6日将债权转让的通知登于《湖北日报》，该债权转让对四被告发生法律效力，某公司与某饮食公司之间的债权债务关系及原告与夏某某等之间的反担保关系成立且生效。

争议焦点2，某公司对某饮食公司享有的债权系追偿权，根据《最高人民法院关于适用〈中华人民共和国担保法〉若干问题的解释》第42条第2款的规定，“保证人对债务人行使追偿权的诉讼时效，自保证人向债权人承担责任之日起开始计算”，本案中追偿权的诉讼时效于2015年4月11日起算，即天诚公司向汉口银行为某饮食公司的债务进行代偿的日期。

本案中，天诚公司因涉及集资诈骗和非法吸收公众存款，自2015年11月起，其工作人员均被公安机关控制或离职，公司账目、公章、营业执照等相关资料也都由公安机关接收，应属于因其他障碍无法主张权利的情形。2018年5月25日，天诚公司将本案债权转让给某公司，客观障碍的原因随之消除。在诉讼时效期间内即2015年11月发生客观障碍，且一直持续至2018年5月25日债权转让时方才消除。客观障碍事由发生在诉讼时效期间届满前六个月外的，诉讼时效不中止，但其在诉讼时效期间届满时，六个月前持续的期间，应不计入诉讼时效期间之内。因本案客观障碍持续至2018年，根据相关法律规定，若损害事实发生在《民法总则》之前，且在2017年10月1日前尚未届满应适用《民法总则》，故本案应适用《民法总则》规定的三年诉讼时效，其诉讼时效自天诚公司代偿之日起即2015年4月10日起计算至2018年4月10日，而2018年5月25日客观障碍消除，即障碍消除的时间在理论诉讼时效之外，本案并不适用诉讼时效的中止。

经查明，本案未计入诉讼时效的期间应为2015年11月至2018年4月10日，超过诉讼时效的客观障碍期间不纳入诉讼时效的计算期间。因从现有证据无法显示其客观障碍产生的具体时间，应承担举证不能的法律后果，法院认定其客观障碍产生时间为 2015 年 11 月 30 日，计算至 2018 年 4 月 10 日，共计 862 天，在其不另行发生中止、中断情形下，其诉讼时效届满时间应为 2020 年 10 月 3 日。某公司起诉的时间是 2019 年 1 月 7 日，仍在诉讼时效期间，故法院认为，本案债权的诉讼时效未过，对某饮食公司的抗辩不予支持。

现因天诚公司将债权转让给某公司，且已通知债务人及各担保人，债权转让对四被告有效。某公司向法院请求某饮食公司支付代偿款 5024438.8 元、违约金 502443.88 元及迟延履行金的诉讼请求。法院认为，保证人承担保证责任后，有权向债务人追偿，其追偿的范围包括保证人清偿债务的本金及利息。故某饮食公司应向某公司承担本金及违约金共计 5526882.68 元。某公司主张的迟延履行金实为利息，且合同约定迟延履行金，某公司起诉的计算标准未超过法律规定的利息计算标准，符合事实及法律依据，予以支持。

某公司要求对夏某某以反担保的抵押房屋、金某以反担保的抵押房屋、夏某某出质股权享有优先受偿权并承担连带清偿责任的诉讼请求；法院认为，第三人为债务人提供担保的，可以要求债务人提供反担保。夏某某、金某以房屋作为抵押物为某饮食公司与天诚公司提供反担保，签订了《抵押反担保合同》，并办理了抵押登记，双方之间的反担保抵押合同合法有效，且抵押权设立。夏某某以其股权出质提供反担保，并办理质押登记。因某饮食公司到期不归还贷款，故某公司提出的要求对夏某某、金某抵押的房屋分别在抵押范围内享有优先受偿权、对夏某某占有的某饮食公司 100% 的股权在质押担保的范围内享有优先受偿权请求，法院予以支持。

对于某公司请求对夏某某和范某某对公司债务承担连带清偿责任；依据双方《信用反担保合同》约定，由夏某某、范某某作为反担保人，保证方式为连带保证。夏某某既是物的担保人也是连带保证人，但双方《信用反担保合同》中约定的保证期间为主合同借款期限届满后 3 年，根据《担保法》第 26 条“在合同约定的保证期间和前款规定的保证期间，债权人未要求保证人承担保证责任的，保证人免除保证责任”及相关司法解释“保证期间不因任何事由发生中断、中止、延长的法律后果”的规定，本案中，信用反担保期间为 2015 年 4 月 1 日至 2018 年月 31 日，某公司起诉时间为 2019 年 1 月 9 日，信用反担保保证期间已届满，保证期间经过，夏某某、范某某免除担保责任，故对某公司要求夏某某、范某某承担连带清偿责任的诉讼请求，法院不予支持。

湖北省武汉市洪山区人民法院依照《合同法》第79条、第80条，《担保法》第26条、第31条，《物权法》第171条、第176条、第179条、第208条，《民法总则》第188条，《民事诉讼法》第144条的规定，判决如下：

一、某饮食公司向某公司支付代偿款5024438.8元、违约金502443.88元及利息；

二、某公司对夏某某名下的房屋在抵押担保范围内享有优先受偿权，并对夏某某所有的某饮食公司100%的股权在质押担保范围内享有优先受偿权；

三、某公司对金某名下的房屋在抵押担保范围内享有优先受偿权；

四、驳回某公司的其他诉讼请求。

【适用解析】

诉讼时效制度是整个民商事制度及诉讼制度的关键线索，构成了权利限制与当事人权利保护、司法救济等多方面的规范典型。但凡以时效届满，驳回诉讼请求抗辩，都会对另一方当事人产生巨大反击，甚至会让原告诉讼请求的前期准备功亏一篑。诉讼时效在实际审判中的运用，其与各层法律关系相连接，如与债权债务的转让、保证人的担保、用益物权等，又构成一张张布满繁密线索的网，使得诉讼时效的运用显得神秘又具有不确定性。诉讼时效制度看似对债权人并不公平，却又赋予债权人多种弥补途径，如诉讼时效的中止、中断。本案中涉及保证人的代偿、债权的转让、债权上设立的反担保人包括用益物权担保、保证人的信用担保、保证的期间与诉讼时效的衔接等。

一、客观障碍持续存在，不适用诉讼时效中止规定

客观障碍事由发生在诉讼时效期间届满前六个月外，但一直持续到诉讼时效期间届满前六个月的，诉讼时效不适用中止的规定。根据诉讼时效中止的构成要件之一为客观障碍事由发生在诉讼时效届满前的六个月内。若客观障碍事由发生在诉讼时效期间届满前的六个月外，诉讼时效并不中止，但其在诉讼时效期间届满前的持续期间，应不计入诉讼时效期间之内。

另有观点认为，诉讼时效制度本意既是保护债务人，避免债务人因时久远后期举证困难而设立，也是督促债权人及时行使权利，维护现存社会秩序与法律稳定，故即便在诉讼时效届满前六个月存在客观障碍，也应该计入诉讼期间内，若是持续至诉讼时效期间的六个月内的，依然可以适用诉讼时效的中止，不影响债权人行使权利。笔者认为，诉讼时效设立的目的在于对权利人知道或者应当知道义务人，但却怠于行使权利所进行的约束，且该种怠于行使权利的事实持续存在，即权利人主观上有怠于行使的意思，主观上存在过错，行为上表现为消极不作为。而若权利人主观上并不存在怠于行使的意思或过错，因客观障碍无法或不便在法律规定的时效期间行使请求的，即便主观上要求行使也无法实施。正如本案中代偿人天诚公司，该公司的法定代表人及股东均涉嫌刑事案件，后被判处刑事处罚，公司处于停产停业状态，且无新的法定代表人，客观上无法行使权利。若仅给予权利人诉讼中止的六个月救济期限，既不符合诉讼时效中止的适用条件，也显然对权利人不公平，与诉讼时效设立的目的，保障双方当事人的权益相冲突，亦不能达到维护法律稳定和社会秩序的良好效果。故该客观障碍期间应不计入诉讼时效。

二、债权人与受让人之间的诉讼时效衔接

本案值得注意的是，债权人天诚公司因客观障碍无法行使权利，但在客观障碍期间，授权他人将债权转让给某公司，其产生两种法律后果。其一，天诚公司授权他人转让债权的行为构成债权人行使权利的客观障碍消除，其诉讼时效自当日起恢复计算。

其二，债权的受让人自债权转让通知到达债务人之日起，诉讼时效中断，自中断之日起，重新计算。从法理上分析，债权转让的法律关系为同一债权在债权人与受让人之间发生，对债务人而言，仍是同一债权，保护的是同一债权的权利人，故债权转让通知为原诉讼时效的中断。某公司为债权受让人，其债权转让的通知时间为2019年6月6日，某公司向法院提起诉讼的时间为2019年1月7日，也就是其起诉的时间早于其诉讼时效起算的时间，权利人直接提起诉讼是否视为通知债务人？因债权转让的法律规定并未明确“通知”的方式，根据最高院裁判文书公报案例“何某兰诉海科公司等清偿责任纠纷案”载明的，债权人以登报的形式通知债务人并不违反法律的规定。只要债权人实施了有效的通知行为，债权转让就应对债务人发生法律效力。参考《北京市高级人民法院关于印发〈北京市高级人民法院审理民商事案件若干问题的解答之五（试行）〉》及相关司法判例，对于通知的形式，由于法律未作出明确规定，以起诉通知方式，被告签收诉状副本及债权转让协议证据的，视为债务人知晓债权转让事实，故原告在起诉与登报等多种方式通知债务人的，以最先的通知为诉讼时效中断后的起算时间，其后的通知则亦发生时效中断的法律效果。本案中某公司起诉后，某饮食公司签收其起诉状副本及证据的时间为诉讼时效中断的时间，某公司的诉讼时效并未经过。

另外，即便受让人向债务人主张债权的诉讼时效已经届满，受让人依然可以向原债权人主张。假设情景：债权人自知道或应当知道权利受到损害以及义务人之日的时间为2017年3月1日，债权转让在2019年1月1日，原债权的诉讼时效期间至2019年2月27日届满，而受让人起诉时间为2019年3月15日，其间不存在认可中止、中断情形。根据法律规定，债权转让未通知债务人，该债权转让对债务人不生效，债务人可以对原债权人的抗辩事由来对抗受让人。那么，受让人起诉之时，原债权人的诉讼时效已经过，受让人向债务人主张权利可能不受到法律保护，但受让人与债权人转让协议对双方当事人仍有效，受让人仍可以向债权人主张权利，其诉讼时效自其知道或应当知道权利受侵害之日起计算，即有一种可能是受让人知道债务人以时效抗辩之日起计算。

三、担保物权、保证期间及保证的诉讼时效

担保物权是为债权而设立的，具有从属性，债权虽适用诉讼时效的规定，但担保物权属于物权请求权，其并不适用诉讼时效，根据《物权法》第202条规定，抵押权人应当在主债权诉讼时效期间行使抵押权；未行使的，人民法院不予保护。即担保物权具有法定的担保期间，且不得任意约定，即便是经登记备案，亦不具有法律约束力。本案中的担保人以主债权诉讼时效期间已经过的时效抗辩法院不予支持。对担保物权，需审核的是债权人行使担保物权是否在担保期间。而担保物权的担保期间与诉讼时效具有一定的关联，主债权诉讼时效未届满，则仍在担保的期间，抵押人或质押人仍需承担担保责任。

而保证，属于人保，基于信用的担保。不同于担保物权，可以约定保证期间，且保证期间不因任何事由发生中断、中止、延长的法律后果。根据《担保法》的规定，一般保证未约定期间的情况下为六个月，连带保证未约定保证期间的情况下为六个月，自主债务履行期限届满之日起六个月。若约定至主债务本息还清时为止的视为约定不明，保证期间为主债务履行期届满之日起二年，债权人在保证期间未向保证人请求债权，保证人免除保证责任，正如本案中保证人的保证期间已届满，受让人起诉要求保证人承担责任的诉讼请求未予支持。债权人在保证期间行使债权，自行使之日起计算保证诉讼时效。与《担保法》《物权法》相比，《民法典》在合同编中将保证作为典型合同的一类予以规定，第692条规定："保证期间是确定保证人承担保证责任的期间，不发生中止、中断和延长。债权人与保证人可以约定保证期间，但是约定的保证期间早于主债务履行期限或者与主债务履行期限同时届满的，视为没有约定；没有约定或者约定不明确的，保证期间为主债务履行期限届满之日起六个月。债权人与债务人对主债务履行期限没有约定或者约定不明确的，保证期间自债权人请求债务人履行债务的宽限期届满之日起计算。"其中对保证的期间略微进行调整，没有约定或约定不明确的，保证期间为主债务履行期限届满之日起六个月，与原法律规定的未约定的为六个月，约定不明的为二年，在期限上有所缩短。并增加在主债务履行期限未约定或约定不明时的保证期间亦是从主债务宽限期届满之日起计算，与主债务履行期间不明确的相关法律条文相呼应。

对于保证的诉讼时效，第694条规定："一般保证的债权人在保证期间届满前对债务人提起诉讼或者申请仲裁的，从保证人拒绝承担保证责任的权利消灭之日起，开始计算保证债务的诉讼时效。连带责任保证的债权人在保证期间届满前请求保证人承担保证责任的，从债权人请求保证人承担保证责任之日起，开始计算保证债务的诉讼时效。"一般保证的债权人在保证期间届满前对债务人提起诉讼或申请仲裁的，从保证人拒绝承担保证责任的权利消灭之日起计算诉讼时效，即是指在一般保证人的先诉抗辩权丧失后，诉讼时效开始计算。这是与一般保证人的先诉抗辩相呼应。而连带保证中，从债权人请求保证人承担保证责任之日起计算沿袭原条文。需要注意的是债权转让与保证同时存在时，债权转让需通知保证人，未通知的，对保证人不发生效力。即便转让，对转让人与受让人而言，在通知到达债务人时会发生诉讼时效的中断，但并不会引发保证期间的中断、中止、延长。

编写人：湖北省武汉市洪山区人民法院　董曼

【第761条　保理合同定义，第763条　虚构应收账款的法律后果，第766条　有追索权保理】

31

保理合同中基础合同的有效性辨析

——株洲工商银行某支行诉周某等金融借款合同案

【基本信息】

1. 裁判书字号

湖南省株洲市中级人民法院（2016）湘02民终1563号民事判决书

2. 案由：金融借款合同纠纷

3. 当事人

原告（被上诉人）：株洲工商银行某支行（以下简称工商银行）

被告（上诉人）：株洲某建筑公司（以下简称建筑公司）

被告（被上诉人）：株洲某金属材料公司（以下简称金属材料公司）、周某、满某、周某某、蔡某

【基本案情】

2014年3月，工商银行与金属材料公司签订有追索权的《国内保理业务合同》，融资用途为购买原材料。合同约定：将建筑公司欠金属材料公司的应收账款债权及其相关权利转让给工商银行，工商银行给付金属材料公司7000000元的保理融资。融资期限为2014年3月31日至2015年3月11日。为保理合同的订立，2014年3月13日，建筑公司向工商银行出具了《应付账款确认书》，确认截至2014年3月13日，建筑公司累计欠金属材料公司钢材销货款为10003263.83元。建筑公司保证将上述欠款向工商银行支付，以确保金属材料公司在工商银行处的

7000000 元国内保理融资偿还。同日工商银行与金属材料公司共同向建筑公司发出《应收账款债权转让通知书》，告知建筑公司：金属材料公司已将其对建筑公司的应收账款债权及其相关权利转让给工商银行。建筑公司在《应收账款债权转让通知书》（回执）上盖章确认并承诺向工商银行履行付款责任。金属材料公司在与工商银行签订保理合同时，向工商银行提交《购货方收货证明书》《应付账款确认书》，并同时提供了《钢材供需合同》，及 10 张增值税发票，合同、发票金额为 10003263.83 元。2014 年 3 月 13 日，工商银行与金属材料公司签订了《应收账款转让登记协议》，并在中国人民银行征信中心进行了动产权属登记。后工商银行向金属材料公司发放了 7000000 元的融资，但到期后金属材料公司未及时归还欠款，至起诉时尚欠工商银行本息合计 7296214.59 元。

【案件焦点】

1. 工商银行与建筑公司对于本案保理合同是否有效；2. 建筑公司是否需要承担对工商银行的还款义务及承担多大的还款责任。

【裁判要旨】

湖南省株洲市石峰区人民法院经审理认为：保理合同涉及三方主体：债权人、债务人、保理商；两个合同：债权人与债务人之间的基础合同，债权人与保理商之间的应收账款债权转让合同。这其中债权人与债务人的基础合同的存在是保理合同缔约的前提。本案中就工商银行与建筑公司对于本案保理合同是否有效，建筑公司是否需要承担对工商银行的还款义务及承担多大的还款责任存在较大争议。法院认为，虽然基础合同形式上有瑕疵，但双方合同关系真实存在，债权转让意思真实，应当认定保理合同的效力，并按照实际债权金额认定债权转让金额，承担相应的支付责任。

湖南省株洲市石峰区人民法院判决如下：

一、建筑公司在本判决生效后十日内一次性偿还工商银行应收账款 8055700.66 元；

二、若建筑公司未按本判决第 1 项所确定的义务自动履行，则金属材料公司对上述给付事项应在融资本金 6967185.41 元及利息 329029.18 元（已计算至 2015 年 12 月 21 日，此后利息按保理业务合同约定利率计算到全部实际偿还之日）的范围内对建筑公司上述债务承担回购责任。周某、满某某、蔡某、周某某对金属材料公司的上述债务承担连带保证责任；

三、金属材料公司在完成回购义务或周某、满某某、蔡某、周某某承担连带保证责任后，工商银行享有的对建筑公司的应收账款债权转回至金属材料公司，免除建筑公司就此笔应收账款债权向工商银行的偿还责任。周某、满某某、蔡某、周某某承担连带保证责任后，有权向金属材料公司追偿；

四、驳回工商银行的其他诉讼请求。

建筑公司不服一审判决，提起上诉。

湖南省株洲市中级人民法院经审理同意一审法院裁判意见，依照《民事诉讼法》第 170 条第 1 款第 1 项的规定，判决如下：

驳回上诉，维持原判。

【适用解析】

保理合同纠纷是随着金融服务业的发展而出现的新类型合同纠纷。《民法典》出台前，我国现行法律、行政法规对该类合同均没有明确规定，司法实践中该类合同纠纷审理存在困难。本案的焦点在于基础合同关系不存在时，保理合同的效力问题。《民法典》第 763 条规定："应收账款债权人与债务人虚构应收账款作为转让标的，与保理人订立保理合同的，应收账款债务人不得以应收账款不存在为由对抗保理人，但是保理人明知虚构的除外。"该条款明确规定了保理合同中基础合同关系不存在时保理合同的效力，为司法实践中人民法院审理保理合同案件提供了明确的法律依据。

一、本案合同符合保理合同特征

保理是一项以债权人转让其应收账款为前提，集融资、应收账款催收、管理及坏账担保于一体的综合性金融服务。我国尚未加入《国际保理公约》，在涉外民商事司法实践中，《国际保理通则》作为国际惯例在我国适用。但对于国内贸易纠纷，《民法典》出台前我国法律、行政法规、规章对保理合同无明确规定。《民法典》出台后，明确了我国民商法上保理合同系典型的有名合同，明确了保理合同在司法实践中适用、裁判的相关依据。《民法典》第 761 条规定，保理合同是应收账款债权人将现有的或将有的应收账款转让给保理人，保理人提供资金融通、应收账款管理或者催收、应收账款债务人付款担保等服务的合同。本案中，金属材料公司将其对建筑公司的应收账款债权转让给了工商银行，工商银行向金属材料公司提供7000000元的融资，并订立了《国内保理业务合同》，符合保理合同的特征。

二、本案保理合同合法有效

对于本案的争议焦点“工商银行与建筑公司对于本案保理合同是否有效，建筑公司是否需要承担对工商银行的还款义务及承担多大的还款责任”的问题，法院有三种处理意见：第一种意见认为，本案保理合同有效，工商银行诉讼请求可以得到支持。建筑公司应向工商银行支付10003263.83元金属材料公司的欠款，对于建筑公司不能支付部分，金属材料公司需向工商银行回购。其理由为，工商银行与金属材料公司签订《国内保理业务合同》，系其双方真实意思表示。金属材料公司向工商银行提供的买卖合同所列金额即为10003263.83元。且工商银行与金属材料公司共同向建筑公司发出《应收账款债权转让通知书》，建筑公司对该债权转让予以签字确认。据此，工商银行已完成了其应完成的义务，建筑公司已在工商银行处认可了金属材料公司的债权转让，并在银监局予以备案，系其真实意思表示。建筑公司应当承担向工商银行支付10003263.83元债权的义务。第二种意见认为，因工商银行与金属材料公司的保理合同和建筑公司与金属材料公司之间的买卖合同系两个独立的合同，没有从属关系。现经审理查明，本案中保理合同所指向的买卖合同以及该买卖合同所涉及的10003263.83元货款债权均系建筑公司为配合金属材料公司贷款所虚构的，是不真实的。故金属材料公司向工商银行转让的该笔债权即是不存在的。工商银行虽然向建筑公司发出《应收账款债权转让通知书》，且金属材料公司予以签收，但形式上的真实，不能构成真实的债权转让。因没有真实的债权转让做基础，其基础合同无效，所以工商银行诉请建筑公司按保理合同债权转让金额10003263.83元承担义务不能得到支持。工商银行与金属材料公司之间为单纯借款合同关系。第三种意见认为，本案中金属材料公司对建筑公司的债权转让系其三方的真实意思。虽本案转让债权金额与审理查明事实不一致，且保理合同所指向的基础合同关系不存在，但建筑公司与金属材料公司之间存在事实上的合同买卖关系，且双方之间买卖关系存在时间相当长。因此不能以保理合同所指向的基础买卖合同不存在而否认金属材料公司与建筑公司双方之间事实存在的买卖关系，不能以保理合同所确认的债权数额不存在而否认双方之间确实存在的合同债权。因此在本案中应当确认保理合同有效，按照诚实信用原则亦应当确认金属材料公司转让债权行为有效。但在转让债权金额上应当以庭审查明的实际债权金额 8055700.66 元为准。建筑公司应向工商银行按照保理合同约定支付 8055700.66 元。最终法院采纳了第三种意见，认为建筑公司应当向工商银行支付应收账款，金属材料公司与建筑公司虚构的合同不影响保理合同的效力。

第一，《民法典》第 766 条规定，当事人约定有追索权保理的，保理人可以向应收账款债权人主张返还保理融资款本息或者回购应收账款债权，也可以向应收账款债务人主张应收债款债权。保理人向应收账款债务人主张应收账款债权，在扣除保理融资款本息和相关费用后有剩余的，剩余部分应当返还给应收账款债权人。本案中，当事人签订的保理合同第 1.1 条约定："有追索权保理业务：指乙方（金属材料公司）将其因向购货方销售商品、提供服务或其他原因所产生的应收账款转让给甲方（工商银行），由甲方为乙方提供应收账款融资及相关的综合性金融服务，若购货方在约定期限内不能足额偿付应收账款，甲方有权按照本合同约定向乙方追索未偿融资款。"第 6.2 条约定："对符合下列条件的有追索权保理业务，乙方也应按照甲方通知进行回购……（2）保理融资到期日，甲方未收到购货方付款或购货方付款金额不足以偿付融资本金、融资利息、罚息及有关费用。"第 8.2 条（3）约定："融资到期日，若甲方收到的货款不足以支付融资本金、融资利息、逾期罚息及有关费用，甲方有权自行决定是否对购货方进行追索，甲方向购货方行使追索权的，不影响乙方的回购义务，但如果甲方已从购货方处获得部分或全部货款，乙方的回购金额亦随之降低，如产生保理余款，甲方应及时将保理余款支付给乙方。"第 9.4 条约定："对有追索权的保理业务，乙方未按期偿还本合同项下融资本金及利息的，甲方有权自逾期之日起在原融资利率基础上加收 50% 的利率计收罚息，并对未按期支付的利息按本条约定的罚息利率计收复利。"可见，本案中的保理合同系有追索权保理，并明确约定了回购事由等内容，故工商银行向应收账款债务人建筑公司主张应收账款债权符合法律规定，应予支持。

第二，保理法律关系的实质是应收账款债权转让，涉及三方主体（债权人、债务人、保理商）和两个合同（保理合同、债权债务基础合同）。其中最难确认的即是两个合同关系，尤其是基础合同的效力对保理合同效力的影响。《民法典》第 763 条规定了虚构应收账款的法律后果，"应收账款债权人与债务人虚构应收账款作为转让标的，与保理人订立保理合同的，应收账款债务人不得以应收账款不存在为由对抗保理人，但是保理人明知虚构的除外”。本案中，基础合同效力存在瑕疵（合同金额与实际债权金额不一致，买卖合同与实际买卖关系不一致），是否能适用虚构应收账款的情形。对此应明确以下几个关系：其一，保理合同与基础合同的关系。基础合同的存在是保理合同缔约的前提。因为保理就是一项以债权人转让其应收账款为前提的综合性金融服务。而应收账款的存在是基于债权人与债务人的基础合同而存在的。但是，二者并非主从合同关系，而是相对独立的两个合同。这一点司法实务基本认可，最高院案例中亦持该观点。① 本案中，保理合同系工商银行与金属材料公司真实意思表示，亦未违反法律强制性规定，为有效合同。其二，基础合同效力对保理合同效力的影响。基础合同的存在是保理合同缔约的前提。基础合同的效力，以及债务人对基础合同效力抗辩，均得以影响到保理合同。现实生活中，确有部分保理商与交易相对人虚构基础合同，以保理之名行借贷之实。如果查明基础合同确为虚构，且保理商明知是虚构的基础合同，债权人与债务人没有真实的债权关系，则应当确认为名为保理、实为借贷，应当按照借款合同确定案由并据此确定当事人之间的权利义务。② 但对于基础合同虽为虚构，但债权人与债务人确有真实的基础合同关系，具有真实的债权债务关系。如本案虽然保理合同所指向的基础合同不存在，但双方之间均有真实的钢材买卖关系，虽然保理合同所指向的10003263.83元债权转让不存在，但债权人与债务人在保理合同签订时事实存在8055700.66元的债权。且保理人在签订合同时并不明知上述情况。债权人转让对债务人的债权以获取银行的贷款，其意思是真实的，债务人对于上述情况也是明知的，并签字予以认可，其接受债权转让的意思亦是真实的。在此种情况下，与保理商与交易相对人明知虚构交易合同而进行保理合同是有本质区别的。故保理商起诉合同有效并诉请债务人履行支付欠款责任，应当确认保理合同有效，并按照诚实信用原则，判决债务人按实际欠款金额向原告支付。因此在司法实践中应对《民法典》第763条规定的“虚构应收账款”作扩大解释：一是保理合同所指向的基础合同关系根本不存在的情形，二是保理合同所指向的基础合同关系存在瑕疵，且该瑕

① 某银行与某钢铁公司借款合同纠纷案，最高人民法院（2014）民二终字第5号民事判决书。

② 湖南高院副院长张兰在全省法院民商事审判工作会议上的讲话。

疵系应收账款债权人与应收账款债务人故意为之，以骗取保理融资等业务的，保理人不知情的情形。

综上，本案案涉合同系典型的保理合同，各方当事人间权利义务关系符合《民法典》第二编“合同”的第二分编“典型合同”的第十六章关于保理合同的相关法律规定。

编写人：湖南省株洲市石峰区人民法院　尹强　万佳炜

【第 948 条　不定期物业服务合同】

32

物业服务合同期限届满后的法律适用规则

——某物业管理公司诉曹某物业服务合同案

【基本信息】

1. 裁判书字号

北京市房山区人民法院（2018）京 0111 民初 4061 号民事判决书

2. 案由：物业服务合同纠纷

3. 当事人

原告：某物业集团股份有限公司某物业管理分公司（以下简称物业公司）

被告：曹某

【基本案情】

2015 年，物业公司（乙方）与该小区业主委员会（甲方）签订了物业服务合同，约定物业公司为该小区提供物业服务，期限为一年，合同有效期自 2015 年 4 月 1 日至 2016 年 3 月 31 日，物业费标准为 2.1 元每月每平方米，本合同终止后双方未续签本合同且尚未有新的物业服务企业承接的，乙方应当继续按本合同的约定提供服务3个月，在此期间的酬金按本合同约定的标准支付，所产生的服务费用从共管账户中支付，3个月后尚未有新的物业服务企业承接的乙方将如期撤场，同时合同对双方的其他权利义务进行了约定。该合同落款处未标明签署日期。物业公司至今一直在为该小区提供物业服务。因曹某未按时交纳物业费，物业公司将其诉至法院，要求其支付拖欠的2015年4月1日至2017年3月31日期间的物业费共计3975.56元。

【案件焦点】

物业服务期限届满后物业服务人员继续提供物业服务的，原物业服务合同是否继续有效。

【裁判要旨】

北京市房山区人民法院经审理认为：因物业服务涉及的是小区业主的整体利益，在没有新的物业公司接任时如果物业公司强行退出将导致小区处于无人管理、无人维护的混乱状态，影响小区业主整体利益乃至社会公共管理秩序，本案审理过程中，业主亦未举证证明已经选聘新的物业公司，故在合同到期之后，物业公司继续提供服务，一定程度上防止了涉案小区出现无序状态，事实上业主也接受了物业公司的服务，故不存在强制服务的问题，因此对于事实服务部分，业主亦应按照原合同约定的标准交纳物业服务费。

北京市房山区人民法院依照《合同法》第8条、第109条，《最高人民法院关于审理物业服务纠纷案件具体应用法律若干问题的解释》第1条的规定，判决如下：

一、曹某于本判决生效后十日内给付物业公司2015年4月1日至2017年3月31日期间的物业服务费3975.56元；

二、驳回物业公司的其他诉讼请求。

【适用解析】

《民法典》第948条规定了物业服务合同约定的服务期限届满后，原物业服务合同在何种条件下可以继续有效。该条是《民法典》在“物业服务合同”章节的创新条款，对维护物业服务合同的稳定性、促进物业服务人积极履职具有重要意义。

一、立法精神及价值功能

《民法典》出台之前，对于物业服务合同纠纷的审理主要是依据《物权法》《合同法》《最高人民法院关于审理物业服务纠纷案件具体应用法律若干问题的解释》。在《民法典》合同编草案的审议过程中，对于物业服务合同“入典”既有支持，也有反对。支持的观点认为物业服务合同与建筑物区分所有权相互配套，具有重要意义。而反对的观点则认为物业服务合同与买卖合同、租赁合同等典型合同无法并列，将其纳入《民法典》在逻辑结果上并不严密。经过激烈的审理和讨论，物业服务合同最终成为《民法典》合同编独立的一章。对于司法实践来说，物业服务合同“入典”有助于加强物业服务合同纠纷裁判尺度的统一，敦促物业服务人积极履职，规范业主的物业维权行为，营造良好的社区生活环境。

物业服务合同同时具有商事合同和消费者合同的双重属性，这就意味着在《民法典》中规定物业服务合同章节，需要协调好消费者保护与物业经营之间的关系。[①]《民法典》第948条通过将物业服务合同转为不定期合同的方式，既保证了业主所在小区日常管理的有序和稳定，又给予小区业主以合法方式选聘物业服务人的权利，同时还为物业服务人的长期性经营提供了保障。《民法典》物业服务合同章节规定的原物业服务合同继续有效，是基于司法实践积累及社会生活考察的重要成果之一。实践中，存在业主委员会与物业服务人签订定期物业服务合同的情况，而期限届满前业主委员会也通常会与该物业服务人续约，由原物业服务人继续为该小区提供物业服务。因此，在日常生活中，同一小区的物业服务人员通常是固定的，这一方面会激励物业服务人为小区业主提供更好的服务以取得长期效果，另一方面能够保证小区持续处于良好的管理和维护状态。不过，实践中也存在定期物业服务合同期限届满前没有续签合同也没有另聘物业服务人的情况，此时如果物业服务人到期即撤出小区，则会导致小区处于无人管理、无人维护的混乱状态，而如果物业服务人继续提供物业服务，小区业主以合同到期为由拒绝交纳物业费，则会导致物业服务人经济亏损，不利于物业服务人与业主形成良性循环。因此，《民法典》第948条借鉴了《合同法》第236条的立法原理，将到期后继续履行的物业服务合

---

① 李建伟、帅雅文：《民法典合同编分则“二审稿”民商事规范的区分设置检讨》，载《法律适用》2019年第21期。

同固定为不定期合同，既能够保证物业服务人和业主双方按照合同约定继续履行合同义务，又能够保证小区处于管理和维护的状态，同时赋予双方法定解除权，以此来保障物业服务合同双方的合法权益。

二、基本法理

1. 遵循民法基本原则

《民法典》第948条遵循了民法的自愿原则和诚信原则。

自愿原则。根据《民法典》第5条规定，民事主体从事民事活动，应当遵循自愿原则，按照自己的意思设立、变更、终止民事法律关系。自愿原则是民法中的一条基本原则，是指民事主体可以按照自己的理性判断从事民事活动。[①] 物业服务期限届满前，业主可以依法共同决定是否续聘原物业服务人，而物业服务人也可以自主决定是否同意续聘。物业服务期限届满后，业主没有依法作出续聘或者另聘物业服务人的决定，为保证小区秩序，物业服务人可以继续提供物业服务，而此时双方的物业服务合同转为不定期合同，双方都享有任意解除权。

诚信原则。根据《民法典》第7条规定，民事主体从事民事活动，应当遵循诚信原则，秉持诚实，恪守承诺。诚信原则的本质是善意与互利，外在表现是诚实和信用。[②] 物业服务人在未获得续聘的情况下继续为原服务的小区提供物业服务，其行为具有善意，而小区业主未表示反对，即默认其接受了原物业服务人提供的物业服务。《民法典》第948条意在保护双方继续履行合同的行为，而赋予此行为以合同效力，体现了对总则部分诚信原则的遵循。同时，由于物业服务人的继续履行，原物业服务合同转为不定期合同，双方当事人解除合同均需要提前六十日书面通知对方，这是给双方预留准备的时间，也体现了对诚信原则的遵循。

2. 符合物业服务合同的性质

《民法典》出台之前，《合同法》中并没有将物业服务合同规定为有名合同，因此对于物业服务合同的性质在理论界和实务界一直存在争议。对于物业服务合同的性质，有委托合同说、无名合同说、服务合同说以及独立合同说。有学者认为，虽然主流学说一般认为物业服务合同是一种委托合同，但因其合同目的、合同形

---

① 陈树茂：《论民法中的自愿原则》，载《法制与社会》2018年9月（中）。

② 李敏、张檀琴：《民法诚信原则的内在本质与外在表现》，载《山西高等学校社会科学学报》2011年第2期。

式、合同履行的法律后果归属、受托人处理事务的自主权、是否适用间接代理制度、是否享有任意解除权、对支付报酬的方式要求、归责原则等均存在不同，故物业服务合同并不是一种委托合同，该学者还论述了物业服务合同与雇佣合同、承揽合同的不同之处。①

《民法典》的出台将物业服务合同独立成章，标志着物业服务合同具有自身独特的性质。而正是因为该独特性质的存在，决定了物业服务合同期限届满并不必然导致合同的终止。

物业服务合同是物业服务人提供物业服务，而业主支付物业服务费的合同。由此看出，物业服务合同具备双务、有偿以及继续性等特点。所谓双务，是指物业服务人提供物业服务与业主支付物业费之间互为条件，双方均享有同时履行抗辩权。但是，此处业主指的是业主团体，而非单个业主。由于建筑区分所有权的性质决定了业主表达意愿必须共同决定，通过业主大会和业主委员会进行表达。因此，单个业主不能擅自以不交纳物业费的方式来进行抗辩。所谓有偿，是指物业服务人提供物业服务需要业主支付对价，而非免费为小区业主提供物业服务。所谓继续性，是指物业服务合同中物业服务人必须持续履行物业服务义务，而业主也需持续交纳物业费，这样才能达成合同目的。

3. 适用规则

（1）构成要件

第一，物业服务期限届满。适用本条款的首要条件就是物业服务期限届满，否则双方还应按照原物业服务合同内容继续履行，物业服务合同并不会转为不定期合同。同时，本条款只适用于定期物业合同。若物业服务人与业主签订的本身就是不定期物业合同或永久性合同，则不适用该条规定。

第二，业主没有续聘或者另聘物业服务人。这个要件是适用本条款的关键，其中包含如下两个条件：一是业主没有续聘原物业服务人，如果在物业服务期限届满前，业主依法共同决定续聘的，双方需要在合同期限届满前续订物业服务合同，则不适用本条款，而是适用《民法典》第947条的规定；二是业主没有另聘物业服务人，如果在物业服务期限届满后，业主共同依法决定另聘物业服务人，则原物业服

① 赵惠：《析物业服务合同的性质及其解除》，载《法律适用》2010年第11期。

务合同终止，原物业服务人应根据《民法典》第 949 条的规定退出物业服务区域，同时，在物业服务合同终止后，根据《民法典》第 950 条的规定，在业主或业主大会选聘的新物业服务人或者决定自行管理的业主接管之前，继续处理物业服务事项。

第三，业主续聘或另聘物业服务人需依法进行。这个要件强调的是“依法”，也就是说业主需要依照法定程序共同决定续聘或另聘物业服务人。具体来说，业主需要依据《民法典》第 278 条的规定依法行使建筑物区分所有权，由专有部分面积占比三分之二以上的业主且人数占比三分之二以上的业主参与表决。

第四，物业服务人继续提供物业服务。原物业服务合同继续有效的重要条件是物业服务人继续提供物业服务。这里要求物业服务人提供的物业服务需按照原物业服务合同内容进行，而不能有所克减。同时，该要件隐含的一个条件是业主的共同接受，也就是说业主通过实际行动享受了物业服务人继续提供的物业服务，而并没有通过业主大会或业主委员会的形式进行反对。

（2）法律后果

第一，原物业服务合同继续有效。这意味着原物业服务合同对双方仍然具有法律约束力，双方仍需要按照原物业服务合同中约定的权利义务继续履行合同，物业服务人继续提供物业服务，业主继续交纳物业费。实践中，会遇到业主以物业服务合同到期为由不交纳物业费，这时需要考察是否符合该条款所规定的情形，如果符合，则业主需要按照原来的标准补交物业费。同时，物业服务人需要按照原合同内容履行，若其提供服务达不到合同约定的标准，业主仍然可以追究物业服务人的违约责任，而物业服务人不能以原物业服务合同到期为由进行抗辩。

第二，原物业服务合同变为不定期合同。虽然原物业服务合同继续有效，但因为双方没有续签合同，故服务期限变为不定期。在不定期物业服务合同中，任何一方当事人均可以随时解除合同。根据本条款规定，服务期满后物业服务人继续提供物业服务，而业主默示接受，双方当事人以其行为表明物业服务合同关系继续存在，此时属于对合同期限的法定更新，又称默示更新。对比《民法典》第 947 条，双方于服务期满前续订合同，约定延长服务期限，是对合同期限的约定更新，又称明示更新。约定更新和法定更新均为合同期限的更新，二者均是。此处要与物业服务期限届满前变更服务期限进行区分。期限届满前变更服务期，是对同一个合同进行合同内容的变更。而期满前续订合同和期满后继续履行，是双方另行订立合同的方式，对应着两个合同。

第三，当事人可以随时解除合同，但须提前六十日书面通知。不定期合同任何一方均可以随时解除合同，但是需要给对方留足六十日的合理期限，同时需要书面通知。不过，如果当事人没有提前六十日通知对方，则解除时间自对方收到通知之日起六十日后发生解除的效力。

4. 适用难点

（1）业主默示接受的推定

本条款规定了业主没有依法作出续聘或者另聘物业服务人的决定，即可视为业主对物业服务人继续提供物业服务的默示接受。在实践中，可能会存在业主以物业服务合同已到期、其不同意该物业服务人继续提供服务、未享受到物业服务等理由主张物业服务合同无效或终止，此时需要对业主的默示承诺进行考量，不能简单以业主大会没有决定续聘或另聘物业服务人为由推定业主默示接受原物业服务人继续提供物业服务。应当考察该小区是否已经启动了物业服务人选聘程序，业主大会是否已经在讨论续聘或另聘物业服务人事宜，只是没有最终表决；业主委员会是否已经在向业主征集关于物业服务人选聘意见。如果已经启动了该程序，则说明不存在业主的默示接受，原物业服务合同应当终止，符合《民法典》第950条的规定。此时，原物业服务人应当继续处理物业服务事项，业主也应当支付该期间的物业费。

（2）不定期继续性合同的任意解除权

《民法典》第563条第2款规定，以持续履行的债务为内容的不定期合同，当事人可以随时解除合同，但是应当在合理期限之前通知对方。同时，第565条规定了当事人行使任意解除权的一般方式。不过，由于物业服务合同在《民法典》中属于有名合同，应依照其特别规定来处理。第948条第2款规定，当事人可以随时解除不定期物业服务合同，但是应当提前六十日书面通知对方。这条规定了不定期物业服务合同的当事人的任意解除权，同时规定了行使解除权的方式和合理期间。

不定期物业服务合同的任意解除权要与有期限合同的任意解除权相区别。不定期物业服务合同双方均享有任意解除权，且解除后不需要承担损害赔偿责任。而对于有期限合同如委托合同的任意解除权，解除后应赔偿对方因解除而受到的损失。

单个业主不享有任意解除权。物业服务合同具有集体合同的特性，业主行使任意解除权必须根据法定程序共同决定，单个业主无法行使任意解除权。

（3）区分物业服务期限届满与物业服务合同终止

第一，物业服务期限届满并不必然导致物业合同终止。《民法典》第 948 条是对物业服务期限届满后双方权利义务归属的规定。根据该条规定可知，虽然物业服务期限届满，但在双方通过实际行动继续履行原合同的情况下，物业服务合同继续有效，只是转为不定期合同。只有当双方明示或以行动表示终止合同时，物业服务合同才终止。

第二，物业服务合同终止也不必等到物业期限届满。根据《民法典》第 946 条规定，业主依照法定程序共同决定解聘物业服务人的，可以解除物业服务合同，除不可归责于业主的事由外，业主应当赔偿损失。

5. 新旧衔接注意事项

物业服务合同作为新“入典”的有名合同，其规定均可作为《民法典》新规定进行适用。不过在适用物业服务合同编时，需要注意与《物权法》《合同法》《最高人民法院关于审理物业服务纠纷案件具体应用法律若干问题的解释》进行衔接。

《民法典》第 948 条是物业服务合同部分的新增法条，虽然在司法实践中曾经运用过该条的立法精神进行审判，但在此前的《最高人民法院关于审理物业服务纠纷案件具体应用法律若干问题的解释》中也没有类似规定。该条提出了作为不定期继续性合同的物业服务合同，从适用范围和主体、构成要件、法律后果、适用限制等均进行了规定。该条在适用时要注意与《民法典》合同编总则部分进行衔接和区分，如第 563 条、第 565 条、第 566 条等，同时要注意与“物业服务合同”章的其他条款进行衔接，以免用错法条。

编写人：北京市房山区人民法院　张冰

四、人格权编

【导言】

人格权在《民法典》中独立成编，是立法的重大创新，堪称《民法典》的亮点之最。该编共6章、51条，构建了完整的人格权制度体系，并以“一般人格权（人格自由、尊严）”的兜底性条款确定了人格权保护的开放性特征。其中主要新增制度和重大修订内容包括：

第一章“一般规定”：1. 一般人格权（自然人享有基于人身自由、人格尊严产生的其他人格权益，第990条第2款）；2. 人格权不得放弃、转让或者继承（第992条）；3. 人格利益的许可使用规则（第993条）；4. 死者人格利益的保护（第994条）；5. 人格权请求权（第995条）；6. 违约精神损害赔偿规则（第996条）；7. 人格权保护禁令制度（第997条）；8. 人格权受到侵害后的救济方式（第995条至第1000条，其中第999条为人格利益合理使用规则）。

第二章“生命权、身体权和健康权”规定：1. 自然人生命权的内容（生命安全和生命尊严，第1002条）；2. 自然人健康权的内容（身体健康和心理健康，第1004条）；3. 器官捐献的基本规则（第1006条）；4. 为研制新药、医疗器械或者发展新的预防和治疗方法进行临床试验的规则（第1008条）；5. 从事与人体基因、人体胚胎等有关的医学和科研活动的底线规则（“一应当三不得”，第1009条）；6. 性骚扰的认定标准，以及机关、企业、学校等单位防止和制止性骚扰的义务（第1010条）。

第三章“姓名权和名称权”规定：1. 自然人选取姓氏的规则（第1015条）；2. 对具有一定社会知名度的笔名、艺名、网名等参照适用姓名权和名称权保护的有关规定（第1017条）。

第四章“肖像权”规定：1. 禁止利用信息技术手段伪造等方式侵害他人的肖像权（第1019条）；2. 明确声音是自然人的人格权益，参照适用肖像权保护的有关规定（第1023条第2款）；3. 肖像权的合理使用规则（第1020条）；4. 肖像许可使用合同的解释、解除等（第1021条、第1022条）。

第五章“名誉权和荣誉权”规定：1. 新闻报道、舆论监督等行为的行为人应当承担责任的情形（第1025条）；2. 行为人是否尽到合理核实义务的认定（第1026条）；3. 文学、艺术作品构成侵权的认定（第1027条）；4. 民事主体有证据证明报刊、网络等媒体报道的内容失实，侵害其名誉权的，有权请求更正或者删除（第1028条）。

第六章“隐私权和个人信息的保护”规定：1. 隐私的定义（隐私权的权益范围，第1032条）；2. 侵害他人隐私权的具体行为（第1033条）；3. 个人信息的定义及其可识别性的判断标准（扩大了个人信息的范围，第1034条）；4. 处理个人信息应遵循的原则和条件（第1035条）；5. 合理平衡保护个人信息与维护公共利益之间关系的规则（第1036条至第1038条）；6. 国家机关及其工作人员保护自然人隐私和个人信息的义务（第1039条）。

本编选取10个案例，分别从死者人格利益保护、人格权侵权责任认定考量因素、人格权保护禁令、新药临床试验、人体胚胎移植、公众人物艺名和肖像权保护、利用信息技术手段伪造方式侵害肖像权、肖像合理使用、私人生活安宁、个人信息与隐私权之区分保护等角度，对《民法典》有关人格权新制度、新规则进行解读。

【第994条　死者人格利益保护】

33

已故公众人物人格利益的广泛保护与特殊限制

——王小甲、王小乙诉芜湖市艺术剧院有限公司一般人格权案

【基本信息】

1. 裁判书字号

安徽省芜湖市中级人民法院（2019）皖02民终1045号民事判决书

2. 案由：一般人格权纠纷

3. 当事人

原告（上诉人）：王小甲、王小乙

被告（被上诉人）：芜湖市艺术剧院有限公司（以下简称芜湖剧院）

第三人（上诉人）：吴某

【基本案情】

严某英是已故我国著名的黄梅戏表演艺术家，与王某乾育有一子王小甲、与王某亚育有一子王小乙。其丈夫王某亚于2013年4月16日去世。吴某是我国黄梅戏表演艺术家。2010年4月13日，由吴某担任制作人的舞台剧《严某英》在北京召开新闻发布会，王小甲应邀参加，并向吴某转交了严某英的三本笔记用于支持吴某创作。该剧创作长达五年，于同年6月在北京首演，后在全国公开演出多场，吴某在剧中扮演严某英。其间，吴某未将剧本交给严某英亲属审阅。2010年12月20日，该剧在合肥市演出，王某亚观看了表演且评价该剧“非常好”“挑不出毛病”。2018年，芜湖剧院联系吴某复排该剧，预备参加第八届中国（安庆）黄梅戏艺术节，并于4月20日、21日在芜湖剧院演出了两场。为此，芜湖剧院与吴某签订《演出合同》，约定双方合作复排两场舞台剧《严某英》，吴某负责提供剧本、音乐资料、舞美布景、道具服装等有关演出能正常使用的资料，芜湖剧院支付吴某15000元酬金。芜湖剧院根据芜湖市文化消费试点工作实施方案上映了该剧，在收取舞台剧演出门票时根据方案要求给予了观众票价补贴优惠。

复排后的《严某英》共有八场戏：第一场谢某秋赠戏服，严某英与谢某秋分别；第二场严某英与张某然因戏相识、相恋；第三场严某英与谢某秋重逢，张某然掌掴严某英，二人分手；第四场政治干预拆散严某英与谢某秋夫妇，谢某秋为成全严某英的黄梅戏与之离婚；第五场汪某友与严某英相识，汪某友向严某英吐露情意；第六场婚后严某英向汪某友讲述梦境，隐喻严某英在黄梅戏上的成功及即将到来的政治运动；第七场严某英去世；第八场谢某秋、张某然、汪某友登场表达对严某英的追念。其后，因王小甲、王小乙向芜湖剧院与安庆市相关单位寄发律师函，该剧停演并取消参加第八届中国（安庆）黄梅戏艺术节。

【案件焦点】

1. 公众人物的姓名、肖像、隐私等人格权益保护是否应遵循必要限制的原则；2. 不以营利为目的，合理使用公众人物的姓名、肖像、隐私等进行艺术作品创作是否构成侵权。

【裁判要旨】

安徽省芜湖市镜湖区人民法院经审理认为：自然人死亡后，因他人侵害死者的姓名、肖像、名誉和隐私等造成近亲属精神利益或财产利益的损害，其近亲属有权向侵权人主张侵权责任，故王小甲、王小乙作为严某英的儿子有权起诉主张权利。

吴某创作舞台剧《严某英》，事先已与王某亚、王小甲、王小乙沟通，并取得三人的同意，故王小甲、王小乙主张吴某侵害严某英姓名的诉讼请求不能成立。严某英作为我国著名的黄梅戏艺术家，其肖像不仅是其个人所有，更具有社会公共价值，是公众了解和研究严某英的重要资源。舞台剧《严某英》创作初衷正是为弘扬严某英，传播黄梅戏，故在该剧演出过程中使用严某英的肖像应属于对其肖像的合理使用，王小甲、王小乙提出的吴某侵害严某英肖像权的诉讼请求不能成立。

根据真人真事创作的作品要严守法律边界，所创作的内容应当基本或大致属实，但是不得擅自披露、宣扬他人的个人信息，否则可能构成侵犯他人隐私。舞台剧《严某英》虽然细节处偶有偏差，但基本与事实相吻合。该剧并未使用任何侮辱、贬损人格的词汇，虽然戏服、掌掴属于虚构，但基本脉络属实，不构成侮辱或诽谤。吴某采取剧中的特殊编排方式，在两个小时的时间内使王某乾、甘某之、王某亚三个人物连续出场，且未取得严某英亲属的同意，构成对严某英隐私的侵犯。

吴某作为该剧的著作权人对该剧享有著作权，芜湖剧院联系吴某到芜湖演出并无失察，在王小甲、王小乙提出反对意见后，芜湖剧院及时停止该剧演出，并取消该剧参加黄梅戏艺术节，进行了必要的事后处理，故对王小甲、王小乙主张芜湖剧院承担侵权责任的诉讼请求不予支持。

安徽省芜湖市镜湖区人民法院依照《民法通则》第 101 条、第 120 条第 1 款，《民法总则》第 3 条、第 110 条第 1 款，《侵权责任法》第 15 条、第 18 条第 1 款，

《最高人民法院关于贯彻执行〈中华人民共和国民法通则〉若干问题的意见（试行）》第139条、第140条第1款、第150条，《最高人民法院关于确定民事侵权精神损害赔偿责任若干问题的解释》第8条第1款，《最高人民法院关于审理名誉权案件若干问题的解答》第5条、第9条、第10条、第11条，《民事诉讼法》第64条第1款规定，判决如下：

一、吴某自判决生效之日起不得公开演出舞台剧《严某英》；

二、吴某于判决生效之日起十五日内在《大江晚报》及芜湖新闻网发表道歉声明，为严某英恢复名誉，消除影响；

三、吴某于判决生效之日起十日内赔偿王小甲、王小乙各项损失9600元；

四、驳回王小甲、王小乙的其他诉讼请求。

王小甲、王小乙、吴某不服一审判决，均提起上诉。

安徽省芜湖市中级人民法院经审理认为：死者的姓名、肖像、名誉、隐私等人格利益是法律保护的对象，使用死者姓名、肖像、名誉、隐私等不得有损社会公共利益，通常还应经对该姓名、肖像、名誉、隐私等人格利益享有特定精神利益和财产利益的近亲属的同意。不以营利为目的，合理使用公众人物的姓名、肖像、隐私等进行艺术作品创作不构成侵权。

一、已故名人姓名、肖像合理使用的范围

芜湖剧院、吴某合作演出舞台剧《严某英》，旨在向广大戏剧爱好者传播、颂扬严某英舍弃小爱，一心追逐黄梅戏艺术大爱的光辉事迹与精神，符合社会公共利益的需要，属于对严某英姓名、肖像的合理使用，未侵害严某英的姓名、肖像。其一，芜湖剧院虽收取了演出门票，并支付给吴某一定的演出报酬，但该剧复排演出主要目的是预备参加第八届中国（安庆）黄梅戏艺术节，具有弘扬传播艺术的正当性，与纯粹以营利为目的而举办的商业演出存在本质区别。其二，该剧不属于以营利为目的使用严某英姓名、肖像，不是以严某英姓名或者肖像本身的影响力或者价值为主要手段盈利。其三，从纠纷产生发展脉络上看，该剧自2010年首演至今已有八年时间，客观事实足以认定严某英的近亲属对该剧的内容早已知晓或者应当知晓，但严某英的近亲属在多年里并未表示过异议，现指责芜湖剧院存在侵犯之举不公平。

二、为了满足社会大众的合理关注和兴趣，维护社会公众利益，对社会公众人物的隐私保护予以合理限制符合公平原则

芜湖剧院、吴某合作演出舞台剧《严某英》所披露的所谓隐私不构成对严某英隐私的侵犯。其一，严某英属于社会公众人物，对其隐私的保护应遵循合理限制的原则。该剧展现严某英大师的艺术成就以及情感经历，披露所谓隐私的方式不属于非法披露、恶意利用，并未违反社会公共利益、社会公德，尚未超出合理使用的限度。其二，该剧所披露的严某英的三段情感经历的基本事实具有客观性及公众可知性，若该剧呈现的所谓隐私属实，早已由严某英近亲属自愿公开。其三，该剧本身属于文学作品范畴，并不具有纪实性质，作品涉及的所谓隐私包含艺术再加工创造，公开所谓隐私多为艺术创作表达。

三、实施侵犯名誉的行为及该行为导致社会评价降低是侵犯名誉的基本构成要件

王小甲、王小乙没有证据证实严某英的社会评价因此降低，不宜认定侵犯严某英的名誉。其一，王小甲、王小乙的主张实质是个人主观感受，属于艺术评价范畴，不代表社会公众对本剧的评价，也非衡量本剧是否构成侵权的主要因素。其二，情感经历本是自然人人生经历的重要组成部分，正当的描述不会降低社会公众人物的社会评价。其三，舞台剧《严某英》全剧唱词、旁白等并未使用侮辱、诽谤、贬损、丑化严某英大师光辉形象的用语，没有捏造、虚构、披露可能造成严某英大师名誉受损的情节及不当影射等。

安徽省芜湖市中级人民法院依照《民法总则》第13条，《最高人民法院关于确定民事侵权精神损害赔偿责任若干问题的解释》第3条第1项、第2项，《最高人民法院关于审理名誉权案件若干问题的解答》第5条，《民事诉讼法》第170条第1款第2项规定，判决如下：

一、撤销安徽省芜湖市镜湖区人民法院（2018）皖0202民初9541号民事判决；

二、驳回王小甲、王小乙的诉讼请求。

【适用解析】

作为《民法典》的独创，人格权编以独立、全新的形象“闪亮登场”，该编从民事法律规范的角度规定自然人人格权的内容、边界和保护方式，浓墨重彩地为

《民法典》涂上了“以人民为中心”的新时代特色。本案所涉的核心问题是死者人格利益的广泛保护与特殊限制，也是人格权编新增规范的亮点之一。

一、死者人格利益保护的司法突破与立法升华

《民法通则》通过权利能力的设定使得生物人与法律人相分离，第98条至第102条分别规定了自然人的生命健康权、姓名权、肖像权、名誉权和荣誉权，但对死者的人格利益保护没有作出规定。立法的缺失促使司法走向改革前沿。1987年的“荷花女”案成为我国首例在司法实践中确认保护死者名誉的案例，开启了司法保护死者人格利益的先河。最高人民法院为此于1989年4月12日作出《关于死亡人名誉权应受法律保护的函》，成为审理此类案件的重要参照。1993年《最高人民法院关于审理名誉权案件若干问题的解答》规定死者名誉受保护。2001年2月26日最高人民法院出台《关于确定民事侵权精神损害赔偿责任若干问题的解释》，将死者人格利益的保护从名誉扩展到姓名、肖像、荣誉、隐私、遗体、遗骨，但仅涉及死者近亲属的精神损害赔偿。2009年《侵权责任法》列举了法律保护的部分人格权，但没有死者人格利益保护的规定。2017年《民法总则》除第185条规定的英雄烈士人格利益特别保护条款外，仍没有死者人格利益保护的一般性规定，直至2020年《民法典》颁布。

《民法典》第994条规定：“死者的姓名、肖像、名誉、荣誉、隐私、遗体等受到侵害的，其配偶、子女、父母有权依法请求行为人承担民事责任；死者没有配偶、子女且父母已经死亡的，其他近亲属有权依法请求行为人承担民事责任。”该规定系《民法典》新增条文，也是人格权编一般规定的重要组成部分，不仅在立法上首次确认死者人格利益应受法律保护，而且明确规定了该项请求权的主体、行使的条件以及责任承担的方式等，为人格利益受侵害的死者的近亲属行使权利提供了依据，解决了困扰司法实践多年的死者人格利益保护上位法缺失的问题。

二、死者人格利益保护案件法律适用的一般规则

“成为一个人，并尊敬他人为人。”① 我们应当尊重人的主体精神永恒存在，不因他人物理肉体的死亡而有所减损，这既是马克思所概括的人与动物的区别在社会

① ［德］黑格尔：《法哲学原理》，范扬、张企泰译，商务印书馆1961年版。

性的体现，更是文明社会每个人的人格均应被普遍尊重的基本要求。《民法典》沿袭了《民法通则》中自然人权利能力始于出生终于死亡的原则，没有将死者明确为人格权的主体，在立法上回避了死者人格权利保护的理论争议，但《民法典》明确死者拥有受法律保护的人格利益，并赋予其近亲属在该权益受到侵害时得以寻求司法救济的权利。近年来的死者人格利益纠纷司法实践表明，死者人格利益的保护难免要与其他民事主体权利的行使发生冲突，本案纠纷产生的根源也正是死者人格利益保护与艺术文化创作者权利行使间发生冲突，该类型案件裁判的重点在于权利冲突下的利益衡平。

《民法典》颁布前，立法的缺失导致法官在审理该类型案件时裁判依据缺乏，法律适用较为混乱，死者人格利益保护不充分、不到位、不统一。《民法典》坚持以人民为中心，以保护民事权利为出发点和落脚点，在死者人格利益保护立法方面给予了全面而积极的回应，取得了重要突破。我们应当全面理解认识《民法典》中死者人格利益保护的相关规定，尤其要准确掌握死者人格利益保护的四项重要特征，即全面性、延续性、防御性及替代性，统一该类型案件的法律适用。

1. 死者人格利益保护的全面性。该特征主要指死者人格利益保护客体、责任承担方式、请求权行使的主体具有全面性。第一，在保护客体方面，《民法典》第994条明确规定死者的姓名、肖像、名誉、荣誉、隐私、遗体等人格利益均在法律保护的范围内，且该条文系开放性条款，意味着若将来出现新的具体人格利益时，也将成为该条保护的客体范围，而不必拘泥于现有条文明确规定的六项具体人格利益。第二，在责任承担方式上，侵害死者人格利益承担全面的民事责任，原则上《民法典》总则编第八章民事责任的相应条款均可适用。相较于之前的保护更加侧重于精神损害赔偿，《民法典》的规定更具包容性、开放性及前瞻性，在死者人格利益的精神利益之外，其中的财产利益也可通过赔偿损失的责任承担方式获得保护，比如以营利为目的非法使用死者肖像获利，法院既可以判决赔偿精神损失也可以一并赔偿获利款项，以实现死者肖像的全面保护。第三，在请求权行使主体方面。以往司法解释规定零星分布于不同请求权中，《民法典》规定死者所有具体人格利益保护的请求权的主体资格均为全部近亲属，即配偶、父母、子女、兄弟姐妹、祖父母、外祖父母、孙子女、外孙子女。

2. 死者人格利益保护的延续性。保护的延续性指的是死者人格权益的保护与自然人人格权设置在人格权“一般规定”同一章节内，用体系解释的视角，也基于人的主体精神永恒存在的认识，将死者人格利益的保护理解为自然人人格权保护的延续合乎逻辑。这也意味着人格权编有关姓名、名称、肖像、个人信息等人格利益行使与其他主体权利行使冲突的协调条款，如《民法典》第 999 条①（新闻舆论监督中姓名、名称、肖像、个人信息等合理使用规则）、第 1020 条②（肖像合理使用规则）、第 1025 条③（新闻舆论监督影响名誉的侵权责任认定规则）、第 1027 条④（文学艺术作品侵权责任认定规则）以及第 1036 条⑤（合理平衡保护个人信息与维护公共利益的关系）同样也应当成为死者人格利益保护案件审理过程中应予参照适用的依据。本案审理时《民法典》尚未颁布，但裁判中利益衡平的主要依据及考量与前述规则所体现的精神不谋而合。涉案舞台剧演出主要目的是预备参加艺术节，具有弘扬艺术的正当性，符合社会公共利益及严某英本人利益，满足《民法典》第 1020 条第 5 项及第 1036 条规定为维护公共利益或者权利人合法权益可合理使用的

---

① 《民法典》第 999 条规定：“为公共利益实施新闻报道、舆论监督等行为的，可以合理使用民事主体的姓名、名称、肖像、个人信息等；使用不合理侵害民事主体人格权的，应当依法承担民事责任。”

② 《民法典》第 1020 条规定：“合理实施下列行为的，可以不经肖像权人同意：（一）为个人学习、艺术欣赏、课堂教学或者科学研究，在必要范围内使用肖像权人已经公开的肖像；（二）为实施新闻报道，不可避免地制作、使用、公开肖像权人的肖像；（三）为依法履行职责，国家机关在必要范围内制作、使用、公开肖像权人的肖像；（四）为展示特定公共环境，不可避免地制作、使用、公开肖像权人的肖像；（五）为维护公共利益或者肖像权人合法权益，制作、使用、公开肖像权人的肖像的其他行为。”

③ 《民法典》第 1025 条规定：“行为人为公共利益实施新闻报道、舆论监督等行为，影响他人名誉的，不承担民事责任，但是有下列情形之一的除外：（一）捏造、歪曲事实；（二）对他人提供的严重失实内容未尽到合理核实义务；（三）使用侮辱性言辞等贬损他人名誉。”

④ 《民法典》第 1027 条规定：“行为人发表的文学、艺术作品以真人真事或者特定人为描述对象，含有侮辱、诽谤内容，侵害他人名誉权的，受害人有权依法请求该行为人承担民事责任。行为人发表的文学、艺术作品不以特定人为描述对象，仅其中的情节与该特定人的情况相似的，不承担民事责任。”

⑤ 《民法典》第 1036 条规定：“处理个人信息，有下列情形之一的，行为人不承担民事责任：（一）在该自然人或者其监护人同意的范围内合理实施的行为；（二）合理处理该自然人自行公开的或者其他已经合法公开的信息，但是该自然人明确拒绝或者处理该信息侵害其重大利益的除外；（三）为维护公共利益或者该自然人合法权益，合理实施的其他行为。”

免责条件。与此同时，《民法典》第 1024 条第 2 款及第 1027 条第 1 款系以真人真事或者特定人为描述对象的艺术作品名誉侵权认定规则，明确了该类型艺术作品侵权的认定，需具备艺术作品中包含侮辱、诽谤内容的侵权行为及存在社会评价降低的损害后果两个构成条件。本案当事人所主张的负面评价来自其个人感受，没有证据证实严某英的社会评价因此降低，该作品中的唱词、旁白等也未使用侮辱、诽谤、贬损、丑化用语，没有捏造、虚构、披露可能造成死者名誉受损的情节及影射等，不符合当时相关司法解释关于名誉侵权的规定，也不满足《民法典》所规定的前述侵权认定规则的构成条件，不构成对死者名誉的侵害。

3. 死者人格利益保护的防御性。该项特征是死者人格利益保护的重要特性，主要包括三个方面内容：一是该项请求权性质上属于正当防卫权利，产生于特定的防卫时机，即只有死者具体人格利益受到侵害时才得以行使权利，近亲属享有的仅是消极的维护和抵御权利；二是近亲属不是死者人格权益的享有主体，法律并未赋予近亲属得以排他地自由使用死者人格权益的权利，法律赋予近亲属防御权利的主要目的在于维护死者人格利益不受侵害，该项权利不得滥用，这也意味着近亲属使用死者人格利益牟利并未得到《民法典》的明确支持；三是与人格权的防御性特征相同，只要他人不予加害，权利人就能够一直享受其人格利益，死者的人格利益也是如此。

4. 死者人格利益保护的替代性。该项特征主要指基于该项保护请求权行使主体与权益主体不一致，法律特授权近亲属代死者行使权利，以完成死者权利能力丧失下权益保护的救济。作为权利替代性行使的主体，近亲属范围的全面性有利于死者人格利益的更好保护，但也可能造成众多近亲属权利行使的混乱。为有效化解矛盾，《民法典》的规定颇为细致和用心，在确定请求权主体资格为法律规定的全部近亲属的同时，引用了遗产法定继承顺序规则，创造性地设立了死者人格利益近亲属顺序请求权规则，规定法定继承第一顺序的近亲属享有请求权，第二顺序近亲属在第一顺序近亲属不存在的情况下才得以行使请求权，从而理顺了死者人格利益保护请求权的行使秩序，间接明确了死者人格利益法律保护的期限，符合死者人格利益保护的价值导向及传统伦理，避免了司法实践中不必要的纷争。

由此，我们要充分保护近亲属善意行使权利，切实维护死者人格利益不受侵犯，也要适度防范近亲属权利滥用，要在准确掌握死者人格利益保护的“四性”基础上，结合前述《民法典》具体的权利行使冲突协调条款的针对性适用，妥善进行案件的利益衡平，最大限度地实现死者人格利益与其他民事主体合法权利的协调保护。

三、已故公众人物人格利益保护案件法律适用的特殊规则

在死者人格利益保护案件法律适用一般规则之外，本案的特殊性在于死者系公众人物，这涉及公众人物人格权的限制，即已故公众人物人格利益保护的限制。我国首个提出公众人物概念的案例当属范某毅诉文汇新民联合报业集团报道其涉嫌赌球侵权纠纷案，该案的判决理由也首次明确了作为公众人物应当对新闻媒体在正当行使舆论监督过程中可能造成的轻微损害予以容忍与理解。[①] 普遍认为，公众人物人格权应受限制的正当性来源于三个方面：第一，舆论监督权与人格权保护发生冲突时协调的需要。基于新闻报道、舆论监督更多地涉及社会公共利益，侧重保护舆论监督权具有正当性，人格权适度受限具有合理性。正如恩格斯所指出的：“个人隐私应受法律保护，但当个人隐私甚至阴私与最重要的公共利益——政治生活发生联系的时候，个人隐私就不是一般意义上的私事，而是属于政治的一部分，它不再受隐私权的保护，它应成为历史记载和新闻报道不可回避的内容。”[②]《民法典》第999条、第1032条以及第1025条对此予以规定，且上述条款的适用范围并不限于公众人物，而是所有被监督的对象。第二，权利与义务对等的需要。公众人物因其从事的事业和活动往往与社会公共生活密切相关，事业的发展往往与社会公众的关注度紧密相连，所获收益亦来源于社会公共生活，理应承担更多的社会责任。正如张新宝教授所指出的：“公众人物之所以要让渡与公共利益有关的权利，是因为他（她）获得了四个好处，第一是成名，第二是实现自己的抱负，第三是有一定的成就感，第四是从成名的过程中获得了一定的物质待遇。因为成名了，公众就有兴趣知道关于他（她）的一切消息；同理，因为你获利了，所以你就更需要公众的监督。”第三，保障公众知情权的需要。在某种程度上讲，公众人物的事业不仅是他们自己的，也是社会的、公众的，公众了解他们的事业及与他们事业有关的个人情

---

① 见上海市静安区人民法院（2002）静民一（民）初字第1776号民事判决书。

② 马克思、恩格斯：《马克思恩格斯全集》（第十八卷），人民出版社2004年版，第591页。

况具有一定的正当性。为了满足社会大众的合理关注和兴趣，对公众人物的人格权保护应当予以合理限制。

《民法典》的人格权保护制度实现了从在世自然人到去世死者的闭环保护，保护具有完整性，人格权的保护与死者人格利益的保护本质相同，自然人物理形态的变化不影响民法对其人格的保护。具体到法律适用方面，审理具有公共人物主体特殊性的死者人格利益保护纠纷案件需要平衡三方面的利益：死者及其近亲属的利益、艺术创作者的利益以及社会公共利益。因涉及公共利益与私人利益的冲突协调，可以借助比例原则进行规范化处理，最重要的包括四个方面的审查：目的正当性（正当性）、手段合目的性（适当性）、最少侵害原则（必要性）以及被侵害造成的损失与所实现权利获得成比例（比例性）。目的正当性是审查的首要原则和前提条件，是对于侵害他人权利的主观动机的必然要求。本案舞台剧《严某英》创作旨在向广大戏剧爱好者传播、颂扬严某英舍弃小爱，一心追逐艺术大爱的光辉事迹与精神，演出是预备参加艺术节前的复排，具备正当性的前提条件。手段合目的性是目的正当性审查的延续，前者侧重审查主观动机，后者侧重审查客观行为。舞台剧《严某英》披露的情感经历是否侵犯隐私涉及该项审查，若披露情感经历与创作目的无关，就没有披露之必要。而历史人物题材的艺术创作本身需要完整表达历史人物精彩的人生及成就，适当披露历史人物情感经历直接关系到描述人物人生的完整性，从这点来讲，基于公众人物隐私保护的限制，舞台剧《严某英》的披露符合关联性要求，更何况从严某英的艺术生涯可以看出，该剧所披露的三个人物与其艺术成长关系密切。最少侵害原则要求即便符合前两个原则，也要尽可能减轻伤害。仍以前述披露情感经历为例，舞台剧《严某英》实际并没有将情感经历作为重点描述对象，没有过多描述与表达主题无关的较为隐私的生活细节、秘闻等，情感经历在剧中更多起到的是时间线索的作用，创作者对此尽到了善良谨慎的义务。比例性的基本要求是获得应大于损失。舞台剧《严某英》的创作及演出彰显了严某英美好的情操和永不放弃的艺术追求，为公众纪念、缅怀严某英增添了重要的载体，对于进一步传播和弘扬黄梅戏文化具有重要推动作用。与该剧所产生的正面影响相比，严某英近亲属负有适度容忍的义务，以符合社会公共利益的需要。

总的来说，公众人物人格权应予合理限制的正当性主要来源于公共利益的需要和满足公众合理兴趣，因此，脱离公共利益需要或者超出公众合理兴趣范围，侵犯公众人物人格权的行为应予禁止，下列四类行为最为典型，司法实践应予重点关注：1. 侵害公众人物纯粹私人领域，例如身体的隐私、两性生活细节、私人住址信息等；2. 侵害公众人物私人合法支配的空间，例如住宅空间、更衣室等；3. 以营利为目的使用公众人物的肖像、姓名、隐私等；4. 不具备维护公共利益及满足公众合理兴趣正当性基础，主观存在恶意的侵害公众人物人格权的行为均是侵权行为。

四、人民法院应为中华优秀传统文化的传承与发展提供有力司法保障

“优秀传统文化是一个国家、一个民族传承和发展的根本，如果丢掉了，就割断了精神命脉。”案涉安徽黄梅戏是中国五大剧种之一，2006 年入选第一批中国国家级非物质文化遗产。司法审判实践中，人民法院不仅应当依法保护当事人的合法权益，也具有守护中华优秀传统文化传承、创新与发展的神圣职责。为维护社会公共利益和满足公众兴趣的需要、协调舆论监督权和人格权保护的需要以及保障公民知情权的需要，对社会公众人物的人格权采取必要限制具有合理性与正当性。随着经济全球化日益深入，文化多样化早已是不争的事实。以公众人物为背景题材创作的艺术作品在形式及内容上呈现出更加包容、更加开放、更加创新的趋势。严某英作为我国杰出的黄梅戏表演艺术家，属于社会公众人物，为公共利益的需要对其人格利益保护应遵循合理限制的原则，从而为艺术作品的创作预留空间。

本案的裁判明确了社会公众评价降低是公众人物名誉受损的认定标准等有关死者人格利益保护的具体原则和规则，合理划定了公众人物题材作品创作的法律边界，在依法保护公众人物及其近亲属合法权益的基础上，更加注重鼓励优秀文化作品创作与传播，对弘扬中华优秀传统文化具有典型意义。

编写人：安徽省芜湖市中级人民法院 张平

【第995条　人格权请求权，第1014条　盗用他人姓名】

34

公司法定代表人对公司侵害他人姓名权存在故意或重大过失的，应与公司承担连带赔偿责任

——崔某诉天津某网络科技有限公司、郜某姓名权案

【基本信息】

1. 裁判书字号

天津市滨海新区人民法院（2018）津0116民初61906号民事判决书

2. 案由：姓名权纠纷

3. 当事人

原告：崔某

被告：天津某网络科技有限公司（以下简称网络公司）、郜某

【基本案情】

2017年1月18日，网络公司登记成立。公司设立登记时的登记材料显示：公司注册资本为16780万元，股东为崔某和秦某，崔某认缴出资额16680万元，秦某认缴出资额100万元，法定代表人为郜某。同日，郜某在公司设立登记申请书中签字确认，在申请人声明承诺“通过联络员登录企业信息公示系统向登记机关报送，向社会公示的企业信息为本企业提供、发布的信息，信息真实、有效”，工商登记的联络员为郜某；当日，郜某亦签订了承诺书，承诺向工商登记部门提交的全部申请材料及有关文件真实、合法、有效，如有虚假由申请人承担法律责任。2017年2月22日，公司股东秦某变更为郜某，3月1日，天津市滨海新区市场和质量监督管理局准予变更登记。2018年4月，崔某单位对员工违规投资经商办企业的行为进行

内部核查，发现崔某在工商机关登记为网络公司的股东。故崔某起诉至法院，要求网络公司及郃某停止侵害其姓名权的行为，到天津市滨海新区市场和质量监督管理局办理撤销“崔某”为网络公司股东的工商登记手续。

诉讼中，根据崔某申请，法院依法委托天津市某物证司法鉴定所就网络公司工商登记信息中五处“崔某”签名笔迹进行鉴定，经鉴定，均不是崔某所书写。

【案件焦点】

1. 网络公司及其法定代表人郃某的行为与对崔某的姓名权侵害是否存在因果关系；2. 郃某作为法定代表人是否应与公司承担连带侵权责任。

【裁判要旨】

天津市滨海新区人民法院经审理认为：姓名权作为自然人的权利受法律保护，自然人有权决定、使用和依照规定改变自己的姓名，禁止他人干涉、盗用、假冒。盗用、假冒他人姓名、名称造成损害的，应当认定为侵犯姓名权、名称权的行为。自然人的姓名权益受到侵害的，有权要求侵权方停止侵害，排除妨害等。崔某未有发起并成为网络公司股东的意思表示，且该公司登记材料及变更登记等工商材料中，五处“崔某”的签名均不是其本人所签，可见公司的设立材料、股东决议及申请工商变更登记过程中均冒用了崔某的姓名，郃某、网络公司存有未经崔某授权和同意擅自用其名义，以及冒充崔某并使用其姓名进行民事活动或其他活动的行为，且二者从该行为中获取了相应的既得利益即有限公司的设立成立和股权及其他工商变更登记，而崔某则由此遭受了姓名权利的受损，因此，郃某、网络公司在公司设立和变更登记的过程中，盗用、假冒崔某姓名的行为，已经构成侵犯崔某姓名权。郃某从该公司设立始终作为法定代表人及执行董事，且目前亦为公司股东，理应知晓工商登记材料非崔某本人所签署及崔某实际并非公司股东的事实，致使崔某被登记为该公司的股东，其应与该公司就上述侵权行为承担连带责任，故崔某要求郃某、网络公司停止擅自使用崔某姓名的侵权行为以及到工商登记部门撤销其股东身份的请求，有事实和法律依据，法院予以支持。

天津市滨海新区人民法院依照《民法总则》第 110 条第 1 款，《侵权责任法》第 2 条、第 15 条，《最高人民法院关于贯彻执行〈中华人民共和国民法通则〉若干问题的意见（试行）》第 141 条，《民事诉讼法》第 144 条规定，判决如下：

网络公司、部某立即停止对崔某姓名权的侵害，并于本判决生效之日起十日内向相应工商部门提出撤销将崔某登记为网络公司股东的申请。

【适用解析】

姓名权作为自然人的一项重要权利写入了《民法典》，自然人享有姓名权，有权依法决定、使用、变更或者许可他人使用自己的姓名。《民法典》对姓名权既在总则中进行了概括性规定，又在人格权编中专章进行了具体规定，彰显了国家通过《民法典》对自然人姓名权的保护力度。目前，对姓名权的保护是结合《民法总则》和《侵权责任法》进行认定裁量，《民法典》实施后，应结合《民法典》总则编、人格权编和侵权责任编具体规定进行裁量。就姓名权侵权的方式，《民法典》第 1014 条规定，“任何组织或者个人不得以干涉、盗用、假冒等方式侵害他人的姓名权或者名称权”，延续了我国有关姓名权侵权认定标准的立法取向。①

一、侵害自然人姓名权的具体方式分析

干涉、盗用、假冒属于侵害他人姓名权的行为方式。理论与实践中对干涉、盗用、假冒的一般理解是，干涉是指干涉他人决定、使用、改变姓名；盗用是指未经他人同意或授权，擅自以他人名义实施某种行为；假冒即冒名顶替，使用他人姓名并冒充该人参加民事活动或从事其他行为。② 实践中，干涉他人姓名权通常发生在离婚家庭或家庭内部成员对所抚养子女的姓氏使用、变更上，如离婚后女方未经男方同意将未成年子女的姓氏变更，是对男方在未成年子女姓氏方面商定权的侵犯，应予纠正。③ 另外，《民法典》婚姻家庭编收养一章第 1112 条也对养子女的姓氏作出了规定，体现了姓名权的行使自由。盗用他人姓名从事民事行为，例如将他人姓名用于行政事务办理或者用于从事其他民事行为，现实中常有未经他人同意或授权，盗用他人姓名用于工商登记或纳税，或者擅自在文书上使用他人姓名进行签字

---

① 《最高人民法院关于贯彻执行〈中华人民共和国民法通则〉若干问题的意见（试行）》第 141 条规定：“盗用、假冒他人姓名、名称造成损害的，应当认定为侵犯姓名权、名称权的行为。”

② 张红：《民法典之姓名立法论》，载《河北法学》2019 年第 10 期。

③ 《最高人民法院关于人民法院审理离婚案件处理子女抚养问题的若干具体意见》第 19 条规定：“父母不得因子女变更姓氏而拒付子女抚育费。父或母一方擅自将子女姓氏改为继母或继父姓氏而引起纠纷的，应责令恢复原姓氏。”

的现象。盗用他人姓名通常会使被侵权人信用或名誉受损，这是由于对公众而言，盗用事件与姓名联系起来，易使被侵权人受到非议或社会评价降低[①]，从而造成其人格权受到侵害。而假冒他人姓名，则是直接以他人身份从事民事活动而达到自己的目的，如冒名顶替上学等。假冒与盗用的区别在于是否存在隐蔽性。本案中，工商备案中崔某的身份信息真实，而注册公司人员直接将其姓名注册为股东，即存在隐瞒事实向工商机关表明崔某自愿委托代理人办理工商登记手续，手段具有隐蔽性；如果有人使用崔某姓名直接向工商机关表明为崔某本人而注册为股东，则构成冒用姓名。崔某在未知情情况下，被他人盗用身份信息，并被伪造签字从而成为公司股东，其姓名系被盗用。当然，就认定侵权事实及行为而言，自然人姓名被冒用本身就伴随着"被盗"这类侵害后果的发生，所以判定姓名权侵权只需要客观上存在侵权行为即可，不需要造成其他诸如精神或者财产上的损失。[②] 故本案中，崔某虽未存在任何财产上或精神上的损失，但其姓名客观上被盗用，应认定为其姓名权受到侵害。

二、姓名权的司法保护

随着公司登记注册的程序简便化，公司数量增多，市场中出现了盗用他人身份信息进行公司工商登记的现象，既有登记注册为法定代表人的，也有登记为监事、股东或其他高级管理人员的。从行为上，既有使用他人遗失或盗窃的身份证进行公司登记的，也存在伪造有关公司文件签字的；就登记材料而言，包括公司登记材料、公司章程、委托手续等。而司法实践中，最常见的是身份信息被盗用登记注册的案件，该类案件的特征是被冒名者并没有投资或管理公司的真实意思表示，也无实际参与经营，但在公司登记材料中已经将其列入公司的股东、高管等。该类公司通常是"皮包公司"，即使是当事人发现姓名被冒用或盗用，最终也无法找到该公司及负责人。在姓名权因此受到侵害的情况下，从侵权主体角度，被侵权人有两种救济途径，一是提起行政诉讼，以工商登记机关为被告，并将公司列为第三人，从经济成本看，行政诉讼能够直接解决问题，如侵权事实成立，工商登记机关会主动

---

① 如《王某生诉张某峰、江苏省南京工程高等职业学校、招商银行股份有限公司南京分行、招商银行股份有限公司信用卡中心侵权纠纷案》，载《最高人民法院公报》2008 年第 10 期。

② 石冠彬：《姓名权侵权纠纷的裁判规则研究》，载《当代法学》2018 年第 3 期。

纠错，即使发生相应鉴定费用，法院也通常判令由被告承担。二是提起民事诉讼，将登记注册的公司及法定代表人列为共同被告，如本案例中崔某的诉讼方式。该类诉讼的弊端是通常侵权方下落不明，权利人需承担举证责任。本案中，崔某必须通过笔迹鉴定等方式完成侵权事实的举证，即使法院判决认定侵权事实成立，在工商登记不予配合的情况下还要申请执行，诉讼成本较高。

民事诉讼的目的在于由侵权人承担责任，填补受害人的损失。基于人格权的绝对权属性，《民法典》人格权编在一般规定中确立了人格权请求权，即第 995 条规定："人格权受到侵害的，受害人有权依照本法和其他法律的规定请求行为人承担民事责任。受害人的停止侵害、排除妨碍、消除危险、消除影响、恢复名誉、赔礼道歉请求权，不适用诉讼时效的规定。"并在第 996 条、第 997 条、第 998 条、第 1000 条中分别就精神损害赔偿请求权聚合、人格权保护禁令及消除影响、赔礼道歉的民事责任承担方式作出了详细规定，对于受害人主张侵权救济方式，更有指导性、可操作性。权利人行使人格请求权的价值在于当人格权行使受到不当妨害时，权利人有权依据此种请求权请求行为人承担停止侵害、排除妨害、消除危险、消除影响、恢复名誉、赔礼道歉等责任方式，且不受时效限制，更有利于维护人格权的圆满支配状态。相对于侵权损害赔偿请求权，人格权请求权的作用侧重于事先预防，因为作为绝对权的人格权，只要有关行为有碍于人格权，即便侵权行为未予实施或侵权责任未成就，权利人亦可享有人格权请求权。侵权损害赔偿请求权则主要关注损害后果发生后的补救①，包括财产损失赔偿、精神损害赔偿，权利人需举证证明损害的存在。本案中，从崔某的诉讼请求看，其要求停止侵害姓名权的行为，该请求权属于要求侵权人停止侵害；其要求网络公司、郜某到天津市滨海新区市场和质量监督管理局办理撤销"崔某"为网络公司股东的工商登记手续，该请求权则属于排除妨碍，因为崔某姓名被注册为网络公司股东，如不注销会影响到其生活工作方面的进展。考虑到崔某的两项请求权符合法律规定，法院对此予以支持。在司法实践中，很多受害人会根据实际情况主张恢复名誉、赔礼道歉等，应根据法律关于人格权保护的相应规定，结合案情进行裁量，以维护受害人的合法权益。

---

① 王利明：《论人格权请求权与侵权损害赔偿请求权的分离》，载《中国法学》2019 年第 1 期。

三、姓名被盗用情形下的侵权主体认定及责任承担

从侵权主体上，《民法典》第1014条规定，任何组织或者个人不得以干涉、盗用、假冒等方式侵害他人的姓名权或者名称权。可见，侵权主体既包括组织也包括个人。本案中，第一，在公司作为侵权主体的认定上，公司作为法人组织具有民事权利能力和民事行为能力，其依法独立享有民事权利和承担民事义务。崔某的姓名在其不知情的情况下被注册为公司的股东，且其身份信息真实，可见崔某的姓名被盗用而导致姓名权被侵害。公司就盗用他人身份信息进行工商登记而侵害了崔某的姓名权，其提供虚假材料亦违反了法律义务，公司在成立后，应以其全部财产对公司的债务承担责任。对自然人姓名权的侵害，公司作为侵权人应承担相应侵权责任。第二，法定代表人作为侵权主体的认定，则要根据证据视情况分析。正如《民法典》第998条规定的认定行为人承担精神性人格权的民事责任，应当考虑行为人和受害人的职业、影响范围、过错程度，以及行为的目的、方式、后果等因素。从法律地位看，法定代表人以法人的名义从事民事活动，其法律后果由法人承受。法定代表人对侵权责任的承担，还要从其是否明知，是否存在主观过错角度进行考量，如果法定代表人在公司成立时根本不知晓侵权行为的发生，在提供相应证据予以证明后则不应承担相应责任。本案中，郜某从公司成立以来始终作为法定代表人，在经历两次股东变更过程中，崔某始终为股东之一，且第二次股东由秦某变更为郜某。另外，郜某在公司设立登记申请材料中已经向公众承诺提供企业信息材料真实有效并签字确认，从常理上视为其见证了所谓“崔某”注册股东及行使权利的过程，但崔某笔迹均系伪造，可见，作为法定代表人的郜某知晓“崔某”字迹伪造而仍向公众披露工商登记真实，存在主观过错。

过错分为故意或重大过失。退一步讲，即使其不知晓伪造他人姓名笔迹行为，但其作为法定代表人未尽合理谨慎义务情况下，向公众披露工商信息真实，这种过错也存在重大过失。法定代表人系法人的意思表示机关，法人从其公司角度对外承担相应责任，而法定代表人如果存在过错，从而导致法人在对外公司行为上造成侵权行为。在网络公司设立过程中，郜某在公司设立时，其虽不是公司法意义上的发起人，但其作为法定代表人在工商登记材料上签字并披露工商登记信息真实性，其存在的主观过错致使崔某被登记为该公司的股东。因此，郜某作为网络公司设立的法定代表人，主观上与网络公司具有侵害崔某姓名权的“共同意志”，客观上主导、

实施了侵害崔某姓名权的行为，与网络公司的行为具有侵权过程与结果上的一致性。综上，从侵权主体上，网络公司和法定代表人郜某对侵权结果的发生构成意志共同和行为共同；从行为性质上，属于以盗用方式侵害崔某姓名权的共同侵权。

编写人：天津市滨海新区人民法院　黄立学

【第 997 条　保护人格权禁令】

35

作出人格权保护禁令应将程序审查与实体判断相结合

——某海外代购公司诉某商业通讯报社、某门户网站侵犯名誉权案

【基本信息】

1. 裁判书字号

北京市海淀区人民法院（2016）京 0108 民初 5515 号复议决定书

2. 案由：名誉权纠纷

3. 当事人

原告（申请人）：某海外代购公司

被告（被申请人）：某商业通讯报社

被告：某门户网站

【基本案情】

某海外代购公司系“海购”网络平台的运营主体，从事自营为主的跨境电商业务。某商业通讯报社是商业报道报电子报和官方网站的实际控制人。

2016 年 2 月 1 日，某商业通讯报社在其纸媒及电子报和官网上刊登一篇题为《跨境电商命门凸显　某海外代购公司现自营危机》的报道。该报道在题目中即直接指出某海外代购公司所经营的跨境电商平台出现“自营危机”，并在开篇以一句

完整的陈述句报道“近日，某海外代购公司又陷入售假漩涡”。其后，某商业通讯报社以一位在该海外代购公司经营的“海购”平台上为儿子购买日本尤妮佳品牌婴儿纸尿裤的周先生表示“货品有假”为新闻由头，在下文“渠道水深、假货难防”一节报道中，直接指称接受采访的周先生为“此次某外海代购公司假货的当事人”，接着围绕“售假”问题展开采访及评论。报道中提及的周先生认为买到假货的理由是“使用过程中出现的问题”，至于出现的问题是什么、有无可靠的依据，都没有提及。该海外代购公司提交的涉案公证书显示，周先生所购日本尤妮佳品牌婴儿纸尿裤，经日本尤妮佳客户服务中心根据包装袋上的12位数字的产品编码判断后确认，该纸尿裤系该公司2015年5月于日本静冈县工厂生产的产品。该证据初步显示，该海外代购公司出售给周先生的日本尤妮佳品牌婴儿纸尿裤并非“假货”，而某商业通讯报社未向法院提交证明是假货的相应证据。后某门户网站分别在财经频道和科技频道全文转载了上述文章，并将标题分别修改为《某海外代购公司陷售假漩涡　跨境电商进货渠道坑多水深》《跨境电商命门凸显　某海外代购公司现售假危机》。

某海外代购公司以某商业通讯报社、某门户网站共同侵犯其名誉权为由，起诉要求立即停止侵权、消除影响、赔礼道歉，并赔偿经济损失及合理支出共计100万元，同时提出诉中行为保全申请并提供了担保金，要求法院作出行为保全裁定责令该商业通讯报社停止在该报社电子报和官方网站上发布涉案报道文章，责令该门户网站停止在财经频道和科技频道转载两篇涉案报道。

在法院组织双方当事人进行行为保全听证前，某门户网站自行删除了更名转载的前述两篇文章，该海外代购公司在听证后撤回了对该门户网站的行为保全申请。

【案件焦点】

1. 某商业通讯报社是否正在实施侵害某海外代购公司名誉权的违法行为，即被控侵权新闻报道是否具有侵权可能性；2. 某海外代购公司是否正在遭受不及时制止将难以弥补的商业信誉损害，即停止传播行为是否具有紧迫性；3. 相对于新闻媒体舆论监督的公共利益，某海外代购公司可能遭受的商业信誉利益损害是否具有司法保护提前介入的必要性，即法院作出人格权保护禁令是否具有利益平衡性。

【裁判要旨】

北京市海淀区人民法院经审理认为：某海外代购公司有优势证据证明，某商业通讯报社正在公开传播的被控侵权新闻报道存在严重失实并造成某海外代购公司社会评价降低损害后果的高度盖然性；鉴于名誉利益损害具有不可弥补性和网络传播具有迅速扩散性，不立即停止继续传播将对某海外代购公司商业信誉利益造成难以弥补的扩大损害，在某海外代购公司向法院提供相应担保后，应当裁定某商业通讯报社在本案法律文书生效之前暂时停止传播被控侵权新闻报道，并告知某商业通讯报社如生效法律文书未认定被控侵权新闻报道构成侵权的，某商业通讯报社有权就其因暂停上述行为而造成的损害向某海外代购公司要求承担相应法律责任。

北京市海淀区人民法院经听证后作出裁定：某商业通讯报社立即暂停在其电子报和官方网站上传播被控侵权文章，直至本案法律文书生效之日止。

某商业通讯报社不服该裁定，提出复议申请，北京市海淀区人民法院经审查后作出复议决定书，驳回该商业通讯报社的复议申请，维持原裁定。

【适用解析】

行为保全制度，也称禁令制度，作为一项向民事主体提供保障合法权益的紧急救济临时性或预备性措施，主要是通过法院发布司法命令的方式制止正在实施或即将实施的侵权行为，在有效避免对民事主体造成难以弥补的损害或造成损害进一步扩大等方面发挥着重要的救济功能。在行为保全类型上，可以区分为诉前行为保全和诉中行为保全。2012 年，我国新修订的《民事诉讼法》第 100 条、第 101 条首次在民事诉讼法中规定了行为保全制度，成为广泛适用于知识产权保护、反家庭暴力人身保护等相关领域禁令保护制度的民事程序法基础。2020 年 5 月，新颁布的《民法典》人格权编第 997 条首次在民事实体法中规定了人格权保护禁令制度，以此作为民事主体在诉前或诉中向人民法院申请采取责令行为人停止有关行为措施的实体法基础，填补了我国针对侵害人格权行为的禁令保护制度的立法空白，是《民法典》人格权编编纂中的一个亮点和创举。

本案是 2012 年新修订的《民事诉讼法》实施后，北京地区首例在人格权案件中适用禁令制度的典型案例。虽然禁令保护的启动审查在性质上属于程序性事项，但是在实际操作中这些事项却包含着对侵犯人格权行为的现实性或可能性、紧迫性等方面的初步实体审查。《民法典》第997条规定，民事主体申请人格权保护禁令需要“有证据证明”行为人正在实施或者即将实施侵害其人格权的违法行为，恰好从实体法角度印证了该规定与禁令制度一般程序规定是实体法基础与程序法基础的互为表里关系。因此，民事主体从《民法典》第997条规定中获得了侵害人格权禁令保护的实体法权利，如果要具体实现这种权利，还需要进一步适用民事诉讼法中有关禁令制度的程序性规定。[①] 以下，结合本案例重点对涉网络名誉权案件中如何适用《民法典》人格权保护禁令制度展开具体分析。

一、涉网络名誉权案件中启动人格权保护禁令的条件

（一）程序条件

《民法典》第997条规定，民事主体有证据证明行为人正在实施或者即将实施侵害其人格权的违法行为，不及时制止将使其合法权益受到难以弥补的损害的，有权依法向人民法院申请采取责令行为人停止有关行为的措施。相比《民事诉讼法》第100条规定的诉中行为保全，二者在启动条件上都包括主体和事由两方面的限定，同时二者也有区别：

1. 在启动主体限定上，《民法典》第997条只规定了一种类型的主体，表明在人格权保护类案件中，一般应为作为“民事主体”的当事人申请提起。《民事诉讼法》第100条规定了两类主体，一类是对方当事人有权申请提起；另一类是人民法院在对方当事人没有提起申请的情况下有权依职权提起。

2. 在启动事由限定上，《民法典》第997条只规定了一类情形，即基于防止给当事人合法权益造成难以弥补损害的考量，如本案就属于此类事由。《民事诉讼法》第100条规定了三类事由：一是基于判决执行保障的考量，即可能因当事人一方的行为或者其他原因使判决难以执行的；二是基于防止损害扩大或造成不可挽回利益损失的考量，即可能因当事人一方的行为或者其他原因造成当事人其他损害的，此与《民法典》第997条规定的启动事由相同；三是基于司法能动性的考量，即法院认为有采取行为保全必要的正当理由。

---

① 参见黄薇主编：《中华人民共和国民法典人格权编释义》，法律出版社2020年版，第43页。

（二）实体条件

法院在作出禁令裁定前需要对其适用条件及初步证据进行司法审查，既包括形式审查也包括初步实质审查。对申请人申请启动涉网络名誉侵权的人格权保护禁令一般应审查以下四个条件：

1. 申请主体。申请人享有请求权，重点审查被控侵权言论是否指向申请人或者与被指向主体存在人格吸收或共同名誉等情况。

2. 行为性质。被控侵权言论的事实陈述是否具有诽谤意义或者意见表达具有明显的侮辱诋毁性质。

3. 损害状态。被控侵权言论正在信息网络上公开传播或者已经扩大传播到原发网站以外的网站。

4. 行为状态。行为持续或即将实施，情况紧急，不立即作出行为保全将造成无可挽回的损失①或者会使言论传播范围继续扩大。

我国《民事诉讼法》规定的禁令制度中，诉前禁令的启动条件要求造成当事人“难以弥补的损害”，而在诉中禁令则要求造成“其他损害”，并未明确两种损害的区别和联系。一般认为，网络言论的持续传播客观上造成了损害扩大的“其他损害”，由于名誉利益的不可弥补性，也属于造成了“难以弥补的损害”。《民法典》第997条对此予以明确，即对人格权益的损害可能构成“难以弥补的损害”，只要不及时制止将造成这种损害时，享有合法人格权益的民事主体就可以向人民法院申请人格权保护禁令。当然，为了避免涉网络名誉权领域的禁令保护被频繁启动，在适用第997条时应注意前述第3项“损害状态”与第4项“行为状态”两个基本要件的限定。同时，第997条在“行为持续”条件的基础上增加了“即将实施侵害”的情形，因此，在“即将实施侵害”的情形下也可以申请人格权保护禁令。

根据《民法典》第997条规定，民事主体申请人格权保护禁令必须“有证据证明”，故申请人在提交禁令申请时，应说明并进一步提交证据佐证其申请具备前述四项要件。在本案中主要包括以下几个方面：

1. 证明享有名誉权的有效身份证件及关系证明，包括符合被控言论指向者的

① 学界一般认为是指“不能以金钱补偿或不能以金钱标准衡量的损失”。

身份证明、存在人格吸收关系及身份证明、共同名誉关系及身份证明等。

2. 证明被申请人在信息网络上传播的公开言论侵犯其名誉权的初步证据，包括被控侵权言论所述事实存在歪曲、篡改、嫁接等情况的事实原貌的证据或针对申请人自然人人格具有侮辱性或企业商业形象具有诋毁性的基础事实的证据等。

3. 证明被控言论在提交申请前仍在某个或多个网站上公开传播，而且相比首发时仍处于持续转发传播状态或持续跟帖关注状态的证据。例如网页公证、网上勘验等。

二、涉网络名誉权案件人格权保护禁令申请的司法审查原则

鉴于言论自由权与公众知情权是宪法赋予的基本公民权利，是社会主义民主法治的重要基石之一，而新闻媒体作为公共传播的社会公器，具有重要的社会价值[①]，宪法性权利的保护位阶应当高于作为民事人身权利的名誉权。况且，人格权保护禁令在阻断网络言论侵害的同时，也使实体权利得以提前实现，人格权保护禁令申请本身存在可能导致在名誉侵权案件中提出的实体诉讼请求在诉讼行为保全的程序听证及裁定中被审查和处理，从而替代或者部分替代名誉侵权实体诉讼的司法功能的问题。[②] 因此，为了防止人格权保护禁令过于频繁使用而抑制言论自由权与公众知情权的情况发生，调和保护被申请人名誉利益与保障公众言论自由及舆论监督公共利益之间的矛盾，对人格权保护禁令申请的司法裁量一般应遵循“从严与慎用”的总体原则，在司法实践中，主要应当遵循以下三个原则：

一是利益衡量原则。首先，司法审查时会对作出人格权保护禁令裁定给被申请人带来的影响与不作出人格权保护禁令裁定给权利人带来的后果进行权衡，只有当不作出裁定给权利人造成的损失明显大于作出裁定给被申请人带来的损失时，法院作出人格权保护禁令裁定才具有正当性；其次，司法审查时会对个体利益与公共利益之间进行权衡，在涉及公共舆论事件、公众人物等公共利益时，企业商誉利益或法人名誉利益和自然人名誉利益保护的强度要让位于公共利益的优先保护。

值得注意的是，通常情况下，法院作出的禁令裁定是根据申请人一方的申请理

---

① ［美］约翰·D. 泽莱兹尼：《传播法：自由、限制与现代媒介》（第四版），张金玺、赵刚译，清华大学出版社 2017 年版，第 82 页。

② 孙彩虹：《我国诉前禁令制度：问题与展开》，载《河北法学》2014 年第 32 卷第 8 期。

由，在提供相应财产担保的情况下迅速作出的。它是为平衡受害人利益与侵权人利益以及社会公共利益而在正常诉讼程序上的一种突破，是司法提前介入的一种表现，法官自由裁量权的适用空间相对比较大，等同于未经庭审即偏向一方的主张，如果司法判断的尺度过大，标准过于宽泛，则可能会影响到公民的言论自由以及公众的知情权。《民法典》第997条明确规定民事主体必须“有证据证明”人格权正在或即将受到违法侵害，才能申请人格权保护禁令，这一规定表明，提供足额担保并非取得人格权保护禁令这一“护身符”的必要条件。因此，在名誉权侵权与公共传播及舆论监督之间的利益衡量层面，法院必须审查申请人是否“有证据证明”甚至是否“有优势证据证明”，而且申请人对于人格权保护禁令裁定的正当性和必要性，也必须充分举证证明、说明并提供相应担保。

二是言论边界原则。网络言论侵犯名誉权的行为方式主要包括诽谤和侮辱、诋毁两种类型，诽谤主要是针对事实，侮辱、诋毁主要是针对人格、商业形象及商誉；言论主要可以区分为事实陈述和意见表达（评论）两个逻辑类型，前者属于“是什么”，后者属于“怎么看”。其中，事实陈述传播的诽谤事实及具有人格侮辱性的评论，通常会对自然人、法人及非法人组织的影响更严重。涉及侵犯名誉权的言论分析时，法院一般会遵循“事实不自由，评论不偏激”的言论二分规则，评论是相对自由的，事实陈述却不是自由的。针对事实陈述的言论应当是大致客观真实的，不得主观凭空捏造或歪曲篡改事实，否则就应当作出人格权保护禁令裁定停止不实陈述的传播；针对意见表达的言论相对宽松和自由，可以支持或反对，赞美或批评等，但是不得脱离事实依据进行任意评论或传播极端思想，否则也应当作出人格权保护禁令裁定停止不当评论的传播。因此，基于前述利益平衡和司法干预谦抑性的考量，法院在司法实践中一般只有在案件事实非常清楚，网络传播内容诽谤性、侮辱性、诋毁性较为明显，初步预判有很大可能性会认定被控言论构成侵犯名誉权的情形下，才能作出人格权保护禁令裁定。

三是区分对待原则。网络侵权中比较特殊的侵权行为类型就是匿名侵权，即采用非实名的方式散布言论消息。虽然不排除匿名散布的言论消息也有真实信息或公正评论的情况，但是从概率上讲此类言论消息的可信度和可查证性上要低于实名发布的言论信息，因此，法院在司法审查时会采取区分对待的态度进行处理，即在审查诉前行为保全时，对以匿名方式发表的言论审查一般相对从严，对以实名方式发表的言论审查相对从宽，但在诉前或诉中听证时，被申请人到庭参加听证的情况除外。

当然，适用这三个原则并非是指涉及公共舆论事件或公众人物的网络言论就可以不真实，而是指此类言论可以在大致真实的情况下给予更大的评论空间，即使影响企业商誉、法人名誉及自然人名誉也应当让位于公共利益和公众知情权。因此，法院经审查认为存在以下言论类型时，有必要作出人格权保护禁令裁定：

第一类是涉及事实严重失实且公开传播具有诽谤意义或者有损商业形象、法人形象的言论，即使涉及公共舆论事件或公众人物也不例外。其中，严重失实是指事实的主要梗概脉络或主要情节被篡改、歪曲等。

第二类是涉及利用自然人残疾、身体缺陷、患病、特殊心理、性取向、种族、宗教信仰等特殊情况侮辱人格的言论。

第三类是涉及以辱骂、谩骂或法律法规明确禁止的言论方式侮辱人格、诋毁企业及法人形象的言论。

特别值得一提的是，国家互联网信息办公室发布的《网络信息内容生态治理规定》自2020年3月1日起施行。该规定第6条、第7条分别规定了禁止性的言论及应当防范和抵制的不良信息类型，这对于涉网络名誉侵权领域的人格权保护禁令申请的司法审查具有重要的参考价值。

三、涉网络名誉侵权案件人格权保护禁令裁定的效力范围

我国《民事诉讼法》第100条规定的行为保全裁定效力范围包括以下两个方面：一是生效主体范围限定为提出申请当事人的对方当事人；二是效力方式限定为作出一定行为或者禁止作出一定行为两类。《民法典》第997条明确的效力范围也是两个方面：一是生效主体范围限定为被“责令停止有关行为”的“行为人”，通常指诉前禁令中的“被申请人”或诉中禁令中的“被告”；二是效力方式限定为“责令停止有关行为”，并没有规定“责令为一定行为”，原因在于侵犯人格权的方式通常系“作为侵权”而非“不作为侵权”。

司法实践中，鉴于我国网络言论传播生态的特殊性，涉及网络名誉权的人格权保护禁令裁定在法律效力上应注意以下几点：

1. 申请人的可请求范围和请求方式。有明确身份的侵权人作为被申请人的，申请人仅能申请该侵权人作为禁止侵权言论传播的被申请人。但是，当侵权人为匿名网络用户，网络平台无法提供或拒不提供可以定位到该用户具体身份的信息的，申请人可以参照《最高人民法院关于审理利用信息网络侵害人身权益民事纠纷案件适用法律若干问题的规定》第4条规定，以该网络平台作为被申请人。然而，对于被控言论已经从原发平台传播至其他网络平台的，依照现行法律规定及司法实践惯例，申请人不能概括性地以该侵权言论为传播对象的网络服务提供者为被申请人，并申请将行为保全裁定的效力扩张至该裁定生效期间内所有传播被控侵权言论的网络服务提供者。本案的人格权保护禁令裁定只能禁止已被提出禁令申请或已被起诉的网络服务提供者继续传播被控侵权言论，效力尚不能扩张至同类情况扩大传播的情形。当然，未被提出申请或未被起诉的网络服务提供者，在看到禁止被控侵权言论继续传播的人格权保护禁令裁定后，自行停止传播的，不能当然认为是该裁定效力扩张产生的结果，而是对同类情形的裁判示范产生的结果。如果申请人依据该停止传播的人格权保护禁令裁定，申请案外的网络服务提供者执行该裁定，目前并不能得到支持。

2. 人格权保护禁令裁定的积极效力范围。人格权保护禁令裁定作出特定期间内停止继续传播被控言论的命令，被申请人在收到该裁定后应当按照裁定确定的时间停止被控言论的传播，通常包括已有被控言论公开传播及与被控言论相同或只更改题目或提炼标题的类似侵权言论继续传播。当被申请人不执行裁定时，根据申请人的申请，法院会强制执行人格权保护禁令裁定的内容，发布被控言论的网络平台一般有协助执行的义务。

3. 行为保全裁定的消极效力范围。人格权保护禁令裁定发生法律效力的范围是严格受到法律控制的，并非与被控侵权言论有关的言论都一律被禁止继续传播。通常情况下，禁令裁定的效力不会及于被控言论的跟帖言论，因为这不属于诉争言论的范畴，不能超范围裁决。而且，人格权保护禁令裁定并不能禁止被申请人在禁令生效期间继续发表针对申请人的其他言论。因为人格权保护禁令是对事不对人的，不能剥夺被申请人继续发表言论的权利。一旦被申请人再次发布被控侵权言论以外其他言论侵权的情况，申请人可以再次提出停止继续传播侵权言论的人格权保护禁令申请。当然，如果被申请人在同一平台针对同一事情同一申请人持续发表同一或类似侵权言论的，可能会视情况被裁定在特定时间特定平台特定范围内停止持续传播同一或类似侵权言论。

四、涉网络名誉侵权诉讼行为保全制度在本案中的适用

就本案而言，第一，焦点 1 所涉及的被控侵权新闻报道是否具有侵权可能性的问题。涉案新闻报道从题目、开篇、由头及主线勾勒了一起“某海外代购公司又陷入售假漩涡”的新闻事件。但是通观全文，却并未报道得出“某海外代购公司售假”这一定性的明确依据。某海外代购公司在申请人格权保护禁令时，向法院提交了诉争货品系日本厂家出厂正品的公证书，至少初步显示，该海外代购公司出售给周先生的商品并非“假货”，而某商业通讯报社除了周先生的自述之外，并未向法院提交证明是“假货”的相应证据，因此，该海外代购公司是“有证据”甚至是“有优势证据”证明涉案文章所报道的前述事实涉嫌构成严重失实，即初步证明了被控侵权新闻报道具有侵权可能性。

第二，焦点 2 所涉及的停止传播行为是否具有紧迫性的问题。鉴于某商业通讯报社在行业内具有较大的媒体影响力且网媒传播具有很强的信息扩散性，涉案文章的继续传播可能对某海外代购公司的合法权益造成进一步损害。如继续传播可能对某海外代购公司造成社会评价严重降低这一难以弥补的商誉损害。因此，停止涉案新闻报道传播具有紧迫性。

第三，焦点 3 涉及的法院作出人格权保护禁令是否具有利益平衡性的问题。新闻媒体行使舆论监督权应当以新闻真实为前提且不得严重损害他人的合法权益，涉诉新闻报道涉及事实报道部分严重失实且公开传播具有诽谤意义，将严重损害某海外代购公司的商业信誉和形象，并非是在新闻真实基础上作出的针对某海外代购公司的相关新闻评论而影响了其商誉利益，而且暂停严重失实的新闻报道也有助于对社会公众知情权的保护，因此，作出人格权保护禁令具有正当性和必要性。

后经实体审理，本案认定某商业通讯报社、某门户网站构成对某海外代购公司的名誉权侵权，二侵权人应当向某海外代购公司承担赔礼道歉、消除影响、恢复名誉和赔偿损失的民事责任。综上，本案依据某海外代购公司的申请对某商业通讯报社作出人格权保护禁令有相应的法律依据，有效预防了损失的扩大，体现了《民法典》第 997 条的立法精神和价值。

编写人：北京市海淀区人民法院　陈昶屹

【第998条　人格权侵权责任认定的考量因素，第1017条　艺名保护】

36

公众人物艺名和肖像权的司法保护

——周某驰诉某建材科技有限公司肖像权、姓名权案

【基本信息】

1. 裁判书字号

上海市第一中级人民法院（2017）沪01民初1211号民事判决书

2. 案由：肖像权、姓名权纠纷

3. 当事人

原告：周某驰

被告：某建材科技有限公司（以下简称某建材公司）

【基本案情】

2017年1月17日，某建材公司的官网首页显示“把森林带回家7天毛坯变豪宅　省心省工省时省力”的宣传广告。该宣传广告边上配有周某驰的照片，下方注有“城市森林携手‘某爷’一起见证生态墙板真功夫”的文字。网页（www.360cssl.com/index.php/Show/index/cid/196/id/215.html）的终端风采VI展示处有“城市森林携手‘某爷’一起见证生态墙板真功夫”的宣传广告。该宣传广告配有周某驰的照片，与涉案网页上的“整屋快装，省心、省工、省时、省钱，7天毛坯变豪宅”的宣传广告语共同在页面上展示。

2017年6月30日，“创业邦”网站（bd.chuangzhanw.com/cssl/）和其页面（bd.chuangzhanw.com/cssl/? =BDPCHX00590）均显示有“城市森林集成墙饰携手喜剧

之王周某驰一起见证生态墙板真功夫”的宣传广告，并在插图周某驰的照片旁注有“华语喜剧演员、导演、编剧、监制、制片人”的文字。

2017 年 9 月 5 日，周某驰的委托代理人虞某在上海市虹桥火车站出发层南 6 号的“悦途出行商务贵宾厅”购得一本《旅伴》杂志（2017 年第 2 期，总第 243 期）。某建材公司在《旅伴》杂志上发布广告，该杂志的广告页有标题为“全生态整屋快装，7 天毛坯变豪宅”的文章，文章上方出现“城市森林，全生态整屋快装，把森林搬回家”“源自欧洲博洛尼亚　缔造城市生态生活空间”的宣传广告。在该宣传广告右侧配有周某驰肖像和签名照片，照片上注有小字体文字“周某驰携手城市森林环保产业”，照片旁配有文字“周某驰是华语影坛标志性人物之一，从他无厘头的喜剧表演方式中，观众往往能感受到喜剧背后揭示的一些深刻道理。年初上映的电影将环保话题推向大众视野，这也与城市森林‘生态环保’的初衷不谋而合”。

某建材公司自认涉案网站和《旅伴》杂志上的广告图片系向他人购买获得后提供给案外人进行刊登，涉案广告上的肖像和签名是周某驰。双方当事人一致确认“某爷”是指周某驰。截至本案周某驰起诉时，某建材公司已经停止在官网、创业邦网站和《旅伴》杂志刊登涉案广告。

【案件焦点】

1. 某建材公司的行为是否对周某驰肖像权、姓名权构成侵权；2. 若构成侵权，某建材公司应当承担何种侵权责任。

【裁判要旨】

上海市第一中级人民法院经审理认为：1. 肖像权是自然人对自己的肖像依法享有利益并排斥他人侵害的权利，是自然人人格权的重要组成部分。以营利为目的，未经公民同意利用其肖像做广告、商标、装饰橱窗等，应当认定为侵犯公民肖像权的行为。姓名权的客体包括全名以及其他能够与特定自然人建立对应关系的主体识别符号，例如笔名、艺名、雅号等。某建材公司未能举证证明获得周某驰肖像权或姓名权的使用许可，其以营利为目的，在网站、杂志的宣传广告上使用周某驰的肖像和姓名（艺名），且突出显示，构成对周某驰肖像权和姓名权的侵犯。

2. 当姓名权和肖像权具有商业化使用权能时，权利人仅以侵权责任法为依据进行主张，该人格权的精神利益和财产价值可一并予以保护，包括属于合理开支的律师费在内均应纳入人格权的损害赔偿范围。在酌定赔偿数额时，人民法院应结合权利类型，根据被侵权人的职业身份、知名度、肖像许可使用情况，侵权人的侵权行为持续时间、主观过错程度、涉案侵权广告范围、网站公开程度、杂志发行量及可能造成的影响等情节方面予以综合考量。故确定财产性损害赔偿 500000 元、合理费用支出 80000 元。

上海市第一中级人民法院判决如下：

一、某建材公司应于本判决生效之日起十日内赔偿周某驰 580000 元；

二、某建材公司应于本判决生效之日起十日内在其官网（www. 360cssl. com）和《旅伴》杂志上分别刊发一则致歉声明，持续时间为三十天（刊登版面和内容须经法院核准），如逾期不履行或履行不符合本判决要求的，法院将在全国公开发行的刊物上登载本判决的主要内容，有关费用由某建材公司负担；

三、驳回周某驰的其他诉讼请求。

【适用解析】

人格权在《民法典》中独立成编，不仅丰富了人格权权利类型，而且确立了人格权请求权制度和违约侵害人格权的精神损害赔偿规则，明确了侵害人格权责任认定的考量因素。在此规范体系下，司法实践通过裁判建立具有功能性及类型化的责任认定具体标准，公开赔偿金额及范围的依据和考量因素，有助于增强法律适用的安定性和可预见性。结合本案例，本文从公众人物人格权保护角度，梳理分析相关人格权侵权责任的制度规范，以期对人格权法的解释适用有所裨益，因应社会发展扩大人格权保护之所需。

一、公众人物的人格权保护

现代社会是一个消费社会，报纸、网络、媒体等平台充斥着各种商业广告。企业为了自身营销需要，邀请社会公众人物特别是明星，与之订立合同，利用其特殊的人格利益如姓名、肖像、声音等作商业活动，显现此等人格利益具有一定的交易价值。个人天赋及努力是财产价值形成的基础，人格特征的经济价值应排他地归属于人格权的主体，而人格权的财产利益体现人格权在现代社会的一项重大变迁，即人格权是一种防御权，在于维护人格的完整利益，财产利益的肯定有利于增进人格权的活动利益，使其成为一种利用权，得对其一定的人格利益加以支配使用，以适应社会经济发展，扩大对人格权的保护内容。[1]

人格权以精神利益为内容的非财产性利益，不得让与或继承，但对于标表型人格权而言，其具有双重权能，内在属性上表现为人格标识的决定、变更权能，外在属性上表现为人格标识的使用权能。[2] 例如，肖像权系个人就自己肖像是否制作、公开及使用的权利，系人格权之一种，亦具有财产性质，肖像权人可以授权同意他人利用其肖像为商品或服务广告代言。此种个人对其姓名、肖像、声音等个人形象特征作商业上使用的权利为公开权[3]，也称为人格商品化权或人格商业利用权。[4] 必须承认，在当今社会，财产与人格相互紧密联系，人格越来越财产化。诸如歌星、影星和球星等将体现其名人的肖像、姓名、声音等人格特征，以各种方式使用于制造、推销商品或服务，具有一定的经济利益、财产价值，该等人格权上体现的财产利益应予以保护。也有观点认为，像姓名权与姓名的商品化权益虽均以姓名为客体，但在性质上两者分属于不同的民事权益。[5] 诚然，人格可以表现为商业化使用，产生以姓名、肖像等特定人格特征为客体的财产性权益。人格权兼具精神利益和财产属性，在多种侵权方式和多个权利被侵害并存的情形下，法院可以对多个权利产生的损失进行一体评价。

《民法典》认可人格权具有财产属性以及存在商业化使用价值。不管是姓名权一章，还是肖像权一章，第1012条和第1018条都用了“许可使用”的表述。此外，第1023条还规定，“对姓名等的许可使用，参照适用肖像许可使用的有关规定”。从前述条文的表述可知，姓名权、肖像权等人格权的使用权能亦得到承认。虽然人格权可分为身体的人格权和精神的人格权，以姓名权、肖像权、名誉权等为主的属于精神人格权[6]，但此类人格权不单单具有精神利益属性的非财产性内容。我国法律未区分人格权的非财产性或财产性内容，但是当人格权遭受侵害后，允许当事人主张财产损失

---

① 王泽鉴：《人格权法》，北京大学出版社2013年版，第451～452页。

② 房绍坤、曹相见：《标表型人格权的构造与人格权商品化批判》，载《中国社会科学》2018年第7期。

③ 王泽鉴：《人格权法》，北京大学出版社2013年版，第264页。

④ 杨立新：《人格权法》，法律出版社2015年版，第111页。

⑤ 孔祥俊：《姓名权与姓名的商品化权益及其保护——兼评“乔丹商标案”和相关司法解释》，载《法学》2018年第3期。

⑥ ［日］五十岚清：《人格权法》，铃木贤、葛敏译，北京大学出版社2009年版，第14页。

和精神损害赔偿。换言之，人格权受侵害，通常会产生财产上损害及非财产上损害。

具体到本案，周某驰作为社会公众人物，具有一定社会知名度，某建材公司未经周某驰许可，在公司商业广告上使用周某驰肖像，并盗用周某驰姓名和艺名的行为构成对周某驰肖像权和姓名权的侵犯。法院从人格权的两个方面予以考量：一方面，肖像和姓名可以将该自然人与其他自然人区别开来，并体现出肖像权和姓名权人的人格尊严、名誉等，构成肖像权、姓名权人的精神利益；另一方面，自然人对肖像、姓名的利用可以带来一定的商业利益。周某驰作为知名艺人、演员，具有广泛的社会知名度，能够通过参演影视节目、广告代言等活动获取相应的经济利益，其肖像权、姓名权具有一定的商业化利用价值。因此，通过肯定姓名、肖像等人格特征的商业化使用存在财产利益的方式，支持周某驰要求赔偿财产损失的诉讼请求，以强化人格法益的保护。

二、认定人格权侵权责任的考量因素

侵权责任包括财产损害赔偿责任和非财产损害赔偿责任。人格权侵权如何认定，怎样确定民事责任，是《民法典》实施后司法实践必须直面的问题。人格权编明确规定了认定侵权责任时应考虑的主要因素。其中第998条规定："认定行为人承担侵害除生命权、身体权和健康权外的人格权的民事责任，应当考虑行为人和受害人的职业、影响范围、过错程度，以及行为的目的、方式、后果等因素。"最早的人格权编草案第779条曾规定："认定行为人承担侵害人格权的民事责任，应当考虑下列因素：（一）人格权的类型；（二）行为人和受害人的职业、社会身份、影响范围等；（三）行为的目的、方式、地点、时间、后果等具体情节。行为人为维护公序良俗实施新闻报道、舆论监督等行为的，可以在必要范围内合理使用民事主体的姓名、名称、肖像、隐私、个人信息等。"当时将人格权类型亦纳入是否承担人格权侵权民事责任的考量范围。由于人格权带有精神属性，对于财产部分的损害可以根据实际损失确定赔偿数额，而对于精神上的不愉快或苦痛，特别是诸如隐私权、名誉权、个人信息等人格权被侵害而遭受的损害，则难以用财产进行衡量。拉伦茨认为，"在认定非法侵害特别人格权时，任何情况下都无需权衡财产利益"①。

---

① ［德］卡尔·拉伦茨：《德国民法通论》（上册），王晓晔、邵建东等译，法律出版社2013年版，第173页。

人格权种类繁多，性质各异，特别是在精神性人格的侵权方面，有时财产损失非常小甚至没有，重点仍是精神利益方面的损害。《民法典》第998条所列的考量因素，借鉴了《最高人民法院关于确定民事侵权精神损害赔偿责任若干问题的解释》第10条之规定，即精神损害的赔偿数额考量因素，包括："……（一）侵权人的过错程度，法律另有规定的除外；（二）侵害的手段、场合、行为方式等具体情节；（三）侵权行为所造成的后果；（四）侵权人的获利情况；（五）侵权人承担责任的经济能力；（六）受诉法院所在地平均生活水平。……"实践中的案件千变万化，案情各不相同，而侵权行为的目的、方式、后果包括影响范围等具体情节应当是法官在确定人格权侵权责任时需要结合起来考虑的问题。正是由于考虑到涉及人格权侵害的案件类型多种多样，每一个案件具体侵权状况和引起的后果各不相同，虽然采取列举的方式并不能穷尽所有的人格权侵害的相关要素，但是，遵循一定的原则，在共同的考量因素基础上进行裁判，有利于指引审判实践，尽可能避免司法裁判的不统一和任意性。

三、人格权侵权的损害赔偿

《民法典》第1182条规定，侵害他人人身权益造成财产损失的，按照被侵权人因此受到的损失或者侵权人因此获得的利益赔偿；被侵权人因此受到的损失以及侵权人因此获得的利益难以确定，被侵权人和侵权人就赔偿数额协商不一致，向人民法院提起诉讼的，由人民法院根据实际情况确定赔偿数额。对于因侵害人格权造成财产损失的计算，《民法典》规定了按照被侵权人损失或侵权人获利的法定赔偿标准以及双方协商和法院酌定的处理方式。而《侵权责任法》第20条规定必须先按照实际损失来计算，只有在被侵权人的损失难以确定的情况下，才按照其获得的利益赔偿。对于信息网络侵害人格权的，《最高人民法院关于审理利用信息网络侵害人身权益民事纠纷案件适用法律若干问题的规定》专门规定，人民法院可以在50万元以下的范围内确定赔偿数额。[①] 从损害赔偿的范围看，包括所受损害和所失利益。填补损失是侵权损害赔偿的基本原则，但当侵权人所获利益大于被侵权人的实际损失时，难谓公平，亦有违侵权责任法的预防和制裁功能。因此，《民法典》侵权责任编第1182条关于侵害人身权益造成财产损失的赔偿数额所确立的计算规则

---

① 《最高人民法院关于审理利用信息网络侵害人身权益民事纠纷案件适用法律若干问题的规定》第18条第2款规定，被侵权人因人身权益受侵害造成的财产损失或者侵权人因此获得的利益无法确定的，人民法院可以根据具体案情在50万元以下的范围内确定赔偿数额。

更科学、更合理。对于未经许可使用他人肖像或姓名作商品或服务的代言时，被侵权人可以选择按照实际损失或者侵权人因此获得的利益进行赔偿。该部分基于姓名权、肖像权商业化利用的权能本质上属于财产范畴的公开权，对于侵害公开权的赔偿，可以考虑将与代言费或许可费相当的金额作为损害金额。[①] 虽然也有观点认为可将该权利作为近似知识产权来看待，类推适用商标权、著作权受侵害的损害计算方法[②]，但类推适用的前提是案件在法律上未有规定时，才采用类似案件的法律规则进行裁判。[③] 在法律有明确规定的情况下，法院可以向被侵权人释明，由其选择请求损害赔偿的法条依据。

与此同时，在肯定姓名、肖像等人格权具有财产价值之后，所承载财产价值的保护，虽不能脱离人格权而成为独立的权利，但应与知识产权领域有关人格权的保护相协调和统一。《最高人民法院关于审理不正当竞争民事案件应用法律若干问题的解释》第6条第2款规定："在商品经营中使用的自然人的姓名，应当认定为反不正当竞争法第五条第（三）项规定的'姓名'。具有一定的市场知名度、为相关公众所知悉的自然人的笔名、艺名等，可以认定为反不正当竞争法第五条第（三）项规定的'姓名'。"故有学者主张，姓名权属于人格权范畴，而姓名的商品化权益属于财产权范畴，受《反不正当竞争法》等特别法的保护。[④] 但是，需要注意的是，对于《反不正当竞争法》保护下的"姓名"须满足特定条件，即具有一定的市场知名度并为相关公众所知悉。

本案中，周某驰未以《商标法》或《著作权法》或《反不正当竞争法》作为请求权基础要求保护其姓名或肖像。因周某驰的财产损失或某建材公司因侵权获得的利益均难以确定，双方就赔偿数额亦未能协商一致，因此法院根据案件实际情况，分别从被侵犯的权利类型、数量以及被侵权人的侵害程度、身份地位、经济情况、其他情形与侵权人的经济情况、侵权方式、获利情况、过错类型等予以综合考量。结合周某驰的职业身份、知名度、肖像许可使用情况，某建材公司的侵权行为

---

① ［日］五十岚清：《人格权法》，铃木贤、葛敏译，北京大学出版社2009年版，第150页。

② 王泽鉴：《人格权法》，北京大学出版社2013年版，第147页；［日］五十岚清：《人格权法》，铃木贤、葛敏译，北京大学出版社2009年版，第150页。

③ 梁慧星：《裁判的方法》，法律出版社2017年版，第243页。

④ 孔祥俊：《姓名权与姓名的商品化权益及其保护——兼评"乔丹商标案"和相关司法解释》，载《法学》2018年第3期。

持续时间、主观过错程度、涉案侵权广告范围、网站公开程度、杂志发行量及可能造成的影响等情节，确定财产性损害赔偿数额。此外，《最高人民法院关于审理利用信息网络侵害人身权益民事纠纷案件适用法律若干问题的规定》第18条第1款明确规定，被侵权人为制止侵权行为所支付的合理开支属于被侵权人的财产损失。因此，综合考量周某驰为制止涉案侵权行为支出的诉讼成本、案件标的额、判赔额、案件复杂程度、律师工作量、相关律师收费标准等因素，法院确定了合理费用支出。本案的特殊之处在于侵权人实施了多种方式的侵权行为以及侵犯了周某驰的多项人格权，故可以先确定一个法定赔偿额，再进行酌定调整，也即依照在信息网络上实施侵权行为确定损害赔偿金额之后，再适用损害赔偿的一般规定评价案件中同时存在的其他侵权行为。

编写人：上海市普陀区人民法院　刘力
上海市第一中级人民法院　何建

【第1008条　新药临床试验】

37

新药临床试验的司法审查与处理

——张某某诉A医院、B公司合同案

【基本信息】

1. 裁判书字号

北京市第二中级人民法院（2013）二中民终字06870号民事判决书

2. 案由：合同纠纷

3. 当事人

原告：张某某

被告：A医院、B公司

【基本案情】

2006 年 2 月，原国家食品药品监督管理局（以下简称国家药监局）批准 B 公司就其新药 BAY59－7939 片剂（以下简称 B 片剂）进行国际多中心临床试验。同年 3 月，B 公司与 A 医院就该药签订《临床试验协议》，约定 B 公司通过 A 医院实施 B 片剂的临床试验，在选择性全膝关节置换术的患者中，研究上述药物对静脉血栓的预防作用。B 公司为本次临床试验购买一般责任险，每例患者的保额上限为 50 万欧元，如经仲裁确认受试者的健康因服用研究药物而受到损害，B 公司负责代表受试者向保险公司索赔。

2006 年 10 月 17 日，张某某因准备行左膝人工关节置换手术，入住 A 医院。A 医院医生将 B 公司制作的《患者须知》及《知情同意书》出示给张某某，向其披露了新药试验申办者 B 公司，并询问其是否愿意参加 B 片剂的临床试验。10 月 20 日，张某某在《知情同意书》上签字表示愿意参加 B 公司的新药临床试验。试验期间，张某某发生造影剂过敏（过敏性休克）等不良反应，并被认定为属于 B 公司新药试验中的严重不良事件。后 B 公司给付张某某医疗费 3296.17 元。

《患者须知》列明的新药试验不良反应包括造影剂反应等情形，同时约定若受试者受到与试验有关的伤害，保险公司会进行相应赔付。

审理中，张某某要求 B 公司提交保险合同，认为保险合同的相关规定有利于其主张权利。B 公司称其持有德文版保险合同，但以其非投保人、合同文本长且翻译成本高，翻译及公证、认证周期长等理由拒绝出示该合同。经法院多次释明后，该公司仍不同意提交保险合同。法院亦曾就此询问 A 医院，并曾到国家药监局查阅相关资料，各处均未留存该保险合同。

【案件焦点】

1. 新药临床试验合同的法律关系主体认定；2. 新药临床试验过程中，受试者知情同意权的范围如何；3. 新药临床试验合同中，如申办者未尽告知义务，是否应承担民事责任及如何承担。

【裁判要旨】

北京市朝阳区人民法院经审理认为：本案涉及多个法律关系，即张某某与 B 公司、A 医院之间的法律关系，B 公司与 A 医院之间的法律关系等。张某某至 A 医院就医，与 A 医院之间形成医疗服务合同关系。但因 A 医院与 B 公司存在临床试验协议，B 公司通过 A 医院临床试验其 B 片剂，而张某某系受试者，B 公司遂与张某某之间又形成了新药试验合同关系。B 公司虽不承认其与张某某有合同关系，但因 B 公司与 A 医院的临床试验协议，双方均认可为委托关系，即 B 公司委托 A 医院进行新药临床试验，且事先将委托方披露给了受试者张某某，因此，作为受试者的张某某主张其与 B 公司存在新药试验合同关系，于法有据。张某某与 A 医院因为治疗左膝疾病存在医患关系，但基于其中新药试验的部分，属 A 医院受 B 公司委托，与张某某之间发生的新药试验合同关系，合同主体应确定为 B 公司和张某某，A 医院只是 B 公司的受托方。加之，张某某并不向 A 医院主张新药试验部分之外医患关系的赔偿权利，仅要求主张基于新药试验合同发生的权利，故本案应在此范围内确定各方的合同权利义务。由于 B 公司和 A 医院之间就新药试验是委托关系，故应由 B 公司对张某某行使的新药试验合同权利承担责任义务。另外，国家药监局颁行的《药物临床试验质量管理规范》第 43 条规定，申办者应对参加临床试验的受试者提供保险，对于发生与试验相关的损害或死亡的受试者承担治疗的费用及相应的经济补偿。申办者应向研究者提供法律上与经济上的担保，但由于医疗事故所致者除外。参照该规定，亦应由 B 公司向张某某承担相应责任。张某某要求 A 医院向其承担新药试验合同赔偿的连带责任，于法无据。关于 B 公司的赔偿责任问题，因张某某在新药临床试验中出现了《患者须知》中描述的不良反应即造影剂反应（过敏性休克），并导致张某某二次住院、功能障碍、康复延迟。该不良反应虽与试验药 B 片剂无直接关系，但属新药试验过程中的严重不良事件，系《患者须知》中提及的受试者参加试验而受到的伤害，B 公司应向受试方进行赔偿。患者参加新药试验，确需自行承担一定风险，但这种风险基于合同（《患者须知》可视为新药试验合同的一部分内容）约定和法律规定均应得到相应弥补。本案中，《患者须知》和《临床试验协议》分别有 B 公司给受试患者购买保险，保额最高为 50 万欧元，如果受到与试验有关的伤害，保险公司会给予相应赔付的约定。经法院多次释明，B 公司在其掌握有该保险合同的情况下，以内容多、翻译成本高、翻译周期长、公证认证周期长等非法定理由，拒绝提交，故依据《最高人民法院关于民事诉讼证据的若干规定》第 75 条“有证据证明一方当事人持有证据无正当理由拒不提供，如果对方当事人主张该证据的内容不利于证据持有人，可以推定该主张成立”的相关规定，法院推定该保险合同中有关于发生严重不良事件，即应向受试者赔偿的内容，赔偿数额最高为 50 万欧元。由于 B 公司未能通过保险公司向张某某赔偿严重不良事件的款项，故其应自行向张某某赔偿，具体赔偿数额，法院考虑张某某的受损情况，严重不良事件对其自身的影响以及 50 万欧元所能赔偿的最坏损害情况，酌定赔偿额为 5 万欧元。张某某主张的 15 万欧元过高，法院对于过高部分，不予支持。据此，北京市朝阳区人民法院判决如下：

一、B 公司于判决生效后十五日内赔偿张某某 5 万欧元；

二、驳回张某某的其他诉讼请求。

张某某不服一审判决，提起上诉。

北京市第二中级人民法院经审理认为：当事人主张违约方承担基于合同关系项下的违约损害赔偿责任，须举证证明双方在合同中约定了违约情形以及相应的违反约定应赔偿数额的计算标准；或在合同没有上述约定的情形下，如果当事人确系因合同相对方违约遭受损失，受损一方须提供其遭受具体损失的证据等。张某某基于合同关系向 B 公司主张 15 万欧元的违约损害赔偿，但张某某与 B 公司之间并没有关于违约赔偿的具体约定，且张某某亦未提供其遭受了相当于 15 万欧元损失的相应证据。现张某某仅依据保险合同中每位受试者最高赔付额 50 万欧元的约定，主张 B 公司应赔偿其 15 万欧元，依据不足。一审法院判决由 B 公司赔偿张某某 5 万欧元，B 公司未提出上诉，法院对此不持异议。综上，北京市第二中级人民法院依照《民事诉讼法》第 170 条第 1 款第 1 项规定，判决如下：

驳回上诉，维持原判。

【适用解析】

人体临床试验的范畴包括药物临床试验、医疗器械试验、医疗方法试验及治疗方法试验，具体是指在生物学、医学领域内，以自然人作为试验对象（即受试者），以验证新药物、新医疗设备、新治疗方法的安全性、有效性的试验研究行为。我国人体临床试验的规范化、制度化建设起步较晚，大多数属于部门规章[①]，相关领域

---

① 参见国家卫生与计划生育委员会（原卫生部）颁布的《临床药理基地管理指导原则》（1995）、《药物临床试验质量管理规范》（2003）、《医疗器械临床试验规定》（2004）、《疫苗临床试验技术指导原则》（2004）、《药物临床试验伦理审查工作指导原则》（2010）、《中医药临床研究伦理审查管理规范》（2010）、《医疗器械临床试验质量管理规范》（2016）、《涉及人的生物医学研究伦理审查办法》（2016）、《医疗纠纷预防和处理条例》（2018）、《药物临床试验质量管理规范》（2020）等。

的法律位阶较低、规制的主体多为申办者、研究机构，对受试者合法权益保护的条文表述过于笼统、相关规定的内容也不够全面细致。

《民法典》首次在民事立法中对人体临床试验活动进行了规范，规定于人格权编“生命权、身体权和健康权”一章。《民法典》第 1008 条规定：“为研制新药、医疗器械或者发展新的预防和治疗方法，需要进行临床试验的，应当依法经相关主管部门批准并经伦理委员会审查同意，向受试者或者受试者的监护人告知试验目的、用途和可能产生的风险等详细情况，并经其书面同意。进行临床试验的，不得向受试者收取试验费用。”该规定体现了法律对于临床试验领域加强受试者生命权、身体权和健康权保护的精神，特别是将受试者的知情同意权纳入自然人生命权、身体权和健康权的规范范畴，凸显了法律对受试者人格的尊重。第 1008 条用一条两款的形式确立了研制新药、医疗器械或者发展新的预防和治疗方法等进行临床试验有关活动应遵循的审批程序及伦理委员会的审查程序，明确了研究主体应向受试者履行的主要告知义务及禁止性行为等，使我国对人体临床试验的规制有了民法依据。具体内容如下：第一，明确了进行必要人体临床试验的目的、领域和范畴，将人体临床试验的必要性限制在为研制新药、医疗器械或者发展新的预防和治疗方法的范畴内。这代表了民事立法在人体临床试验领域的价值取向，即为了更好地推动医学科学发展，保障医疗科技能够更好地应用于临床。第二，明确了进行人体临床试验应遵循的基本法定程序。即必须依法经相关主管部门批准并经伦理委员会审查同意。也就是说，所有为研制新药、医疗器械或者发展新的预防和治疗方法，需要进行临床试验的，都应当首先经相关主管部门批准，同时还应当经过伦理委员会审查同意。违反者即构成违法，这为人民法院审理相关案件、审查是否符合法定程序提供了基本遵循。第三，明确了受试者的知情同意权，要求研究主体应向受试者或者受试者的监护人告知试验目的、用途和可能产生的风险等详细情况，并经其书面同意。这一规定明确了进行人体临床试验的研究主体应当向受试者履行告知程序的法定义务，并对告知的对象、告知的内容以及必要的形式进行了原则性规定。具体而言：1. 关于告知对象。该条将被告知的主体明确限定为受试者或者受试者的监护人，也即对于拟参与人体临床试验时具有完全民事行为能力的受试者，应向其本人进行告知；对于受试者属于无民事行为能力、限制行为能力人的，必须向受试者的监护人进行告知，如果告知的对象为非监护人的亲友、陪同人员等其他人的，则不符合告知规则，应认定为没有履行告知义务。2. 关于告知内容，应当包含试验目的、用途和可能产生的风险等详细情况的事项。主要是为保障受试者对拟将参与的临床试验特别是可能产生的风险等有充分的知情。这些告知事项仅是原则性规定，但能够规范研究主体的告知行为，为判断其是否履行了告知义务提供了基本依据。3. 关于告知形式。对于告知形式，《民法典》并未作限制，但明确了受试者必须书面同意。在一定程度上对告知的必要形式作了指引。通过这一规范，能够确保受试者充分、全面知悉与人体临床试验有关的内容，保障其在充分了解的基础上进行参与。相较于普通医疗行为，参与人体临床试验的受试者可能面临更多的未知风险，非治疗性临床试验的志愿者甚至怀着一腔热血参与其中，发起人或试验者等主体有义务详尽地说明告知，同时规范告知的形式，通过征得受试者书面同意等方式保障受试者在充分知情的基础上参与试验。这一规定，是人民法院在处理案件中审查受试者知情同意权是否受到侵害的直接法律依据。第四，明确了临床试验中禁止向受试者收取费用。禁止收费的范围，包括但不限于参与整个临床试验所用的实验药品、使用的医疗器械及接受检验、检查等各类项目的费用。这一规定最大限度免除了受试者参与临床试验可能面临的经济负担，重在保障受试者参与临床试验的基本权益，利用经济杠杆调整临床试验者与受试者的法律关系，以最大限度地保障临床试验的必要性。

本案系“新药临床试验”纠纷，属于人体临床试验的范畴，裁判理由对新药试验合同中申办者、研究者及受试者的法律关系进行了分析，审查了所涉新药在临床试验活动开展前是否经过行政审批、伦理委员会审查同意，确立了应从受试者知情同意权保护角度审查申办者是否违法、违约，并结合受试者的损害程度确定了赔偿数额。该案的裁判结果兼顾了法、理、情的衡平，充分体现了《民法典》第 1008 条规定的主旨、精神和价值。结合本案的审理思路，对于《民法典》第 1008 条之司法适用应注重审查以下四个要点：

一、审查新药临床试验中各主体之间的法律关系

实践中，人体临床试验的参与者有多方，除审批机关和作为审查机构的伦理委员会外，按照 2020 年版《药物临床试验质量管理规范》中的规范术语，主要涉及申办者、研究者（实施临床试验并对临床试验质量及受试者权益和安全负责的试验现场的负责人）、临床试验机构（即研究者所执业的机构，如医院）、合同研究组织（通过签订合同授权、执行申办者或者研究者在临床试验中的某些职责和任务的单位）、受试者（或弱势受试者）等。经就诊医院医生介绍参加新药试验的，往往涉及四方当事人，即受试者（患者）、临床试验机构、研究者、新药试验的申办者。《民法典》第1008条明确提出的参与主体为受试者，突出强调了其在这类民事法律关系中受保护的核心地位。对于其他主体，虽然并未明确提出，但无外乎是申办者、临床试验机构（医院）、研究者、合同研究组织等，由于临床试验领域涉及技术来源、资金支持、受试者征集等各类复杂因素，其中参与主体可能会相对分散，《民法典》并未对具体的实施主体进行限定，也体现了充分尊重临床试验活动中各方民事主体的意思自治。同时为具体案件的妥当处理留有余地，即在审理临床试验纠纷个案时，应按照具体问题具体分析的原则进行分析认定。就新药临床试验而言，各方法律关系应按如下规则认定：

1. 受试者（患者）与临床试验机构（医院）的关系。受试者（患者）就其原有疾病到医院就医，医院为患者实施诊疗行为，患者就相应的诊疗行为给付对价。故此，患者与就诊医院之间应成立医疗服务合同关系。

2. 临床试验机构（医院）与新药试验申办者的关系。在临床试验协议中，一般会涉及新药试验的申办者、临床试验机构（医院）、研究者。由研究者和临床试验机构通过利用临床试验机构（医院）的设施，在研究者的指导和监督下参与临床试验。根据2020年版《药物临床试验质量管理规范》，新药临床试验的申办者（一般是负责临床试验的发起、管理和提供临床试验经费的个人、组织或机构）并不直接进行试验，而是借助研究者和临床试验机构的设施及相关技术、环境进行试验，事实上是一种委托关系，符合《合同法》第396条关于委托合同的规定。

3. 新药试验的申办者与受试者（患者）之间的关系。新药试验的申办者与受试者（患者）之间没有直接接触或者直接签署约束双方的协议或文件。但因新药试验的申办者与临床试验机构之间有临床试验协议，而受试者（患者）在参加新药试验时，会和研究者在临床试验机构阅读患者须知并签署知情同意书等文件，这些文件往往会将新药试验的目的、过程及试验的申办者、研究者、临床试验机构、合同研究组织等参与者进行披露。所以，尽管新药试验的申办者与临床试验机构有临床试验协议，形成委托关系，此协议约束的是申办者与合同研究组织，但依据《合同法》第402条“受托人以自己的名义，在委托人的授权范围内与第三人订立的合同，第三人在订立合同时知道受托人与委托人之间的代理关系的，该合同直接约束委托人和第三人，但有确切证据证明该合同只约束受托人和第三人的除外”之规定，新药试验协议直接约束申办者与受试者（患者）。也就是说，作为新药试验的合同研究组织（就诊医院）采用告知等方式使受试者（患者）知道申办者与合同研究组织之间的委托代理关系的，新药试验协议直接约束新药的申办者与受试者（患者）。

至于研究者和临床试验机构，因为研究者必须在临床试验机构具有执业资格，一般应是临床试验机构的工作人员，同时也是临床试验研究的项目负责人，其从事的相关临床试验工作应认定为职务行为，对外代表临床试验机构，相应的责任由其单位直接承担。

本案中，各方争议的法律关系包括张某某与B公司、A医院之间的法律关系、B公司与A医院之间的法律关系等。张某某至A医院就医，与A医院形成医疗服务合同关系。但因A医院与B公司存在临床试验协议，B公司通过A医院临床试验其B片剂，而张某某系受试者，B公司遂与张某某之间又形成新药试验合同关系。

需要指出的是，对类似于2020年全球暴发的新冠肺炎疫情的公共卫生突发事件，为尽快防止疫情蔓延，在没有有效药物针对治疗的情况下，各国政府纷纷倡导或从政策层面支持预防和治疗这类疾病的药物及疫苗研发。但从法律关系上，研究者、研究团队或是申办者在进行医药临床试验时，仍然应在法律的框架内进行，至于其中涉及的其他参与主体，还有待具体问题具体分析，作进一步探讨。在我国，重大公共卫生防疫事件发生后，政府主导疫苗研发、生产，疫苗研发机构、生产企业因执行政府指令进行疫苗试验的，与受试者建立试验合同关系的主体，可能与普通药物试验会有所不同，不排除各地区疾控防疫中心代表政府与受试者形成药物试验合同关系。

二、严格审查是否经过行政批准和伦理委员会审查同意

新药临床试验具有医学、生物学等方面的专业性、复杂性，可能会涉及侵害受试者权益及其他远期、未知的风险或伦理问题。2003年版《药物临床试验质量管理规范》第5条规定，“进行药物临床试验必须有充分的科学依据。在进行人体试验前，必须周密考虑该试验的目的及要解决的问题，应权衡对受试者和公众健康预期的受益及风险，预期的受益应超过可能出现的损害。选择临床试验方法必须符合科学和伦理要求”[①]。该规范第35条还规定，“申办者在获得国家食品药品监督管理局批准并取得伦理委员会批准件后方可按方案组织临床试验”[②]。因此，为了最大限度地保障受试者的合法权益，必须通过行政主管部门批准及伦理委员会审查同意等程序，对人体临床试验的必要性和基本程序的科学性提供基础保障。基于此，《民法典》第1008条明确规定为研制新药、医疗器械或者发展新的预防和治疗方法，需要进行临床试验的，应当依法经相关主管部门批准并经伦理委员会审查同意。

本案审理中，法院以上述规章为基础，充分认识到要保障受试者合法权益，必须对B片剂是否经过有关主管机关的行政审批及伦理委员会的审查同意进行审查。为此，承办人员先后赴国家食品药品监督管理总局、北京大学伦理委员会走访调查，查明了B片剂试验已经过国家药监局批准，也经过了北京大学伦理委员会的审查同意。

三、严格审查是否充分保障了受试者的知情同意权及其他权益

提倡人体临床试验是为治疗疾病或者促进医学、生物学发展，以实现人类高质量生存等公益目的，但受试者冒着自身健康受害甚至失去生命的风险，社会和法律均应予以尊重。鉴于医学和生物学领域的专业性和复杂性，加之临床试验效果不确切、风险不可控，甚至一些风险是远期、未知的，受试者作为临床试验的实施对象，在试验过程中面临较大风险。但是，绝大部分受试者对其可能面临的风险认知并不全面深入，因此相关国际公约、伦理规范或法律规范均高度重视受试者权益保护，通过设立较严格的准入制度和实施准则，确立受试者安全至上的原则。有鉴于此，《民法典》第1008条专门规定，向受试者或者受试者的监护人告知试验目的、用途和可能产生的风险等详细情况，并经其书面同意。进行临床试验的，不得向受试者收取试验费用。

本案审理过程中，具体从两个方面来审查认定B公司及A医院是否应对张某某进行赔偿。一是受试者张某某知情同意权的内容范畴是什么；二是相关主体是否有违反约定或法定义务导致受试者知情同意权受到侵害。

---

① 见2020年版《药物临床试验质量管理规范》第4条。

② 见2020年版《药物临床试验质量管理规范》第41条、第42条。

首先，受试者张某某知情同意权的内容范畴认定。关于临床试验受试者的权利，一般认为包括受试者的生命健康权、知情权、隐私权等。受试者行使和维护这些权利的前提是知晓上述权利。鉴于此，知情同意权是临床试验中受试者各项权利之首，亦是实现其他各项权利的基础。受试者的知情权包括两个方面：一是受试者有权获悉与试验有关的事项和信息，包括试验的目的、过程、方法、措施、获益、风险等；二是受试者有权获悉在试验中的各项权利，如受试者是否决定参加或者不参加试验、是否有权在试验的任何阶段随时退出、参加试验是否可以得到补偿及数额、出现损害时可以获得的赔偿及保险情况等。受试者只有在充分知悉试验相关信息的基础上才可能作出真实的意思表示，以决定是否自愿参加临床试验，也只有在完全了解临床试验中各项权利的基础上才能自觉维护并监督研究人员切实尊重和保障上述权利，以保障试验数据的真实性。如果受试者的知情权不能得到保证，受试者的其他各项权益将无从谈起。由此可见，人体临床试验的核心在于受试者的保护，而受试者保护的核心在于受试者知情权的充分实现。

本案中，A 医院在向张某某出示的《患者须知》中，确实告知了关于整个临床试验过程、方法、不良反应以及为评价药物的安全性和有效性受试者需要造影，以及进行造影可能发生的不良反应等，同时还告知了参加试验有保险等。参照 2003 年版《药物临床试验质量管理规范》第 43 条规定，张某某作为受试者的知情同意权中应当包括保险有关的具体权益。① 但涉案《患者须知》对保险的具体内容未予明确说明。

其次，相关主体是否违反约定或法定义务导致受试者知情同意权受到侵害。审查是否有违反知情同意权的约定或法定义务，主要从是否履行了法定告知事项和约定的告知范畴，同时应对告知的程度和受试者是否真正知悉进行审查判断。本案中，因张某某在新药临床试验中出现了《患者须知》中描述的不良反应，该不良反应虽与试验无直接关系，但属新药试验过程中的严重不良事件，系《患者须知》中提及的受试者参加试验而受到的伤害，B 公司应向受试者进行赔偿。故法院从保护受试者知情同意权的角度，酌定 B 公司赔偿张某某 5 万欧元。

四、审查是否向受试者收取费用

《民法典》第 1008 条禁止临床试验过程中向受试者收取任何费用，充分体现了

---

① 见 2020 年版《药物临床试验质量管理规范》第 39 条第 1 项、第 2 项。

对受试者权益的保护。2020 年版《药物临床试验质量管理规范》第 39 条第 4 项规定："申办者应当免费向受试者提供试验用药品，支付与临床试验相关的医学检测费用。"本案审理中即对此进行了审查，通过法庭询问、当事人陈述等方式进行审慎调查，结合各方交纳的证据等进行一一核对审查，确定 B 公司、A 医院均未向张某某就参与新药试验过程收取过费用。

综上，本案结合人体临床试验的目的和活动特点，从《合同法》角度审查了新药临床试验过程中各方主体资格及相互之间的法律关系，从受试者人格权的角度审查了案涉药剂是否经过严格的行政审批手续，是否经过伦理委员会审查同意，是否有违反受试者知情同意权情况等，认为包括药物临床试验在内的人体临床试验必须严格行政审批程序并经伦理委员会审查，必须保障受试者的知情同意权，否则有关主体应对受试者的损害承担赔偿责任。有效保障了当事人的合法权益，维护了人体临床试验的严谨性、必要性，充分体现了《民法典》第 1008 条的立法精神、立法价值。

编写人：北京市第三中级人民法院　陈晓东
北京市朝阳区人民法院　宋晓佩

【第 1009 条　人体胚胎移植】

38

涉人类辅助生殖技术医疗服务合同纠纷案件的裁判规则

——石某某诉 A 医院医疗服务合同案

【基本信息】

1. 裁判书字号

北京市朝阳区人民法院（2017）京 0105 民初 10591 号民事判决书

2. 案由：医疗服务合同纠纷

3. 当事人

原告：石某某

被告：A 医院

【基本案情】

2015 年 2 月 2 日，石某某与其丈夫梅某某至 A 医院行人类辅助生殖技术治疗，签署《人类辅助生殖治疗知情同意书》等。初步诊断：女方石某某，原发不孕，双侧输卵管梗阻，多囊卵巢综合征。男方梅某某，原发不育，少弱精子症。2 月 6 日，取卵 10 个，未孕。9 月 28 日，取卵 32 个，行全胚胎冷冻。2016 年 1 月 1 日，移植后临床妊娠，孕 5 月双胎妊娠流产。至 2016 年 11 月 2 日，余 8C 胚胎 6 个，囊胚 6 个。2016 年 10 月，梅某某因病去世。11 月，石某某要求移植剩余冷冻囊胚胎，但 A 医院拒绝，理由如下：1. 石某某无权要求使用与他人共同共有的胚胎。2. 我国法律禁止给单身妇女实施人类辅助生殖技术。3. 继续履行会导致孩子合法权益无法得到保护并造成社会关系混乱。4. “取卵受精”和“移植囊胚”非一个合同关系，囊胚或胚胎移植需重新建立合同并另行缴纳医疗费用。后石某某诉至法院，要求 A 医院继续提供体外受精胚胎移植治疗服务。

诉讼中，法院向国家卫生健康委员会（以下简称国家卫健委）发函询问：《人类辅助生殖技术规范》第 13 条第 13 项关于“禁止给不符合国家人口和计划生育法规和条例规定的夫妇和单身妇女实施人类辅助生殖技术”中“单身妇女”的含义是什么，石某某是否属于其中规定的“单身妇女”。

国家卫健委发送《广东省卫生厅关于××要求实施冻融胚胎移植的请示》复印件［内容显示：“近日，我厅收到广东省妇幼保健院《关于××要求实施冻融胚胎移植的请示》（粤妇幼保［2004］××号，见附件），就丧偶妇女××女士能否实施辅助生殖技术进行请示……”］及《卫生部办公厅关于要求实施冻融胚胎移植有关问题的通知》复印件（内容显示：“……其申请实施的冻融胚胎移植仍属于整个辅助生殖治疗的一部分，因此，我部同意广东省妇幼保健院为××提供冻融胚胎移植服务。”）。

经询，梅某某的父亲梅某甲、母亲陈某某表示同意石某某继续接受人类辅助生殖技术，有关胚胎移植一事，由石某某一人向 A 医院主张权利，其二人不参加本案诉讼，自愿放弃在本案中的全部诉讼权利和实体权利。

【案件焦点】

1. 涉案医疗服务合同的数量；2. 涉案医疗服务合同中的患方主体是石某某一人，还是石某某与梅某某二人；3. 如果涉案医疗服务合同中的患方主体为石某某和梅某某夫妻二人，在一人去世的情况下，另一人是否有权单独要求对方继续履行合同；如继续履行，是否有违法律规定和社会伦理道德。

【裁判要旨】

北京市朝阳区人民法院经审理认为：首先，关于合同主体及数量：梅某某、石某某夫妻二人均患有生殖系统疾病，共同寻求治疗，且需双方共同参与，故患方主体应为梅某某、石某某夫妻二人。而实施取卵、受精、移植胚胎是连续的治疗过程，不能割裂开来，故仅形成一个合同关系。

其次，关于继续履行合同是否有违法律规定及社会伦理：1. 案涉合同具有人身性质，除石某某之外，梅某某的其他法定第一顺序继承人不宜主张继受案涉合同权利义务，且梅某某的父母均表示不参加诉讼，自愿放弃在本案中的全部诉讼权利和实体权利。故石某某要求继受合同权利义务，继续履行合同无法律障碍。2. 梅某某、石某某夫妇之前未生育子女，故不违反计划生育法律法规。且石某某作为丧偶妇女，有别于原卫生部规范中所指称的“单身妇女”。加之，根据原卫生部就原广东省卫生厅类似问题的通知精神可知，石某某可以要求 A 医院继续为其提供胚胎移植医疗服务。3. 通过人类辅助生殖技术出生的后代与自然受孕分娩的后代享有同样的法律权利和义务，包括继承权等。因此，继续履行有必要取得梅某某父母的同意，而梅某某父母已明确表达同意石某某实施人类辅助生殖技术的强烈意愿。孩子可能出生在单亲家庭的假定性条件并不意味着必然会对其生理、心理、性格等产生严重影响，且目前并无证据证明实施人类辅助生殖技术存在医学、亲权或其他方面对后代产生严重不利的情形。故继续履行不违反保护后代原则。4. 根据梅某某生前签署的《知情同意书》等可知，其订立合同的目的是生育子女，显然胚胎移植是实现其合同目的之必然步骤，属于合同内容的一部分，且 A 医院已经实施过两次胚胎移植，因此，从梅某某生前的意思表示、行为表现及公众普遍认同的传统观念和人之常情，有理由相信继续实施胚胎移植不违反梅某某的意愿。综上，对石某某要求继续履行合同的诉讼请求，予以支持。

北京市朝阳人民法院依照《民法总则》第 3 条，《合同法》第 60 条第 1 款、第

107 条，《人口与计划生育法》第 17 条规定，判决如下：

A 医院于本判决生效之日起继续履行与石某某之间就体外受精—胚胎移植所签订的医疗服务合同，为石某某施行胚胎移植医疗服务。

【适用解析】

随着科学技术和人类辅助生殖技术等医学水平的不断发展，涉医学伦理及社会伦理的诊疗手段所带来的法律问题日益凸显。《民法典》公布前，我国法律对与人体胚胎有关医疗活动的开展并无明确规定。《民法典》第 1009 条规定："从事与人体基因、人体胚胎等有关的医学和科研活动，应当遵守法律、行政法规和国家有关规定，不得危害人体健康，不得违背伦理道德，不得损害公共利益。"该条对从事人体基因、人体胚胎等有关医学、科研活动作了基本规定，确立了此类活动的"一应当三不得"底线规则，使人体基因和人体胚胎的保护有了民法依据。

一、"胚胎移植"相关立法

人的生命起源于精子与卵子的结合，受精卵经过分裂、发育，形成胚胎。一般来说，从医学角度，卵子受精后 2 周内称为孕卵或受精卵；受精后的第 3 ~8 周称为胚胎；8 周以后称为胎儿。"胚胎移植"是人类辅助生殖技术不断发展的产物。《人类辅助生殖技术管理办法》第 24 条规定：人类辅助生殖技术是指运用医学技术和方法对配子、合子、胚胎进行人工操作，以达到受孕目的的技术，分为人工授精和体外受精—胚胎移植技术及其各种衍生技术。人工授精是指用人工方式将精液注入女性体内以取代性交途径使其妊娠的一种方法。体外受精—胚胎移植技术及其各种衍生技术是指从女性体内取出卵子，在器皿内培养后，加入经技术处理的精子，待卵子受精后，继续培养，到形成早期胚胎时，再转移到子宫内着床，发育成胎儿直至分娩的技术。随着人类辅助生殖技术的不断发展，产生了胚胎冷冻保存技术，即在低温条件下保存早期胚胎（指尚未植入子宫且发育不满 14 天的受精卵），该技术具有合理限制胚胎移植数量、减少痛苦、增加受孕机会等诸多优点，是体外受精—胚胎移植技术的衍生技术。"冷冻胚胎"即是指运用冷冻保存技术保存起来的早期胚胎。

我国关于胚胎移植并无专门的法律规定。为了规范和管理人类辅助生殖技术，原卫生部和其他有关部门制定了《人类辅助生殖技术管理办法》《人类辅助生殖技术规范》《实施人类辅助生殖技术的伦理原则》《人类辅助生殖技术和人类精子库伦理原则》（以下简称《伦理原则》）等规章或规范性文件。但是，上述规章或规范性文件的法律位阶较低，规制的主体仅限于医疗机构和研究机构，规则多为原则性规定，规定的内容也不够全面。

二、《民法典》对“人体胚胎”相关医学科研活动之规范

《民法典》首次在民事立法中对人体基因、人体胚胎等有关的医学和科研活动作出基础性规定。《民法典》第1009条规定：“从事与人体基因、人体胚胎等有关的医学和科研活动，应当遵守法律、行政法规和国家有关规定，不得危害人体健康，不得违背伦理道德，不得损害公共利益。”其重要立法价值在于：

首先，明确了从事与人体基因、人体胚胎等有关的医学和科研活动，应当遵守法律、行政法规和国家有关规定，即“一应当”，这是从事这些活动的基本原则，要求凡是从事与人体基因、人体胚胎等有关的医学和科研活动的主体，必须遵守国家法律、行政法规和其他规定，违反者即构成违法，给人民法院审理相关案件提供了基本遵循。

其次，提出了三个“禁止性规定”，要求从事与人体基因、人体胚胎等有关的医学和科研活动“不得危害人体健康”“不得违背伦理道德”“不得损害公共利益”，即“三不得”。具体而言，1. 维护人体健康是所有医学活动的基本出发点，与人体基因和人体胚胎有关的医学和科研活动更应遵守此原则，该条款所要求的“不得危害人体健康”，一是不得从事危害人类身体健康的医学和科研活动，二是不得危害有关医学和科研活动参与人的人体健康。2. 人类基因和人体胚胎均具有强烈的伦理学意义，因此，从事与之有关的医学和科研活动必须遵循医学伦理，《伦理原则》为人类辅助生殖技术规定了七大伦理原则：有利于患者、知情同意、保护后代、社会公益、保密、严防商业化、伦理监督。这是有关医学活动组织者和参与者必须严格遵守的伦理规范，不可逾越。3. 不得损害社会公共利益。“社会公益”已被《伦理原则》确立为人类辅助生殖技术的一项伦理原则，《民法典》则将其上升为一项法律原则。违反“三不得”之任一内容，将构成违法行为，需要承担相应的法律责任。

最后，《民法典》第1009条虽未明确人体胚胎或冷冻胚胎的法律属性，但规定了人体胚胎的概念，给司法实践和理论研究提供了法律依据。对这里的“人体胚胎”应作广义理解，并非仅指医学概念中受精后3～8周的胚胎，还应包含“冷冻胚胎”。关于“冷冻胚胎”的法律属性尚有争议，但均认可其具有伦理属性，与之相关的活动应当以《民法典》第1009条为依据，受到法律法规、伦理道德、社会公益的特殊规制。

三、《民法典》第1009条之司法适用

本案系北京市首例“冷冻胚胎移植”案，涉案合同的履行属于《民法典》第1009条规定的“与人体胚胎有关的医学活动”，具有新颖性和典型性，裁判理由对胚胎移植医疗服务合同的权利义务关系，配偶一方死亡后另一方是否有权要求继续履行胚胎移植医疗服务合同以及继续履行是否有违社会伦理道德进行了充分论证，确立了从《合同法》角度出发，既要遵从法律规定，又要审慎考量社会伦理道德，探求当事人真实意思表示，以保障当事人合法权益，并维护社会关系稳定和社会伦理道德的审理思路，裁判结果兼顾了法理、事理与人情的衡平，充分体现了《民法典》第1009条蕴含的立法精神和价值功能，认为涉人类辅助生殖技术医疗服务合同的履行，必须在遵守法律、不危害人体健康、不违背伦理道德、不损害社会公共利益的框架之内。

（一）重点审查是否违反法律规定

司法实践中，“冷冻胚胎”案件所涉具体法律问题主要集中在以下五个方面：一是合同数量及合同中的患方主体是夫或妻一人还是夫妻二人；二是夫妻双方的合同解除权问题；三是夫妻一方死亡后的合同继续履行问题；四是冷冻胚胎的返还问题；五是夫妻双方死亡后，“冷冻胚胎”的继承或监管、处置问题。本案所涉法律问题主要有：1. 合同数量；2. 合同主体；3. 夫妻一方去世后，另一方或死亡一方法定第一顺序继承人要求继续履行合同是否有违法律、行政法规和有关规定。对这些法律问题，本案首要的审理思路即是从现有的法律框架内审查石某某要求继续履行合同是否具有合法性，是否具有合同或法律依据。

1. 合同数量和合同主体。首先，从《合同法》角度看，本案系医疗服务合同，一般情况下，患者是单一自然人。涉人类辅助生殖技术医疗服务合同系夫妻双方因双方或一方不孕/不育到医疗机构寻求治疗所形成的服务合同关系，合同目的为通过人类辅助生殖技术孕育子女。因此，从合同性质和合同目的看，虽然“人类辅助生殖技术”分“取卵受精”“胚胎移植”等多个治疗阶段，但与其他医疗服务合同一样，取卵、受精、移植胚胎系连续的治疗过程，不能割裂，应当认为仅形成一个医疗服务合同关系。行胚胎移植之前，夫妻双方的签字同意，对于医疗机构是履行告知义务，对于患者是行使知情权和决定权，并不意味着建立新的合同关系。

其次，根据《人类辅助生殖技术管理办法》相关规定和社会公益伦理原则要求[①]，我国禁止给单身妇女实施人类辅助生殖技术，且实施人类辅助生殖技术需同不育夫妻双方签署相关同意书，故人类辅助生殖技术医疗服务合同的主体，一般情况下应是夫妻双方。具体到本案，从疾病类型看，石某某夫妻二人均患有生殖系统疾病，共同寻求治疗；从治疗手段看，需要夫妻双方共同参与，故应当认定案涉医疗服务合同的患方主体为石某某和梅某某二人。此外，从A医院的治疗方案可知，实施取卵、受精、移植胚胎是连续的治疗过程，因此，应当认定医患双方就疾病的诊疗仅形成一个医疗服务合同关系，而不是两个甚至多个医疗服务合同。

2. 夫妻一方去世后，另一方或死亡一方法定第一顺序继承人要求继续履行合同是否具有合法性。涉人类辅助生殖技术医疗服务合同具有人身性质，不论“胚胎”是否可作为民法上的“物”成为可继承之财产，除夫妻双方外，其他继承人不宜主张继续履行合同。但在一方死亡的情况下，如女方死亡，因我国法律禁止代孕，接受胚胎移植的对象不复存在，故不宜要求继续履行合同。而如男方死亡，女方能否要求继续履行合同的问题，从合同权利义务的角度看，除女方外，其他人不宜主张继受合同权利义务。本案中，梅某某的父母自愿放弃在本案中的全部诉讼权利和实体权利，故石某某无论作为患方主体之一还是作为梅某某的法定第一顺序继承人，其要求继受合同权利义务，继续履行合同，均不存在法律障碍。

（二）审慎考量是否有违社会伦理道德和社会公共利益

医疗辅助生殖技术在给不孕不育患者带来繁衍后代的希望的同时，也对与婚姻家庭有关的伦理道德和社会公共利益产生了冲击。一方面，生育权是人的基本权

---

① 《人类辅助生殖技术管理办法》第一部分第2项管理部分第1点规定：“实施体外受精与胚胎移植及其衍生技术的机构，必须遵守国家人口和计划生育法规和条例的规定，并同不育夫妇签署相关技术的《知情同意书》和《多胎妊娠减胎术同意书》”；第2点规定：“机构必须预先认真核验不育夫妇的身份证、结婚证和符合国家人口和计划生育法规和条例规定的生育证明原件，并保留其复印件备案；涉外婚姻夫妇及外籍人员应出示护照及婚姻证明并保留其复印件备案。”第三部分第13项规定：“禁止给不符合国家人口和计划生育法规和条例规定的夫妇和单身妇女实施人类辅助生殖技术。”

利，帮助不孕不育夫妻实现生育愿望，在道德、法律许可范围内尽量保障其生育权，应是一个基本的考量标准。另一方面，实施人类辅助生殖技术须符合安全、有效、合理的原则，要符合社会伦理道德，保障个人、家庭以及后代的健康和利益，维护社会公益。因此，对冷冻胚胎移植需审慎考量是否符合社会伦理道德和社会公共利益，这也是《民法典》第1009条之要求。

从法律法规体系角度，《伦理原则》属于《民法典》第1009条中“国家有关规定”的范畴，也是判断是否符合第1009条中“伦理道德”“社会公益”的基本规范之一，人类辅助生殖技术参与人必须遵守《伦理原则》。案涉人类辅助生殖技术是治疗不孕不育症的一种医学手段，通过人工生殖技术取得父体精子和母体卵子，培育人体胚胎，进行冷冻并植入人体，发育成胎儿，辅助人类生育，不会危害人体健康，主要涉及是否存在违背“社会伦理道德”和损害“社会公共利益”问题，与之相关的是《伦理原则》中的“知情同意”“保护后代”“维护社会公益”三个伦理原则。

首先，关于知情同意原则，《伦理原则》规定：“人类辅助生殖技术必须在夫妇双方自愿同意并签署书面知情同意书后方可实施。”根据梅某某生前签署的《人类辅助生殖治疗知情同意书》等文件可知，梅某某和石某某与A医院订立医疗服务合同的目的是通过人类辅助生殖技术生育子女，而胚胎移植是实现其孕育子女的合同目的之必然步骤，属于医疗服务合同内容的一部分，且A医院已经为梅某某和石某某实施过两次胚胎移植，因此，从梅某某生前的意思表示、行为表现及公众普遍认同的传统观念和人之常情，有理由相信继续实施胚胎移植不违反梅某某的意愿，故继续履行合同不违反知情同意的伦理原则。

其次，关于保护后代原则。《伦理原则》规定，医务人员有义务告知：受试者通过人类辅助生殖技术出生的后代与自然受孕分娩的后代享有同样的法律权利和义务；接受人类辅助生殖技术治疗的夫妇对通过该技术出生的孩子（包括有出生缺陷的孩子）负有伦理、道德和法律上的权利和义务；如果有证据表明实施人类辅助生殖技术将会对后代产生严重的生理、心理和社会损害，医务人员有义务停止该技术的实施等。本案中，梅某某父母明确表达了同意石某某实施人类辅助生殖技术的强烈意愿，且孩子出生后没有父亲，可能生在单亲家庭，该假定性条件并不意味着必然会对其生理、心理、性格等方面产生不良影响，加之，目前并无证据证明实施人类辅助生殖技术存在医学上、亲权上或其他方面对后代产生严重的生理、心理和社会损害等不利情形。因此，A 医院继续为石某某实施人类辅助生殖技术不存在导致孩子出生后合法权益无法得到保护，造成社会关系混乱的问题，不违反保护后代的伦理原则。

最后，关于社会公益原则。《伦理原则》《人类辅助生殖技术规范》均规定，禁止给不符合国家人口和计划生育法规和条例规定的夫妇和单身妇女实施人类辅助生殖技术。本案中，石某某夫妇之前未生育子女，进行生育不违反计划生育法律法规，且石某某作为丧偶妇女，要求以其夫妇通过实施人类辅助生殖技术获得的“冷冻胚胎”继续孕育子女，有别于上述规范所指称的“单身妇女”。因此，A 医院继续为石某某实施人类辅助生殖技术不违反社会公益原则。

综上，本案结合人类辅助生殖技术特点，从《合同法》角度审查了当事人的主体资格，明确了合同权利义务，在探求当事人真实意思表示的基础上，认真审查了继续履行合同是否具有合法性，是否存在危害人体健康、违背社会伦理道德、损害社会公共利益的情况，有效保障了当事人的合法权益，维护了社会伦理道德及社会公共利益，充分体现了《民法典》第 1009 条规定之立法精神、立法价值。

编写人：北京市第三中级人民法院　陈晓东

北京市朝阳区人民法院　于婷

【第 1018 条第 2 款　肖像识别性，第 1019 条第 1 款利用信息技术手段伪造方式侵害肖像权】

39

利用计算机软件移花接木分割他人肖像构成侵权

——陆某某诉薛某某肖像权案

【基本信息】

1. 裁判书字号

江苏省无锡市中级人民法院（2009）锡民终字 0168 号民事判决书

2. 案由：肖像权纠纷

3. 当事人

原告（被上诉人）：陆某某

被告（上诉人）：薛某某

【基本案情】

1999年，江阴市暨阳名贤研究院为宣传需要策划出版了《冰某与江阴》一书，由薛某某主编。薛某某利用陆某某与冰某的合影照片，通过图片编辑软件将陆某某躯体部分影像保留，头部影像更换成薛某某的头部影像，形成了薛某某与冰某的合影照片，并将编辑后的照片刊登在《冰某与江阴》内发行。

【案件焦点】

不以营利为目的，利用PS技术“移花接木”分割他人与名人的合照而公开发行，是否构成肖像权侵权。

【裁判要旨】

江苏省江阴市人民法院经审理认为：肖像权保护范围不限于人的五官，还包括人的躯体。薛某某利用陆某某与冰某合影通过电脑技术，使用其中陆某某的躯干影像，合成为自己与冰某的合影，该行为侵犯了陆某某的肖像权，应当承担民事责任。

江苏省江阴市人民法院依据《民法通则》第120条第1款和第134条第1款第1项、第10项，《最高人民法院关于确定民事侵权精神损害赔偿责任若干问题的解释》第8条、第10条规定，判决如下：

一、薛某某停止使用其利用陆某某与冰某合影照片通过电脑技术合成的其与冰某的合影照片；

二、薛某某在本判决发生法律效力之日起十日内在《江某日报》上刊登致歉声明，向陆某某赔礼道歉（具体内容由本院审定）；

三、薛某某于本判决发生法律效力之日起十日内赔偿陆某某精神损害抚慰金2000元；

四、驳回陆某某的其他诉讼请求。

薛某某不服一审判决，提起上诉。

江苏省无锡市中级人民法院经审理认为：肖像是采用摄影或者造型艺术手段反映出来的自然人的形象，只有自然人自己才能决定对自己肖像的使用。所谓肖像权是指法律赋予自然人对自己形象再现（肖像）的排他性支配权。作为人格权，肖像权既是民事权利，更是自然人基本权利。它的权能具有两种属性：一种是“积极作为”的“支配”属性，如肖像使用权，“未经本人同意，不得以营利为目的使用自然人的肖像”；另一种是“消极防御”的不受侵犯属性，如维护肖像完整权，自然人对自己的肖像有维护完整性的权利，有权禁止他人非法毁损，维护自己的尊严，这是自然人人格尊严受法律保护的体现。

在中华文化传统中，社会公众一般比较重视照片中自身影像的完整性，特别是将头部与躯干视为一个整体，不可分离，尤其忌讳将已成影像中的头部从躯干上人为地去除。且对于普通民众来说，能与中国知名作家冰某合影，是具有纪念意义的事件，合影的照片亦具有珍藏价值。薛某某未经肖像权人陆某某的许可，擅自通过电脑技术将陆某某视为具有特定价值的照片中的头部影像从其整体影像中分离，破坏了陆某某肖像在该合影照片中的完整性，其行为侵害了陆某某最基本的肖像完整展现的专有权益，已经构成侵权。

江苏省无锡市中级人民法院依照《民法通则》第 5 条、《民事诉讼法》第 153 条第 1 款第 1 项规定，判决如下：

驳回上诉，维持原判。

【适用解析】

《民法典》创设了人格权编，内容空前丰富，条文严密，对自然人人格权利的享有、行使和保护作出了体系性的规定，既扩展了具体人格权益保护的范围，也明确了人格权益利用和保护中的利益衡量规则，积极回应时代之问，充分体现了《民法典》的人文关怀，反映了改革开放 40 年来法学研究、民事立法和司法实践的发展成果，对于促进人与社会的全面协调发展具有重大长远历史意义。可以说，人格权编彰显了民法的价值理念。[1]

---

[1] 王泽鉴：《中国民法典的特色及解释适用》，载《法律适用》2020 年第 13 期。

一、肖像权的民法保护

自改革开放以来，民事法律对于肖像权的保护先后体现在《民法通则》《民法总则》的有关规范中，而《民法典》则开启了包括肖像权在内的人格权保护的新时代。该章首次针对肖像权的客体、内容、财产利益及合理使用等进行了规范，并就姓名等人格权益许可和声音保护的参照适用作出了规定。

（一）肖像的基本要素

肖像权是建立在自然人肖像基础上的权利束，要准确理解《民法典》关于肖像权的规范，首先应把握肖像的基本含义。所谓肖像，《民法典》第1018条第2款规定，是通过影像、雕塑、绘画等方式在一定载体上所反映的特定自然人可以被识别的外部形象。根据该款规定，肖像的认定需要把握几个要素：

1. 肖像反映在一定物质载体上，具有可固定化的特征，而反映肖像的方式包括但不限于影像、雕塑、绘画等艺术形式，随着时代的进步和科技的发展，能够反映自然人肖像的方式可能更加多样化、多元化。比如，3D打印技术完全可以艺术化地再现一个人的形象，该形象完全可以作为《民法典》保护的肖像或其他人格权保护的对象。

2. 肖像是自然人外部形象的再现。通常观念认为人的脸部特征具有直观的可识别性，是肖像权保护的重点，但是肖像权保护的对象是自然人形象的整体再现，其体型特征、外貌特征、声音等诸多与自然人相关的形象都可以通过一定的方式反映在载体上，都应该是肖像权保护的内容，对此《民法典》有关规范亦有体现，第1023条第2款以参照适用的方式明确将自然人的声音纳入肖像权保护的范畴。

3. 肖像可识别为自然人。肖像是通过一定的艺术或技术形式使自然人的整体外部形象在物质载体再现的视觉形象，肖像权保护的是自然人因肖像视觉形象产生的财产利益和精神利益，如果通过特定的技术或艺术反映出来的形象不能特定化，不能被识别，那么就无法确定是否侵害了特定自然人的权益，也就失去了保护的主体。

（二）肖像权的权能

人格权理论和司法实践认为，人格权的权能包括积极权能和消极权能，肖像权也不例外。

1. 肖像权的积极权能。《民法典》第1018条第1款规定即为肖像权积极权能，即自然人有权依法自行或许可他人使用自己的肖像。具体表现为：自然人有权依法制作、使用、公开或者许可他人使用自己的肖像。对于自己肖像的使用，人格权编没有设立过多的限制性条款，因为这属于人格自由的范畴，法律不必设置具体的干涉条款，但法典化之后，自然人使用自己肖像的行为除要受人格权编的规范外，还要受其他编以及《民法典》外有关规范的限制，至少有关行为不得违背公序良俗、侵害公共利益，不得突破行为自由的应有边界。对于肖像的许可使用，一般是通过许可合同的形式完成，对于涉及人格财产利益的合同解释和适用规则，《民法典》第1021条、第1022条分别作了规范，即肖像许可使用合同的有利解释原则和有利解除规则。将肖像权人的人格利益置于优先保护位置：当事人对肖像许可使用合同中关于肖像使用条款的理解有争议的，应当作出有利于肖像权人的解释；当事人对肖像许可使用期限有明确约定，肖像权人有正当理由的，可以解除肖像许可使用合同，但是应当在合理期限之前通知对方。当然在优先保护人格权利益的同时，对于肖像权人无正当理由解除许可使用合同造成对方损害的，亦应当依法赔偿，据此以平衡人格利益与他人财产利益，相关规定至为合理。同时，对于肖像权的许可使用，同样不得违背法律的基本原则和具体规范，正如《民法典》第993条规定，民事主体可以将自己的姓名、名称、肖像等许可他人使用，但是依照法律规定或者根据其性质不得许可的除外。

2. 肖像权的消极权能。此为防御性权能，是肖像权保护的精神利益核心所在，旨在保护自然人对自己肖像使用的控制权，防止他人以不当手段破坏自己的"形象完美"，尤其是在互联网时代，各种制图软件和制图平台的技术支持使侵害者对他人肖像的制作和修改变得更加容易和便捷①，肖像可以被以移花接木的方式随意"换脸"，高科技的爆炸更加凸显了人格权益保护的重要性。② 正是基于通常侵权的两个方面，《民法典》在第1019条对于侵害肖像权的行为作了禁止性规定：任何组织或者个人不得以丑化、污损，或者利用信息技术手段伪造等方式侵害他人的肖像权。未经肖像权人同意，不得制作、使用、公开肖像权人的肖像，但是法律另有规定的除外。未经肖像权人同意，肖像作品权利人不得以发表、复制、发行、出租、展览等方式使用或者公开肖像权人的肖像。

---

① 谭子恒、周熙莹：《互联网时代肖像权的保护》，载《传播与版权》2019年第5期。

② 王利明：《人格权法的新发展与我国〈民法典〉人格权编的完善》，载《浙江工商大学学报》2019年第6期。

二、肖像权保护的限制

正如任何权利都有相应的制约边界一样，《民法典》对于肖像的保护也应控制在合理范围内，而不是无限延展。根据法律适用的体系性规则，对于肖像权的限制主要体现在合理使用、保护期限、著作权对肖像权的限制等方面。

1. 肖像权的合理使用。《民法典》第1020条规定了5种合理使用的情形，分别为：（1）为个人学习、艺术欣赏、课堂教学或者科学研究，在必要范围内使用肖像权人已经公开的肖像；（2）为实施新闻报道，不可避免地制作、使用、公开肖像权人的肖像；（3）为依法履行职责，国家机关在必要范围内制作、使用、公开肖像权人的肖像；（4）为展示特定公共环境，不可避免地制作、使用、公开肖像权人的肖像；（5）为维护公共利益或者肖像权人合法权益，制作、使用、公开肖像权人的肖像的其他行为。

需要注意的是，上述合理使用应以必要性为限，符合“必要范围”、“不可避免”或“维护公共利益或者肖像权人合法权益”目的之要求，也就是有关组织和个人在使用他人肖像时应当以对肖像权人造成最小的不利益为原则。除上述法定方式外，司法实践还在某种情形下发展了合理使用的方式，比如，为介绍、评论某一作品或者说明某一问题，可以善意使用他人肖像；用人单位在合理范围内使用其工作人员肖像等。①

2. 肖像权的保护期限。《民法典》没有直接规定肖像权保护的期限，但是通过其他规范可以推定出肖像权是有保护期限的。首先，自然人生存期间，依法享有肖像权并主张肖像权利自不必待言；但自然人死亡后，对于死者肖像的保护却存在一定期限限制。《民法典》第994条规定，死者的姓名、肖像、名誉、荣誉、隐私、遗体等受到侵害的，其配偶、子女、父母有权依法请求行为人承担民事责任；死者没有配偶、子女且父母已经死亡的，其他近亲属有权依法请求行为人承担民事责任。换言之，《民法典》是通过权利行使主体的范围界定间接限制了肖像及肖像权保护的期限，因为死者的配偶、子女、父母及近亲属都是法定的人群范畴，相关人员都有自然的生命周期。当然在特定的情形下，不排除为了国家或公共利益需要对特殊人物的肖像予以更长期限的特殊保护。

---

① 张红：《民法典之肖像权立法论》，载《学术研究》2019年第9期。

3. 著作权对肖像权的限制。当一项智力成果以人物肖像为素材、原型时，最终的成果融合了肖像权和著作权，肖像作品是两种权利共同的载体。著作权人行使著作权时应该尊重肖像权人，不得非法侵害肖像权人的利益；反之，肖像权人也不得非法侵害、限制著作权人的合法权益，两者互为制约。

三、本案裁判的时代背景及超越

庞德曾指出，法律存在稳定必要性与变化必要性的冲突，所有法律思想的目的都在于协调这种必要性与变化性。[①] 司法裁判很多时候亦是两者之间协调的艺术。《民法通则》第5条规定，“公民、法人的合法的民事权益受法律保护，任何组织和个人不得侵犯”；第100条规定，“公民享有肖像权，未经本人同意，不得以营利为目的使用公民的肖像”。《最高人民法院关于贯彻执行〈中华人民共和国民法通则〉若干问题的意见》第139条规定，“以营利为目的，未经公民同意利用其肖像做广告、商标、装饰橱窗等，应当认定为侵犯公民肖像权的行为”。虽然从立法层面有了突破，确立了肖像权的法律保护规则，但具体保护仅限于“以营利为目的”，即肖像权的财产属性，而对肖像权最基本精神利益的保护出现法律欠缺。

碍于肖像权保护立法的局限性，具体到本案的实务处理，虽然一、二审法院均认为薛某某未经肖像权人陆某某的许可，擅自剪接陆某某的肖像，构成肖像权侵权，但两者判决的理由大相径庭：一审法院依据《民法通则》第100条，从薛某某损害的是陆某某肖像权的物质利益来阐述；二审法院适用《民法通则》第5条法律原则，认定薛某某损害的是陆某某肖像权的精神利益。

为了遵循法律规范中“使用肖像”的概念，一审法院认为肖像不只局限于人的五官，还包括人的躯体。只要具备“未经本人同意”“以营利为目的”两个要素，即使他人从剪接后的影像中无法辨别出肖像权人，也构成肖像侵权。二审的判决理由认为，所谓肖像是通过摄影、雕塑、录像、绘画、电子数字技术等手段，将自然人的五官特征、形体特征、肢体特征或其他可识别特征以物质载体或虚拟物质载体方式表现其全部或局部，并能够为人们主要是通过视觉方式感知的形象。肖像是肖像人外部形象的再现，并体现肖像人的人格利益。这是法律意义上肖像构成的首要要件，否则不能称之为肖像。

---

① ［美］罗科斯·庞德：《法律史解释》，邓正来译，中国法制出版社2002年版。

肖像最基本的功能是识别功能，一审法院将不具有识别特征的躯干作为肖像归类于法律保护的范畴，在语义上存在逻辑错误，但其裁判思路为我们提出了一个界定肖像权保护范围的命题，即除了自然人面部以外，人体的其他部分是否属于肖像权的内容。二审法院对此进行了清晰的界定，即自然人的五官特征、形体特征、肢体特征或其他可识别特征，无论是全部还是局部的表现，只要能够为人们感知，即具有可识别性，其形象就属于肖像权的保护范畴。此规则已为《民法典》第1018条第2款所确认：肖像是通过影像、雕塑、绘画等方式在一定载体上所反映的特定自然人可以被识别的外部形象。

《民法通则》第5条规定，“公民、法人的合法的民事权益受法律保护，任何组织和个人不得侵犯”。首先，肖像权作为一种人格权，具有人格权最基本的属性——精神利益，自然人形象的完整性受法律保护，任何人不得非法损毁、恶意玷污，这是人之所以作为人存在的最基本权利。其次，肖像权作为人格权的具体权利形态，又具有其特有的属性——物质利益。虽然它没有直接的财产内容，但它与人的名誉与财产密切相关，人们可以利用肖像进行盈利。综上，在审理肖像权案件时不应拘泥于《民法通则》第100条之规定，只要未经本人同意，无阻却违法事由擅自使用他人肖像，无论盈利与否，均可认定为肖像权侵权。该裁判思路和规则符合《民法典》第1019条第1款的要义：任何组织或者个人不得以丑化、污损，或者利用信息技术手段伪造等方式侵害他人的肖像权。未经肖像权人同意，不得制作、使用、公开肖像权人的肖像，但是法律另有规定的除外。该规定对他人行为的禁止，或者对肖像权侵权的认定，不再限于“以营利为目的”。

社会的物质生活条件决定了法的内涵实在。随着电脑、互联网、APP在人们生活中的普及，肖像权的保护内容也发生了重大变化。传统意义上由于技术条件的限制，一旦肖像再现于物质载体就紧密结合，不可分割。整体利用或是局部利用他人肖像的目的主要为谋取经济利益。而随着IT技术的发展，通过修图软件，肖像可以轻易地与物质载体相分离，保护肖像权的法律意义已不再局限于肖像权的财产权益，更在于它的人身属性。《民法典》第1018条、第1019条的规定，完善了肖像权的全面保护，是《民法典》开创人格权立法新篇章的重要内容。

编写人：江苏省无锡市中级人民法院　薛崴　张朴田

【第1020条　肖像合理使用】

40

新闻传播中合理使用肖像范围的认定

——张某诉某新闻中心肖像权、名誉权案

【基本信息】

1. 裁判书字号

北京市第二中级人民法院（2017）京02民终7245号民事判决书

2. 案由：肖像权、名誉权纠纷

3. 当事人

原告（上诉人）：张某

被告（被上诉人）：某新闻中心

【基本案情】

张某系中国农业银行北京分行（以下简称农行）的职员。

2016年1月22日，某新闻中心主办的“某某网”发表题为《北京农行票据案件：农行爆发票据窝案38亿无法兑付【图】》的网文（以下简称网文），主要内容为据××获悉，农行2名员工因涉嫌非法套取38亿元票据已被立案调查等。网文分为5页显示，每页各有一张配图，每张配图下方均由小号字体标注网文的标题。其中，第1~3页中的配图均系农行营业场所室外照片，第5页配图系标注“票据市场”字样的象形图片。第4页配图是张某工作场景的照片，张某身着制服、站在银行服务大厅内，以大厅为背景拍摄，图中位于张某的左侧及左后方分别有大厅服务设备及“大堂经理”桌牌等，配图的主要内容是张某的肖像。

诉讼中经对比，涉诉配图内容与《北京日报》（2013年×月×日）中《走进北

京农行——春天的耕耘者　用满腔热忱浇铸事业之花——记农业银行北京××支行大堂经理张某》一文配图内容完全一致。

【案件焦点】

1. “以营利为目的”是否侵犯肖像权构成要件；2. 新闻媒体为新闻报道需要而使用他人的肖像，如何确定使用的合理范围。

【裁判要旨】

北京市西城区人民法院经审理认为：某新闻中心侵犯张某名誉权，但根据现有证据难以认定某新闻中心系以营利为目的使用涉诉配图，亦无证据证明某新闻中心因此获得特定利益，故张某关于侵犯其肖像权的主张，缺乏法律明确规定的要件，不予采纳。北京市西城区人民法院判决如下：

一、判决生效后三十日内，某新闻中心在某某网上登载致歉声明，对未经审查转载错误使用张某照片配图的网文一事向张某赔礼道歉，致歉声明的内容和版式须经法院审核认可后方可发表，登载时间不得少于三日；如逾期未履行上述判决义务，将由法院在全国范围内公开出版发行的报刊上登载判决书主要内容，费用由某新闻中心负担；

二、判决生效后三十日内，某新闻中心赔偿张某精神损害抚慰金3000元；

三、驳回张某的其他诉讼请求。

张某不服一审判决，提起上诉。

北京市第二中级人民法院经审理认为：肖像作为人格要素之一，是个人正常形象的客观反映。肖像权益之所以受法律保护，在于保障个人正常的客观形象不受外来的不良影响，从而确保人格的圆满无缺、不受侵害。对肖像的侵害，即体现为人格受侵害。就侵害后果而言，不当使用肖像使人格商业化，使人格等同于金钱，从而导致人格价值受贬损，固然是侵害肖像权的常见类型，而不当使用肖像使人格缺失，亦是对肖像权的侵害。法律规定未经本人同意不得以营利为目的使用自然人的肖像，但法律并非且亦未将侵害自然人肖像权的行为类型限定于上述一种。

首先，涉诉网文配图是张某工作场景的照片，是此前张某以农行工作人员身份接受其他媒体采访并为其他报道使用过的新闻图片，客观上与农行具有一定的关联性，但是，其他媒体使用张某的肖像是为了对张某进行正面宣传，与涉诉网文有关农行的负面报道之间没有关系，且剥离张某接受其他媒体采访报道的背景，单从构图及内容看，涉诉配图中农行的相关信息并不突出，与农行的关联性亦不明显，图片的重点和中心系张某的个人肖像本身。因此，即便某新闻中心为新闻传播组图的需要而使用与农行主题相呼应的配图，也不以使用涉诉配图即张某肖像为必要。

其次，根据涉诉网文文字内容，确实无法将涉诉配图所表征的张某与涉诉网文中记载的被调查的2名农行员工进行直接对应，但是，按照一般理解，在没有特别注明的情况下，文章的配图是为了与文章的内容相对应或者与文章要表达的主题相呼应，这也是某新闻中心对于涉诉网文使用5张配图的目的的解释，且通过5张配图下方标注涉诉网文标题的情节也能得到进一步的印证，那么，涉诉网文及5张配图通过图文组合的传播形式，会向网络读者传递一种信息，即5张配图中的人物或者事物，均与涉诉网文内容或者主题相关。一般网络读者看到涉诉配图，会认为该图的重点和中心系图中人物，而非农行，进而会认为涉诉配图中与涉诉网文内容、主题相关联的因素亦是图中人物。而涉诉网文的内容又属负面报道性质，这确实会让网络读者对图中人物产生不利于其人格的联想，造成张某精神上的困扰。

最后，一般而言，人们会避免将自己的肖像等人格要素与负面事物联系到一起，以维护自己的人格完整。而行为人在未经本人同意使用其肖像时，则应当注意肖像的使用方式，避免导致正常的人格形象受到不良影响，给权利主体的人格形象带来侵害。这是合理使用他人肖像、维护个人人格的应有之义。涉诉配图的主要内容是张某的肖像，也是张某人格形象的载体，某新闻中心将张某的肖像用于负面报道的涉诉网文，没有尽到相应的注意义务，超出了新闻媒体为了新闻传播需要而使用他人肖像的合理范围，构成不当使用，侵犯了张某的肖像权。

综上，张某关于某新闻中心侵犯其肖像权的上诉主张成立，予以支持。一审判决以难以认定某新闻中心以营利为目的使用涉诉配图，无证据证明某新闻中心因此获得特定利益，缺乏法律明确规定要件为由，未认定侵犯肖像权，不够准确，二审予以纠正。但是一审裁判结果正确，故北京市第二中级人民法院依照《民事诉讼法》第170条第1款第1项，《最高人民法院关于适用〈中华人民共和国民事诉讼法〉的解释》第334条规定，判决如下：

驳回上诉，维持原判。

【适用解析】

《民法典》以专章对肖像权的客体、内容及合理使用等进行了系统的规定，扩大了肖像权的保护范围，确立了肖像许可使用制度，明确了肖像合理使用的规则，为司法实践认定肖像权侵权提供了更加明确、更具可操作性的裁判标准。

一、《民法典》关于肖像和肖像权的基本规定

根据《民法典》第1018条第2款规定，肖像是“通过影像、雕塑、绘画等方式在一定载体上所反映的特定自然人可以被识别的外部形象”。作为以法律规范明确的定义，它包含两个要点，一是肖像是自然人外部形象在一定载体上的反映；二是肖像是可以被识别的自然人的外部形象。其实质是对肖像权客体范围的明确，即只要能够从载体上的外部形象识别出特定的人就可以认为该形象是其肖像，至于形式如何，是否完整地再现了自然人的外部形象，是否反映了面部特征，对肖像的认定不具有实质影响。因此，侧脸、背影、局部特写、外貌轮廓、体态乃至漫画等，只要具有可识别性均属于肖像的范畴。[①] 显然，可获《民法典》保护的肖像范围比较宽泛。

根据《民法典》第1018条第1款规定，肖像权是自然人依法制作、使用、公开或者许可他人使用自己肖像的权利。相较于肖像权现行立法的原则性，第1018条清晰地明确了肖像权的三项具体内容：

1. 肖像制作权。即自然人通过造型艺术或其他形式再现自己形象的专有权，可以称之为形象的再现权。自然人享有是否允许他人制作自己肖像的权利，形象再现权应属自然人本人专有。

2. 肖像使用权、公开权。自然人有权以一定的方式使用、公开自己的肖像，并取得精神上的满足和财产上的收益。这是自然人是否使用、公开本人的肖像，使用、公开本人的哪些肖像，如何使用、公开本人的肖像的决定权。肖像使用权、公开权是肖像权的核心之所在。[②]

3. 肖像许可使用权。从权益的角度，肖像权除精神利益外还具有财产利益，

---

① 黄慧婧：《肖像权保护，看〈民法典〉如何守护你的“脸面”》，载北京法院网2020年6月15日，http://bjgy.chinacourt.gov.cn/article/detail/2020/06/id/5302348.shtml，2020年7月9日访问。

② 吕彦：《公民肖像权若干问题探讨》，载《现代法学》1990年第4期。

第1018条赋予权利人通过合同等方式许可他人使用自己的肖像并取得肖像财产利益的权利。《民法典》第1021条、第1022条第2款进一步规定："当事人对肖像许可使用合同中关于肖像使用条款的理解有争议的，应当作出有利于肖像权人的解释。""当事人对肖像许可使用期限有明确约定，肖像权人有正当理由的，可以解除肖像许可使用合同，但是应当在合理期限之前通知对方。因解除合同造成对方损失的，除不可归责于肖像权人的事由外，应当赔偿损失。"第1021条确立了有利于肖像权人的合同解释规则，第1022条第2款则赋予肖像权人正当理由下的合同解除权。可见，在肖像权许可使用合同关系中，因肖像权的人格权属性，《民法典》倾向于保护肖像权人的权利。

二、肖像权侵权认定的基本规则

《民法通则》第100条规定，公民享有肖像权，未经本人同意，不得以营利为目的使用公民的肖像。该条规定是我国法律中"以营利为目的"与侵犯肖像权建立起联系的渊源所在。"以营利为目的"是否侵犯肖像权的构成要件，这个问题在《民法通则》颁行之初就存在很大争论。一种观点认为，行为人主观上必须是"以营利为目的"，才能构成侵犯公民肖像权的行为。另一种观点认为，未经公民本人同意，以营利为目的而使用其肖像，当然是侵害公民肖像权的侵权行为，但是，对肖像权的侵犯不在于侵权人是否以营利为目的，而在于未经肖像权人许可公布、陈列、复制他人的肖像；将侵犯肖像权的行为限定为"未经本人同意""以营利为目的"，缩小了法律对肖像权的保护范围；虽不以营利为目的，但违背公民个人意愿，以侮辱人格为目的严重污损、丑化公民肖像并公布于众，或者以造谣诽谤为目的使用肖像，侵犯了只能由公民本人行使的专有权，也构成对肖像权的侵犯。这种争论反映到司法裁判上，就是尺度的不统一。有学者曾对24例较具典型意义的肖像权纠纷案例进行实证研究，判决将"以营利为目的"作为认定肖像权侵权责任构成要件的案例有12例，明确表示是否具有营利目的不影响肖像权侵权责任认定的案例有9例，而以其他原因认为不构成侵犯肖像权的案例有3例。①

① 张红：《"以营利为目的"与肖像权侵权责任认定——以案例为基础的实证研究》，载《比较法研究》2012年第3期。根据该文章记载，选取的24例分析样本包括：《最高人民法院公报》案例3例、《人民法院案例选》案例4例、《中国审判案例要览》案例17例。该24例案例的情况详见该文章。

《民法典》给上述争论画上了句号，“营利目的”将不再是肖像权侵权行为的构成要件。《民法典》第1019条第1款规定，“任何组织或者个人不得以丑化、污损，或者利用信息技术手段伪造等方式侵害他人的肖像权。未经肖像权人同意，不得制作、使用、公开肖像权人的肖像，但是法律另有规定的除外”。

根据《民法典》第1019条规定，构成侵害他人肖像权的行为可以分为三个层面：其一，对他人肖像的侮辱或伪造使用。即任何组织或者个人不得以丑化、污损，或者利用信息技术手段伪造等方式侵害他人的肖像权。对他人肖像的丑化、污损或伪造，是严重侵害权利人人格利益的行为，司法适用的重点在于对使用行为是否导致他人肖像被丑化、污损或者是否有伪造行为的判断。其二，擅自制作、使用、公开他人肖像。即未经肖像权人同意不得制作、使用、公开肖像权人的肖像，如偷拍偷摄，擅自利用他人肖像做广告、商标、装饰橱窗等，这类行为是对肖像权人肖像制作权、使用权的侵害。司法适用的重点在于对肖像权人是否同意以及是否属于合理使用的判断。其三，肖像作品权利人擅自使用他人肖像。即未经肖像权人同意，肖像作品权利人不得以发表、复制、发行、出租、展览等方式使用或者公开肖像权人的肖像。这是针对肖像作品权利人使用肖像作品行为的限制，功能在于平衡肖像权人和肖像著作权人的利益冲突，显然，在人格权和著作权之间，《民法典》更倾向于对肖像权人人格利益的保护。司法适用的重点在于对肖像作品使用行为是否经肖像权人同意的判断。

需要说明的是，《民法典》只是从立法上昭示“营利目的”不再是肖像权侵权的构成要件，在该法典正式实施之前，实践中对于肖像权纠纷案件中的侵权认定标准是否应包含“营利目的”的争议还将存在。鉴于肖像权的本质为人格权属性，实践中应倾向于对肖像权人格利益的保护，一般不再以“营利目的”为肖像权侵权的构成要件。

三、新闻传播中肖像合理使用的范围及司法认定

肖像权虽是专有权，但并非在所有情况下都只能由本人行使，其行使也受到一定的限制。法律允许在一定的条件下，无须征得肖像权人的同意，即可采取正当的方式制作和使用、公开其肖像，这也就是肖像的合理使用。[①] 在涉及新闻传播使用

① 吕彦：《公民肖像权若干问题探讨》，载《现代法学》1990年第4期。

他人肖像的案件中，被告一方往往提出使用原告的肖像是为了新闻自由。此项抗辩，实质上涉及肖像合理使用的范围问题，也就是新闻自由与肖像权益之间的利益平衡问题，是认定是否构成侵犯肖像权的核心。

什么是“合理使用”，《民法典》第999条从立法上确立了人格权的合理使用规则，该条规定：“为公共利益实施新闻报道、舆论监督等行为的，可以合理使用民事主体的姓名、名称、肖像、个人信息等；使用不合理侵害民事主体人格权的，应当依法承担民事责任。”其核心要义在于，对于未经人格权人同意的使用，“合理”与否是使用行为是否构成侵权的基本判断标准。同时，《民法典》第1020条又明文规定了肖像合理使用的五种具体形式，五种行为的目的均为了公共利益，具有公益性、非营利性，实质是法律源于维护公共利益的价值需求，赋予未经许可的肖像使用行为的合理性，从而对自然人的肖像使用权进行限制，为其设置一定的容忍义务，具有正当性。构成合理使用，必须符合相应规范的具体要求，在具体认定时，应把握每一类行为具有合理性的核心要点。从规范的内容看，目的正当性是合理使用的必然要求，是各种合理使用必备的、首要的条件，第1项还须同时具备使用必要性和肖像的公开性，第2项至第4项须同时具备使用必要性。（见下表）

合理使用的构成（第1020条）

序号（项）	规范内容	构成要件	核心要点
第1项	为个人学习、艺术欣赏、课堂教学或者科学研究，在必要范围内使用肖像权人已经公开的肖像	1. 目的正当性：为了个人学习、艺术欣赏、课堂教学或者科学研究；2. 使用必要性：限于在个人学习、艺术欣赏、课堂教学或者科学研究的必要范围；3. 肖像公开性：使用的是肖像权人已经公开的肖像。	同时具备使用目的正当性、必要性和肖像公开性
第2项	为实施新闻报道，不可避免地制作、使用、公开肖像权人的肖像	1. 目的正当性：为了实施新闻报道；2. 使用必要性：不可避免。	同时具备使用目的正当性、必要性
第3项	为依法履行职责，国家机关在必要范围内制作、使用、公开肖像权人的肖像	1. 目的正当性：为了依法履行职责；2. 使用必要性：国家机关在必要范围内。	同时具备使用目的正当性、必要性（行为主体为国家机关）

续表

第 4 项	为展示特定公共环境，不可避免地制作、使用、公开肖像权人的肖像	1. 目的正当性：为了展示特定公共环境；2. 使用必要性：不可避免。	同时具备使用目的正当性、必要性
第 5 项	为维护公共利益或者肖像权人合法权益，制作、使用、公开肖像权人的肖像的其他行为	目的正当性：为了维护公共利益或者肖像权人合法权益	仅要求使用目的正当性

需注意的是，合理使用中的“合理”也是一个动态的概念，带有较强的时代性与地域性，对其作出恰当的判断需要结合一定社会历史阶段的政治、法律、经济、文化以及社会风尚等各方面的具体状况加以综合权衡。①

对于新闻报道使用他人肖像的情形，应综合适用第 999 条和第 1020 条的规定。这两个条款是审判实践中具体区分肖像权和新闻舆论自由边界的基本依据，可以从以下方面重点把握：

第一，新闻报道的目的正当性。新闻报道的受众是广大公民。从本质上说，新闻媒介以维护社会公共利益为首要任务。因此，在筛选新闻事实的过程中，必须从社会公共利益出发。《民法典》第 999 条关于人格权合理使用的先决条件是“为公共利益”，就新闻报道使用他人肖像而言，为了公共利益是其自身的本质要求。

第二，使用他人肖像的必要性。所谓“不可避免”，强调了在报道中制作、使用、公开他人肖像的必要性。新闻报道的功能在于满足公民的知情权，使用相关人物的肖像，能够使受众全面、真切地了解新闻事实，是新闻真实性的必然要求。但是其使用应遵守“不可避免”规则，即新闻报道所使用的肖像与报道的内容有相当的关联性，能够或者有助于反映报道内容的客观性、真实性、完整性。司法实践中，对于以下情形，一般可以认定新闻报道有使用他人肖像的必要：1. 在公开场合下拍摄和使用公务人员和知名人士的肖像；2. 在公开场合下拍摄和使用参加庆典或其他社会公共活动的普通自然人的肖像；3. 为宣传先进事迹，使用先进人物的肖像；4. 肖像权人是被报道活动的参与者；5. 为了行使正当的新闻舆论监督而拍摄和使用他人的肖像，如拍摄、使用正在实施违法犯罪行为者的照片。

---

① 吕彦：《公民肖像权若干问题探讨》，载《现代法学》1990 年第 4 期。

第三，使用方式的妥当性。合理使用只是在符合法律规定的条件下无须经肖像权人同意，但是在使用方式上应符合合法、妥当的要求，不得侵害肖像权人的合法权益。首先，新闻报道不得以丑化、污损，或者利用信息技术手段伪造等方式使用他人的肖像。其次，不得因肖像的使用造成肖像权人的合法利益受损。新闻报道在选用他人肖像时，应确保所用肖像与报道内容存在真实的关联，不存在关联，就超出了肖像权人的容忍义务，极易造成对肖像权人人格利益的侵害。特别是在“负面新闻”报道中，应当尽量避免牵连无辜，将与报道内容无关的自然人肖像与负面事件相联系，否则，不仅侵害了自然人的肖像权，还可能构成对其名誉权的侵害，应当依法承担民事责任。

对于不具备上述条件的肖像，新闻报道如有使用需求，应对图片中的人物进行技术模糊处理，比如面部的马赛克。类似于本案，如报道需要使用图中的农行相关信息，应对张某的形象部分进行模糊技术处理，使图片中的人物形象不具备可识别性。

本案中，首先，张某不是该起新闻报道的“票据窝案”的当事人，并非涉案舆论监督的对象，没有必要在该新闻报道中使用张某的肖像。其次，虽然张某系农行的员工，涉案图片客观上与农行具有一定的关联性，但是，单从构图及内容看，图片重点系张某的个人肖像，图中农行的相关信息并不突出，与农行的关联性不明显。因此，即便某中心为新闻传播组图的需要而使用与农行主题相呼应的配图，也不以使用涉诉配图即张某肖像为必要，不构成“不可避免地使用”。最后，涉诉网文内容属负面性质报道，某中心将张某的肖像用于其中，没有尽到相应的注意义务，会让网络读者对图中人物产生不利于该人物人格的联想，造成张某精神上的困扰，超出了新闻媒体为了新闻传播需要而使用他人肖像的合理范围，构成不当使用，侵犯了张某的肖像权。本案的审理，提供了新闻报道使用他人肖像中区分权利人人格权益受损和合理使用的判断标准，其关键是对是否属于“不可避免”的判断，即对肖像使用与新闻报道的关联性、必要性、妥当性进行审查，不具有关联性、必要性或使用方式欠妥的，不能认定为“不可避免”，非“不可避免”地使用他人的肖像，不属于合理使用范围；将与报道内容无关的他人肖像用于负面事件的报道时，可构成对肖像权人的侵害。综上，本案例的裁判观点与《民法典》第1020条第2项规定蕴含的规则是相符的。

编写人：北京市第二中级人民法院　何江恒

【第1032条第2款　私人生活安宁】

41

可视门铃侵犯私人生活安宁的认定

——潘某诉姚某相邻损害防免关系案

【基本信息】

1. 裁判书字号

江苏省无锡市中级人民法院（2019）苏02民终5307号民事判决书

2. 案由：相邻损害防免关系纠纷

3. 当事人

原告（被上诉人）：潘某

被告（上诉人）：姚某

【基本案情】

姚某在自家住宅门口安装了带有自动摄录并可通过网络实时查看户外情况的可视门铃。该可视门铃具有如下功能、特点：镜头视角为对角视角162度，水平110度，垂直100度，红外夜视距离为3米，感应角度为130度，感应距离最大3米，监测范围远、中、近用户可调，支持逗留徘徊监测，人脸身份识别，安全云存储（网络存储）及本地存储卡存储视频，门铃前停留超过15秒会进行自动摄录短视频并通过网络推送至用户手机，内置人体传感器可感知门前动态，3米内有人出现，会自动摄录等。

潘某房屋与姚某房屋比邻，双方房屋排列呈L形结构，各自入户门最近距离为1.56米。姚某安装的可视门铃位于潘某入户门左前方，可覆盖潘某入户门门口位置，若潘某入户门打开，潘某房屋内部门口位置的物品陈设情况及人员活动信息亦在该可视门铃的监控及摄录范围内。潘某出入自家房屋均需经过姚某门口，根据涉案可视门铃参数说明及涉案两房屋的结构，涉案可视门铃可对潘某进出其住宅的情况等活动信息进行自动记录并存储。潘某认为，姚某安装可视门铃的行为侵犯了其隐私权，请求法院判令姚某拆除可视门铃、删除可视门铃存储的影视资料并赔礼道歉等。

【案件焦点】

姚某在自家入户门门口安装可视门铃设备监控入户门门口公共区域情况的行为，是否侵犯了潘某的隐私权。

【裁判要旨】

江苏省无锡市梁溪区人民法院经审理认为：隐私是指公民不愿为他人知晓或公开的私人信息、活动和习惯等人格利益。公民的私人生活安宁与私人信息秘密依法受到保护，不允许他人非法获悉、收集、利用和侵扰。公民进出住宅的信息与家庭和财产安全、私人生活习惯等高度关联，应视为具有隐私性质的人格权益，受法律保护。根据姚某在自家住宅入户门安装的可视门铃功能参数看，该可视门铃可以完整收集、存储到潘某进出自家住宅的活动信息及相关影像资料，并可以将上述材料推送给姚某和上传网络存储。姚某安装该门铃虽出于保护自身人身及财产安全需要，但未能尽到妥善注意义务，超出了合理界限，对他人生活造成了影响。姚某的行为具有过错，构成对潘某的侵权，应承担相应的民事责任，据此，潘某要求姚某拆除安装在入户门口的可视门铃并要求删除相应影视资料的诉讼请求，于法有据，予以支持。姚某安装的可视门铃虽对潘某的生活带来了干扰，但安装可视门铃并非是为了窥探他人隐私，且未造成严重影响，故潘某要求姚某赔礼道歉的诉讼请求，不予支持。

据此，江苏省无锡市梁溪区人民法院依照《侵权责任法》第 2 条、第 3 条、第 6 条第 1 款规定，作出如下判决：

一、姚某于本判决发生法律效力之日起三日内拆除涉案可视门铃，并删除该可视门铃记录的与潘某有关的所有影像资料；

二、驳回潘某的其他诉讼请求。

姚某不服一审判决，提起上诉。

江苏省无锡市中级人民法院经审理认为：虽然我国现行法律法规并未明确禁止

公民安装带有摄录、存储功能的门铃装置，但并不意味着公民安装此类可视门铃可以不受任何限制。在公民安装、使用上述装置可能会给公共利益或他人隐私等合法权益造成侵害的情况下，当事人在安装前应当尽到妥善的注意义务并选择合理的安装方式和安装位置以减少对公共利益和他人隐私的影响。因案涉房屋本身均已安装安全防盗门，且房屋所在单元楼一楼入户大厅处亦安装了监控探头，在此情况下，姚某在其房屋门口再行安装带有摄录、存储功能的可视门铃已非必要。姚某在现有位置安装可视门铃已对潘某的隐私权造成了现实威胁，潘某主张姚某拆除该可视门铃，于法有据，予以支持。

据此，江苏省无锡市中级人民法院依照《民事诉讼法》第 170 条第 1 款第 1 项规定，判决如下：

驳回上诉，维持原判。

【适用解析】

所谓隐私，是自然人的私人生活安宁和不愿为他人知晓的私密空间、私密活动、私密信息。隐私权是自然人依法享有的私人生活安宁与私人生活信息不受他人刺探、知悉、泄露、侵扰和公开的权利。[①] 自然人隐私权的内容非常广泛，现代民法关于隐私权的通说认为隐私权的客体包括：（1）身体秘密，指身体隐秘部位即生殖器官和性感器官、身高、体重、健康状况、身体缺陷等。（2）私人空间，即个人住宅及周围居住环境、私人专用箱包、日记等。（3）个人事实，指个人生活经历、生活习惯、性格、爱好、社会关系、学历、婚恋状况、家庭住址、电话、收入情况等。（4）私人生活，指一切与社会无关的个人生活，如日常生活、社交、性生活等。[②]

1890 年，美国的沃伦和布兰代斯两位学者在《论隐私权》一文中首次提出隐私权的概念，将隐私权界定为一种独处的权利。后美国学者埃·威斯丁对隐私权的理论进行了更深入的研究，将隐私权的概念进一步明确为不受旁人干涉的权利。我国历来重视对公民个人隐私权的保护，我国宪法、刑法、刑事诉讼法、执业医师法、有关《民法通则》的司法解释、侵权责任法对隐私的保护都作了具体规定，但

---

① 《民法典》第 1032 条。

② 全国人大常委会法制工作委员会编：《中华人民共和国侵权责任法释义》，法律出版社 2010 年版。

未对隐私权进行概念界定。

《民法典》将私人生活安宁正式纳入隐私权的内容予以保护，使“私人生活安宁”具有了人格权属性，进一步充实了隐私权的内涵和保护范围，该法第1032条规定：自然人享有隐私权。任何组织或者个人不得以刺探、侵扰、泄露、公开等方式侵害他人隐私权。隐私是自然人的私人生活安宁和不愿为他人知晓的私密空间、私密活动、私密信息。第1033条规定：“除法律另有规定或者权利人明确同意外，任何组织或者个人不得实施下列行为：（一）以电话、短信、即时通讯工具、电子邮件、传单等方式侵扰他人的私人生活安宁；（二）进入、拍摄、窥探他人的住宅、宾馆房间等私密空间；（三）拍摄、窥探、窃听、公开他人的私密活动……（五）处理他人的私密信息；（六）以其他方式侵害他人的隐私权。”下面结合本案的审理思路，就该法条的理解与适用进行简要分析。

一、对隐私权中生活安宁内容的基本解读

（一）生活安宁的基本含义、特征及表现形态

1. 生活安宁的概念

随着我国人民对日益美好生活的追求，人们对个人隐私的保护需求也日益强烈。对隐私权中生活安宁的概念，目前理论界的认识不尽相同，对其内涵、外延各有论述，但一般认为，生活安宁权是指自然人享有的，维持稳定宁静的私生活状态，并排除他人对其不法侵扰的权利①，是一种特殊的隐私权。②

2. 生活安宁的特点

生活安宁与一般隐私权内容一样，都属于公共利益以外的私人生活事务，除了隐私权的一般特点外，也有其不同于其他隐私利益内容的特点：（1）生活安宁的权利客体为个人的生活安宁利益，即维持个人私人生活安稳、宁静状态的利益，是私生活的组成部分。（2）生活安宁主要体现为一种精神利益，是对个人自由和私人生活自主的尊重，是个人幸福感的组成部分。③

3. 生活安宁的表现形态

生活安宁为尊重型权利形态。生活安宁注重的不是权益受到损失后的救济，而

---

① 刘保玉、周玉辉：《论安宁生活权》，载《当代法学》2013年第2期。

② 王利明：《生活安宁权：一种特殊的隐私权》，载《中州学刊》2019年第7期。

③ 王利明：《生活安宁权：一种特殊的隐私权》，载《中州学刊》2019年第7期。

是表现为要求义务人对他人安宁生活的尊重，并使得他人生活安宁不受侵犯。

（二）生活安宁与一般隐私权内容的差异

1. 客体不同：一般隐私权的客体是受法律保护的不受非法刺探、披露的隐私利益；生活安宁的客体是安定宁静、不受骚扰的生活状态。

2. 内容差异：一般隐私权的内容是禁止他人非法收集、公开自己的信息；生活安宁的内容主要表现为对他人私生活安宁状态的尊重。

3. 侵权方式不同：侵害一般隐私权主要是指以公开的方式披露他人身体秘密、个人事实等个人信息，造成他人损害；侵害生活安宁主要是指采取偷窥、尾随、跟踪、窃听、电话短信以及其他侵扰等方式，打扰和侵扰他人安宁的生活状态。

4. 免责事由不同：对于一般隐私利益的侵害，如果没有向第三人公开相关的私人信息，则可能被免责，且应妥善处理隐私保护与舆论监督等公共利益之间的关系；生活安宁则只要行为人侵扰了他人的生活安宁状态，不论其是否公开相关的私人信息，均构成对他人私人生活安宁的侵扰，且其与舆论监督等并不存在直接关联。[①]

二、生活安宁侵权纠纷案件的裁判要点

因生活安宁权益的特殊性，更凸显精神性利益。故审理侵犯隐私权中生活安宁的案件，应尽量采用评价危险的方式进行处理。如本案中，姚某安装可视门铃、潘某进出自家住宅均发生在公共区域，虽然法律承认自然人在公共区域仍有隐私利益，但潘某进出自家住宅的行为不具有私密性，所以，在类似案件中也有未得到法院支持的判例。本案认为，可视门铃或者其他类似个人监控设备的存在，会长期记录他人的行踪数据，进而会获得他人的行踪规律信息，而他人的行踪规律是具有私密性质的。在此情况下，可视门铃的存在对他人的隐私权益是一种威胁，采用危险评价的方式处理类似案件，可以更好地保护自然人生活安宁的利益。但生活安宁更多的是一种心理感受，从主观上讲，其内涵、外延因人而异，比较宽泛，个人感受不易作为司法认定侵权与否的标准，对此，需要根据具体的场景、行为方式等，按照一般的客观标准进一步对侵犯生活安宁的标准加以明确。在法律适用中应注意：

---

① 王利明：《生活安宁权：一种特殊的隐私权》，载《中州学刊》2019 年第 7 期。

1.《民法典》将生活安宁列于隐私权之下加以保护，因此，对生活安宁的内容应该进行限缩解释，而不应该泛化。侵害生活安宁具有侵犯私权的共性，即侵权行为人的行为使得他人的心理、生活处于不安状态，但尚未被侵权行为人获取。侵害行为最终指向的客体仍应是隐私内容。

2. 对侵犯生活安宁所指向的隐私是否处于危险之中进行判断。如本案，若姚某的可视门铃对潘某长期监控，获取潘某进出住宅的规律信息是必然的，而进出住宅规律信息应该属于隐私权所保护的内容，但因其不具有私密性，而是使潘某日常生活受到干扰、产生心理压力。这种“获取”成为必然的条件下，日常生活规律才具有法律保护的意义，才是对潘某生活安宁的一种侵犯。若非必然，则不构成侵权。

3. 侵害生活安宁的过错认定，在审理侵犯生活安宁案件中，无论加害人主观上是否具有故意，若加害人的行为造成了对他人生活安宁的干扰，应认定加害人具有过错。如本案，姚某安装可视门铃的原因虽出于保护自身人身及财产安全，动机上并非要侵犯他人权益，但其没有尽到对他人生活安宁的注意义务，其行为确实对潘某的生活安宁带来干扰，据此认定姚某具有过错。需注意的是，如受害人以生活安宁受到侵犯为由，根据《民法典》第995条主张隐私权保护请求权，不需考虑加害人的过错。但是受害人主张财产或精神损害赔偿的，则需证明行为人具有过错。

4. 需要平衡加害人与受害人双方的利益。就本案情况，姚某安装可视门铃法律并未禁止，其是为了自己的人身及财产安全，姚某认为安装可视门铃是自己正当的权利，法院也认可其目的的正当性。反观潘某，可视门铃长期记录其进出住宅情况、出行信息数据，最终会导致姚某因掌握其进出住宅规律的数据，威胁其隐私，其要求拆除也属于正当诉求。对此，本案对姚某是否需要安装可视门铃的必要性进行了论述，得出姚某安装可视门铃不具有必要性，超出了合理限度，而姚某不拆除可视门铃，对潘某隐私却是现实的威胁，因此判决拆除。

5. 注意区分隐私权中的私密信息与个人信息中的隐私信息。二者在概念上虽有交叉，但在具体内涵上存在较大差别，故在适用上应加以注意。隐私权中的私密信息强调自然人信息的秘密性及未公开性，而个人信息中的私密信息则强调自然人的身份信息识别属性和敏感信息属性。当个人信息中的私密信息被侵害时，既可以通过隐私权保护，也可以通过个人信息保护，但只有在隐私权保护规则中对此未作规定时，才可以适用有关个人信息的规定。①

三、生活安宁侵权纠纷案件的审理思路和法律适用

涉及生活安宁侵权类型案件中，按照以往裁判经验主要存在相邻关系纠纷和隐私权纠纷两种审理思路。本案以相邻关系防免纠纷进行了审理，并结合隐私权的内容进行价值评判。在隐私权纠纷审理思路下，以是否评价构成现实损害为标准区分，存在两种审理方式：方式一，对是否构成现实侵害不作评判，只判断是否对隐私权形成威胁加以评判；方式二，判断加害人是否有过错，以决定是否承担侵权责任。据此，产生了评判相邻权、评判危险、评判过错三种处理方式。

本案对隐私权的“私密”内容和“生活安宁”内容采取了区分评判的审理思路。姚某在自家入户门门口安装可视门铃对潘某的隐私权侵犯表现在两方面：其一，可视门铃可摄录到潘某入户门进门处房屋内部的情况，侵犯的是一般隐私权内容，该部分采用的是评价过错的方式。其二，潘某安装的可视门铃会记录潘某进出自家住宅信息，进而获得潘某的生活规律信息，对潘某是生活安宁的侵扰，侵犯的客体是隐私权中的生活安宁内容。该部分采用了评价危险的方式进行处理。

评价过错的判决结果只需要判决姚某移装可视门铃的位置以免摄录到潘某屋内的情况即可，但若以该评价过错方式处理，显然无法妥善保护潘某的权益，因此本案以评价危险的方式认为，自然人进出住宅的信息与家庭和财产安全、私人生活习惯等高度关联，应视为具有隐私性质的人格权益，受法律保护，故采用从隐私权侵权的角度入手，以评价危险的方式，得出的结论是可视门铃的存在对潘某的生活实际上是一种心理不安的干扰和危险，破坏了潘某生活安宁的利益，据此要求姚某进行拆除。

《民法典》将“生活安宁”明确纳入隐私权范畴，对生活安宁类纠纷的裁判应当按照隐私权纠纷的审理思路进行，根据《民法典》第 1032 条、第 1033 条规定重点评判行为人的行为是否已经干扰或现实威胁到权利人的生活安宁，并根据第 995 条关于人格权请求权的规定对权利人的生活安宁给予保护，该请求权不适用诉讼时效制度；权利人同时受到财产、精神损害的，应根据第 995 条关于受害人有权依照

---

① 《民法典》第 1034 条第 3 款规定，个人信息中的私密信息，适用有关隐私权的规定；没有规定的，适用有关个人信息保护的规定。

"其他法律的规定请求行为人承担民事责任"的规定，适用侵权责任编第 1182 条、第 1183 条规定支持权利人关于财产和精神损害赔偿的请求，该项请求权属于债权请求权，应适用诉讼时效制度。

编写人：江苏省无锡市梁溪区人民法院　冯庆明

【第 1032 条　隐私权，第 1034 条　个人信息】

42

个人信息与隐私权的区分保护规则

——张某某诉某小区业主委员会、某网络科技有限公司隐私权案

【基本信息】

1. 裁判书字号

上海市第一中级人民法院（2019）沪 01 民终 15533 号民事判决书

2. 案由：隐私权纠纷

3. 当事人

原告（上诉人）：张某某

被告（被上诉人）：某小区业主委员会（以下简称某业委会）、某网络科技有限公司（以下简称某公司）

【基本案情】

2018 年 7 月 5 日，某业委会与某公司签订《委托书》，约定：由某公司以某业委会名义向腾讯公司申请"绿洲比华利花园"微信订阅号，该订阅号所产生的社会责任、经济责任、法律责任等由某业委会独自承担。2019 年 5 月 1 日，某业委会在"绿洲比华利花园"微信公众号发布《关于业委会被动应诉的公告（No. 2019 - 074）》一文，该公告附有该小区 13 位业主（包括张某某在内）分别起诉上海市松

江区绿洲比华利花园小区业主大会、上海市松江区新桥镇场西居民委员会业主撤销权纠纷13起案件的民事起诉状，起诉状中涉及该13位业主的姓名、家庭住址、身份证号码等信息。之后，因业主提出异议，某业委会对上述公告进行修改，删除了业主的身份证号码。审理中，某业委会于2019年9月16日发布《关于业委会应诉情况的公告（No. 2019－086）》一文，载明：关于业委会就“隐私权纠纷案”的应诉案件，鉴于法院目前正在审理过程中，业委会决定删除《关于业委会被动应诉的公告》等编号为No. 2019－057－074－076－082公告中的张某某房号的标注。同时对《关于业委会被动应诉的公告（No. 2019－074）》一文进行修改，张某某确认No. 2019－074公告已删除，但认为No. 2019－074公告中出现了业主的姓名，同样也是侵犯了其隐私权。

【案件焦点】

1. 某业委会在微信公众号发布含有张某某身份信息的材料是否构成对其隐私权的侵犯；2. 某公司是否属于网络服务提供者并需要承担连带责任。

【裁判要旨】

上海市松江区人民法院经审理认为：个人隐私与个人信息往往在权利内容、权利边界等方面存在一定的交叉，两者如何区分，首先，隐私权是指自然人保有其生活中不愿被人知晓的信息的权利。任何对该类信息的获取都是非法的，都会导致对自然人隐私权的侵犯。而自然人信息权涉及的是自然人的身份、地位等信息，具有人身属性，属于人格权范畴，主要指据以识别特定自然人身份的生物性、物理性的数据、文件、档案等资料，范围不仅包括自然人的身份证信息、户籍信息、家庭构成、职业情况、社会交往、网络交易数据等物理性数据，还包括自然人机体基因组成和生物学、遗传学密码等信息。其次，隐私权包含的信息类型较窄，只有那些自然人不愿意公之于众的个人信息才受隐私权的保护。而一般性的个人信息如手机号码、工作单位、家庭地址等除非有特殊规定，一般情况下均不属于个人隐私，不属于隐私权的保护范围。最后，对于那些不涉及敏感信息以及已经公开的个人信息，因不再具有隐秘性，只能寻求个人信息的保护，而非隐私权的保护。本案中，某业委会在微信公众号发布的张某某的姓名、家庭住址、身份证号码等信息均属于自然人的个人信息；而上述信息的来源均系张某某在向法院递交的起诉状中自行披露，因此上述信息属于张某某自行公开的个人信息，不属于隐私权的保护范围。

网络服务提供者的行为一般可以分为两类：一类是为网络用户提供信息通道服务或者信息平台服务的行为，如提供网络接入、信息传输、存储空间、信息搜索、链接等；另一类是为网络用户提供内容服务的行为，即直接向网络用户提供信息、产品以及其他服务。这两种行为有着本质的区别，前一种行为中，网络服务提供者只是提供通道或者平台，本身并不对传输或者存储的信息进行主动编辑、组织或者修改，全部内容都是由网络用户提供。后一种行为中，网络服务提供者自身直接向网络用户提供内容或者产品服务，其提供的内容和产品是该网络服务提供者自己主动编辑、组织、修改或提供的。对于那些提供内容和产品服务的网络服务提供者而言，由于提供的内容和产品是该网络服务提供者自己主动编辑、组织和提供的，如侵害他人权益，应当承担直接侵权责任。对于那些提供网络接入或者平台服务的网络服务提供者，只有在接到被侵权人通知后未采取必要措施，才对造成的扩大损失与网络用户承担连带责任，或者知道网络用户利用其网络服务侵害他人权益，而未采取必要措施，应与该网络用户承担连带责任。某公司系受某业委会委托注册了"绿洲比华利花园"微信公众号，该公众号的运营、发布审核、收益等权益均由某业委会承担或享有，故该公众号运营期间所产生的责任应由某业委会承担。因此，某公司并不符合侵权责任法上所称的网络服务提供者的构成要件。张某某要求某公司作为网络服务提供者承担侵权责任，缺乏依据。故上海市松江区人民法院依照《民法总则》第112条，《侵权责任法》第2条、第36条规定，判决如下：

驳回张某某的全部诉讼请求。

张某某不服一审判决，提起上诉。

上海市第一中级人民法院经审理认为：隐私权是指自然人享有的私人生活安宁与私人生活信息依法受到保护，不受他人侵扰、知悉、使用、披露和公开的权利。隐私权的核心在于"隐"，其客体主要是一种私密性的信息，是权利主体不愿意公开披露的且不涉及公共利益的信息。但个人信息，一般是指与公共利益没有直接关系但与个人相关的，并且能够借此识别自然人身份的信息。个人信息虽与隐私权有密切联系，但个人信息不完全属于隐私的范畴，不能将其与隐私权混同。本案所涉姓名信息、个人身份证信息、家庭地址等信息，是在社会交往和公共管理中必须在一定范围内为社会特定人或者不特定人所周知的，所以这些个人信息显然难以归入隐私权的范畴，而应界定为个人信息。某业委会在其微信公众号发布的 No. 2019 - 074 公告附件中涉及的张某某的姓名、家庭地址、身份证号码等信息均属于自然人的个人信息，故张某某主张某业委会侵犯了其隐私权，于法无据，不予支持。同时，应当指出，虽然本案所涉的个人信息未归入隐私权范畴，但仍应受到法律的保护，某业委会在使用时，不应过于随意，从而确保信息的安全。另，张某某关于某公司作为网络服务提供者应承担连带责任的主张，因某业委会并不存在侵犯张某某隐私权的行为，且某公司在本案中也不构成网络服务提供者，故张某某该主张缺乏法律和事实依据，不予支持。

上海市第一中级人民法院依照《民事诉讼法》第 170 条第 1 款第 1 项规定，判决如下：

驳回上诉，维持原判。

【适用解析】

个人信息与隐私权均为民事主体依法享有的权益，均受法律保护。《民法典》第 1032 条第 2 款规定，隐私是自然人的私人生活安宁和不愿为他人知晓的私密空间、私密活动、私密信息。第 1034 条第 2 款、第 3 款规定，个人信息是以电子或其他方式记录的能够单独或者与其他信息结合识别特定自然人的各种信息，包括自然人的姓名、出生日期、身份证件号码、生物识别信息、住址、电话号码、电子邮箱、健康信息、行踪信息等。个人信息中的私密信息，适用有关隐私权的规定；没有规定的，适用有关个人信息保护的规定。由此可见，个人信息与隐私权作为自然人的两项独立的权益，存在权益内容的部分重合，其区分认定和保护是司法实践中的难点，本案即是典型的反映。结合《民法典》上述新规定，笔者对两者之间的异同分述如下。

一、个人信息和隐私权的相同之处

（一）主体均为自然人

民事立法主要体现人文主义价值，具体到我国，人文主义作为《民法典》编纂的立法指导思想，“人格权独立成编”的分则构造是重要体现。[①] 故民法中的主体

① 杨立新：《我国〈民法典〉立法思想的选择和坚守》，载《法制与社会发展》2018 年第 4 期。

以自然人为中心。而个人信息、隐私权作为民法所保护的权益，两者的主体范围限于自然人，并不包括法人、其他组织。可以说，隐私权和个人信息是《民法典》基于自然人的自然属性和个人生理、心理以及社会交往需求而赋予自然人专属的民事权益，体现了对自然人人格自由、人格尊严的尊重。

（二）自然人的自主控制

自然人对个人信息的自主控制是指信息主体对其个人信息拥有支配和决定的权利。[①] 这意味着，自然人可以根据其个人需要，在法律规定的范围内对个人信息进行处理。而这也是自然人享有个人信息所涵盖各项权益的基础。换言之，一般情况下，他人需要获取个人信息的，应当让个人信息主体知情，并取得其同意。[②] 而隐私权作为自然人享有的私人生活和私人秘密不被他人非法侵扰、知悉和公开的一种人格权，权利主体对他人能否介入自己的私生活、对自己的隐私事项是否向他人公开以及公开的范围、程度等亦具有自主决定权。

（三）权益受法律保护

每个人在享受这个高科技和大数据时代所带来的高效、快捷服务的同时，也承受着因此遭受隐私泄露和个人信息被非法利用的风险。在我国现有的民事法律体系中，隐私权已经明确被界定为民事主体享有的一项基本权利，《民法典》又以专门的条文明确了隐私的内涵，规定了义务人不得侵害他人隐私的一般性义务（《民法典》第1032条），以列举方式明确了侵害隐私权的认定标准（《民法典》第1033条）。虽然《民法典》未将“个人信息”界定为“个人信息权”，但从“自然人的个人信息受法律保护”的表述来看，立法精神是将“个人信息”作为一项法益予以保护的。换言之，无论是侵犯自然人的隐私权，还是侵犯个人信息，都需要承担相应的民事责任。

通过分析个人信息与隐私权的定义以及两者的共同点可知，个人信息与隐私事项并非包含与被包含的关系，而是在一定的范围内存在交叉，故有学者应用“三分法”来区分隐私与信息，即分为纯粹的个人隐私、隐私性信息、纯粹的个人信息，

---

① 王成：《个人信息民法保护的模式选择》，载《中国人民大学复印报刊》2019年第10期。

② 《民法典》第1035条规定了处理个人信息的内容。

也就是将两者的重叠部分称为“隐私性信息”。[①] 例如，个人信息中的财产状况、机体基因组成、生物学、遗传学密码等信息即属于隐私事项，若他人非法获取或者披露此类信息，信息控制主体则应当以侵犯隐私权为由寻求保护。对于个人信息和隐私“竞合”的法律适用，《民法典》即采此原则。[②]

二、个人信息与隐私权的区别所在

虽然个人信息与隐私在内涵上存在相互交叉的问题，但两者之间更多地表现为差异性。详言之，个人信息还包括与隐私无关的信息，如个人自行公开的教育背景、工作经历、联系方式等。但是，诸如个人生活、个人住宅等隐私事项则不在其范围之内。可见，个人信息与隐私权亦存在本质差别。

（一）属性不同

早在2009年《侵权责任法》颁布之际，就已经明确将隐私作为独立的民事权利，《民法典》延续了这一做法。虽然《民法典》同时将个人信息作为独立的保护对象，并将其纳入人格权编，但仍只是将个人信息界定为一项法益，并未明确表述为“个人信息权”，即“自然人的个人信息受法律保护”，也即自然人对个人信息享有的是应受法律保护的利益。同时，自然人可以视为生物信息、财产信息等各类信息组成的集合，个人信息既体现人身权属性，亦因信息的交易、加工、开发利用而凸显出财产权属性。因此，个人信息的属性与隐私权的属性存在很大不同。

（二）功能不同

通常情况下，隐私权主要保护自然人的私人生活、私人秘密不被他人揭露、公开，通常只具备防御功能，即只要他人没有侵犯隐私权的行为，隐私权的权能就得以体现。个人信息除了消极防御功能之外，还具有服务社会、促进经济发展的功能。虽然个人信息受主体自主决定和控制从而实现主体个人的自由意志，个人信息不能被他人轻易地获得；但与此同时，个人信息在涉及个人利益时，还牵涉社会公共利益等，故而个人信息合法有效的开发和利用，对于推动社会经济发展具有重要作用。

---

① 李永军：《论〈民法总则〉中个人隐私与信息的“二元制”保护及请求权基础》，载《浙江工商大学学报》2017年第3期。

② 《民法典》第1034条第3款规定，个人信息中的私密信息，适用有关隐私权的规定；没有规定的，适用有关个人信息保护的规定。

（三）保护不同

前已述及，基于个人信息与隐私权的不同属性，虽然两者均受到法律的保护，但仍存在不同之处，详言之：

1. 保护模式不同。隐私权作为一项基本的民事权利，属于民事法律的直接保护模式，意味着隐私权作为一项独立的民事权利，权利主体可以直接依据权利受到侵犯而寻求救济。而个人信息则存在直接和间接两种保护模式，一方面，基于《民法典》，法律条文明确规定自然人的个人信息受到法律保护，这属于直接保护模式；另一方面，《最高人民法院关于审理利用信息网络侵害人身权益民事纠纷案件适用法律若干问题的规定》第1条明确规定，利用信息网络侵害人身权益民事纠纷案件，是指利用信息网络侵害他人姓名权、名称权、名誉权、荣誉权、肖像权、隐私权等人身权益引起的纠纷案件，即意味着个人信息的保护需要以姓名权、名称权、隐私权等为依托，属于间接保护模式。

2. 保护的法律属性不同。隐私权作为一项民事权利，隐私事项亦主要涉及自然人个人的相关秘密，故而隐私权主要由民事法律予以保护。而个人信息除了民事法律予以保护之外，刑法、行政法亦对个人信息予以公法保护。《最高人民法院、最高人民检察院关于侵犯公民个人信息刑事案件适用法律若干问题的解释》即明确了公民个人信息的定义，并且规定提供公民个人信息、非法获取公民个人信息等行为的行为人应当承担刑事责任；相关行政法规、规章亦对如何保护个人信息作出了相应的规定。[①] 由于现阶段个人信息私法保护的局限性，使得个人信息的保护存在公法保护较多、私法规范不足的情况。《民法典》的颁布则强化了个人信息保护的私法保障，也为公法的保护提供了法律基础和方向。

3. 保护定位不同。隐私权的保护与公众的知情、利用存在绝对的冲突，即对隐私权的最大保护就意味着禁止任何他人对主体隐私事项有任何侵犯行为。而个人信息的保护与利用并非完全对立的关系，保护与利用反而可以相互促进，一方面，完善个人信息的保护机制使得主体能够更加放心地将信息交由企业、政府予以利

① 以《居民身份证法》为例，该法第19条第1款规定，国家机关或者金融、电信、交通、教育、医疗等单位的工作人员泄露在履行职责或者提供服务过程中获得的居民身份证记载的公民个人信息，构成犯罪的，依法追究刑事责任；尚不构成犯罪的，由公安机关处十日以上十五日以下拘留，并处5000元罚款，有违法所得的，没收违法所得。

用，从而促进个人信息的健康流通和社会生活的发展；另一方面，社会生活的发展和进步又为个人信息提供更为有效的保护方式。

三、以《民法典》新规为依据对本案的再评析

强化权益保障，《民法典》在人格权编以第六章专章规定了隐私权和个人信息保护的内容。相较于《民法总则》，《民法典》进一步明确了隐私权和个人信息的内涵以及两者的竞合。同时，《民法典》通过不同的保护模式体现隐私权和个人信息的区别，既规定了不得侵犯隐私权的禁止性行为，彰显了法律对隐私权的绝对保护原则，又基于个人信息保护和信息利用的价值平衡，规定了处理个人信息所应当遵循的原则和条件、行为人的免责情形以及个人信息主体的权利，赋予信息处理者对个人信息的保密和安全保障义务，赋予机关、机构及其工作人员对个人信息的保密义务，为个人信息的依法保护和合理利用提供了基础性的法律依据。

根据《民法典》关于隐私权和个人信息保护的具体规定，结合本案具体情形，对其裁判思路分析如下：

1. 某业委会发布的公告是否侵害了张某某的隐私权。本案纠纷源于某业委会在其运营的公众号公布了张某某等业主的姓名、住址、身份证号码等信息，根据《民法典》第 1034 条第 2 款关于个人信息内容的规定，上述信息属于个人信息范畴，且姓名、住址、身份证号码等信息是自然人在社会交往和公共管理中必须在一定范围内为社会特定人或者不特定人所周知的，不属于《民法典》第 1034 条第 3 款规定的“私密信息”，权利人应当依据个人信息保护的法律规范提起诉求。故涉案信息不属于隐私，不能适用隐私权的保护规则，某业委会发布的公告未侵害张某某的隐私权。

2. 某业委会发布的公告是否侵害了张某某的个人信息。《民法典》第 1036 条第 2 项规定，合理处理自然人自行公开的或者其他已经合法公开的信息，处理者不承担民事责任，但是该自然人明确拒绝或者处理该信息侵害其重大利益的除外。涉案公告内容是公布相关诉讼事项，某业委会公布的姓名、住址、身份证号码等信息源自张某某的起诉状，属于张某某自行披露的信息，且张某某未曾明确拒绝某业委会公布该信息，公布该信息也未侵害张某某的重大利益。在业主提出异议后，某业委会重新发布了相应公告，将业主身份证号码信息予以删除，该行为应当属于《民法典》规定的对个人信息的合理处理范围，某业委会发布的公告不构成对张某某个人信息的侵害。

3. 如何通过个案裁判对信息处理者尊重自然人个人信息的行为进行指引。某业委会虽然未侵犯有关主体的隐私或个人信息权益，但是本案所涉的个人信息属于应受到法律保护的利益，在《民法典》对处理个人信息的行为有了基本法律层面的规范后，信息处理者对个人信息的处理必须依法进行，处理个人信息应当遵守《民法典》第1035条规定的合法、正当、必要原则。业委会作为掌握业主大量个人信息的主体，在使用时应当更为谨慎，强化尊重、保护业主个人信息的意识，从而确保业主信息的安全，促进双方和谐融洽的良性关系。对此，本案二审裁判对某业委会提出了要求，体现了《民法典》尊重自然人个人信息、加强个人信息保护的立法精神。总之，本案的审理，从个人信息类型的角度，明确了《民法典》关于隐私权和个人信息区分保护的适用规则，即，对于隐私和个人信息保护的竞合，首先应判断诉争的信息是否属于第1032条第2款和第1034条第3款规定的“私密信息”，不属于私密信息的，不宜作为隐私权的保护对象；从信息是否已经公开的角度，判断信息处理行为是否属于“合理处理”，对于个人已经公开的信息且该自然人未明确拒绝对信息的处理或者处理该信息未侵害其重大利益的，应当认定为对信息的合理处理；从对尊重自然人个人信息的行为进行司法指引的角度，提示任何组织和个人在使用自然人个人信息时都应尊重信息主体的权益，遵守法律规范和公序良俗。

编写人：上海市松江区人民法院　康晓莉　姚思慧

五、婚姻家庭编

【导言】

民法典的第五编婚姻家庭编是在《婚姻法》的基础上修改完善而成。本编共5章、79条，主要新增的制度和重大修改内容包括：

一、第一章“一般规定”中的新增内容或重大修改：1. 婚姻家庭编调整因婚姻家庭产生的民事关系（第1040条）；2. 对残疾人合法权益的保护（第1041条第2款）；3. 树立优良家风、弘扬家庭美德，重视家庭文化建设（第1043条）；4. 收养的原则（第1044条）；5. 亲属、近亲属和家庭成员的含义（第1045条）。

二、第二章“结婚”中的新增内容或重大修改：1. 婚姻无效的规定（第1051条）；2. 结婚登记前有重大疾病方的告知义务（第1053条）；3. 婚姻无效或被撤销时，无过错方有损害赔偿请求权（第1054条第2款）。

三、第三章“家庭关系”中的新增内容或重大修改：1. 夫妻对未成年子女的权利义务（第1058条）；2. 家事代理权（第1060条）；3. 夫妻共同债务的认定（第1064条）；4. 婚姻关系存续期间分割夫妻共同财产的规定（第1066条）；5. 子女不得干涉父母离婚的权利（第1068条）；6. 确认或否认亲子关系之诉（第1073条）。

四、第四章“离婚”中的新增内容或重大修改：1. 协议离婚（第1076条）；2. 离婚冷静期（第1077条）；3. 婚姻关系解除的时间（第1080条）；4. 离婚后恢复婚姻关系的，应重新登记结婚（第1083条）；5. 按照未成年子女的年龄段对子女抚养分别作出规定（第1084条第3款）；6. 离婚分割夫妻共同财产时照顾无过错方权益的原则（第1087条）；7. 家务劳动补偿制度（第1088条）；8. 无过错方损害赔偿请求权情形的兜底条款（第1091条）。

五、第五章“收养”中的新增内容或重大修改：1. 被收养人的范围（第1093条）；2. 监护人送养的条件（第1095条）；3. 收养人的条件（第1098条）；4. 收养子女的人数限制（第 1100 条）；5. 无配偶者收养异性子女的规定（第 1102 条）；6. 收养评估（第 1105 条第 5 款）；7. 无效收养行为（第 1113 条）。

本编共选取 11 个相关案例，对婚姻家庭编中有关残疾人权益保护、夫妻共同债务认定、婚姻存续期间共同财产的分割、子女抚养、无过错方损害赔偿请求权等问题进行阐释，以期对 2021 年《民法典》生效后婚姻家庭编部分法律制度的理解和适用提供借鉴和参考。

【第 1041 条　残疾人权益的保护】

43

离婚诉讼中残疾人权利的保护

——唐某诉曾某离婚后财产案

【基本信息】

1. 裁判书字号

重庆市璧山区人民法院（2019）渝 0120 民初 6266 号民事判决书

2. 案由：离婚后财产纠纷

3. 当事人

原告：唐某

被告：曾某

【基本案情】

唐某与曾某于 2000 年结婚，婚后育有一女。2012 年唐某突发疾病，经治疗出院后，因残疾导致无法独立生活，需长期陪护。2013 年，中国残联为唐某签发残疾人证，显示唐某为肢体贰级残。2019 年 3 月，唐某与曾某前往当地民政局办理离婚登记。离婚协议约定：“一、双方自愿离婚。二、女儿由男方抚养，并承担一切费用。三、现有住房归男方所有。四、无债权债务。双方确认对方是完全民事行为能力人……”办理离婚登记后，唐某跟随曾某生活，直至2019年6月，唐某父母将唐某接走。2019年8月，唐某将曾某诉至法院请求撤销离婚协议书中第3项内容，将房产判归女方唐某所有，并请求对其他夫妻共同财产进行分割。

【案件焦点】

1.《民法典》婚姻家庭编明确保护残疾人的合法权益；2. 夫妻应当互相尊重、互相关爱，有相互扶养的义务；3. 离婚后一方能否申请撤销财产分割协议。

【裁判要旨】

重庆市璧山区人民法院经审理认为：夫妻间本有相互扶养的义务，唐某、曾某解除婚姻关系对无独立生活能力的女方唐某极其不利。同时，根据《民法总则》第151条“一方利用对方处于危困状态，缺乏判断能力等情形，致使民事法律行为成立时显失公平的，受损害方有权请求人民法院或者仲裁机构予以撤销”，唐某因生病残疾致生活无法自理，长期需人陪护，家庭收支也均由曾某掌握，唐某在家庭生活中处于相对弱势地位。且离婚后唐某既无生活来源又无住房保障，该离婚协议第3项对唐某显失公平，故对唐某诉请撤销离婚协议第3项的请求予以支持。

重庆市璧山区人民法院民事判决如下：

一、判决撤销唐某与曾某离婚协议书中第3项“现有住房归男方所有”；

二、判决该房产归女方所有。

【适用解析】

家事审判历来重视对弱势群体的权益保护，我国《婚姻法》第2条就规定了保护妇女、儿童和老人的合法权益。此后，我国《民法通则》《民法总则》又相继增加了保护残疾人合法权益的规定。而在我国《民法典》颁布后，《民法典》第五编婚姻家庭编第一次在分则中明确了保护残疾人的合法权益，将我国《婚姻法》第2条的规定进一步完善，体现了我国《民法典》婚姻家庭编加强对残疾人权益保护的价值取向。因此，基于在婚姻家庭中保护妇女、残疾人权益的价值取向，本案中曾某在双方协议离婚时，理应自觉就夫妻共同财产的分割对其重残妻子有所偏向以保障其基本生活，但曾某以双方意思表示真实且经过婚姻登记机关审查为由，使得重残妻子看似自愿净身出户，实则严重侵害了重残妻子的合法权益。我国自古便有“糟糠之妻不下堂”的箴言，即不可抛弃患难与共的妻子，曾某此举亦违背了我国《民法典》有关夫妻应当相互关爱、互相扶养的传统伦理导向。

一般而言，根据《最高人民法院关于适用〈中华人民共和国婚姻法〉若干问题的解释（二）》第8条第1款的规定，当事人双方办完离婚手续，取得离婚证后，离婚财产分割协议单方不能反悔。① 但在双方办理离婚登记时，婚姻登记机关仅能对双方离婚协议做形式审查，无法实质甄别双方签订离婚协议过程中是否存在干扰当事人真实意思表示的因素，进而《最高人民法院关于适用〈中华人民共和国婚姻法〉若干问题的解释（二）》第9条赋予了当事人离婚后一年内请求变更或撤销财产分割协议的权利。而民事法律行为系为摆脱危困处境而自愿作出，还是因危困处境被人恶意利用而被迫作出，殊难推知。② 因此，根据《民法总则》第151条的规定，撤销民事法律行为就需要法官着重审查是否符合显失公平这一客观标准。在本案中，妻子唐某因身体残疾生活无法自理，需人长期陪护，导致其在家庭生活中本就处于相对弱势地位，却仍在未获得任何基本生活保障的情况下与曾某签订对其极其不利的离婚协议后净身出户，实在有违常理。因此，法院结合唐某的实际情况，认定该离婚协议对唐某显失公平，撤销了该离婚协议中关于财产分配的约定，判决将房产归属于女方，既有效维护了残疾妇女的合法权益，亦一定程度上弘扬了社会主义核心价值观，较好地实现了法律效果与社会效果的统一。

编写人：重庆市璧山区人民法院　吴经纬

---

① 最高人民法院民事审判第一庭编：《婚姻家庭案件审判指导》，法律出版社2018年版，第295页。

② 沈德咏：《〈中华人民共和国民法总则〉条文理解与适用（下）》，人民法院出版社2017年版，第1007页。

【第 1054 条 无过错方的损害赔偿请求权】

44

推定不存在亲子关系的无抚养义务方有权主张欺诈性损害赔偿

——蒋某诉李某离婚案

【基本信息】

1. 裁判书字号

湖南省长沙市中级人民法院（2019）湘01 民终 7768 号民事判决书

2. 案由：同居纠纷

3. 当事人

原告（上诉人）：蒋某

被告（上诉人）：李某

【基本案情】

李某于2010 年3 月3 日与吴某在长沙市天心区民政局登记结婚，2015 年9 月7 日原告蒋某与李某在湖北省赤壁市民政局登记结婚。2015 年9 月18 日，李某与吴某登记离婚。2018 年8 月13 日，湖北省咸宁市中级人民法院作出（2018）鄂12 刑终152 号刑事附带民事判决书，判决李某犯重婚罪，免予刑事处罚；解除蒋某与李某的非法婚姻关系。

2018 年12 月6 日，蒋某起诉至长沙市雨花区法院，提出了六项诉讼请求，其中针对其遭受的损害赔偿的请求主要有：1. 请判令被告赔偿原告购车损失费 53200 元；2. 判令被告赔偿原告精神损失费 15 万元。

对于以上两项诉讼请求，李某辩称：1. 原告的购车损失应由其自己承担。2015 年原告因做服装生意亏本欠银行贷款 70 多万元，在未与被告协商的情况下即购买车辆，要求被告去跑滴滴以缓解其压力，因被告当时在学校任代课老师无法满足其要求，原告无奈又将车辆出售，所造成的损失与被告无关，应由原告自行承担。2. 被告没有给原告造成精神损失，不应对其赔偿。被告在与原告交往时就明确告知过原告，被告与他人存在婚姻关系，原告是因看中了涉诉房屋，想购买房屋所以主动与被告登记结婚。原告作为有文化的公务员，不可能不对被告调查清楚就与被告交往并登记结婚。

针对购车损害事实，长沙市雨花区人民法院经审理查明：蒋某于2015年10月21日购买越野汽车一辆，价款155800元，2016年3月25日，蒋某将该车辆以132600元的价格转让给他人。

【案件焦点】

1. 被告李某因重婚导致双方当事人婚姻无效，蒋某是否有权请求李某赔偿损害；2. 因重婚导致婚姻无效，作为无过错方的蒋某是否有权请求其赔偿精神损害，怎么确定精神损害赔偿金额；3. 本案蒋某诉称的转让汽车所受的财产损害是否应当由李某承担赔偿责任。

【裁判要旨】

湖南省长沙市雨花区人民法院经审理认为：蒋某与李某的婚姻关系因李某重婚而被认定为非法婚姻关系，并已由生效判决解除。本案是因双方同居关系所产生的纠纷，故本案案由应当为同居关系纠纷。因李某的重婚行为，导致蒋某与李某的婚姻关系非法且被依法解除，且没有证据证明蒋某在双方登记结婚前知晓李某系重婚，李某为过错方，且李某的行为给蒋某造成了一定的精神损害，依照《民法总则》第120条，《最高人民法院关于确定民事侵权精神损害赔偿责任若干问题的解释》第9条、第10条，李某应当向蒋某承担精神损害赔偿责任。根据（2018）鄂12刑终152号刑事附带民事判决书认定的李某重婚情节，一审法院酌情认定李某支付蒋某精神损害赔偿金10000元，对蒋某诉请超过该部分的精神损失费不予支持。

蒋某要求李某赔偿其购车损失，从蒋某所提交的证据显示，蒋某购买车辆及转让车辆均是蒋某的个人行为，没有证据能够证明李某造成了蒋某购车损失的事实，故对蒋某的该项诉讼请求不予支持。

综上，湖南省长沙市雨花区人民法院依照《婚姻法》第12条，《民法总则》第120条，《最高人民法院关于适用〈中华人民共和国婚姻法〉若干问题的解释（一）》第15条，《最高人民法院关于确定民事侵权精神损害赔偿责任若干问题的解释》第9条、第10条，《民事诉讼法》第64条第1款的规定，判决如下：

一、案涉房屋归李某所有，李某于本判决生效后七日内支付蒋某房屋补偿款348524元；

二、李某于本判决生效后七日内支付蒋某精神损害赔偿金10000元；

三、驳回蒋某的赔偿购车损失的诉讼请求。

蒋某、李某不服一审判决，均提起上诉。

湖南省长沙市中级人民法院经审理，同意一审法院裁判意见，依照《民事诉讼法》第170条第1款第1项的规定判决如下：

驳回上诉，维持原判。

【适用解析】

本案系双方当事人的婚姻因一方重婚而被认定为无效的情形下，无过错方请求侵权行为人赔偿损害的纠纷。《民法典》第1054条新增了“婚姻无效或者被撤销的，无过错方有权请求损害赔偿”的规定，明确规定了无效婚姻中，无过错方的损害赔偿请求权。本案的审理是对《民法典》这一规定的有力诠释，对于重婚导致无效婚姻情形下，维护无过错方的合法权益具有重要意义，能更加有力维护平等、和睦、文明的婚姻家庭关系。本案在审理过程中主要解决了以下三个问题：

一、重婚导致婚姻无效，侵权行为人没有证据证明权利人存在过错，且无过错方有损害事实，无过错方有权请求侵权人赔偿损害

重婚指有配偶的人又与他人结婚的行为，或明知对方有配偶而又与其结婚的行为。实际生活中，因重婚导致无效婚姻产生的原因有很多，有些是一方受到另外一方的欺骗造成婚姻无效，还有一些则是双方当事人恶意成就的结果。适用损害赔偿制度需要对当事人主观层面进行认定。

《民法典》第1165条第1款规定，“行为人因过错侵害他人民事权益造成损害的，应当承担侵权责任”。因此，侵权行为人必须具有主观上的过错，且相对方是没有过错的。“所谓过错从概念上看，是一种主观见之于客观的范畴，从状态上看，表现为行为人在为一种行为时，存在主观上的某种故意。”[①] 认定侵权行为人是否具有“过错”应判断其主观上是否为故意。从重婚的定义看，侵权行为人一般具有主观上的过错。另一方是否存在过错则应当考量其主观因素，若权利人明知他人已结婚仍与其登记结婚的，或者在双方当事人恶意成就无效婚姻的，一方当事人请求赔偿损害的权利应当不受保护。而对于权利人存在过错，侵权行为人需要承担举证责任，且不能以无过错方能通过民政局查询侵权行为人婚姻状况主张权利人主观上存在过错。

此外，根据民法的基本原理，损害赔偿必须是以过错行为导致被侵权人损害事实的发生，且过错行为与损失之间具有因果关系。“损害作为一种事实状态是指因一定的行为或事件使某人受侵权法保护的权利和利益，遭受某种不利益。”[②] 对于无效婚姻中无过错方的损失事实，一般认为有财产损害与精神损害。具体而言，婚姻不具备法律约束力，双方当事人之间的关系为同居关系，对于同居期间，侵权行为人给无过错方造成的物质层面的损失应当承担赔偿责任。无过错方遭受信赖利益的损失以及精神上的损失应当有权请求侵权行为人承担损害赔偿责任。

综上，适用《民法典》第1054条，无效婚姻中，无过错方请求损害赔偿制度的构成要求为：1. 侵权行为人主观上存在过错，且权利人主观上不存在过错；2. 权利人有损害；3. 损害事实与侵权行为具有因果关系。同时要明确，损害包含物质损害与精神损害。

二、重婚导致婚姻无效，无过错方有权请求侵权行为人赔偿精神损害，法院应依据法律规定确定赔偿金额

（一）无过错方有权请求侵权行为人赔偿精神损害

精神损害是指被侵权人因为侵权人的侵害行为而导致其精神方面的痛苦以及严重的精神反常现象，极大损害权利人的人格价值与人格尊严。重婚案件中，行为人一般具有重大过错甚至违法行为导致婚姻没有法律约束力，严重侵害了无过错方的人格尊严，对其造成了严重的精神损害，因此，对其精神损害进行赔偿符合我国民

---

① 王利明、杨立新：《侵权行为法》，法律出版社1996年版，第69页。

② 王利明、杨立新：《侵权行为法》，法律出版社1996年版，第69页。

法的原则和理念。

以往司法实践中，权利人赔偿精神损失费的主张难以得到支持与维护，如郑某某与王某某同居期间财产分割、子女抚养纠纷一案中，被告郑某某在未离婚的情况下与原告王某某登记结婚并育有一女，因此，原告王某某在诉讼请求中提出要求被告赔偿精神损失费，法院判决因缺乏事实和依据，不予支持。婚姻不忠行为严重侵犯了夫妻另一方的配偶权，给配偶一方带来精神上、心理上的无法愈合的伤害①，具体到本案，李某与他人还未离婚便与蒋某登记结婚，其在上诉期间主张自己无须支付蒋某精神损害赔偿没有得到法院支持。从本案的审理来看，重婚案件中，对无过错方精神损害的救济是必要的，维护了无过错方的合法权益，发挥法律职能，减轻其在精神上的创伤与痛苦。更是有利于减少类似侵权行为的发生，进一步促进社会和谐与稳定。

此外，对于重婚造成无过错方的精神损害，权利人除了请求侵权行为人赔偿精神损失费之外，还可以请求其消除影响、恢复名誉和赔礼道歉。重婚导致婚姻无效，对于精神损害，无过错方有权选择精神损害抚慰金的形式，对于给无过错方名誉造成严重损害的，还可以一并适用赔礼道歉、恢复名誉等方式。

（二）法院应依据法律规定以及具体情况确定精神损害赔偿金额

对于精神损害赔偿金额的确定是处理无效婚姻无过错方请求损害赔偿的难点，也涉及《民法典》与《最高人民法院关于确定民事侵权精神损害赔偿责任若干问题的解释》的衔接运用。精神损害赔偿金额的确定，直接影响赔偿本身的法律效果。如果赔偿金额过高，可能会对加害人不公平，有的甚至导致加害人陷入生活困境，最终造成判决的无法执行。但如果赔偿金额过低，则在客观上无法起到抚慰的作用。因此，精神损害赔偿也应当有一个公平合理规范的参考标准。《最高人民法院关于确定民事侵权精神损害赔偿责任若干问题的解释》规定精神损害的赔偿数额根据以下因素确定：1. 侵权人的过错程度，法律另有规定的除外；2. 侵害的手段、场合、行为方式等具体情节；3. 侵权行为所造成的后果；4. 侵权人的获利情况；5. 侵权人承担责任的经济能力；6. 受诉法院所在地平均生活水平。具体到重婚导致婚姻无效案件中的处理，应通过考虑加害人的侵权程度及其财产实际状况以及其

① 吴国平：《破解离婚精神损害赔偿难的法律对策新探》，载《中华女子学院学报》2016 年第 5 期。

他具体情况而加以确定。本案蒋某上诉时称一审判决精神损害赔偿10000元太少，请求判决李某支付其25000元的精神损害赔偿，对于这一问题，法院结合李某的过错程度，结合当前李某的经济状况以及法院所在地的平均生活水平以及其他因素，综合确定10000元的精神损害是合理公正的。

三、对于物质损害赔偿请求，无过错方须提供证据责任证明侵权行为人造成损害事实，否则法院不予支持

《民法典》第1182条规定，侵害他人人身权益造成财产损失的……被侵权人和侵权人就赔偿数额不一致，向人民法院提起诉讼的，由人民法院根据实际情况确定赔偿数额。关于无过错方财产损害赔偿，当事人可以协商达成一致。在无法达成一致起诉至人民法院时，法院应严格落实举证责任的分配原则。举证责任的分配直接关系到诉讼的过程与结果，《民事诉讼法》第64条规定："当事人对自己提出的主张，有责任提供证据……"对于物质损害赔偿请求，无过错方须承担举证证明其物质损害事实且是由侵权行为人造成的，若无法证明，法院将不予支持其损害赔偿请求。

法院审理无过错方的物质损害赔偿请求时，要遵循公平正义原则。公平正义是法律价值的追求，也是我国《婚姻法》的重要精神内涵。因传统观念中，双方当事人中一方重婚导致婚姻无效，往往情感上会倾向于无过错方，法院在对重婚导致婚姻无效的案件进行审理时，既使无过错方能够得到充分的有效救济，又要保证公正，使两者得到有机结合。具体而言，要严格落实责任分配，同时对于损害事实认定以及赔偿金额确定要客观合理。既要合理照顾无过错方，维护其合法权益，还要能体现赏罚分明①，维护社会正义。本案蒋某作为无过错方在主张财产损害赔偿时，提出要求被告李某赔偿其购车损失，法院判决时，依据蒋某提供的证据，认定其购买及转让车辆行为属个人行为，卖车造成损失与李某的重婚行为没有因果关系，因此不予支持。

婚姻家庭与每个社会成员都息息相关。重婚行为严重破坏了正常的婚姻关系和社会秩序，一方过错导致婚姻自始没有法律约束力，也对无过错方的合法权益造成损害。对无效婚姻中无过错方实施权利救济，符合社会伦理和法律的价值取向。我

---

① 吕春娟：《无效婚姻损害赔偿制度构建初探——以〈民法典〉编纂为契机》，载《陕西理工大学学报（社会科学版）》2019年第3期。

国《民法典》第1054条将无效婚姻中无过错方请求损害赔偿的权利得以确立，有利于保护无过错方的合法权益，促进婚姻法律制度和体系进一步完善，彰显我国社会主义法治公平正义的法治理念。

编写人：湖南省长沙市中级人民法院　张明

【第1064条　夫妻共同债务的认定】

45

夫妻共同债务认定标准在“假离婚，真逃债”案件中的司法适用

——撤某诉计某、陈某婚姻家庭案

【基本信息】

1. 裁判书字号

北京市第一中级人民法院（2019）京01民终857号民事判决书

2. 案由：婚姻家庭纠纷

3. 当事人

原告（上诉人）：撤某

被告（被上诉人）：计某、陈某

【基本案情】

计某与二案外人共同出资，委托甲公司购买乙公司的土地，并受让乙公司持有的丙公司100%的股权作为项目公司进行房地产开发。其中计某拟出资3000万元，持有该项目30%的股权。2008年4月18日，撤某与计某签署股权转让协议，约定撤某通过计某在该项目中投资入股，间接持有该项目的股权，撤某以1500万元受让计某所占前述项目公司15%的股权，与计某共同分享利润，分担亏损。同日，撤

某向计某支付投资款1500万元，计某出具《收条》。

2010年2月4日，计某向撖某支付500万元。2013年8月28日，撖某与计某签订《还款协议》，载明计某欠撖某1500万元，截至当日尚欠730万元。同日，计某向撖某出具《欠条》，载明计某欠撖某730万元。之后计某陆续向撖某偿还了230万元。

2016年，撖某作为申请人申请北京仲裁委员会对其与计某之间的前述纠纷进行仲裁。同年8月2日，北京仲裁委员会基于前述事实，作出（2016）京仲裁字第1026号裁决书，裁决：（一）确认撖某与计某签订的《股权转让协议书》于2013年8月28日解除；（二）计某向撖某返还投资款500万元；（三）计某向撖某支付已偿还款项230万元的利息损失71798.56元，以及为偿还款项500万元的利息损失（以500万元为基数，按照中国人民银行同期贷款利率，自2013年9月13日起计算至实际清偿之日止，暂计至2016年8月2日为818784.72元）；（四）计某向撖某赔偿律师费损失6万元；（五）本案仲裁费为132822.25元（已由撖某全额预交），由计某承担，计某应直接向撖某支付其垫付的仲裁费132822.25元。同年11月29日，法院受理撖某基于前述仲裁裁决书的执行申请。

另查明，2012年，计某作为申请人申请北京仲裁委员会对其与甲公司之间的《合作开发房地产合同》进行裁决。当年3月15日，计某与甲公司达成和解协议，即甲公司于2012年6月30日前向计某支付土地款1000万元。北京仲裁委员会依此作出（2012）京仲调字第0055号调解书予以确认。之后，甲公司未能依约给付全部款项，计某向当地法院申请了执行。据此，法院曾要求山东省淄博市中级人民法院协助冻结计某在该院申请执行甲公司的案款，限额600万元。

再查明，计某与陈某于2001年5月21日登记结婚，于2002年2月18日生育一子，取名计某一。二人于2013年7月2日购置位于北京市昌平区立汤路某单元房一套，并分别于2008年6月18日购置北京现代牌小汽车一辆、2013年4月23日购置华晨宝马牌小汽车一辆、2015年7月24日购置凯迪拉克小汽车一辆，上述房屋与小汽车均登记于陈某名下。计某与陈某后于2016年7月7日协议离婚。双方在《离婚协议书》中载明：计某一由女方抚养，男方每月给付抚养费2万元；双方名下无银行存款；女方名下坐落于北京市昌平区某院某号房屋归女方个人所有；女方名下宝马525、凯迪拉克SUV、现代SUV汽车三辆归女方所有；婚前双方各自财产归各自所有，男女双方各自的私人生活用品及首饰归各自所有；双方确认在婚姻关系存续期间没有发生任何共同债务，任何一方对外负有债务的，由负债方自行承担。

撖某诉称，确认计某对撖某所负债务6083406元及迟延履行仲裁裁决的债务利息系计某与陈某的夫妻共同债务，由计某与陈某对上述债务承担连带责任。

计某辩称，1500万元均用于投资，未用于家庭生活，亦未与陈某共同使用。

陈某辩称，涉案债务为计某的个人债务，1500万元是撖某通过计某进行投资的，并未用于家庭生活，陈某对该款项不知情，该债务并非夫妻共同债务；陈某与计某不存在假离婚转移财产的问题。

一审法院认为：计某收取撖某1500万元的目的是进行代持投资，现撖某没有证据证明相应款项被用于计某与陈某的夫妻共同生活。撖某同样没有证据证明该笔1500万元是用于计某与陈某的共同生产经营或基于夫妻双方共同意思表示。不能认定撖某向计某给付的1500万元投资款所产生的相应债务构成计某与陈某的夫妻共同债务。综上所述，一审法院判决：驳回撖某的诉讼请求。一审原被告均提起上诉。

【案件焦点】

陈某是否应对北京仲裁委员会出具的（2016）京仲裁字第1026号裁决书中确定的计某对撖某所负债务承担连带偿还责任。

【裁判要旨】

法院生效裁判认为，夫妻一方在婚姻关系存续期间以个人名义超出家庭日常生活需要所负的债务，债权人以属于夫妻共同债务为由主张权利的，人民法院不予支持，但债权人能够证明该债务用于夫妻共同生活、共同生产经营或者基于夫妻双方共同意思表示的除外。

本案中，计某委托甲公司进行项目开发时拟出资3000万元以持有该项目30%的股权，后撖某与计某签署股权转让协议约定撖某出资1500万元受让计某所占该项目公司15%的股权，同日撖某向计某支付投资款1500万元，计某出具《收条》。因计某本应向甲公司支付投资款3000万元，即其本人的1500万元与撖某的1500万元，但其实际仅支付1500万元，故无法确认该1500万元投资款的来源系计某或撖某。

本院认为，计某在收到撤某1500万元投资款后，与自己的财产发生混同，计某在诉讼中并不能指明已经投入的1500万元是自己的钱款还是撤某的钱款。相反，计某在收到撤某1500万元后购置了房屋、车辆，用于家庭共同生活。且在2013年又与撤某签订还款协议书和欠条，确认其对撤某负有债务，北京仲裁委员会出具（2016）京仲裁字第1026号裁决书亦确认撤某与计某签订的《股权转让协议书》于2013年8月28日解除。因此，考虑在撤某对计某的投资款转为计某债务后，计某在无力偿还债务的情况下仍与陈某购置车辆用于共同生活，且离婚时将房产、车辆均分配给陈某的情节，本院有理由认为计某将资金用于夫妻共同生活，故该债务应属于计某与陈某的夫妻共同债务，陈某应对该债务承担连带责任。

综上，北京市第一中级人民法院判决：一、撤销北京市昌平区人民法院（2018）京0114民初7188号民事判决；二、陈某对北京仲裁委员会出具的（2016）京仲裁字第1026号裁决书中确定的计某对撤某所负债务承担连带偿还责任。

【适用解析】

债权人的债权和夫妻一方的财产所有权，均属于法律保护的范畴。2018年最高人民法院出台《关于审理涉及夫妻债务纠纷案件适用法律有关问题的解释》进一步增强了对未具名举债夫妻一方权益的保护，《民法典》婚姻家庭编[①]关于夫妻共同债务的认定基本采纳了该司法解释的观点，加大了债权人的举证责任，有效防范夫妻一方与债权人串通损害夫妻另一方利益的风险。但实践中，仍有夫妻借离婚之名，行逃债之实，串通损害债权人利益，从而达到“假离婚，真逃债”的目的。本案系夫妻一方个人经营借款最终被认定为夫妻共同债务的典型案例，其中凸显了夫妻共同债务认定标准在“假离婚，真逃债”案件中的具体适用。

一、夫妻共同债务认定的基本原则

依据《民法典》之新规则，认定夫妻共同债务应坚持两个原则：

---

① 《民法典》第1064条：夫妻双方共同签名或者夫妻一方事后追认等共同意思表示所负的债务，以及夫妻一方在婚姻关系存续期间以个人名义为家庭日常生活需要所负的债务，属于夫妻共同债务。夫妻一方在婚姻关系存续期间以个人名义超出家庭日常生活需要所负的债务，不属于夫妻共同债务；但是，债权人能够证明该债务用于夫妻共同生活、共同生产经营或者基于夫妻双方共同意思表示的除外。

一是夫妻之间形成“共意”，即债务基于夫妻双方的共同意思表示而产生。除夫妻共同举债外，还包括夫妻一方举债，配偶事后进行追认的债务。意思自治作为我国民事活动的基本原则，夫妻双方在不违背法律禁止性规定的情况下，除部分具有人身属性的债务外，不仅可以对婚姻关系存续期间夫妻财产归属、处分等问题作出约定，还可以对夫妻共同债务进行内部的约定划分，且约定规则在夫妻共同债务的划分上优先适用。[①] 如果夫妻有共同举债之合意，则不论该债务所带来的利益是否为夫妻共享，该债务均应视为夫妻共同债务，本文将该构成要件概括为“共意”。

二是夫妻之间实际“共享”[②]，尽管夫妻事先或事后均没有共同举债的合意，但该债务发生后，夫妻双方共同分享了该债务所带来的利益，则同样应视其为共同债务[③]，笔者将该项构成要件简要概括为“共享”。将“夫妻共同债务”实质构成要件归纳为“共意或共享，二者必居其一，无须同时具备”。在明确上述两个标准后，可以对复杂的债务问题做减法，在约定之债与法定之债中均可适用。

二、“家庭日常生活需要”的判别

依据《民法典》第1064条之规定，符合“家庭日常生活需要”的债务应视为夫妻共同债务，其制度价值一方面在于保护夫妻任意一方日常生活中对外的经济自由和行动自由，另一方面也在于保护公众对家事代理的合理信赖。因此，只要债权人证明债务存在且符合家庭日常生活需要的初步证据即可。夫妻一方有异议的，应举证证明该负债超出了“家庭日常生活需要”。

对家庭日常生活需要范围的衡量应侧重于夫妻家庭生活需求的“日常性”与“合理性”。对“日常性”行为的理解一般应结合普通人的观念以及家庭收入状况等加以衡量，包括日常生活消费、日常精神消费、日常投资性消费以及为赡养老人、教育抚育子女的合理花费等。对“合理性”特征的衡量亦应根据“日常性”判断并结合夫妻共同财产收入、当地消费水平等情况予以认定。

---

① 刘莉、张雨梅：《浅议夫妻共同债务清偿问题的立法缺陷及完善》，载《万鄭湘：婚姻法理论与适用》，人民法院出版社2005年版，第267页。

② 最高人民法院民事审判第一庭编著：《最高人民法院婚姻法司法解释（二）的理解与适用》，人民法院出版社2015年版，第260页。

③ 蒋月：《夫妻的权利与义务》，法律出版社2001年版，第206页。

同时，法院在认定家庭日常生活需要范围时，不宜一刀切地以债务“数额”为标准或责令当事人提供超出举证能力范围的证据，应综合家庭生活水准、借贷的目的等因素，妥善平衡夫妻双方以及债权人的合法权益。

三、“共同生产经营”的特征

（一）共同生产经营强调“共同性”

“共同性”并非指夫妻双方实际共同处理经营事务，而是指夫妻双方将经营活动纳入其共同的意志范围，经营收益也作为其家庭收入的来源。夫妻一方隐瞒对方从事经营事务且所得盈利并未作为家庭收入来源的，不应认定为共同生产经营。

（二）共同生产经营应强调“家庭主导性”

共同生产经营是夫妻家庭主导下的经营活动，夫妻家庭意志体现在了经营决策中。实践中，不论是从事个体工商户经营，还是与他人合伙，创立独资企业，还是以其他形式创业等，只要属于夫妻主导下的经营活动，都属于此处的共同生产经营。但是，夫妻双方或一方属于公司职员仅获得劳动收入，未体现出经营管理家庭意志的，不应认定为共同生产经营。

对不属于共同生产经营的行为，如有证据证明双方对个人债务用于公司经营达成“共意”的，仍应认定为夫妻共同债务。

四、“假离婚、真逃债”的认定

在遵循上述夫妻共同债务认定的基本原则基础上，结合对《民法典》规定的“家庭日常生活需要”与“共同生产经营”的进一步理解，可以将“假离婚，真逃债”案件的特征总结如下：

（一）夫妻一方投资经营借款与夫妻共同财产发生混同

夫妻作为经济主体的重要组成部分，在市场经济活动中发挥着日益重要的作用。特别是近年来随着经济的发展，夫妻之间的人身关系和财产关系更为独立，夫妻共同财产从以往单纯的金钱和实物，发展到今天的股票、股权、地产、知识产权等有形或无形的财产，夫妻双方或一方创办公司、企业的情况亦逐渐增多，根据《民法典》第1064条之规定，夫妻一方因投资经营发生的超出家庭日常生活需要所负债务，若债权人未有证据证明其用于了家庭共同生活或共同生产经营则应认定为夫妻一方个人债务。笔者认为此规定所对应的情形应至少符合两方面要素，一是债务系因夫妻一方投资经营发生，二是所借款项确实流向了投资经营。换言之，夫妻一方因投资经营所负债务最终未显示流向了该用途领域，而是与个人财产或夫妻共同财产发生了混同，则该债务的性质应更加慎重认定，不宜直接认定为夫妻一方个人债务。

具体到本案中，计某收到撖某的1500万元虽为投资款，但与其最终个人出资的1500万元数额相等，且未有证据显示该1500万元系其个人出资，与撖某的投资款无关，其在诉讼中并不能指明已经投入的1500万元是自己的钱款还是撖某的钱款，故法院有理由认为该款项与其个人财产或夫妻共同财产发生混同，因此不宜直接认定为计某个人债务。

（二）大额负债情况下仍然进行家庭高额消费

单纯的收益共享与实际用于共同生活或生产经营，二者有所区别。与公司、合伙企业等营利法人的经营不同，个体户的经营同时可能兼有生活维持和营利双重职能。[①] 通常来讲，在大额负债情况下除去必需的衣食住行，理应首先考虑偿还借款，而非进行与自身经济能力不符的高额消费。在上述夫妻一方因投资经营所借款项与个人财产或夫妻共同财产发生混同后，继而进行与当前负债情况不符的家庭高额消费，则难以认定为夫妻一方个人债务。

本案中北京仲裁委员会出具（2016）京仲裁字第1026号裁决书确认撖某与计某签订的《股权转让协议书》已于2013年解除，计某对撖某负有500余万元高额债务，但在此种情况下，计某与配偶陈某仍于2013年7月2日购置房屋，并相继购置北京现代牌小汽车一辆、华晨宝马牌小汽车一辆，凯迪拉克小汽车一辆，且上述房屋与小汽车均登记于未具名举债的陈某名下。计某所负投资经营借款非但未流入经营，反而用于家庭购房、购车等高额消费，故该债务不宜认定为计某的个人债务。

（三）离婚协议中财产分配明显失衡

离婚时对于夫妻共同财产的分割，一般应当均等，通常情况下可适当照顾女方权益。根据《婚姻法》第47条之规定，离婚时，一方隐藏、转移、变卖、毁损夫妻共同财产，或伪造债务企图侵占另一方财产的，分割夫妻共同财产时，对隐藏、

① 张晓远、杨遂全：《生活或营利之分与夫妻共同债务认定之立法变革》，载《河南社会科学》2019年第27卷第1期。

转移、变卖、毁损夫妻共同财产或伪造债务的一方，可以少分或不分。易言之，若一方无重大过错行为，通常不会在离婚财产分割时出现明显失衡。本案中，2016 年撤某与计某之间的债务纠纷进行仲裁后不久，计某与陈某即协议离婚，并在《离婚协议书》中约定将双方共同所有的房屋、车辆全部归未具名举债的陈某所有，且尤其强调了双方确认在婚姻关系存续期间没有发生任何共同债务，任何一方对外负有债务的，由负债方自行承担。计某在债台高筑且未有婚姻过错的情形下，仍同意将近乎所有财产分给其配偶，综合上述财产混同、高额消费等情形，该债务宜认定为夫妻共同债务。

法院审理涉及夫妻债务纠纷案件，既要依法保护善意债权人的合法权益，又要依法保护夫妻特别是未具名举债一方的合法权益，既不能让夫妻一方承担不应承担的债务，也不能让本该承担债务的夫妻一方逃避责任，努力防范夫妻双方串通损害债权人利益和夫妻一方与债权人串通损害夫妻另一方利益两大风险朝极端化发展。在夫妻一方投资经营借款与个人财产或夫妻共同财产发生混同而产生大额负债情况下，家庭仍进行高额消费且离婚协议财产分割明显失衡，该债务不宜认定为举债夫妻一方个人债务。

编写人：北京市第一中级人民法院　张琳　方硕

46

夫妻一方以个人名义借款但用于夫妻共同经营的应认定为夫妻共同债务

——胡某诉罗某等民间借贷案

【基本信息】

1. 裁判书字号

北京市第三中级人民法院（2019）京 03 民终 6411 号民事判决书

2. 案由：民间借贷纠纷

3. 当事人

原告（上诉人）：胡某

被告（被上诉人）：罗某、管某

被告：泰州市和海医疗器械有限公司

【基本案情】

罗某向胡某借款，胡某按照罗某的要求于2010年6月8日往管某账户打款40万元。2015年5月31日，罗某向胡某出具借条，内容为："借款人罗某于2010年5月31日向出借人胡某借款人民币伍拾万元整￥500000元整，年利息20%，已付壹拾伍万元整，欠利息叁拾伍万元整（350000元），借款期限2016年底本息还清，如不能按时还清，愿承担法律责任，借款用途开发医院资金，借款人身份证×××，罗某，2015年5月31日，补写借条。"借款期限届满后，罗某未归还借款本息。胡某诉称罗某、管某系夫妻关系，该笔借款发生在夫妻关系存续期间，故要求管某共同归还该笔借款。胡某诉称借款用途为成立和海医疗公司，故要求和海医疗公司共同归还该笔借款。经查，和海医疗公司成立于2013年11月5日。

另查，罗某与管某于2004年9月29日登记结婚，于2005年11月4日登记离婚，于2008年6月12日登记复婚。

胡某提交工商登记信息证明罗某、管某共同借款，款项用于成立泰州市和海医疗器械有限公司并经营医疗器械生意。工商登记信息显示：泰州市和海医疗器械有限公司系成立于2013年11月5日的有限责任公司，股东为罗某、管某，法定代表人为管某，经营范围为医疗器械销售。2015年7月10日，该公司股东变更为管某龙，法定代表人亦变更为管某龙。胡某称管某龙系罗某、管某之子。胡某另提交与管某的短信记录证明管某同意还款，短信内容显示："我们生意不算兴隆但是已经起来了，请你放心，钱不管你怎样做，我们都是要还的，只是需要时间……"

【案件焦点】

涉案债务是否为罗某与管某的夫妻共同债务。

【裁判要旨】

北京市平谷区人民法院经审理认为，罗某从胡某处借款，双方形成民间借贷法律关系，该法律关系系双方当事人的真实意思表示，且未违反法律、法规的强制性规定，应属合法有效。罗某应依约归还借款。胡某称其是按照罗某的要求将借款打入管某账户，但并不必然是管某、罗某共同使用，且2015年5月31日的借条只有罗某本人签字，胡某提供的现有证据不足以证明涉案借款是管某、罗某的共同债务，故对胡某要求管某归还借款本息的诉讼请求，本院不予支持。涉案借款实际发生于2010年，且胡某陈述借款时罗某称在泰州做医疗生意，双方并没有达成借款用途是为了成立和海医疗公司的合意，和海医疗公司事后亦没有对该笔借款进行追认，故对胡某要求和海医疗公司承担归还上述借款义务的诉讼请求，不予支持。依照《合同法》第206条、第207条，《民事诉讼法》第144条之规定，判决如下：一、罗某于本判决生效后七日内归还胡某借款本金50万元及利息35万元，并以借款本金50万元为基数，按年息20%的标准支付自2017年1月1日起至款项实际付清之日止的利息；二、驳回胡某的其他诉讼请求。

胡某不服一审判决，提出上诉。北京市第三中级人民法院经审理认为：涉案借款发生在管某、罗某夫妻关系存续期间，罗某事后向胡某出具的借条中虽然系以罗某的名义出具，但涉案借款实际转入管某账户；同时借条上注明的用途为开发医院资金，就此胡某主张罗某与管某系共同经营医疗器械生意，工商查询信息亦能显示罗某与管某于2013年成立和海医疗公司并成为股东，结合短信记录等在案证据，可以认定管某对借款事实知情，涉案款项的实际用途用于夫妻共同生产经营，故涉案债务应为夫妻共同债务，管某应对涉案借款承担连带偿还责任，一审法院对此认定有误，本院予以纠正。依照《最高人民法院关于审理涉及夫妻债务纠纷案件适用法律有关问题的解释》第3条、《民事诉讼法》第170条第1款第2项之规定，判决如下：

一、撤销北京市平谷区人民法院（2018）京0117民初7075号民事判决；

二、罗某、管某于本判决生效后七日内共同归还胡某借款本金50万元及利息35万元，并以借款本金50万元为基数，按年息20%的标准支付自2017年1月1日起至款项实际付清之日止的利息；

三、驳回胡某的其他诉讼请求。

【适用解析】

一、司法实践关于夫妻共同债务认定存有乱象

本案的一、二审由于法官对事实的认定标准不同、法律适用不同，导致了截然不同的结果。事实上，夫妻共同债务的认定一直是司法实践中的疑难问题，司法实践中对夫妻共同债务的认定一直存在“用途标准”与“时间标准”。

《婚姻法》第41条将审理重心放在借款用途上，即用于夫妻共同生活的债务，认定为夫妻共同债务（离婚时，为夫妻共同生活所负债务的，共同偿还；不足清偿的，或财产归个人所有的，由双方协商清偿；协商不成时，由法院判决）。

《最高人民法院关于适用〈中华人民共和国婚姻法〉若干问题的解释（二）》第24条，从形式要件推定共同债务的构成，债权人只需要证明债务发生在夫妻关系存续期间即可推定涉案债务属于夫妻共同债务（债权人就婚姻关系存续期间夫妻一方以个人名义所负债务主张权利的，应按夫妻共同债务处理。但夫妻一方有证据证明债权人与债务人明确约定为个人债务，或有证据证明夫妻在婚姻关系存续期间实行约定财产制，且债权人知道该约定的，夫或妻所负债务由个人承担）。

之后，立法、司法进行了微调，依然没有改变双标并行的局面。如2017年《最高人民法院关于适用〈中华人民共和国婚姻法〉若干问题的解释（二）的补充规定》（法释［2017］6号）规定：夫妻一方与第三人串通，虚构债务，第三人主张权利的，人民法院不予支持；夫妻一方在从事赌博、吸毒等违法犯罪活动中所负债务，第三人主张权利的，人民法院不予支持。

2018年《关于审理涉及夫妻债务纠纷案件适用法律有关问题的解释》（以下简称新解释）侧重于用途论，不再仅仅以时间标准为依据，自此夫妻共同债务的认定有了更为科学合理的依据，但依然存有司法乱象。新解释规定如下：夫妻双方共同签字或者夫妻一方事后追认等共同意思表示所负的债务，应当认定为夫妻共同债务。夫妻一方在婚姻关系存续期间以个人名义为家庭日常生活需要所负的债务，债权人以属于夫妻共同债务为由主张权利的，人民法院应予支持。夫妻一方在婚姻关系存续期间以个人名义超出家庭日常生活需要所负的债务，债权人以属于夫妻共同债务为由主张权利的，人民法院不予支持，但债权人能够证明该债务用于夫妻共同生活、共同生产经营或者基于夫妻双方共同意思表示的除外。

2020年5月，我国《民法典》通过，第1064条全文采用了新解释的内容。但根据新解释出台后的司法适用情况看，司法实践中对该规定的适用仍不统一，导致在夫妻共同债务认定问题上改判率较高。

二、司法实践中夫妻共同债务认定尺度不一的深度剖析

立法的不完善、法官的业务水平、社会诚信体制的欠缺等都是造成夫妻共同债务认定裁判尺度不一的原因。但这都是表征，根源性的缘由隐藏在更深层次——利益层次结构的协调能动性不足、法律概念的模糊不清以及认定标准的不断修正。

（一）利益的衡量偏差——利益层次结构的协调能动性不足

司法裁决最终体现为对某种法益的保护。但现实生活中，法益是分层次的。在每一种法律关系中，都会包含当事人的具体利益、群体利益、社会公共利益、制度利益。这些共同的利益构成一个有机结构体。

1. 四种利益的递进关系

在这个有机结构体中，当事人的具体利益、群体利益、社会公共利益、制度利益从具体到抽象递进。当事人的利益是体现在每一个案件表面的利益形式，因为当事人双方地位平等，法官在裁判案件中易陷入双方利益的细微衡量之中，产生如何衡平各方利益的困惑。群体利益是放大的当事人具体利益，它代表着某类人某类情形的利益，决定着法官裁判时不能完全自由裁量，需要考虑类案的裁判走向。社会公共利益是更高层面的利益，它决定着法官判案时不仅要在事实和法律之间穿梭，更要考虑是否符合公序良俗、是否有利于社会秩序。而制度利益是法官裁判的“紧箍”，要求其充分领悟追求安定性是法律的终极价值，法官裁判案件务必要举一反三，谨慎考虑个案裁判对未来类案裁判的导向，要充分评估对制度利益带来的影响。

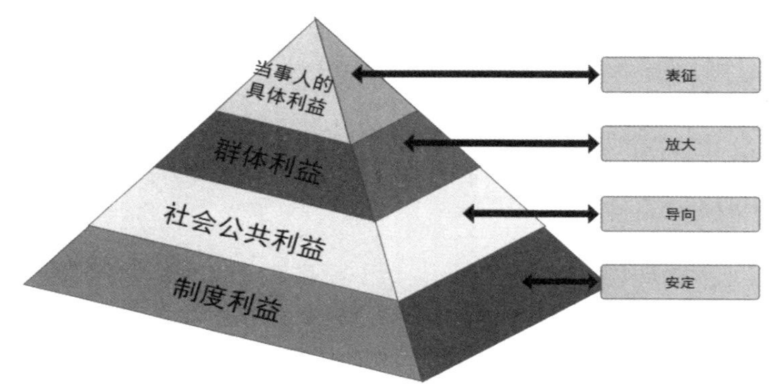

图1 案件中四种利益关系图

2. 利益衡量的偏差原因

群体利益、社会公共利益和制度利益都是建立在一定社会条件基础上的，必须和特定的社会条件契合。一旦发生偏差，就会表现出当事人的具体利益维护方面的扭曲。而社会不断发展，对制度利益、群体利益维护的立法不能及时更新，很容易导致偏差的发生。

3. 夫妻共同债务认定中利益层次结构失衡的具体分析

对夫妻债务性质进行认定过程中，保护债权人利益与保护未举债配偶的利益都是适应时代的产物，均具有正当性和合理性。《最高人民法院关于适用〈中华人民共和国婚姻法〉若干问题的解释（二）》第24条出台是为了惩治夫妻“假离婚、真逃债”的社会问题，维护的是符合当时社会形势的债权人群体利益和社会安全秩序。

随着时代发展，“假离婚、真逃债”的情形日益减少，但夫妻一方与债权人串通“假借债、坑配偶”的现象却浮出水面。这时法律更迫切维护的群体利益和社会公共利益应是非举债一方配偶和社会公平秩序。

但成文法的先天滞后使得利益层次结构出现了偏差，体现为当事人具体利益维护的失衡。这才导致了“反二十四条联盟”的出现和舆论对该条款的诟病。后夫妻债务解释的出台，扭转了这一失衡的利益层次结构，但其对债权人的过分苛求似乎使得利益层次结构仍存缝隙，无法完全契合。

（二）概念的模糊不清——从事实认定到举证责任的连环开放

目前的法律及司法解释并未明确对“家庭日常生活需要”等关键概念的内涵和外延进行界定，亦未对举证责任分配标准进行明确，均增大了法官的自由裁量权。这容易造成许多由于法官办案经验差异而导致的同案不同判。[①] 根据规定，婚后夫妻一方以个人名义借债，属于日常需要范围的，推定为夫妻共同债务。但哪些事务属于家庭日常事务没有明确的规定或解释，且这不是一个法律概念可以简单概括的。按照审判的流程，从最初的概念不确定，就开启了自由裁量的口子，成为第一个“同案异判”的节点，之后，对于裁量属于家庭日常生活需要范畴内的债务，“证无”的举证责任分配给非举债配偶，对于裁量超出家庭日常生活需要范畴的债

① 毛颖：《利弊纷争：“补充规则”后夫妻共同债务认定之路如何走》，载《全国法院第29届学术讨论会获奖论文集（下）》，人民法院出版社2018年版，第1290页。

务，举证责任分配给债权人，由于证明标准的缺失，又会出现第二个自由裁量的节点。这样就导致了夫妻共同债务认定问题上的连环开放，多节点自由裁量，很容易出现“不同判”的“同案”。

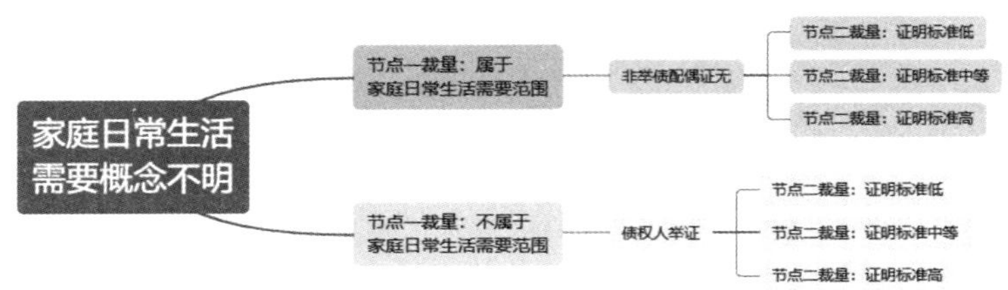

图 2　概念不明导致自由裁量的节点导向图

（三）标准的不断修正——繁混的认定规则使实践裁判乱象丛生

在夫妻债务司法解释出台前，“用途标准”与“时间标准”是存在于夫妻共同债务认定领域的“双标”。多重标准导致规范体系内部的繁混。[①]《婚姻法》第 41 条采用的是“用途标准”，将审理重心放在借款用途上，即夫妻共同债务需满足的条件为用于夫妻共同生活。而《最高人民法院关于适用〈中华人民共和国婚姻法〉若干问题的解释（二）》（以下简称《婚姻法司法解释（二）》）第 24 条采用的是“时间推定论”标准，债权人只要举证证明债务发生在债务人夫妻关系存续期间，依法就推定成立夫妻共同债务。该推定简便易行，深受法官欢迎。之后，立法、司法进行了微调，依然没有改变双标并行的局面。夫妻债务解释侧重于用途论，不再仅仅以时间标准为依据。虽然认定标准在不断修正，日趋科学，但依然存在诸多问题，审判实践存有乱象。

表 1　夫妻债务性质认定相关规定汇总表

颁布日期	法律名称	内容摘要	认定标准
1950 年 4 月 13 日	《婚姻法》第 24 条	离婚时，为夫妻共同生活所负债务的，以共同生活时所得财产偿还； 如共同生活所得财产不足清偿的，由男方清偿。	用途标准，维护女方利益

① 吴晓芳主编：《婚姻家庭、继承案件裁判要点与观点》，法律出版社 2016 年版，第 181 页。

续表

颁布日期	法律名称	内容摘要	认定标准
1980 年 9 月 10 日	《婚姻法》第 32 条	离婚时，为夫妻共同生活所负债务的，以共同财产偿还；不足清偿时， 由双方协商清偿；协商不成时，由法法判决。	用途标准
1993 年 11 月 3 日	最高院《关于人民法院审理离婚案件处理财产分割问题的若干具体意见》第 17 条	夫妻为共同生活或为履行抚养、赡养义务所负债务，应认定为夫妻共同债务。不能认定为夫妻共同债务的情形：夫妻双方约定由人人负担的债务；未经对方同意，擅自资助与其没有抚养义务的亲友所负的债务；未经对方同意，独自筹资从事经营活动，其收入确未用于共同生活所负的债务，及其他应由个人承担的债务。	用途标准
2001 年 4 月 28 日	《婚姻法》第 41 条	离婚时，为夫妻共同生活所负债务的，共同偿还；不足清偿的，或财产归个人所有的，由双方协商清偿；协商不成时，由法院判决。	用途标准
2003 年 12 月 4 日	《婚姻法司法解释（二）》第 24 条	债权人婚姻关系存续期间夫妻一方以个人名义所负债务主张权利的，应按夫妻共同债务处理。但夫妻一方有证据证明债权人与债务人明确约定为个人债务，或有证据证明夫妻在婚姻关系存续期间实行约定财产制，且债权人知道该约定的，夫或妻所负债务由个人承担。	时间推定 + 例外
2014 年 7 月 12 日	最高院民一庭《关于婚姻关系存续期间夫妻一方以个人名义所负债务性质如何定的答复》	在不涉及他人的离婚案件中，由以个人名义举债的配偶一方负责举证证明所借债务用于夫妻共同生活，如证据不足，则其配偶一方不承担偿还责任。在债权人以夫妻一方为被告起诉的债务纠纷案件中，对于案涉债务是否属于夫妻共同债务，应当按照《婚姻法司法解释（二）》第 24 条规定认定。如果举债人的配偶举证证明所借债务并非用于夫妻共同生活，则其不承担偿还责任。	对内用途标准；对外时间推定标准
2017 年 2 月 20 日	最高院“补充规定”	夫妻一方与第三人串通虚构债务，第三人主张权利的，人民法院不予支持；夫妻一方在从事赌博、吸毒等违法犯罪活动中所负债务，第三人主张权利的，人民法院不予支持。	时间标准的部分修正
2018 年 1 月 17 日	最高院《关于审理涉及夫妻债务纠纷案件适用法律有关问题的解释》	夫妻双方共同签字或者夫妻一方事后追认等共同意思表示所负的债务，应当认定为夫妻共同债务。夫妻一方在婚姻关系存续期间以个人名义为家庭日常生活需要所负的债务，债权人以属于夫妻共同债务为由主张权利的，人民法院应予支持。夫妻一方在婚姻关系存续期间以个人名义超出家庭日常生活需要所负的债务，债权人以属于夫妻共同债务为由主张权利的，人民法院不予支持，但债权人能够证明该债务用于夫妻共同生活、共同生产经营或者基于夫妻双方共同意思表示的除外。	共签共债、用途标准
2020 年 5 月 28 日	《民法典》第 1064 条	同 2018 年司法解释	共签共债、用途标准

三、《民法典》第 1064 条对于夫妻共同债务认定的层次区分

虽然理论界和实务界仍在反映新解释对于举证责任的分配和日常家事代理权的范

围没有规定清楚，但《民法典》和新解释已经确立了较为科学、具有可操作性的债务性质认定标准。第一层次，对于基于夫妻合意的“共债共签”情形，应认定为夫妻共同债务。第二层次，对于夫妻一方为家庭日常生活需要负担的债务，债权人只需举证证明债务关系存在、债务符合当地一般认为的家庭日常生活范围即可，不必证明该债务实际用于家庭日常生活。举债人配偶若想反驳该推定，应当证明债务并非用于夫妻共同生活。[①] 第三层次，若夫妻一方举债数额超过家庭日常生活需要的标准，原则上推定为个人债务，但债权人能证明该债务用于夫妻共同生活、共同生产经营或者基于夫妻双方共同意思表示的除外。本案中，罗某在与管某夫妻关系存续期间以自己的名义向胡某借款，结合当地的经济水平、当事人的家庭情况看，举债数额超过了其家庭日常生活需要，故应适用第三层次的认定标准。胡某作为债权人提供证据证明了涉案款项的实际用途用于夫妻共同生产经营，故涉案债务应为夫妻共同债务。

编写人：北京市平谷区人民法院　张琳琳

47

以日常家事代理权为视角的夫妻共同债务的认定问题

——周某诉陈某等民间借贷案

【基本信息】

1. 裁判书字号

湖南省浏阳市人民法院（2020）湘0181民初795号民事判决书

2. 案由：民间借贷纠纷

3. 当事人

原告：周某

被告：陈某、邓某、浏阳市某大酒店

---

① 程新文等：《〈关于审理涉及夫妻债务纠纷案件适用法律有关问题的解释〉的理解与适用》，载《人民司法》2018年第4期。

【基本案情】

陈某与邓某系夫妻关系，陈某经彭某介绍认识周某。2017 年 7 月 18 日，陈某以投资经营浏阳市某大酒店为由向周某借款 20 万元（实际转账 19.4 万元），约定 2017 年 8 月 14 日前归还。陈某收到 19.4 万元后向周某出具面额为 20 万元的借条一张，并在现场签上了陈某名字，加盖了浏阳市某大酒店的公章。因周某要求陈某之妻邓某签字，遂将该借条交与该笔借款的介绍人彭某，彭某将该借条交与陈某，由陈某带回给邓某签字。后陈某将签有“邓某”名字的借条交付给周某。

借款到期后，陈某没有按时归还借款，陈某、周某遂于 2019 年 4 月 18 日对借款本息进行结算，并由陈某收回原来的借条后重新出具一份借条，该借条仅有陈某签名，没有邓某签名。

另外，周某并不认识邓某，在将涉案借款出借给陈某后，亦未向邓某催讨。诉讼中，陈某陈述涉案借款用于偿还欠账，并未表明借款资金去向，原告没有提交证据证实涉案借款用途。邓某对周某提交的第一份借条复印件载明的“邓某”签名有异议，陈述并非本人签署；陈某亦陈述“邓某”的名字系其签署，并非邓某本人签名。

【案件焦点】

日常家事代理权视角下夫妻共同债务的认定问题。

【裁判要旨】

邓某对涉案债务不承担还款责任，理由如下：（1）在涉案借款发生时，被告邓某并未在现场，且原告周某亦知晓借条所载明的“邓某”的签名和捺印并非邓某当面签署。诉讼中，被告邓某亦否认涉案系本人签名，被告陈某陈述其在借条上签署了“邓某”姓名，并非邓某本人签字。因涉案借条所签署的“邓某”签名并非当面签署，存在由他人代签的可能性，现原告周某向本院提交的 2017 年 7 月 18 日的借条系复印件，已丧失对“邓某”签名进行真伪鉴定的基础，本院无法核实该借条所签署的“邓某”签名是否系其本人签名。故原告周某以 2017 年 7 月 18 日的借条存在“邓某”签名为由要求其承担连带还款责任的理由，本院难以采信。（2）被告陈某陈述当时系以经营酒店为由向原告借款，但并未将款项用于经营酒店，而是用于偿还欠款，事后亦未向被告邓某表明存在涉案借款，被告邓某表示亦不知晓涉案借款，原告周某也未向被告邓某说过借款给被告陈某，表明被告邓某事前事后没有与被告陈某共同向原告借款的明确意思表示；对于借款用途，被告陈某在庭审中只是说明款项用于偿还欠账，并未表明借款资金具体去向，原告也没有提交涉案借款用途的任何证据材料，本院无法认定借款用于夫妻共同生活，亦无法确定被告邓某是否从中得到利益，故涉案债务不符合夫妻共同债务的法定认定标准。(3) 夫妻共同债务推定是建立在日常家事代理权及表见代理制度基础上的，出借人有理由相信涉案债务系夫妻共同所负。首先，原告作为出借人在被告陈某出具第一张借条时，该借条所载明的“邓某”的签名并非当面签署，其事后亦未向被告邓某表明过涉案债务，在主观上存在过失，不构成表见代理。其次，家事代理权一般不超过日常共同生活，主要代理双方共同生活及子女日常生活所必要事项，而本案的借款金额已超过了日常生活开支。同时，在本案中，原告并不认识被告邓某，也未在涉案经营的酒店等经营场合见到过被告邓某，无法从外观上直接推定酒店属于夫妻共同经营，原告亦未提交任何证据证实该债务用于夫妻共同生活、共同生产经营或者基于夫妻双方共同意思表示。综上，本院对原告要求被告邓某承担还款责任的诉讼请求不予支持。

【适用解析】

《民法典》第1064条规定：“夫妻双方共同签名或者夫妻一方事后追认等共同意思表示所负的债务，以及夫妻一方在婚姻关系存续期间以个人名义为家庭日常生活需要所负的债务，属于夫妻共同债务。夫妻一方在婚姻关系存续期间以个人名义超出家庭日常生活需要所负的债务，不属于夫妻共同债务；但是，债权人能够证明该债务用于夫妻共同生活、共同生产经营或者基于夫妻双方共同意思表示的除外。”该条规定融合了《最高人民法院关于适用〈中华人民共和国合同法〉若干问题的解释（一）》第17条的规定、《最高人民法院关于适用〈中华人民共和国合同法〉若干问题的解释（二）》第24条的规定以及《最高人民法院关于审理涉及夫妻债务纠纷案件适用法律有关问题的解释》的规定，该条既规定了夫妻共同债务认定的法定标准，同时还明确推定夫妻共同债务的前提系日常家事代理权范围内，超出日常家事代理权范围的，不属于夫妻共同债务，除非出借人有证据证实该债务用于夫妻共同生活、共同生产经营或者基于夫妻双方共同意思表示的。在实务中，如果夫妻一方以个人名义举债超出了家事代理范围，是不是当然不认定为夫妻共同债务问题。因夫妻之间就日常生活互有代理权，超出家事代理权范围的，除非出借人有合理理由相信借款人没有超越代理权，适用于表见代理制度。《民法典》第 1064 条的规定既平衡了善意出借人和不知情借款人的配偶之间的利益冲突，也同时克服了夫妻恶意串通约定财产或假借离婚规避债务行为。

另外，对于债权人而言，夫妻共同生活具有一定的私密性和隐蔽性，而简单地将举证责任直接分配给出借人，是不能兼顾出借人利益和借款人配偶利益的，而是要从双方的诉辩出发，细化举证责任，合理把握举证责任在当事人之间的分配和转移。而如果不能从法定认定标准直接认定夫妻共同债务时，那么就必须从夫妻共同债务推定规则进行分析。

在本案中，从以下两个方面对涉案债务进行了分析，一方面即从夫妻共同债务法定认定标准上涉案债务是否构成夫妻共同债务。涉案债务从形式上来看邓某的签名存疑，因不存在原件，已失去鉴定的基础，且邓某对该债务事后并未进行追认或者在新借条上签名，故从夫妻共同债务法定认定标准上无法认定涉案构成夫妻共同债务。另一方面是从是否超过家事代理权进行分析。家事代理权的范围应以夫妻日常生活需要为限，一般应理解为夫妻双方及共同生活的未成年子女在日常生活中的必要事项，包括维持正常夫妻生活所必需事务，如日用品购买、医疗服务、子女教育、日常文化消费等，若为了提高生活水平、改善家庭生活且与家庭收入相当的事务，其外延就比较宽泛。因各地经济发展水平及居民收入不一，法官应结合实际情况进行判断是否超过日常家事代理范围，合理形式自由裁量权，根据日常生活和逻辑推理，在具体案件中结合每个家庭所在地的一般社会标准、婚姻传统、风俗习惯以及特定家庭和当事人的社会地位、资产、职业、收入等情况，依据日常家事代理权性质综合判决夫妻一方借款是否构成夫妻共同债务。本案中的借款数额较大，已超过其家庭正常收入，故该债务已超过陈某的日常家事代理权范围，那么是否构成夫妻共同债务问题，可以适用表见代理制度解决。表见代理制度最关键的是出借人在主观上善意无过失，即出借人在出借时应注意的审慎义务，也即善意无过失，就本案而言，最为典型的是周某在出借时并未履行其注意审慎义务，在陈某出具借条时，其配偶邓某的签名并非当面签署，周某显然对借款的形式审查没有尽到审慎义务，不是善意相对人，且在出借之后也没有告知过借款人的配偶邓某，不能适用表见代理制度来认定构成夫妻共同债务。故涉案债务不构成夫妻共同债务，邓某不承担连带责任。

编写人：湖南省浏阳市人民法院　宋娇

48

夫妻共同债务的认定标准及举证责任分配

——袁某诉孙某离婚后财产案

【基本信息】

1. 裁判书字号

北京市石景山区人民法院（2020）京0107民初1877号民事判决书

2. 案由：离婚后财产纠纷

3. 当事人

原告：袁某

被告：孙某

【基本案情】

袁某与孙某于2008年8月8日登记结婚。宫某系孙某之母。2016年1月5日，孙某将袁某诉至北京市昌平区人民法院，请求解除双方婚姻关系，该院审理后依法判决驳回了孙某的诉讼请求。后孙某不服，提起上诉，经北京市第一中级人民法院审理，驳回了孙某的上诉请求，维持原判。2017年1月，孙某再次向北京市昌平区人民法院提起离婚诉讼，该院于2017年7月5日判决孙某与袁某离婚。2011年10月10日、2011年12月16日，宫某先后两次共向袁某转账100万元。2016年4月，宫某以民间借贷为由诉至北京市西城区人民法院，要求袁某偿还100万元及利息。该院于2017年11月16日作出（2016）京0102民初12343号民事判决书，判决：一、袁某于本判决书生效之日起十日内偿还宫某借款本金100万元及相关利息（以100万元本金为基数，按照中国人民银行同期贷款利率的标准，从2017年8月3日起计算至实际清偿之日止；如遇利率调整，则以不超过年利率6%为限）；二、驳回宫某的其他诉讼请求。该案判决后，袁某未偿还上述欠款本金及利息。袁某认为，此欠款发生在其与孙某婚姻关系存续期间，离婚时此债务未分割。故袁某诉至本院，要求孙某负责偿还袁某欠宫某借款本金100万元及利息的1/2份额。孙某主张上述债务超过家庭日常生活所需，且该笔债务部分用于赌博（未举证证明该笔债务用于赌博），部分用于投资且收益并未用于家庭所需，故应属于个人债务，不同意偿还。孙某否认涉诉债务用于赌博，主张涉诉债务部分用于日常家庭生活，部分用于投资，但投资失败；同时主张在离婚诉讼中，孙某曾出示一份关于涉诉债务的借条复印件，主张借条及落款日期系其书写，其他由袁某书写，并提交庭审笔录为证。

【案件焦点】

超出家庭日常生活所需所负担的债务，是否必须由举债方证明其用于夫妻共同生活、共同生产经营。

【裁判要旨】

一审法院经审理认为，本案的争议焦点为袁某名下欠宫某的借款本金100万元及利息是否系袁某与孙某的夫妻共同债务。对此，本院分析如下：（1）当事人对自己提出的诉讼请求所依据的事实或者反驳对方诉讼请求所依据的事实，应当提供证据加以证明，但法律另有规定的除外。在作出判决前，当事人未能提供证据或者证据不足以证明其事实主张的，由负有举证证明责任的当事人承担不利的后果。孙某主张涉诉债务部分用于赌博，但其未能向本庭提交证据，故对孙某主张涉诉债务因用于赌博系袁某个人债务的辩称，本院不予采信。（2）对负有举证证明责任的当事人提供的证据，人民法院经审查并结合相关事实，确信待证事实的存在具有高度可能性的，应当认定该事实存在。本案中，宫某系孙某之母，袁某在其与孙某婚姻关系存续期间向宫某借款。孙某认可其知晓该笔借款，同时表示其曾向法庭提交的借条的标题及还款日期均系其本人书写，故本院有理由相信该笔借款发生时孙某知晓且同意。（3）孙某以涉诉债务未用于夫妻共同生活、共同生产经营为由，主张涉诉款项系袁某个人债务。对此，本院认为，《最高人民法院关于审理涉及夫妻债务纠纷案件适用法律有关问题的解释》第1条规定，夫妻双方共同签字或者夫妻一方事后追认等共同意思表示所负的债务，应当认定为夫妻共同债务。如前所述，该笔借款发生时孙某知晓且同意，可以认定孙某已经作出了共同举债的意思表示，故属于夫妻共同债务。对于袁某的诉讼请求，北京市石景山区人民法院予以支持。该案宣判后，双方均未上诉，现已生效。

【适用解析】

本案的争议焦点为如何认定夫妻共同债务以及夫妻双方的举证责任分配。

一、认定涉诉债务是否属于夫妻共同债务应秉承的理念

1. 《婚姻法》将夫妻共同债务界定为原为夫妻共同生活所负的债务。夫妻共同债务问题既涉及对夫妻一方的合法权益的保护，亦涉及对债权人合法利益的保护，既涉及家庭关系亦涉及合同关系等。因此，在确定涉诉债务是否系夫妻共同债务时，应根据不同的法律关系合理地分配当事人之间的举证责任，充分地运用日常生活经验判断以及高度盖然性的证明标准，来确定涉诉债务是否系夫妻共同债务，避免夫妻一方恶意逃债，亦要避免夫妻一方在离婚时“被高额负债”。在《民法典》出台之前，按照《最高人民法院关于适用〈中华人民共和国婚姻法〉若干问题的解释（二）》第 24 条之规定，一般情况下，对于夫妻关系存续期间夫妻一方以个人名义所负的债务，基本上会被认定为夫妻共同债务。该解释出台后，虽然很好地保障了债权人的利益，但却被“有心人”利用，在离婚时虚构债务，而使夫妻一方在离婚时“被高额负债”。后《最高人民法院关于适用〈中华人民共和国婚姻法〉若干问题的解释（二）的补充》出台，在第 24 条的基础上增加两款，分别作为该条第 2 款和第 3 款。[①] 在一定程度上抑制了夫妻一方与第三人恶意串通伪造债务的虚假诉讼的产生。但实践中，虽然保护了债权人的合法权益，但确使不少当事人在离婚时“被高额负债”，没有给予各方当事人平等保护。

2. 《最高人民法院关于审理涉及夫妻债务纠纷案件适用法律有关问题的解释》于 2018 年 1 月 8 日经审议通过，自 2018 年 1 月 18 日起实施。该解释对夫妻共同债务的认定及举证责任的分配进行了重新确定，较好地给予了各方当事人平等的保

---

① 在《最高人民法院关于适用〈中华人民共和国婚姻法〉若干问题的解释（二）》第 24 条的基础上增加两款，分别作为该条第 2 款和第 3 款：夫妻一方与第三人串通，虚构债务，第三人主张权利的，人民法院不予支持。夫妻一方在从事赌博、吸毒等违法犯罪活动中所负债务，第三人主张权利的，人民法院不予支持。

护。《民法典》第 1064 条[①]对上述解释进行了确认，依据该条，认定为夫妻共同债务应当坚持两个原则，只要符合一个即可。一是夫妻之间形成“共同意思表示”，该共同意思表示不应限于债务形成时的共同意思表示，而是应该包括事后的追认。同样，夫妻之间的“共同意思表示”的认定不应限于债务形成时的明确确认，还应当包括明知且未提出反对。二是虽然债务形成时配偶并不知晓，但是夫妻之间实际“共享收益”。此处的“共享收益”应包括基于家庭日常生活需要所负债务以及虽然超出家庭日常生活需要但该债务涉及的财产利益用于夫妻共同生活、共同生产经营等情形。

3. 结合本案，孙某主张涉诉债务已经超出日常生活所需，且未用于家庭生活，故应属于袁某的个人债务，应由其个人偿还。初步审视，孙某所述符合《民法典》第 1064 条第 2 款规定的情形，该笔债务应由袁某个人偿还，但是实则不合常理，袁某在婚姻关系存续期间向岳母借款，离婚时却被认定为个人债务，从而得出法律规定不完善，对袁某不公平。在适用《民法典》第 1064 条时，我们先要判断涉诉债务是否属于该条第 1 款的规定，即首先要判断所负债务是否是夫妻共同签名或者夫妻一方事后追认等共同意思表示所负的债务，如果是，那么该笔债务无论是否用于家庭共同生活，都应当认定为夫妻共同债务。本案中，虽然宫某将涉诉款项汇至袁某账户内，但是根据袁某、宫某与孙某之间的身份关系，根据日常经验法则，可以认定孙某明知该笔债务存在且未反对具有高度可能性，从法院调取的离婚案件笔录也可以看出，孙某明知该笔债务且同意袁某向宫某借款，从而可以得出该笔债务系夫妻双方的“共同意思表示”，应为夫妻共同债务，而不用考虑该笔债务是否用于夫妻共同生活、共同生产经营。

4. 综上，依据《民法典》第 1064 条的规定，可以得出以下结论：认定是否属于夫妻共同债务有其内在层次逻辑。首先，夫妻有共同举债意思表示，按共同意思表示认定；其次，若无明确夫妻共同举债意思表示，但符合家事代理范围的，可以

---

① 《民法典》第 1064 条规定：夫妻双方共同签名或者夫妻一方事后追认等共同意思表示所负的债务，以及夫妻一方在婚姻关系存续期间以个人名义为家庭日常生活需要所负的债务，属于夫妻共同债务。夫妻一方在婚姻关系存续期间以个人名义超出家庭日常生活需要所负的债务，不属于夫妻共同债务；但是，债权人能够证明该债务用于夫妻共同生活、共同生产经营或者基于夫妻双方共同意思表示的除外。

推定为夫妻有共同意思表示；最后，若无法推定夫妻有共同意思表示，应当根据借款的用途即是否用于夫妻共同生活、共同生产经营来确定是否属于夫妻债务。

二、夫妻共同债务举证责任的分配原则

要想准确无误地适用《民法典》第1064条的规定，除要把握好认定是否属于夫妻共同债务的内在层次逻辑外，还要合理地区分内部关系跟外部关系之间举证责任的分配，只有公平合理地分配举证责任，才能确保各方当事人之间的权益得到平等的保护。

1. 共同意思表示的举证责任分配

对于仅有夫妻双方参与的诉讼中，由主张涉诉债务是否系夫妻共同合意而形成的债务，应当由主张提出涉诉债务系夫妻债务的一方举证；对于有债权人参与的诉讼中，应由主张属于共同债务的债权人及主张共同合意的夫妻一方承担举证责任。即在本案中，应由袁某举证证明涉诉债务系其与孙某的共同合意。庭审中，袁某以债权人宫某与孙某的身份关系（即如果没有经过孙某的同意，孙某的母亲袁某是不可能将涉诉债务汇至袁某账户内的）以及在离婚案件的审理过程中，孙某出示涉诉款项借条的复印件并认可借款的抬头及落款日期系其本人书写的事实，来证明涉诉债务系其与孙某的共同合意，并最终得到法院的支持。

2. “共享收益”的举证责任分配

“共享收益”应当区分为因家事代理形成的债务以及超过日常家事代理范围所负的债务。对于因家事代理形成的债务，应由举债方举证证明债务符合夫妻家庭生活所需要的“日常性”与“合理性”。对于是否符合“日常性”与“合理性”，应当结合一般理性人的观念及家庭收入状况等加以衡量，其中应当包括日常生活消费、日常投资性消费以及为教育抚养子女的合理花费及赡养老人的费用等。同时还应当考虑当地的生活消费水平以及家庭收入状况。一旦涉诉被认定为因家事代理所形成的债务，即使非举债方主张该债务未经自己同意或者未实际享有该债务带来的利益，也不能以此来对抗债权人，该笔债务依然会被认定为夫妻共同债务。这样不仅能保护夫妻任意一方日常生活中对外的经济自由，也能保护一般公众对家事代理的合理信赖。

对于超过日常家事代理范围所负的债务，应由举债方或者债权人举证证明涉诉债务用于夫妻共同生活、共同生产经营。此处需要说明的是，夫妻共同生活的证据比较好认定，只要判断债务用于家庭支出即可，但对于共同生产经营，实践中法官认识并不是很统一。对此，笔者认为在判断是否系共同生产经营时，应该把握以下几点：一是此处的共同性并不要求夫妻之间共同处理经营事务，夫妻之间有共同经营的意思表示即可。如果夫妻一方隐瞒对方从事经营活动且未将所得盈利作为家庭收入来源的，则不应认定为夫妻共同生产经营，应当认定其因从事经营活动所负债务为个人债务。二是共同生产经营强调的是家庭成员的参与性，即夫妻的意志都体现在了生产经营活动的决策中，对于此种情况下，即使生产经营亏损，家庭无法获益，也应当认定因生产经营所负的债务为夫妻共同债务。结合本案例来说，如果宫某并非孙某的母亲且其并非在离婚案件中出示过“借条”复印件，那么鉴于所负债务的数额为100万元，按照一般理性人的理解，该债务并非系为日常家庭生活所需所负，那么此时需要袁某举证证明该笔债务用于夫妻共同生活或共同生产经营。本案中，袁某主张涉诉债务部分用于家庭日常开销、部分用于投资开设电玩城，但最后电玩城赔钱了，没有收入。经法庭多次询问，袁某均主张没有证据向法庭提交，也无法提交电玩城的账目，只是表示经营电玩城系事实，孙某也知晓，孙某表示后来知道其经营电玩城，但其未参与经营。因此时的举证责任在袁某，在孙某否认其参与经营时，袁某未能举证证明其所述，则其应当承担举证不能的责任，即法院会认定涉及的债务并非用于夫妻共同生活、共同生产经营，应为其个人债务，应由其个人偿还。

对于《民法典》第1064条的规定，笔者认为其非常合理，从法律上平等地保障了各方当事人的合法权益。对于夫妻而言，笔者需要提醒的是，夫妻一方对于配偶的借款行为应当谨慎。一旦与配偶共同签署借款协议或追认配偶的债务，将面临承担共同还款的法律责任，除非有证据证明被欺诈、胁迫、显失公平等法定情形，否则无法避免承担共同还款的责任。对于债权人而言，笔者需要提醒的是，在出借资金属于非日常生活所需时，为了保障自己的合法权益，最好能征得债务人配偶的同意，否则将来一旦产生纠纷，极有可能因该债务未能用于夫妻共同生活或共同生产经营，而被认定为债务人一方的个人债务，最终致使自己的权益受损。

编写人：北京市石景山区人民法院　姚媛

【第1066条　婚姻关系存续期间请求分割夫妻共同财产的规定】

49

婚姻关系存续期间夫妻共同财产的分割

——徐某某诉张某某婚姻家庭案

【基本信息】

1. 裁判书字号

上海市第二中级人民法院（2019）沪02民终9765号民事判决书

2. 案由：婚姻家庭纠纷

3. 当事人

原告：张某某（被上诉人）

被告：徐某某（上诉人）

【基本案情】

张某某、徐某某于1984年9月15日登记结婚。2018年6月底起，双方因故分居生活至今。当年7月，张某某起诉离婚，因徐某某不同意离婚，法院判决驳回张某某要求离婚的诉请。

张某某身患癌症，享有大病医保，在治疗中。上海市方浜中路房屋（以下简称系争房屋）系张某某、徐某某婚姻关系存续期间于1997年取得，承租人为张某某，后变更为徐某某。徐某某在该处设立五金经营部，该房屋于2017年被征收。2017年9月3日，徐某某与上海市黄浦区住房保障和房屋管理局及房屋征收实施单位签订《上海市国有土地上房屋征收补偿协议》，约定徐某某可获得动迁补偿款6017734.51元。2018年，徐某某两次领取房屋被征收补偿款共计1900000余元。

2019 年春节前，徐某某给予张某某 10000 元。张某某起诉至一审法院，要求依法分割房屋拆迁补偿款。

【案件焦点】

1. 房屋动迁款是否属于夫妻共同财产；2. 婚姻关系存续期间，张某某可否主张分割夫妻共同财产。

【裁判要旨】

一审法院认为，夫妻有互相扶养的义务。本案中，张某某身患重病，需积极治疗，否则将危及生命。张某某虽享有大病医保，每月有养老金，但不足以维持正常的就诊、营养及生活开支。徐某某以张某某先回家作为前提条件来支付就诊费用，此举会影响夫妻间感情。徐某某只有支付张某某就诊费用后，夫妻关系才能更加融洽，加深彼此间的感情。故对徐某某的主张不予采纳。徐某某又称，2019 年春节前，张某某、徐某某见面，张某某明确告诉徐某某，离婚不是张某某的本意。对此，徐某某未能就其主张举证证明。故依法不予采信。徐某某在领取 1900000 余元动迁款后仅给张某某 10000 元，致张某某无法维持正常的就诊、生活需要。徐某某的行为符合《最高人民法院关于适用〈中华人民共和国婚姻法〉若干问题的解释（三）》规定的婚姻关系存续期间，一方负有法定扶养义务的人患重大疾病需要医治，另一方不同意支付相关医疗费用的情形。除法律规定外，夫妻在婚姻关系存续期间所得的财产归夫妻共同所有。故张某某要求分割系争房屋动迁补偿款的请求，依法予以支持，但具体金额由法院确定。综上，一审法院判决上海市方浜中路房屋被征收补偿款 6017734. 51 元，其中 3008867. 21 元归徐某某个人所有，3008867. 30 元（包含徐某某已支付张某某 10000 元）归张某某个人所有。

二审法院认为，关于本案中张某某要求分割的系争房屋动迁款是否属于夫妻共同财产的问题，可结合系争房屋来源、取得时间、动迁发生时间等因素予以判断。本案中，系争房屋系张某某与徐某某夫妻关系存续期间取得，且徐某某所称的系争房屋非居因素所对应的营业执照也产生于夫妻关系存续期间。因此，一审法院将系争房屋所有动迁款均作为夫妻共同财产予以分割，并无不妥。原则上，夫妻关系存续期间，夫妻对共同财产应享有平等的处理权。然而，张某某身患癌症多年，徐某某对张某某需要化疗治疗、营养支持的情况非常清楚，但徐某某在已经领取部分动拆迁款的情况下，经张某某多次讨要，仅交给张某某1万元，远不足以支撑张某某的日常生活特别是疾病治疗所需，严重影响到张某某对动迁款的处理权。徐某某辩称，若张某某回到其居处，双方共同生活，其完全可以负责照料张某某并支付治疗费。然而，双方夫妻感情出现危机，此前张某某曾起诉要求离婚，背后的原因可能不限于本案所涉及的分歧、纠纷，但无论为何，既然徐某某已经明确表达了不愿意离婚的意思，也有继续共同生活的意愿，就更应尊重张某某对夫妻共同财产的处理意愿，特别是在张某某需要钱款支撑重大疾病治疗的情况下，还将动迁款完全把控以作为双方恢复夫妻感情的砝码，将对夫妻感情造成更深的伤害。

本案中，张某某本人身患疾病，并非严格属于《最高人民法院关于适用〈中华人民共和国婚姻法〉若干问题的解释（三）》规定的“一方负有法定扶养义务的人患有重大疾病需要医治，另一方不同意支付相关医疗费用的情形”，但按照举重以明轻的一般法理，张某某本人身患重大疾病，而其与徐某某夫妻恰恰取得一笔方便分割的巨额款项，在徐某某的行为已严重剥夺了张某某对动迁款平等处理权的情况下，本案理应赋予其要求分割该笔夫妻共同财产的权利。更何况，徐某某对于其已经领取的190余万元动迁款项的去向，前后陈述不一，且存在诸多不合常理之处，其行为亦符合“一方有隐藏、转移、变卖、毁损、挥霍夫妻共同财产”等严重损害夫妻共同财产利益的情形。因此，一审法院对系争房屋动迁款予以分割，并无不当。

【适用解析】

在我国夫妻婚后所得财产共同共有的制度背景下，夫妻分割共同财产的情形包括婚姻终止或者夫妻达成分割共同财产的合意。但在一些确需分割财产的特殊情形下，若既不能解除婚姻关系，也无法达成分割共同财产的合意，则可能导致夫妻一方的财产权利行使不能或财产权益受到损害。为了维护夫妻双方的财产权益，发挥家庭赡老育幼的功能，2020年5月28日颁布的《民法典》第1066条新增规定：“婚姻关系存续期间，有下列情形之一的，夫妻一方可以向人民法院请求分割共同财产：（一）一方有隐藏、转移、变卖、毁损、挥霍夫妻共同财产或者伪造夫妻共同债务等严重损害夫妻共同财产利益的行为；（二）一方负有法定扶养义务的人患重大疾病需要医治，另一方不同意支付相关医疗费用。”赋予了夫妻婚内析产的权利，缓解了夫妻共同财产制的效力强行，弥补了夫妻婚内分割共同财产约定不能的遗憾，实现了夫妻财产权益的多元保护。①

（一）从保守到保护：婚内分割共同财产的立法精神

在无特别约定的情况下，夫妻双方对婚姻关系存续期间取得的财产属于典型的共同共有关系。在此基础上，《物权法》第99条实际上对于婚内分割夫妻共同财产提供了理论支持。该条规定："共有人约定不得分割共有的不动产或者动产，以维持共有关系的，应当按照约定，但共有人有重大理由需要分割的，可以请求分割；没有约定或者约定不明确的，按份共有人可以随时请求分割，共同共有人在共有的基础丧失或者有重大理由需要分割时可以请求分割。因分割对其他共有人造成损害的，应当给予赔偿。"由该条款不难推出，夫妻一方请求分割共同财产的情形包括两种：一是共有的基础丧失，如婚姻关系的解除、撤销等；二是有重大理由需要分割。具体可以有哪些"重大理由"，则由相关法律、法规、司法解释等进行细化。根据《物权法》的规定，在有重大理由需要分割时，可以不解除共有关系而直接分割共有财产，这为夫妻维护自身财产权利提供了有效的法律途径。

2011年颁布的《最高人民法院关于适用〈中华人民共和国婚姻法〉若干问题的解释（三）》第4条在实质上可以看作是对《物权法》第99条中"重大理由"的列举性说明。该条规定："婚姻关系存续期间，夫妻一方请求分割共同财产的，人民法院不予支持，但有下列重大理由且不损害债权人利益的除外：（一）一方有隐藏、转移、变卖、毁损、挥霍夫妻共同财产或者伪造夫妻共同债务等严重损害夫妻共同财产利益行为的；（二）一方负有法定扶养义务的人患重大疾病需要医治，另一方不同意支付相关医疗费用的。"其传达了最高人民法院对于夫妻共同财产分割的基本立场：原则上，在婚姻关系存续期间，夫妻一方请求分割共同财产是不予支持的。但有两种例外情况，且该例外情况下法院准予分割夫妻共同财产应当以不损害债权人利益为前提。

值得一提的是，相较于《最高人民法院关于适用〈中华人民共和国婚姻法〉若干问题的解释（三）》征求意见稿，正式发布稿关于婚内分割夫妻共同财产的条件有了明显的扩张。征求意见稿第5条规定："婚姻关系存续期间，夫妻一方请求

① 王歌雅：《民法典婚姻家庭编的价值阐释与制度修为》，载《东方法学》2020年第4期。

分割夫妻共同财产的，人民法院不予受理；但一方在夫妻因感情不合分居期间及人民法院判决不准离婚后，有隐藏、转移、变卖、毁损、挥霍夫妻共同财产或伪造夫妻共同债务等严重损害夫妻共同财产利益行为的，在不损害债权人利益的情况下，人民法院可以受理。”征求意见稿对于婚内分割夫妻共同财产持较为明显的保守态度，而正式发布稿则在多方面作了不同程度的扩张：第一，在程序上从“受理”改为“支持”。即夫妻一方婚内请求分割夫妻共同财产的，法院应当予以受理，经审查是否符合分割条件后判决支持或不予支持，这在极大程度上解决了当事人“立案难”的问题。第二，删除了“夫妻因感情不合分居期间及人民法院判决不准离婚后”这一时间限制，减轻了当事人的诉累，也传递出婚内财产的分割不等于夫妻感情的“分割”的信号，以促进婚姻关系的稳定。第三，增加了分割财产的情形。除严重损害夫妻共同财产利益的行为外，还增加了关于履行法定义务的情形，即一方负有法定扶养义务的人患重大疾病需要医治，另一方不同意支付相关医疗费用的情形。

新颁布的《民法典》借鉴吸收了司法解释的探索成果，以法律的形式确定了夫妻享有婚内分割共同财产请求权，这无疑是历史的进步。在离婚冷静期①和离婚诉讼法定期限②的规则下，掌握家庭经济主导的一方有更多的时间进行有利于自身的财产处理。而根据该条款，不必等到漫长的离婚拉锯战，处于弱势一方的当事人即可启动诉讼程序，避免“人财两空”。相较于《最高人民法院关于适用〈中华人民共和国婚姻法〉若干问题的解释（三）》，《民法典》的规定进一步强调了夫妻合法权益的保护，体现在两个方面：一是删除了“婚姻关系存续期间，夫妻一方请求分割共同财产的，人民法院不予支持”这一原则性规定。只要出现法定情形，夫妻一方即有权请求分割夫妻共同财产。二是删除了“不损害债权人利益”的条件，在保护夫妻弱势一方的合法权益与保护债权人利益中进行平衡。

---

① 《民法典》第 1077 条规定：“自婚姻登记机关收到离婚登记申请之日起三十日内，任何一方不愿意离婚的，可以向婚姻登记机关撤回离婚登记申请。前款规定期限届满后三十日内，双方应当亲自到婚姻登记机关申请发给离婚证；未申请的，视为撤回离婚登记申请。”

② 《最高人民法院关于适用〈中华人民共和国民事诉讼法〉的解释》第 214 条第 2 款规定：“原告撤诉或者按撤诉处理的离婚案件，没有新情况、新理由，六个月内又起诉的，比照民事诉讼法第一百二十四条第七项的规定不予受理。”

（二）从防范到规范：婚内分割共同财产的适用解析

通过上文的案例，我们不难看出，适用婚内分割共同财产制度的主要争议焦点有二：

1. 夫妻共同财产的认定问题

随着经济发展和社会进步，夫妻共同财产的种类也日益丰富，除存款、房屋、车辆、家具家电等外，还有诸如保险、债券、股票、知识产权等。对此，《民法典》第 1062 条①和第 1063 条②采用正面列举和反面排除的方法明确了夫妻共同财产的范围，《最高人民法院关于适用〈中华人民共和国婚姻法〉若干问题的解释（二）》和《最高人民法院关于适用〈中华人民共和国婚姻法〉若干问题的解释（三）》就夫妻共同财产的认定及处理方式作了较为详细的明确规定。本案中，夫妻双方对房屋动迁款是否全部属于夫妻共同财产有所争议。对于张某某请求分割的房屋征收补偿款，由于房屋的取得以及房屋中经营的五金店的成立均在夫妻关系存续期间，故该动迁补偿款应当全部作为夫妻共同财产予以分割。

在婚姻关系存续期间进行分割的对象，须为夫妻共同财产，此外一般还应考虑以下两点：第一，一般分割的是特定的大额财产。与离婚时分割夫妻共同财产不同，婚内分割共同财产的制度初衷更注重救济性，故其并不着力于对全部的夫妻共同财产进行分割，而主要针对原告所请求的特定的价值较高的财物。第二，财产应当具有可分性。对于共同财产的分割方法，主要有实物分割、变价分割和作价补偿三种，实践中应当以实物分割为首选。因此，该制度在适用时，一般要求财产可以在不减损价值的情况下进行分割，如存款、售房款等。

2. 婚内分割共同财产的法定性问题

婚内分割共同财产制度的创设初衷，在于维护夫妻双方对共同财产的平等处理权。在不解除婚姻关系的前提下，当出现《民法典》第 1066 条规定的两大法定情

---

① 《民法典》第 1062 条规定："夫妻在婚姻关系存续期间所得的下列财产，为夫妻的共同财产，归夫妻共同所有：（一）工资、奖金、劳务报酬；（二）生产、经营、投资的收益；（三）知识产权的收益；（四）继承或者受赠的财产，但是本法第一千零六十三条第三项规定的除外；（五）其他应当归共同所有的财产。夫妻对共同财产，有平等的处理权。"

② 《民法典》第 1063 条规定："下列财产为夫妻一方的个人财产：（一）一方的婚前财产；（二）一方因受到人身损害获得的赔偿或者补偿；（三）遗嘱或者赠与合同中确定只归一方的财产；（四）一方专用的生活用品；（五）其他应当归一方的财产。"

形时，夫妻一方有权请求分割共同财产。回到本案例中，妻子张某某身患癌症，但徐某某在领取190万元征收补偿款的情况下，经张某某多次讨要，仅交给张某某1万元，远远不足以支撑其疾病治疗、营养支持和日常生活的需要。严格来说，张某某本人身患重大疾病这一情形并不属于《民法典》第1066条规定的“一方负有法定扶养义务的人患重大疾病需要医治，另一方不同意支付相关医疗费用”的情形。“一方负有法定扶养义务的人”通常指的是负有扶养义务的父母、子女、配偶以及兄弟姐妹①，而不包括本人。那么该规定可否扩大解释为“包含夫妻一方本人患有重大疾病”？有观点认为该条款所列举的重大理由属于封闭性条款，对在不解除婚姻关系的前提下分割夫妻共同财产的做法进行严格限制，从而保证夫妻财产制的稳定性和婚姻的严肃性。②

本文认为，“负有法定扶养义务的人患重病需要医治，另一方不同意支付相关医疗费用”时，一方尚有权主张婚内析产，何况是其本人患重病，更应保护其对夫妻共同财产的平等处理权。当然，本案中除此情形外，徐某某亦存在“隐藏、转移、变卖、毁损、挥霍夫妻共同财产”等严重损害夫妻共同财产利益的情形。因此，本案中符合婚内分割共同财产的两种法定情形，应当对涉案的征收补偿款予以分割。

（三）从同产到析产：婚内分割共同财产的制度衔接

《民法典》婚姻家庭编是婚姻家庭法律规范的指南针、定盘星，而婚内分割共同财产制度是其中的一大创新亮点。为了保障该制度的有效实施，在适用过程中还应当注意与《民法典》婚姻家庭编中其他法律规范的有机衔接。

1. 婚内分割共同财产与分别财产制的衔接

根据《民法典》第1065条的规定：“男女双方可以约定婚姻关系存续期间所得的财产以及婚前财产归各自所有、共同所有或者部分各自所有、部分共同所有。……夫妻对婚姻关系存续期间所得的财产以及婚前财产的约定，对双方具有法律约束力……”分别财产制即夫妻双方约定婚姻关系存续期间所得财产归各自

---

① 此处的兄弟姐妹，特指《婚姻法》第29条规定：“有负担能力的兄、姐，对于父母已经死亡或父母无力抚养的未成年的弟、妹，有扶养的义务。由兄、姐扶养长大的有负担能力的弟、妹，对于缺乏劳动能力又缺乏生活来源的兄、姐，有扶养的义务。”

② 杜万华主编：《民事审判指导与参考》（总第68辑），人民法院出版社2017年版，第245页。

所有的财产制形式，其与婚内分割共同财产制度存在明显的区别。前者一般由夫妻双方在婚前或者婚后一段时间自行约定，而后者则发生在婚姻关系存续期间，且在程序上须由法院进行裁判。更为关键的是，婚内分割共同财产制度的适用前提在于夫妻共同财产制，只有在夫妻财产共同共有的情况下才有婚内分割共同财产的问题。因此，婚内分割共同财产制度与分别财产制度不能并存适用。[①] 法院依据《民法典》第 1066 条的规定进行婚内分割共同财产，仅仅针对特定的、现存的财物进行分别，并不意味着今后夫妻财产分别所有。

2. 婚内析产与离婚财产分割的衔接

如前文所述，夫妻共同财产的分割一般有两种情形，即婚姻关系的解除或法定重大理由的发生。现实中，在夫妻矛盾激化，一方恶意损害另一方财产权益，或阻碍履行扶养责任等情形下，通常伴随着夫妻感情的危机和信任关系的削弱。但由于离婚程序较为漫长，诉讼离婚亦存在判决不准予离婚的可能，婚内分割共同财产往往是解决婚姻关系存续期间此类特殊情形的权宜之计。因此，婚内分割共同财产和离婚财产分割在以下几方面可能需要衔接：

第一，法院准许在夫妻关系存续期间分割夫妻共同财产，但在双方夫妻身份关系未发生变更的情况下，其权利义务并未发生改变。在其离婚分割财产的诉讼过程中，不应将已进行婚内分割的财产纳入审理范围，而仅对其他财产及债权债务等进行“清算”。

第二，在夫妻一方存在隐藏、转移、变卖、毁损、挥霍夫妻共同财产或者伪造夫妻共同债务等严重损害夫妻共同财产利益行为时，除依据《民法典》第 1066 条主张婚内分割共同财产外，在离婚分割夫妻共同财产时，还可以依据《民法典》第 1092 条的规定，对该方可以少分或者不分。

第三，在一方本人患有重大疾病需要医治，离婚时生活困难的，可以根据《民法典》第 1090 条的规定，应当由有负担能力的另一方给予适当帮助。但需注意，离婚救济所提供帮助的财产应当是救济人的个人财产，故婚内分割共同财产或离婚分割财产均不能代替离婚救济的适用。

编写人：上海市第二中级人民法院　石俏伟

① 王乐：《论婚内析产的内涵与完善》，载《黄山学院学报》2012 年第 14 期。

【第 1073 条　亲子关系异议之诉】

50

亲子关系异议的主体范围

——藏某某诉姚某某等法定继承案

【基本信息】

1. 裁判书字号

重庆市第五中级人民法院（2016）渝 05 民再 17 号民事判决书

2. 案由：法定继承纠纷

3. 当事人

原告（二审被上诉人、被申请人）：藏某某

被告（二审上诉人、再审申请人）：姚某某、刘某 1、刘乙

被告（二审上诉人、被申请人）：刘丙、刘某 4

【基本案情】

刘某某于 2010 年 8 月 15 日死亡，遗留房屋、汽车等遗产共计 1900 余万元，未留遗嘱。刘某某于 1989 年 8 月与藏某红结婚，生育一女藏某某。1995 年 2 月，刘某某与藏某红协议离婚，约定：藏某某由藏某红抚养，刘某某每月负担抚养费 1000 元，藏某某为双方当事人今后各自拥有财产的合法继承人之一。1997 年 12 月刘某某又与姚某某结婚，生育子女刘某 1、刘乙。刘某某死后，藏某某主张继承遗产。姚某某私自采取藏某某的头发与刘某某生前使用牙刷中的遗留物，隐名送鉴定机构进行 DNA 检测，结论排除二人有亲子关系，遂拒绝分配遗产给藏某某。藏某某起诉请求继承刘某某的遗产，被告姚某某等人提出对藏某某与刘某某之间是否存在亲子关系进行鉴定，若存在亲子关系，则藏某某享有继承权，若无亲子关系，则藏某

某不享有继承权，藏某某不同意进行鉴定，被告姚某某等人认为应适用《最高人民法院关于适用〈中华人民共和国婚姻法〉若干问题的解释（三）》（以下简称《婚姻法解释三》）第2条第2款之规定，认定藏某某不是刘某某的亲生女儿，没有继承权。

【案件焦点】

在继承纠纷案件中，是否需要进行亲子关系鉴定来确定继承权的有无。

【裁判要旨】

重庆市九龙坡区人民法院经审理认为，在原告拒绝鉴定时，推定原告不享有继承权无法律依据，也不符合我国婚姻、家庭、道德观念的原则。因此，不同意被告的鉴定申请，原告在该案件中享有继承权。据此，依照《继承法》第2条、第3条、第10条、第26条之规定，判决：被告姚某某向藏某某支付遗产276余万元。

姚某某等人不服一审判决，提出上诉。

重庆市第五中级人民法院二审判决对姚某某等人的亲子关系鉴定的请求仍不予支持，除改判确定遗产中房屋所有权的归属外，其余维持一审判决。

姚某某等人仍不服，申请再审。重庆市第五中级人民法院裁定进行再审。再审中，姚某某等人请求采取家族基因检测法进行鉴定，以确定藏某某是否为刘某某的亲生女儿。

重庆市第五中级人民法院再审认为，亲子鉴定具有很强的伦理性，涉及父母、子女的隐私权。因此，主张亲子鉴定应当严格限定于父母与成年子女本人，被继承人刘某某生前并未提起否认亲子关系的诉讼，而是依离婚协议履行对藏某某的抚养义务。另外，子女与父母有自然血亲关系，不是享有继承权的必备条件，形成抚养关系的继子女、养子女，没有自然血亲关系也可享有继承权。因此，一、二审不支持姚某某等人亲子鉴定的主张，是依法对藏某某及其母亲名誉权、隐私权的保护，也是对逝者刘某某名誉的尊重，是正确的。遗产分配优先尊重死者生前的意思表示，刘某某在与藏某红的《离婚协议》中明确表示："藏某某为双方当事人今后各自拥有财产的合法继承人之一。"刘某某一直未予以改变，藏某某依此约定享有继承权。法院于2016年7月6日作出再审判决，仍然确认藏某某享有继承权，在补正二审判决中的瑕疵后，判决维持二审判决。

【适用解析】

本案争议的主要焦点是，解决这一问题，需要从亲子关系否认的权利主体、自然血亲关系与继承权的联系、遗产继承的原则等方面进行分析。

一、主张否认亲子关系权利主体的范围

生物学上的父母所决定的子女的遗传基因，是人的一种自然属性，而人是一定社会关系的总和，人的根本属性在于社会性，由人的身份所决定的其社会关系的历史和现状所构成。自然属性是一定社会属性的条件，人的法律地位以人的社会属性为依据。在婚姻家庭法律中，必须坚持兼顾血缘关系真实性与身份关系稳定性的原则，坚持儿童最大利益原则，涉及未成年子女的事宜，应一切从最有利于未成年子女的生存、保护和发展考虑。基于此，婚生子女推定是婚姻家庭法律中的一个非常重要的制度，即在合法婚姻关系存续期间受胎或出生的子女推定为婚生子女，享有婚姻法、继承法规定的权利，承担相应的义务。

推定是一种最便利、最可行的确定亲子关系的办法，它从一个显而易见的客观事实——子女的出生和母亲的关系出发，对另一个尚待证明的事实——子女与生母之夫间具有血缘关系作出判断。但为了保障当事人的亲权知情权，根据《婚姻法解释三》第 2 条之规定，允许特定当事人提出亲子关系的否认。《民法典》第 1073 条第 1 款规定，对亲子关系有异议且有正当理由的，父或者母可以向人民法院提起诉讼，请求确定或者否定亲子关系。家族是社会的细胞，亲子关系的否认不仅涉及特定当事人之间的私权（包括身份权、隐私权、财产权等权利），还事关社会秩序，启动亲子关系鉴定必须慎重、从严掌握。

亲子关系鉴定的发展历程大概经历了四个阶段：古代的滴血认亲、现代的 ABO 血型、白细胞酶型以及现在的 DNA 技术。其中，滴血认亲无科学依据，血型及白细胞酶型检测准确率不够高，存在较大的误差，而 DNA 技术准确率可以达到 99.99%。追求真理、探寻真相固然是人类崇高的天性，但在婚姻家庭生活中，揭示真相有可能演变出一个“恶果”，它可能破坏一个和谐、安宁的家庭关系，引发家庭内斗，殃及无辜子女，甚至酿成恶性案件。日本学者水野教授鉴于亲子关系纷争在法院的诉讼过程中，指令亲子鉴定具有侵害当事人隐私权的危险，由此主张“遗传基因的咨询，是个人隐私中的隐私，必须谨慎看待这个问题，即使是子女的父母亲，要求子女进行遗传基因的鉴定也应当严格加以限制，亲子鉴定应仅限于解决亲子关系纷争所必需的最小限度内方可以实施”。[①] 在个案当中是否有必要采用DNA血缘鉴定技术来发现实体真实，颇具敏感性及政策性，这就要求法院事先要进行审慎的司法审查。[②]

运用亲子关系鉴定处理亲子关系纷争，必须要综合权衡各方当事人的利益，要注重保护相关人员的个人尊严及家庭的安定和谐，在尊重当事人私生活的同时尤其要考虑对于子女特别是未成年子女的利益。请求否认亲子关系归根结底属于身份权。身份权是指民事主体基于特定的身份关系产生并由其专属享有，以其体现的身份利益为客体，为维护该种关系所必需的权利。[③] 身份权与民事主体的人身紧密相连，具有专属性和排他性，只能由特定的民事主体自己享有和行使，不得转让，也不能由他人继承。基于身份权属性，有权提出否认亲子关系的权利主体仅限于有完全民事行为能力的父母与子女本人。

假如被继承人在对某一子女提起否认亲子关系的诉讼中死亡，被告之外的法定继承人能否继续进行诉讼？原告起诉，旨在通过诉讼程序保护其实体权利主张，如果原告在诉讼进行中死亡，其民事实体权利义务由继承人继承，其诉讼上的权利义务也随之转移至继承人。因此，诉讼权利义务的承担是以民事实体权利义务的继承为前提。如前分析，被继承人生前提起否认亲子关系的诉讼，实体权利是基于不可继承的身份权，自然不发生诉讼权利义务继承的问题，被告之外的继承人无权请求继续诉讼，亲子关系鉴定尚未启动或尚未形成鉴定意见的，鉴定程序应当立即停止；如果鉴定机构已经形成鉴定意见，不论鉴定意见是否认定具有亲子关系，均不予评价。只要该案尚未审结，人民法院应当一律依《民事诉讼法》第151条第1项之规定，裁定终结诉讼。本案中，姚某某等人主张对藏某某与被继承人刘某某进行亲子关系鉴定，不仅没有法律上的依据，还可能侵害藏某某母女的隐私权，损害刘某某的名誉。

---

① 赖红梅：《亲子鉴定结论在亲子关系诉讼实务中的定位》，载《河北法学》2013年第1期。

② 毕玉谦：《对我国法院采用证明妨碍制度审理亲子关系纠纷案件的基本思考》，载《法律适用》2010年第9期。

③ 王利明主编：《民法学》，复旦大学出版社2005年版，第146页。

二、自然血亲关系与有无继承权的联系

在人类发展史上，血缘关系曾是继承权发生的根本性原因。但随着继承法律的发展，身份关系取代自然血缘关系，成为继承权的前提或原因。在当代，婚姻家庭法上有自然血亲与拟制血亲之分，自然血亲关系与继承权的有无没有必然联系。一方面，有自然血亲关系的父母子女，在一定条件下没有继承权。如养子女与生父母之间的权利义务关系解除，相互没有继承权；继承人对被继承人或者其他继承人实施了严重违背道德行为的，也可能丧失其继承权。另一方面，没有自然血亲关系，形成拟制血亲关系的，也享有继承权。例如，养父母与养子女间、形成抚养关系的继父母子女之间产生父母子女之间的权利义务关系，相互有继承权；夫妻合意采取他人供精人工生殖技术生育的子女、代孕方式生育的子女，视为婚生子女[①]，相互有继承权。因此，姚某某等人主张否认原告与刘某某无亲子关系进而否定原告的继承权，在法律逻辑上不成立。

三、遗产继承应当尊重被继承人的意愿

根据私法自治原则，尊重被继承人的意愿是继承法律的重要原则，这是尊重和保护私人财产权的应有之义。法定继承是常态下被继承人意志的法律推定，而遗嘱继承是特殊个案中被继承人意志的个别表达，尊重被继承人意志原则是贯穿于继承法始终的基本原则，并且能够促进制度内部、制度与制度之间的兼顾与和谐。[②] 我国继承法虽然未明文确立尊重被继承人意愿的原则，但通篇贯穿了这一精神。遗赠扶养协议优于遗嘱，遗嘱继承优于法定继承，法定继承确定的继承人范围、继承顺序及遗产分配规则，符合绝大多数被继承人的意志。

根据婚生子女推定原则，在合法婚姻关系存续期间受胎或出生的子女，若无遗嘱排除其继承权，又无丧失继承权的法定情形的，应当享有继承权。父母若要排除其继承权，必须凭借遗嘱以明示的方式予以排除。假如被继承人对其亲生子女关系产生怀疑，并在生前提起了否定亲生子女关系的诉讼，即使人民法院作出了确认

---

① 杨立新：《代孕所生子女的亲属身份关系确定》，载《中国审判》2016 年第 16 期。司法实践中，对代孕所生子女认定为非婚生子女，若双方以父母子女相待并存在事实抚养行为，则形成拟制血亲的继父母子女关系。参见魏晓雯：《主审法官详解全国首例因代孕引发的监护权纠纷案二审改判依据》，载《中国审判》2016 年第 16 期。

② 郑倩：《论尊重被继承人意志原则在继承法中的定位》，载《求是学刊》2016 年第 3 期。

否定亲子关系的判决，如果没有排除该子女继承权的遗嘱，则该子女仍享有继承权。理由是，被继承人提起否认亲子关系的诉讼，仅解决其亲权知情权的问题，不能必然推导出被继承人排除该子女继承权的意志。因为人的感情具有复杂性，虽然被继承人与该子女无自然血亲关系，鉴于多年的抚养关系，被继承人与该子女之间仍可能存在深厚的感情，怨恨于配偶的不忠并不一定迁怒于子女，再根据亲属法中的儿童最优原则，可参照拟制血亲关系，认定该子女仍享有继承权较为妥当。

假如被继承人在遗嘱中明确该子女继承其遗产必须以存在亲子关系为前提，则该子女主张享有继承权则有义务举证予以证明存在亲子关系，即必须主动提出进行亲子关系鉴定，被继承人的其他法定继承人有配合的义务，即应当妥善保存真实可靠的鉴定样本（如封存被继承人的血液、毛发等样本），若其他法定继承人拒绝配合进行鉴定或因其过失导致鉴定样本灭失，无法进行鉴定的，推定该子女为婚生子女，享有继承权。其他继承人对鉴定样本缺失无过错，无法直接进行鉴定而主张对该子女进行家族基因鉴定，以推翻法律推定的，不予支持，因为不能完全排除被继承人与其他法定继承人之间不存在自然血亲关系的可能，启动家族基因鉴定可能导致家庭秩序混乱的风险。尊重被继承人的意愿不能仅以遗嘱、遗赠扶养协议为限，被继承人在其他协议、文本中载明的真实意愿也应予以尊重。

对亲子关系提出异议，属于身份权范畴，专属于父或者母。自然血亲关系与是否享有继承权无必然联系，裁判继承权争议不以亲子关系鉴定为依据，而应当尊重被继承人的真实意愿。在继承纠纷中，继承人主张其他继承人与被继承人不具有亲子关系而排除他人的继承权的，人民法院不予支持。本案中，刘某某与藏某红离婚时，明确约定藏某某为合法继承人，这是刘某某的真实意思表示，应当予以尊重。离婚后，刘某某依离婚协议履行了给付抚养费的义务，也未立遗嘱排除藏某某的继承权，刘某某生前从未明确表示排除藏某某继承权的意思，姚某某等人否定藏某某继承权不符合刘某某的意愿。

综上，藏某某依法享有继承刘某某遗产的权利。

编写人：重庆市第五中级人民法院　代贞奎

【第1083条　重新登记结婚】

51

重新登记结婚及多份离婚协议的效力

——张某某诉蔡某离婚后财产案

【基本信息】

1. 裁判书字号

上海市第一中级人民法院（2019）沪01民终10632号民事判决书

2. 案由：离婚后财产纠纷

3. 当事人

原告：张某某

被告：蔡某

【基本案情】

原、被告原系夫妻关系，于2010年2月28日婚生长子张某甲（患天使综合征）。

2014年5月29日，原、被告经民政部门协议离婚，自愿离婚协议书（以下简称2014年的协议），主要内容为：（1）张某甲随女方生活，男方每月支付抚养费……（3）航华房屋归男方所有；（4）虬泾路房屋归女方所有，尚余贷款由男方清偿；（5）赣H1Y193轿车归男方所有；（6）双方共同现金、存款24.33万元及股票均归女方所有；（7）其他共同财产分割自行协商。

2015年6月12日，原、被告复婚，2015年11月21日，原、被告生育次子张某乙。2016年5月30日，原、被告再次经民政部门协议离婚，并达成自愿离婚协议书（以下简称5月30日的协议），主要内容为：（1）双方自愿离婚；（2）张某甲、张某乙随女方生活，两子女抚养费由女方承担；（3）航华房屋、虬泾路房屋均归女方所有；（4）赣 H1Y193 轿车归女方所有，沪 A526W2 轿车归男方所有，该车尚余贷款由男方清偿；（5）男方支付女方 70 万元；（6）存款、股票均归女方所有。

2016 年 7 月 1 日，原、被告又重新达成自愿离婚协议书（以下简称 7 月 1 日的协议），与 5 月 30 日的协议主要区别有：（1）张某甲、张某乙随男方生活，抚养费由男方承担；（2）航华房屋归女方所有，虬泾路房屋归男方所有；（3）男方支付女方金额为 28.50 万元。

2017 年 7 月 12 日，原告向本院提出变更抚养关系纠纷案件，该案中，本院查明事实，2016 年 5 月 30 日离婚后原告仍携两子女居住于虬泾路房屋，原告父母亦同住协助照顾两个孩子。2016 年 7 月 1 日，被告独自搬离，外出租房居住。2016 年 8 月 5 日，原告父母携两孩子回江西老家。2017 年春节过后，原告将长子张某甲托付于居住于安徽的姐姐张某莲照顾，原告每月支付张某莲看护费 4000 元，生活费另行支出，次子张某乙则仍随原告母亲居住于江西老家。2016 年 10 月底，被告入住虬泾路房屋，原告则搬离外出租房居住。该案经本院组织调解，原、被告达成协议，张某甲、张某乙由原告抚养，原告自愿负担两子的抚养费。调解后，被告搬离了虬泾路房屋，原告装修虬泾路房屋后，用于出租。目前房屋处于空置状态。

2017 年 8 月 16 日，原告向被告支付 20 万元。2017 年 9 月 13 日，原告向被告支付 20 万元。被告于 2017 年 9 月 3 日向原告出具收条一份，主要内容为，按照离婚协议，原告应付存款 20 万元整，其他财产分割款 28.50 万元整，现被告已收到原告 20 万元的存款。收条由被告签字确认。

诉讼中，原、被告一致确认，双方离婚协议书上所述的存款金额为 20 万元。

另查明，虬泾路房屋于 2012 年 7 月 9 日核准登记在被告名下。

【案件焦点】

1. “离婚冷静期”不同于简单的婚姻关系中感情破裂的冷漠相处，可以令男女双方对婚姻关系是否存续、子女抚养、财产分割的考虑上升到法律层面，进行更妥善的思考；2. 重新登记结婚后，原离婚协议中涉及财产分割方面的条款，是否因双方重新进行结婚登记而当然失效；3. 多份离婚协议的效力问题。多份离婚协议中就财产归属进行的变更，系财产分割还是赠与；应仅就变更的财产部分进行评价还是结合子女抚养进行整体性评价。

【裁判要旨】

离婚时，夫妻的共同财产由双方协议处理。本案中，原、被告双方于 2016 年 5 月 30 日在民政局签署自愿离婚协议书，并于当日办理了离婚登记，故该份协议系双方的真实意思表示，本院予以确认。双方离婚后，又于 2017 年 7 月 1 日再次签署了名为自愿离婚协议书的协议，该协议中，对于两子的抚养和虬泾路房屋的归属及男方应向女方支付的款项金额作出了变更，其余内容与 5 月 30 日的协议基本相同。本院认为，7 月 1 日的协议签订后，被告搬离了虬泾路房屋，两子实际由原告及原告亲戚照顾、抚养；原告在 2017 年 8 月向被告支付 20 万元存款之后，被告出具的收条明确记载其他财产分割款为 28.50 万元；2017 年 9 月及其后，双方在本院调解确认由原告抚养两子后，虬泾路房屋实际由原告负责出租、收益；上述均说明，双方在按照 7 月 1 日的协议内容履行。因此，根据 7 月 1 日的协议的形成时间距离双方协议离婚时间尚短、离婚协议的内容部分变更以及双方对协议的实际履行情况，本院确认 7 月 1 日的协议系双方的真实意思，系原、被告双方对 5 月 30 日的协议的部分内容进行了变更。至于被告提出 7 月 1 日的协议系其处分个人财产、7 月 1 日的协议无效、其一直在履行 5 月 30 日的协议等辩称意见，并未提供充分的证据予以证明，本院不予采纳。根据法律规定，当事人应当按照约定全面履行自己的义务。7 月 1 日的协议中，双方明确约定，离婚后，虬泾路的房屋归原告所有，现原告提出上述主张，符合法律规定，本院予以支持，被告应配合原告办理虬泾路房屋的产权过户手续，相关费用由双方根据相关规定各自承担。

【适用解析】

离婚协议，是指夫妻双方就身份关系和财产关系等问题进行约定并达成一致意思表示的协议。本案因男女双方经历离婚、再婚、离婚，存在两份经行政机关登记的离婚协议，又因变更抚养权，双方另行达成一份新的离婚协议，涉及多份离婚协议效力的认定问题。

一、关于再婚后又离婚，夫妻共同财产的认定及分割

《民法典》第 1083 条规定，离婚后，男女双方自愿恢复婚姻关系的，应当到婚姻登记机关重新进行结婚登记。此条系自愿恢复婚姻关系的规定，摒弃了《婚姻法》相关条款中“复婚”的概念，表述为“重新进行结婚登记”，在表述上更为精准，明确了离婚后再婚，无论是否与前妻或前夫再婚，在法律意义上，都相当于缔结新的婚姻关系，对双方产生新的效力约束，而不同于人们错误认识中的恢复原来的婚姻关系。

《最高人民法院关于适用〈中华人民共和国婚姻法〉若干问题的解释（一）》第 19 条规定“婚姻法第十八条规定为夫妻一方所有的财产，不因婚姻关系的延续而转化为夫妻共同财产。但当事人另有约定的除外”。故男女双方离婚又登记结婚的，原离婚协议中涉及离婚及孩子抚养方面的条款，随着双方的重新登记结婚而失效。但原离婚协议中涉及财产分割方面的条款，不因双方的重新登记结婚而当然失效。原离婚协议如系双方真实意思表示则已发生法律效力，重新登记结婚相当于缔结新的婚姻关系，除非双方重新登记结婚时对财产另行作出约定，否则，之前离婚协议中已经分割的原共同财产不因重新登记结婚而转化为夫妻共同财产。

本案中，2014 年协议中就财产分割，约定航华房屋归男方所有；虬泾路房屋归女方所有，尚余贷款由男方清偿；轿车归男方所有；现金、存款、股票归女方所有。此时，虬泾路房屋是否根据协议转化为女方个人财产？笔者认为，本案具有一定特殊性，不能机械理解法律规定，孤立判断本案争议的虬泾路房屋，而应对离婚协议进行整体考量，具体理由如下：

首先，在本案庭审中双方均表示 2014 年协议除离婚登记手续外，财产分割内容均未实际按照协议约定履行；其次，双方于 2015 年 6 月重新登记结婚，且重新登记结婚后双方在 2016 年签署的两份离婚协议中均将虬泾路房屋作为夫妻共同财产进行处理，并对虬泾路房屋的权属作出约定；最后，2016 年签署的两份离婚协议与 2014 年协议相比，双方另一套房产即航华房屋的归属均变更为归女方所有，从公平角度考虑，虬泾路房屋归属于男方更趋合理。

《婚姻法》第 19 条规定“夫妻可以约定婚姻关系存续期间所得的财产以及婚前财产归各自所有、共同所有或部分各自所有、部分共同所有”。5 月 30 日的协议是双方重新登记结婚后，再次离婚时作出的，故 5 月 30 日的协议对夫妻双方在婚姻关系存续期间所得的或婚前的财产进行约定，是法律所允许的，协议充分体现了双方对财产权利的自由处分，对双方具有约束力。

二、多份离婚协议引起的效力问题

《民法典》第1077条有关“离婚冷静期”的规定成为时下热点话题，是否应当规定“离婚冷静期”、是否有必要存在一定争议。笔者认为存在一定的必要性，“离婚冷静期”不同于简单的婚姻关系中感情破裂的冷漠相处，而是上升到法律意义上的冷静对待，可以是对婚姻关系是否继续存续的更切实、更审慎的思考期，也可以是对已经决定离婚的夫妻双方，就离婚相关事宜进行更深入、更妥善的协商期。

《最高人民法院关于适用〈中华人民共和国婚姻法〉若干问题的解释（二）》第8条第1款规定“离婚协议中关于财产分割的条款或者当事人因离婚就财产分割达成的协议，对男女双方具有法律约束力”。本案中，原、被告双方签订了多份离婚协议，对多份协议中相互矛盾的部分存在分歧意见，实际上是对协议的效力存在争议，本案中双方主要争议为5月30日的协议与7月1日的协议的效力问题。可以看出，该两份协议形成时间较近，且双方于5月30日登记离婚后，实际仍共同居住了一段时间，如果当时给予双方一个月的“离婚冷静期”，或许可以促使双方将离婚后的子女抚养、财产分割等问题更加妥善地予以处理，而免予诉累。

就多份离婚协议而言，若补充的离婚协议在内容上系对未尽事宜的补充，应视为对登记的离婚协议之补充，两者具有同等的效力，对男女双方具有法律约束力。若离婚后补充的离婚协议系对登记的离婚协议中已处理部分的变更，则涉及离婚后的离婚协议是否能够变更经行政机关登记或经法院调解的离婚协议。首先，基于合同意思自治原则，虽然双方在离婚登记时已经签订了5月30日的协议，但离婚后双方对子女的抚养却是持续的，情感的牵绊、经济上的往来都无法完全割裂，法律并不禁止男女双方基于离婚后的实际情况重新订立或变更离婚协议中的相关条款，故而，不能因原登记或调解的离婚协议存在而当然否定后续双方自愿签署的一致约定。因此，7月1日的协议并不因未在行政机关或法院备案而当然无效。其次，7月1日的协议系双方当事人共同签字确认，系双方共同的意思表示，既非女方一方单独出具的承诺或证明，从内容上也不能反映出赠与的意思表示，故对于两份协议中对同一事项约定不一致的地方，7月1日的协议应视为对原协议的修改。再次，双方均系完全民事行为能力人，如无欺诈、胁迫等特殊情形，7月1日的协议为双方在平等自愿的前提下，协商一致的结果，协议内容系双方真实的意思表示，双方应接受对自己财产权利作出处分所带来的法律后果，法院也应充分尊重双方的意思自治。最后，7 月 1 日的协议签订后，虬泾路房屋的居住使用情况、两子抚养情况、被告出具的收条记载财产分割款的金额均能说明，双方在按照 7 月 1 日的协议内容履行。

三、离婚财产约定的评价视角

离婚协议不同于一般民事合同，处理的是夫妻关系、子女的抚养、财产处理等复合型问题，离婚双方毕竟以夫妻关系的身份共同生活过一段时间，尤其是在有子女的情况下，除纯粹的利益考量外，在财产分割时难以避免地会包含一些感情因素。

本案中，女方认为离婚后的协议关于虬泾路房屋的约定实际上是附条件的赠与。从 5 月 30 日的协议的文字表述来看，系双方作为共同共有人对共有财产包括虬泾路房屋的处分行为；从 7 月 1 日的协议中的文字表述来看，女方所说的“赠与”，在法律上实际为双方即全体共同共有人达成一致意见使已经做出的共同财产处分行为归于无效。

当然，考虑到男方非法律专业人士，或许女方在签订 7 月 1 日的协议时，她的真实意愿如其所言系以让男方抚养好两个孩子为目的进行的妥协，协议内容也不等于赠与。《民法典》中赠与合同所附条件及任意撤销权等规定，都是基于平衡赠与人和受赠人之间有失公平的利益关系。

在离婚协议中，出于保障未成年子女的生活、居住等考虑，不直接抚养一方在财产上作出让步的情形并不罕见。7 月 1 日的协议所涵盖的内容不仅仅包括如何处分虬泾路房屋，还包括子女抚养及对其他的共有财产的处分等内容。对比 5 月 30 日的协议的内容，7 月 1 日的协议主要对两子的抚养、虬泾路房屋的归属及男方应向女方支付的款项金额作出了变更，可见双方是通过综合考虑、权衡其中利弊才进行了上述变更。为尽可能达成一致，双方难免有所妥协，应将 7 月 1 日的协议视为一个整体性协议，不应单独将虬泾路房屋做割裂式处理，判断 7 月 1 日的协议是否对当事人公平的评价视角，也不应仅从虬泾路房屋的得失出发。

就本案而言，根据 5 月 30 日的协议，女方对两子负有抚养、教育的义务，抚养费由女方承担。根据 7 月 1 日的协议的内容，两子的抚养权变更为归男方所有，抚养费由男方承担，从两份协议变更的内容及双方庭审陈述来综合理解，虬泾路房屋归属的变更还隐含了经济补偿的原因，虬泾路房屋的约定与一般的财产性协议相区别，还掺杂了子女抚养、感情等因素，故需要进行伦理价值考量。男方虽根据7月1日的协议获得了虬泾路房屋的归属，也因该份协议需要在女方不支付抚养费的情况下，对两子承担抚养教育义务，从这一点来看，双方各自付出了“代价”，获得了“补偿”，也相对公平，更能从侧面反映出7月1日的协议系双方的真实意思，在与法律不悖的情况下，理应对双方当事人产生约束力。

编写人：上海市闵行区人民法院　刘文燕　沈璐

【第1084条　子女抚养义务】

52

实际抚养、抚养权相分离及探望权受阻等因素考量的司法适用

——王某诉姚某变更抚养关系案

【基本信息】

1. 裁判书字号

上海市第一中级人民法院（2019）沪01民终10018号民事判决书

2. 案由：变更抚养关系纠纷

3. 当事人

原告：王某

被告：姚某甲

【基本案情】

原、被告原系夫妻关系，2013年5月生育一子姚小乙。2013年11月，双方经本院调解离婚，姚小乙由王某抚养，姚某甲每月支付抚养费1000元。2015年9月，

经闸北法院判决，姚某甲自2015年9月起每月给付姚小乙抚养费1510元至姚小乙十八周岁时止。王某不服该判决，二审阶段，双方协议姚小乙由姚某甲抚养，姚小乙自2017年1月起随姚某甲共同生活。2017年1月，原、被告因探视问题产生矛盾，后被告将姚小乙送至安徽黄山入托，由被告父母照料。2017年6月，原告向上海市静安区人民法院提起诉讼，要求变更抚养关系，后静安法院判决不予支持原告的诉讼请求，原告不服该判决，上诉后上海市第二中级人民法院（以下简称二中院）维持原判。现原告再次起诉至本院，要求变更抚养关系。

另查明，姚小乙自2017年1月被送至被告老家安徽黄山生活，其后一直在被告老家居住生活，由被告父母照料，2017年下半年开始，在被告老家读幼儿园大班，至今仍在读大班。诉讼中，被告自述，2018年10月，被告母亲确实摔了一跤，导致无法照顾姚小乙。其间，被告托姐姐帮忙照顾姚小乙，并在幼儿园读书，因担心原告骚扰，故未告知原告幼儿园的地址。现希望原告能配合被告办理姚小乙的入学问题，但是近几年还是准备让姚小乙在安徽黄山读书。

还查明，原告曾于2017年下半年、2018年1月申请执行探望权，静安法院于2018年3月出具执行通知书，责令被告协助原告行使探视权。2018年4月，原、被告因探视权发生纠纷，经屯溪公安分局中市派出所组织协商，达成治安调解协议书，双方根据法院判决书执行探视权相关程序，不得因此事再发生冲突，否则从重处理。诉讼中，原告自述于2018年11月再次向静安法院提出执行申请，申请被告协助原告行使探视权。

再查明，姚小乙的户籍登记在原告的户籍地江西省。另，江西省余干县人民医院出具的出生医学证明载明，姚小乙，男，2011年11月30日出生。姚小乙的接种记录显示，自2011年11月30日起在江西开始有接种记录。

2017年4月，车墩商铺登记在原告名下。原告系某餐饮店的经营者。

原告另向法院提供鄱阳县某学校、鄱阳县某小学出具的证明，载明姚小乙于2011年11月30日出生，本应于2017年接受入学教育，因父母离异（随父）未能正常入学，现同意其在本校就读。

诉讼中，被告自述，被告原工作岗位属于文职，每两周回老家一次，2018年10月，原告因机构调整及工作性质等原因，现出上海需要打出省报告。

【案件焦点】

1. 异地隔代抚养的思考，父母双方缺位的成长环境；2. 关于阻碍探望权行使在变更抚养关系中的考量；3. 未按时保障孩子接受九年制义务教育的权利，是否构成了对子女身心健康存在不利影响的情形。

【裁判要旨】

根据法律规定，父母与子女间的关系，不因父母离婚而消除。对于子女的抚育，应从有利于子女身心健康、保障子女的合法权益出发，结合父母双方的抚养能力和抚养条件等具体情况妥善解决。本案中，原告虽于 2015 年经二中院调解，将抚养权归属于被告，但其后原告多次对行使探望权申请执行，甚至在执行过程中双方亦发生矛盾，说明被告未能妥善配合原告行使探望权，且根据姚小乙的实际出生年龄，姚小乙已达学龄，但目前尚在幼儿园就读，上学学校被告无法落实，同时，根据被告庭审时自述，被告的工作性质，致使被告无暇将姚小乙接在身边照顾，即使将姚小乙带回被告老家托由父母照顾，也无法经常回老家进行探望，姚小乙就学，也是考虑在被告老家就学。本院认为，姚小乙尚且年幼且已届学龄，处于成长的重要阶段，需要父母倾注更大的精力，在身边悉心照顾，但自抚养权归属被告后，姚小乙自 2017 年 1 月起在被告老家生活，由被告父母照顾，姚小乙未实际与被告共同生活，且自 2018 年 10 月起，被告更换工作岗位后，被告回老家探望的频次更少。反观原告，在上海经营小吃店，个人名下有商业店铺，具备抚养姚小乙的经济基础，已为姚小乙落实在姚小乙户籍地的学校就读事宜，且原告第二次起诉至法院要求变更抚养关系，说明原告抚养姚小乙的愿望强烈。本院认为，就目前双方的工作情况、姚小乙的学习状况，从保障姚小乙今后的学习权利、健康成长的角度出发，原告主张变更抚养权具有事实和法律依据，故本院确定，原、被告所生之子姚小乙随原告共同生活为宜。

【适用解析】

《民法典》第 1084 条规定“父母与子女间的关系，不因父母离婚而消除。离婚后，子女无论由父或者母直接抚养，仍是父母双方的子女……”但《民法典》并未对未直接抚养的一方权利义务如何落实作出规定，相关问题以及何种情况下变更抚养关系值得探讨。

一、对未成年子女的抚养应以直接抚养为主

《民法典》第1084条第3款规定，已满两周岁的子女，父母双方对抚养问题协议不成的，由人民法院根据双方的具体情况，按照最有利于未成年子女的原则判决。《民法典》未对如何贯彻最有利于未成年子女的原则进行细化，仍可参照《最高人民法院关于人民法院审理离婚案件处理子女抚养问题的若干具体意见》（以下简称《意见》）开篇点明的原则，子女抚养纠纷的处理方式是“从有利于子女身心健康，保障子女的合法权益出发，结合父母双方的抚养能力和抚养条件等具体情况妥善解决”。

本案中，原、被告双方离婚后，被告将未成年子女安置于祖父母所在地，由祖父母在外地照料未成年人的生活，而被告则在上海原地工作，造成未成年子女与自己的父母均分开生活。且被告的工作不便请假，其自述通过视频看孩子，在这种情况下，未成年人实际脱离了父母双方的直接监护，在成长过程中缺少父爱及母爱的呵护。未成年子女利益最大化，是指使未成年子女的物质利益及精神利益得到最大限度的实现。其中，未成年子女的精神利益包括父母对子女在情感上的呵护、生活上的照料及精神上的教育及时间上的陪伴。现被告在名义上的抚养权与实际由祖父母抚养的抚养关系，使抚养及抚养权长期处于分离状态，而这种分离状态对孩子的生活、学习、心理必然会产生不利影响，显然不利于实现孩子的精神利益最大化。

通常来说，直接抚养一方更加了解子女的需求，也是子女在日常生活中身心主要依赖的对象，由其继续照顾，能体现子女抚养的稳定性及持续性，不宜贸然作出变更抚养权归属的决定。但本案中，孩子并非从小由祖父母抚养长大，在父母离异后经历了由母亲抚养、父亲抚养、外祖父母抚养、外祖母生病由姑姑照顾等一系列变化，居住条件、社区环境、共同生活的家庭成员等一直处于变动的状态，不利于孩子的健康发展。原、被告双方虽都对争取抚养权表现了强烈的意愿，但根据审理情况，不变更抚养权，孩子仍将长期处于与父母实际分离的状态，且原告的探视权也不能得到正常的行使，而在原告抚养孩子的时间段内，原告能够与孩子共同生活，对照顾孩子投入更多心力。诚然，如被告所述，其在上海购房也有更高的文化水平，但被告较好的自述条件未能实际支持其较好地照顾孩子、促进孩子的健康发展。从孩子的实际需要来说，父母能力强弱未必是比共同生活更为重要的因素，孩

子尚且年幼且已届学龄，处于成长的重要阶段，需要父母倾注更大的精力，在身边悉心照顾，将对孩子的关爱和陪伴落到实处。

二、关于阻碍探望权行使在变更抚养关系中的考量

《民法典》第1084条规定，“父母与子女间的关系，不因父母离婚而消除……离婚后，父母对于子女仍有抚养、教育、保护的权利和义务”。《民法典》第1086条规定了探望权，就是基于父母和子女之间特定身份关系的亲权延伸，旨在满足非直接抚养子女的父或母一方对子女的关心、抚养、教育的需要，增进子女与非直接抚养之父或母一方的情感沟通和交流。故直接抚养一方，无论从保护未成年子女身心健康的角度，还是从遵循《民法典》诚实信用原则和探望权的规定，均应配合对方妥善行使探视权，让未成年人感受到来自父母双方的关爱。

依据《上海法院审理未成年人探望权纠纷案件的意见（试行）》第20条的规定，探望权协助义务人多次阻碍探望权人正当行使探望权，经法院多次强制执行后，仍拒不履行有关探望权的生效裁判文书，探望权人据此起诉请求变更抚养关系的，人民法院在充分考虑未成年人的生活、学习、身体状况以及双方当事人的抚养条件等因素后，可将此作为变更抚养关系的裁判理由之一。一些当事人以对方阻碍其行使探视权为由，依据该条规定要求变更抚养关系。司法实践中，对于阻碍探望权行使应当如何考量成为法官解决此类纠纷的重要问题。

笔者认为，探望权受阻仅系提起变更抚养关系纠纷的理由之一，本质上还是要审查原告之本意以及是否确有变更抚养关系的必要，避免出现原告以提起变更抚养关系诉讼为手段以达到“威胁”被告，以期实现探视权的目的。

如诉讼系因双方对探视时间及方式意见分歧所致，原告并无证据证明被告存在抚养不力、未尽抚养义务，或其他不利于孩子身心健康成长的行为，则应维系未成年人稳定的生活、教育环境，不宜变更抚养关系。被告阻碍探望权行使的行为无疑是错误的，法官应对此种行为给予正确引导、劝诫甚至相应处理。但是，对阻碍探望权行使行为的处理与变更抚养关系之间并不能完全画等号，而变更抚养关系亦非对阻碍探望权行使行为的处罚方式。何况双方的矛盾冲突非一日之寒，即使变更抚养权，也应当考虑和保证另一方的探望权。法院判定抚养权归属或变更抚养关系的立足点乃是基于有利于孩子健康成长的角度综合考虑的，对于阻碍探望权行使的行为，法院在充分考虑未成年人的生活、学习、身体状况以及双方当事人的抚养条件等因素后，作出综合评判。

三、保障未成年子女的受教育权

《未成年人保护法》第 3 条第 2 款规定“未成年人享有受教育权，国家、社会、学校和家庭尊重和保障未成年人的受教育权”，第 13 条规定“父母或者其他监护人应当尊重未成年人受教育的权利，必须使适龄未成年人依法入学接受并完成义务教育”。

受教育权是我国公民的基本权利之一，如果适龄儿童和少年没有入学接受规定年限的义务教育，则其受教育的权利将受到侵害。本案中，孩子已达入学年龄，其法定监护人负有送其入学接受并完成义务教育的义务。被告作为离婚后直接抚养孩子的监护人，在孩子年满六周岁时，未及时联系安排孩子妥善入学，让孩子未能按时接受正规的九年制义务教育，不但未尽抚养监护之责，甚至构成了对孩子受教育权利的侵害。反观原告，已为孩子落实在孩子户籍所在地学校就读事宜。

《意见》第 16 条规定了一方要求变更子女抚养关系应予支持的四种情形，包括与子女共同生活的一方不尽抚养义务或有虐待子女行为，或其与子女共同生活对子女身心健康确有不利影响的。本案中，被告未按时保障孩子接受九年制义务教育的权利，其行为已经构成了对子女身心健康存在不利影响的情形。

综上，未成年子女利益在抚养关系变更案件中的地位不容忽视，如何更好地保护未成年子女的权益，给予未成年子女更多的关爱，也是司法机关的责任。最理想的状态是引导离异父母通过同心协力将分离带来的负面影响降到最低，共同为子女创造良好的成长环境，通过抚养权与探视权的结合防止父母双方缺位。保护未成年子女利益，尤其是八周岁以下未成年人利益的底线，则是抚养权的实际落实，防止名义上的抚养权与实际情况的分离，让未成年子女陷入父母双方缺位的成长环境。本案综合考虑了各方面的因素，最终作出变更抚养关系的判决。

编写人：上海市闵行区人民法院　刘文燕　沈璐

53

未成年子女意愿的考量及利益最大化原则的把握

——刘某诉安某甲变更抚养关系案

【基本信息】

1. 裁判书字号

上海市闵行区人民法院（2019）沪0112民初28986号民事判决书

2. 案由：变更抚养关系纠纷

3. 当事人

原告：刘某

被告：安某甲

【基本案情】

原告刘某与被告安某甲原系夫妻关系，于2006年12月共同生育一女安某乙。2012年7月，双方登记离婚并达成离婚协议，约定安某乙由被告抚养，原告支付抚养费。原、被告离婚后均再婚，均未再育。原告与案外人王某勇再婚，无依法需承担抚养义务的子女。被告与案外人王某再婚。

原、被告离婚后，安某乙即随被告共同生活，2016年至2017年期间，安某乙曾随原告共同生活过一段时间，自2017年六七月份起，安某乙随被告及继母王某居住于被告名下的七宝房屋，目前安某乙就读于上海市上宝中学。

2019年8月7日晚，安某乙离家出走，自行去往原告处，随原告共同生活。

还查明，午禾公司的法定代表人为王某勇，监事为原告，原告在公司从事教育咨询工作，工作地点为上海青浦朱家角，工资8600元/月。

再查明，朱家角房屋登记的权利人为王某勇，房屋建筑面积为104.17平方米。七宝房屋登记的权利人为安某甲，房屋面积为73.19平方米。

诉讼中，本院于2019年8月9日向安某乙了解情况，并制作谈话笔录一份，安某乙陈述：父亲性格严厉暴躁，坚持要求其按照父亲的想法做事，故不愿意也无法进行沟通交流，致其孤单和悲观。父亲再婚后，一开始继母的儿子即其弟弟也和他们一起生活，因弟弟被父亲打了，所以继母将弟弟送去亲戚家生活。继母是英语老师，对其学习有帮助，学校的老师和同学对其也很认可，其认为其跟母亲共同生活后，教育资源并不会因此缺失。在其与母亲、继父共同生活的一年，母亲对其比较照顾，侧重培养其独立生活的能力，继父脾气好、幽默。其经过慎重考虑，自愿与母亲共同生活。安某乙认为其和父亲生活会导致其脾气越来越暴躁，父亲的逼迫也让其抗拒学习，作业进度变慢，甚至有自杀冲动。而其与母亲之间，可以说心里话，其能得到心灵的慰藉，在生活上和学习上更有动力。若其与母亲共同生活，母亲仍可以在青浦上班，其平时可以在学校住宿，周末回青浦与母亲共同居住，虽然其之前没有住宿过，但可以尝试，并认为其能够适应，且申请学校住宿无须特别条件。

诉讼中，王某勇书面表示愿意接受安某乙共同居住生活；王某书面表示其与安某甲更适合成为安某乙的抚养人，其在财富、教育资源、生活保障上会提供必要的帮助，并支持孩子和原告进行必要的亲子联络。

【案件焦点】

1. 征询未成年子女的意愿，是尊重其表达权还是以此作为裁判依据。如何甄别意愿的真实性，并根据年龄和成熟程度听取其意愿；2. 保护未成年人的权益，不仅包括物质上的利益，也包括精神上的利益，如何进行平衡；3. 优良家风和家庭美德是否是抚养权案件中的参考因素。

【裁判要旨】

父母与子女间的关系，不因父母离婚而消除。离婚后，子女无论由父或母直接抚养，仍是父母双方的子女。离婚后，父母对子女仍有抚养和教育的权利、义务。对于子女的抚育，应从有利于子女身心健康、保障子女的合法权益出发，结合父母双方的抚养能力和抚养条件等具体情况妥善解决。首先，原、被告离婚后，双方均再婚，再婚后未再育。双方均有从事教育方面的工作背景，就抚养能力、生活环境而言，原、被告的经济条件及居住状况相当，双方均能够为安某乙提供抚养的经济条件。其次，从教育方式和教育理念来看，原、被告的教育方式和理念截然相反。

原告是以快乐学习为目的的教育方式，培养孩子适度的独立生活能力，而被告则采取了刚性教育方式，一方面确实带领孩子完成了从普通到优秀的成绩转变，另一方面也导致孩子内心对应试型的刚性教育存在强烈的抵触、反感情绪，非但不快乐，还对生活产生了悲观态度，故从孩子的身心健康出发，应当培养其自主学习、热爱学习的学习态度和学习习惯。最后，原、被告之女安某乙已就读初中，能够清晰、明确地表达自己的想法与主张。诉讼中，安某乙明确表达了要求随原告共同生活的强烈意愿，并说明了理由，就安某乙对自己生活所做的选择，本院予以充分尊重。由于离异家庭子女存在心理敏感性，而被告多年严厉的教育方式，使其无法感知来自父亲的温情，步入青春期成长阶段的孩子更加渴望被尊重、被理解，更加需要家长保持平和的心态，用积极的态度、科学的知识、正确的方法引导孩子，因此被告的教育方式可以适当调整。故本院认为，本案中，安某乙随原告共同生活更为适宜。诉讼中，原告自愿放弃要求被告承担抚养费，并自愿自行承担安某乙的抚养费至安某乙成年，该意见于法不悖，本院予以准许。

【适用解析】

在抚养权归属案件中，如何最大限度保护未成年子女合法权益、保障子女健康成长是最重要的立足点和出发点。法院既要站在客观角度评价父母双方对子女抚养的利弊，也要站在未成年人的立场上，全面审视其生活学习成长的需要，从未成年人的权益和身心健康出发加以考量。

一、八周岁以上未成年子女意见的重要性

在审判实践中，父母就抚养权归属达成一致意见或在子女低龄的情况下，法院对子女抚养问题会径行作出判决，在此情况下，一些父母仍存在为争夺财产利益将未成年人抚养权作为“武器”或“筹码”的情况，以父母为主体的案例，体现出父母本位对抚养权归属的影响，与此同时，对未成年子女的健康成长的考量便处于相对次要的位置，但是从未成年子女权益保护的角度出发，司法实践应从传统的夫妻本位观念转变为未成年子女本位观念，把抚养权问题上升到关系未成年子女基本人权的层面进行考量，保护未成年子女首先的要求就是倾听未成年子女的意愿。

我国越来越重视通过立法、司法来实现对未成年子女的保护，并已着手进行各类家事审判改革试点工作，以完善对未成年子女的保护。《最高人民法院关于人民法院审理离婚案件处理子女抚养问题的若干具体意见》第5条规定，父母双方对十周岁以上的未成年子女随父或随母生活发生争执的，应考虑该子女的意见。该意见第16条还规定十周岁以上未成年子女，愿随另一方生活，该方又有抚养能力的，对该方要求变更子女抚养关系的，应予支持。《民法典》第19条规定限制民事行为能力人的年龄为八周岁。可见，随着社会发展和教育水平提高，未成年子女的认知能力、辨别能力、适应能力及自我承担能力均有显著提高，成熟年龄提前，适当降低年龄下限标准，既是社会进步的要求，也与现阶段未成年人思想成熟度密切相关，既符合现代未成年人的心理、生理发展特点，也体现了对未成年人自主意识的尊重，征询未成年子女意见的年龄条件根据《民法典》第1084条的规定相应调整为八周岁。

抚养权的归属直接决定了未成年子女在成年之前的生活状况，包括生活环境、学习环境、家庭成员等方面，这些都会对未成年子女的性格养成和学习质量产生影响。仅凭法官在庭审中对父母情况的了解，不足以对未成年子女的成长环境作出最佳判断，鞋子是否合脚只有穿鞋的人知道。八周岁以上未成年子女虽然是被抚养的对象，但在抚养权案件中，不应仅仅扮演被决定的角色，其对父母的照顾关爱情况有相对直观的感受，对于有利于自己的成长环境也有一定的识别能力和判断能力，故法官应依照法律规定，征询其意见，重视子女作为能够独立表达见解和意愿的个体的身份，保障未成年子女对其今后与何方共同生活的表达权。

二、判断未成年子女的意思表示是否真实、独立、理性

《民法典》第1084条强调的是应当尊重子女“真实”意愿。首先，为了让未成年子女不受其父母的干扰，法官宜单独询问未成年子女，以确保其表达的是自己的真实意思。其次，子女意愿的选择虽然是重要因素，但“应当尊重”并非完全听从其意愿。八周岁至十八周岁的未成年子女年龄跨度大，识别能力和判断能力不尽相同，青春期的未成年子女也可能因叛逆作出不够理性的判断。司法实践中，在子女抚养权归属的征询意见上，法官常处于被动的地位，只要子女作出跟随一方共同生活的选择，子女抚养权的处理必将与之相符，法官往往不会作出与子女意见相悖的判决，但审判实践中，仍存在子女真实意愿被包裹的情形，也不乏父母为争夺抚养权，通过物质允诺或游戏允诺等不利于子女健康成长的方式“贿赂”子女，甚至在一定程度上逼迫子女的情形存在。因此，法官如何进行征询，征询的立足点、方法，在征询过程中，对子女真实意愿的探究，都对法官提出更高的要求，而不应一味被动接收未成年子女的意愿，法官应当从倾听者的角度，转变为明晰者，应当根据未成年子女的年龄、成熟程度听取其意见，必须探知子女的真实意愿，即该意见的得出，是子女基于父母的意见的伪装、影响，还是子女的真实意思表示。在征询过程中，一旦发现可能存在利诱、掩盖、施加影响的情况，法官应当更加深入地分析客观情况，陈清利弊，排除父母的主观因素，以帮助子女形成正确的观点，做出理性的、更利于自身健康发展的抉择。

本案中，原、被告之女已就读初中，能够清晰、明确地表达自己的想法与主张，且其在谈话中表现出其认知能力和判断能力已趋近成熟。首先，孩子明确表示愿意与母亲共同生活，而非单纯地接收来自某一方的抚养意见，其对未选择与父亲共同生活的理由，也能一一详细阐述，可以看出并非出于一时的不理性或者青春期的叛逆思想。其次，孩子对变更抚养关系后自己的生活将发生怎样的变化已经有了明确的认知。由于原告提供的生活社区离学校较远，孩子已经做好住校的准备，并且认为其能够适应住校的生活。再次，对于抚养关系变更后，继父将作为新的家庭成员加入，孩子也提出了自己的看法，认为能够和继父相处融洽，且对继父作出了较高的正面评价。最后，对于法官所担心的学业问题，孩子也表示并非出于学业压力而提出与母亲共同生活，变更抚养权后，学习方面来自其继母的外部优势并不会因此丧失，并且其自身也已经适应学校的生活，将会自主自发地学习。

三、确定未成年子女直接抚养人须以保护子女权益为优先条件

我国作为《儿童权利公约》的成员国，应将未成年子女最佳利益置于父母权利之上优先予以考虑，以充分体现司法对未成年人的人文关怀，促进未成年人的健康成长。《民法典》第 27 条、第 35 条规定，父母作为未成年子女的监护人应当按照最有利于被监护人的原则履行监护职责，系儿童最佳利益原则在我国立法上的体现。

本案中，虽然孩子表示愿意随母亲共同生活，但是父亲抚养孩子的优势也十分明显。其一，孩子随父亲生活时间较长，居住地离学校更近，居住生活在一定程度上已经形成稳定的环境；其二，孩子在读知名学校，继母系孩子学校的在职教师，具有较高的素质和教育资源优势；其三，父亲脱产对孩子进行照顾和陪伴，在生活上虽有苛刻，但客观上，在父亲与继母的培养下，孩子的成绩有显著提升，且维持在一个较高、较为稳定的水平。在此情况下，法官考虑单凭孩子的主观意愿就确定变更抚养关系不足以令人信服，也难以使父亲一方接受，法官更应在客观上判断如何真正落实孩子利益的最大化。需要明确的是，这种客观判断的基础既非父母的角度也非法官的角度，而是法官穿上孩子的鞋子从孩子的角度进行判断。

（一）生活学习环境稳定性

通常来说，父母是子女日常生活中承担主要照顾义务的一方，更加了解子女的需求，也是子女在日常生活中身心主要依赖的对象，由其继续照顾，能体现子女抚养的稳定性及持续性，不宜贸然作出变更抚养权归属的决定，宜保障未成年子女成长环境的稳定性。与此同时，相较于物质环境，精神需求也是应当予以考量的重点。本案中，被告长期与孩子共同生活，被告提供的生活环境相对熟悉和稳定，被告也多次强调不宜改变孩子已经形成的生活作息及习惯，但从主要照顾者角度进行判断存在一定局限性，本案诉讼过程中，孩子通过书面意愿书及到庭陈述表明，随父亲共同生活，虽然物质环境相对稳定，但是精神上的需求无法得到满足，一是父亲较为严苛，与严厉不同，父亲更重视孩子外在的成绩状态，而非内在的精神状态；二是孩子长期处于精神压抑的状态，加之其在名校学习，学习压力较大、学业负担较重，使其在关键成长时期正常的精神压力得不到释放、精神需求得不到满足；三是孩子甚至向法官提到曾经有自杀冲动，若让孩子长期在学习加压的环境中学习生活，对孩子心理的健康成长明显不利。

（二）抚养能力和条件

在审理抚养权纠纷时，法院还会考量父母双方的抚养能力和条件，为了子女的健康成长，抚养能力占优势者更容易获得抚养权。但保护子女权益，不仅包括物质上的利益，也包括精神上的利益。具体而言，物质利益主要体现在父母的经济能力、工作情况、住房条件等方面。本案中，原、被告离婚后均组成再婚家庭，配偶也都愿意抚养原、被告的孩子，两个家庭中也都有成员在从事与教育相关的工作。就抚养能力、生活环境而言，原、被告的经济条件及居住状况均能够为孩子提供抚养的经济条件，此外，被告的配偶是孩子就读学校的年级组长，在外观上，能对孩子的学习有所助益，具有一定的优势，虽然学习是未成年子女成长阶段的重要任务，但不是唯一的衡量标准，未成年子女身心健康全面发展必然要求德智体美劳各个方面的平衡发展。因此，该项优势本身不能成为判定抚养权归属的决定性指标。

精神上的利益包括父母对子女的关爱、精神上的交流、陪伴子女的时间等。值得注意的是，子女在未成年阶段，父母的品行、引导和关怀比物质基础更为重要，父母的个人素养、行为模式也潜移默化影响着未成年子女的个性发展及行事方式。抚养权的归属不应偏重于父母的权利和感情需求，而要强调未成年子女的利益最大化。法官在判决中，也必须在坚持未成年子女最大利益的基础上，对双方的抚养能力和条件进行妥善考量。本案中，被告不工作，全力培养孩子，生活重心全在孩子的学习上，对孩子给予厚望，一切均以学习为出发点，把对孩子的课业培养当成自己的事业，孩子在学习上稍有懈怠，双方之间就会产生冲突，造成孩子的情绪波动。同时，孩子也表示，精神上，来自母亲的关心和关怀更能使其对生活充满信心与自信，与母亲及继父的相处更和谐、更平等，生活重心在学习和生活中均有兼顾，能在较为自如的身心环境中成长。

（三）教育理念和方式、家庭文明建设

随着社会竞争不断加剧和父母对子女教育的重视程度不断提升，父母双方因教育理念发生分歧争夺抚养权的案件逐渐增多。家庭教育的方式和内容可能影响孩子的健康成长，家庭教育的氛围也对孩子的成长起着重要作用。《民法典》第 1043 条对婚姻家庭作出了倡导性规定，教育理念和方式也是家风和家庭美德的构成。首先，家庭教育方式要合法、适当。《未成年人保护法》第 1 条提及保护未成年人的身心健康，促进未成年人在品德、智力、体质等方面全面发展；第 11 条规定，父母或者其他监护人应当关注未成年人的生理、心理状况和行为习惯。因此，法院在衡量抚养条件和能力时，不应忽略未成年子女的心理健康，而过于严苛的教育方式容易使孩子产生自卑心理，不愿面对困难和尝试新鲜事物，尤其是离异家庭子女，心理敏感脆弱，更需要家长的关心和呵护，更需要在一个“敬老爱幼、互相帮助、平等和睦”的家庭中成长。其次，家庭教育的内容要合理。除教育孩子好好学习课业外，父母还应以健康的思想引导孩子进行有益身心的活动，不应扼杀孩子健康、适度的兴趣爱好，让孩子成为学习的机器。父母还要“树立优良家风、弘扬家庭美德”，帮助孩子养成包括乐观向上、勇往直前在内的良好品质和行为习惯。

本案中，原、被告之间的教育理念和方式也存在较大差异。原告认为被告对孩子过分关注、控制欲强，被告认为原告对孩子放任不管，但过分关注和放任不管是两种极端的教育方式，并不恰当。因此，法官通过与孩子的沟通，仔细询问了孩子具体的生活情况，了解、掌握了双方真实的教育模式以及孩子对此的态度。一方面，被告采取的刚性教育方式，确实大幅提高了孩子的成绩，但同时也导致孩子内心产生了强烈的抵触、反感情绪。孩子表示并不快乐，甚至还对生活产生了悲观态度和消极情绪，有过自杀的念头并已经出现半夜离家出走的情况。另一方面，原告是以快乐学习为目的的教育方式，并非放任不管，而是注重培养孩子适度的独立生活和学习的能力，在孩子遇到迷惘与疑惑时及时提供帮助和指导。

虽然原、被告的根本出发点都是为了孩子好，但应从具体案件中未成年人的感受和角度进行判断。法官与孩子的深入谈话，不仅了解了孩子的真实想法，也让孩子充分表达了自己的主观意识，既为孩子提供了一个发泄途径，也为缓和父母子女关系起到作用，引导父母双方真正关注孩子的感受和情感，多站在孩子的角度考虑问题。

综上，未成年子女在抚养权归属案件中的地位是不容忽视的，如何更好地保护未成年子女的权益，给予未成年子女更多的关爱，也是司法机关的责任。本案最终虽然在形式上体现为，尊重了孩子的意愿，将抚养权变更为归原告所有，但在整个案件审理过程中，本案综合考虑了各方面的因素，也与父母双方进行了多次的深入沟通，肯定了父母双方对孩子权益的保护和对孩子学习成绩的重视，也将孩子的心声转达给父母双方，被告多年严厉的教育方式，使孩子无法感知来自父亲的温情，步入青春期成长阶段的孩子更加渴望被尊重、被理解，更加需要家长保持平和的心态，用积极的态度、科学的知识、正确的方法引导孩子，并善意提醒父亲，进一步改善自己的教育方式，关注孩子的心理健康，努力为其营造良好的成长空间。

在本案判决后，父亲一方并未上诉。其后，法官又对孩子进行了电话回访，关心孩子判决后的生活学习质量及健康发展。经孩子陈述，生活上，原告注重与其的沟通交流，其与继父也相处融洽，适应与原告及继父共同生活；学习上，现阶段由于疫情原因在家上网课，但原告与继父均从事教育行业，会对其进行提前辅导，学习没有退步，还鼓励其多看经典文学作品，学业课余生活较之前更丰富、更有趣味。法官在判决后比较关心孩子是否持续得到家庭的细心呵护和继续受到良好的教育，经过回访均得到较为满意的答案。

编写人：上海市闵行区人民法院　刘文燕　沈璐

六、继承编

【导言】

第十三届全国人大三次会议表决通过《民法典》。其中，第六部分为继承编，共计45条，在《继承法》基础上，对遗产、继承人、遗嘱等多方面内容进行完善，回应了时代发展与司法实践的新要求，为相关民事主体的继承权提供了更加全面有力的法律保护。主要新增制度和重大修订内容包括：

第一章“一般规定”：1. 继承权主体由公民改为自然人（第1120条）；2. 对遗产范围采取概括式规定，删除列举内容，网络财产、虚拟货币等都概括其中（第1122条）；3. 特别增加继承人宽恕制度，明确继承人确有悔改表现，被继承人表示宽恕或者事后在遗嘱中将其列为继承人的，该继承人不丧失继承权（第1125条）；4. 增加隐匿遗嘱可导致继承权丧失情形（第1125条）。

第二章“法定继承”：增加被继承人兄弟姐妹的子女适用代位继承制度，扩大法定继承人范围（第1128条）。

第三章“遗嘱继承和遗赠”：1. 增加打印、录像等新遗嘱形式，扩大遗嘱形式范围（第1136条、第1137条）；2. 删除公正遗嘱有效原则，在判定各份遗嘱效力时，以最后订立的遗嘱为准（第1142条）。

第四章“遗产的处理”：1. 规范遗产管理人制度，增加村委会担任遗产管理人规定（第1145条）；2. 适当扩大扶养人范围，将《继承法》相关规定修改为“自然人可以与继承人以外的组织或者个人签订遗赠扶养协议”（第1158条）；3. 新增无人继承又无人受遗赠的遗产收归国有用途，用于公益事业（第1160条）。

本编共选取4个案例，涉及特殊关系下诉讼主体竞合及亲子关系认定、打印遗嘱效力认定、成年人国家监护的法律适用与监护主体的“后监护”义务三个方面内容，以期对《民法典》生效后继承编相关法律制度的理解与适用提供参考借鉴。

【第 1159 条　遗产分割的范围，第 1161 条　被继承人税款、债务清偿的原则】

54

特殊关系下的诉讼主体竞合及亲子关系认定

——陈某诉刘甲等被继承人债务清偿案

【基本信息】

1. 裁判书字号

上海市闵行区人民法院（2018）沪 0112 民初 29372 号民事判决书

2. 案由：被继承人债务清偿纠纷

3. 当事人

原告：陈某

被告：刘甲、武某、刘乙、刘丙、王某

【基本案情】

2015 年 4 月 15 日，刘某国（本案被告武某之夫，已死亡）向陈某出具借据一份，载明今借到陈某 20 万元用于经营。当日，原告向刘某国转账 20 万元。

同年 7 月 6 日、20 日，陈某分别向刘某国转账 30 万元和 10 万元。刘某国向陈某出具借条一份，载明刘某国分两次借到陈某 40 万元，用于期货操作。

2015 年 9 月 10 日，陈某向刘某国转账 10 万元。2016 年 6 月 22 日、8 月 15 日，陈某分别向刘某国转账 3.6 万元、3.48 万元。

另查明，刘某国与被告武某系夫妻关系，于 2013 年 10 月 11 日登记结婚，双方育有一子即本案被告刘甲。被告刘乙与王某分别系刘某国的父母。刘某国于 2018 年 9 月 21 日死亡。刘丙的出生医学证明载明，父亲刘某国、母亲陈某（本案原告）。

庭审中，陈某自述，其与刘某国于2015年相识，于2016年生育刘丙后至2018年间同居生活。现因刘某国死亡，提起诉讼。

【案件焦点】

1. 未成年人与监护人间的诉讼主体竞合问题；2. 继承纠纷中亲子关系的认定问题；3. 同居关系期间“仅依据转账凭证”提起的借贷关系认定问题。

【裁判要旨】

上海市闵行区人民法院审理认为，借款合同是借款人向贷款人借款，到期返还借款并支付利息的合同。合法的民间借贷关系受法律保护。陈某提供的借据、借条、银行明细可以证明其与刘某国之间就2015年4月、7月三笔共计金额60万元款项存在借贷合意，且款项已实际交付，故二人之间的民间借贷法律关系依法成立并生效。

根据法律规定，原告仅依据金融机构的转账凭证提起民间借贷诉讼，被告抗辩转账系偿还双方之前借款或其他债务，被告应当对其主张提供证据证明。陈某提供的银行明细，可证明其转账给刘某国三笔款项共计16.54万元，陈某已完成初步的举证责任。根据陈某自述，其与刘某国自刘丙出生后开始同居，上述三笔借款分别发生于其怀孕以及双方同居生活期间，基于双方的亲密关系，未要求刘某国出具借条，亦在情理之中。且现并无其他证据证明上述16.54万元用于双方同居生活，或陈某共同使用了该款项，因此其主张该16.54万元为借款，具有事实上和法律上的依据，予以支持。

根据法律规定，既未约定借期内的利率，也未约定逾期利率，出借人主张借款人自逾期还款之日起按照年利率6%支付资金占用期间利息的，人民法院应予支持。刘某国向陈某出具的金额为40万元的借条中约定还款日期为2016年7月14日，故陈某主张以40万元为本金，按年利率6%计算逾期还款利息，符合法律规定，现其主张还款金额为52863元，于法不悖，予以支持。

根据法律规定，继承遗产应当清偿被继承人依法应当缴纳的税款和债务，缴纳税款和清偿债务以其遗产实际价值为限。超过遗产实际价值部分，继承人自愿偿还的不在此限。刘乙、王某、武某、刘甲分别系刘某国的父、母、配偶、婚生子，系第一顺位继承人。至于刘丙，其出生医学证明上明确载明，母亲为陈某，父亲为刘某国，说明其系刘某国之女。根据法律规定，继承法所指的子女，包括婚生子女、非婚生子女、养子女和有扶养关系的继子女，刘丙作为刘某国的非婚生子女，享有同等的继承地位，故刘丙也应作为刘某国的第一顺位继承人。现未有证据证明刘某国生前留有遗嘱，本案五被告作为刘某国的第一顺位继承人对其遗产享有法定继承权，故陈某要求五被告在继承刘某国遗产范围内承担还款责任的诉讼请求，于法有据，予以支持。

刘甲、王某、武某、刘乙、刘丙经本院传票传唤无正当理由拒不到庭参加诉讼，系放弃相应的诉讼权利，因此产生的法律后果由其自行承担。

【适用解析】

《民法典》第 1159 条将继承法和继承法若干意见中的相关规定进行整合，规定分割遗产的范围及应当为缺乏劳动能力又没有生活来源的继承人保留适当的遗产；第 1161 条将有关被继承人清偿债务的范围作为独立法条分离出来，在继承人继承或放弃继承遗产的情况下，对被继承人依法应当缴纳的税款和债务的负担有了更明晰的规定。

在涉及公告的被继承人债务清偿纠纷案件中，存在继承人范围和债务的真实情况难以确定的审理难点。陈某、刘某国、刘丙三人之间的特殊身份关系，对案件审理的程序及实体问题有着更特殊的影响。被继承人债务清偿纠纷中亲子关系的认定涉及当事人身份认定及之后可能引发的继承问题，既具有伦理争议，也关乎财产权益，值得探讨。

一、未成年人与监护人之间的诉讼主体竞合及解决方案

刘丙系未成年人，父亲即本案所涉被继承人，现已死亡，母亲即为陈某（本案原告）。在陈某表示不愿意放弃对该未成年人主张权利的情况下，若机械地适用民事诉讼法相关规定，认定母亲为该未成年人的法定代理人，将使母亲身兼原告、被告双重身份，诉讼地位冲突，违背了当事人对抗的基本诉讼原理，有可能损害该未成年人的合法权益。对于如何及时、有效维护该未成年人的利益，有撤销或变更监护、委托监护、指定代理三种意见及儿童权益代表人的创新做法。

一是撤销或变更监护。根据《民法典》第 36 条规定，撤销、变更监护的前提条件是监护人不履行监护职责或实施严重侵害被监护人合法权益的行为，本案仅系诉讼主体竞合，不存在这种情况。诉讼代理权仅为监护关系的内容之一，如果监护人在未成年人的日常生活中能够尽到监护职责，不宜通过撤销、变更监护关系来解决。二是委托监护。根据《未成年人保护法》的规定，父母因外出务工或者其他原因不能履行对未成年人监护职责的，应当委托有监护能力的其他成年人代为监护。但委托监护不能脱离原监护关系而独立存在，仍未实际解决诉讼主体竞合问题。三是指定代理。指定代理是代理制度的一种，在无民事行为能力人或限制民事行为能力人没有法定代理人或者法定代理人不能行使代理权时，经法院指定代其进行诉讼。本案中，在撤销或变更监护、委托监护两种方案都不适合的情况下，为保护未成年人的权利和合法利益，不宜进行缺席审理，法院可在《民法典》第 27 条规定的有监护资格的人中指定诉讼代理人进行诉讼。根据法律规定，该未成年人的祖父母、外祖父母均有监护资格，但其祖父母亦为本案被告，且经公告送达传票，依法应缺席审判，无法有效保护未成年人的利益，故其祖父母亦不适合作为法定代理人进行诉讼。反观其外祖父母，根据陈某陈述，该未成年人长期与外祖父母共同居住生活，其外祖父母亦愿意在本案中作为未成年人的法定代理人参加诉讼，且为完全民事行为能力人，故指定外祖父母作为未成年人的法定代理人，帮助其维护合法权益、参与诉讼。指定代理未取消原告的监护人地位，是为了诉讼的进行和维护被监护人利益。诉讼结束后，陈某仍然为该未成年人的法定监护人，这样既能保障未成年人在本案中的诉讼利益，又能确保被监护人身心健康成长。

最后，上海法院曾在一起离婚纠纷中首创的儿童权益代表人机制，是否可以适用于本案？该案中法院聘请了妇儿工委办的工作人员作为独立诉讼主体代表孩子表达权益诉求。但本案中，未成年人的身份关系涉及个人隐私，且无须聘请儿童权益代表人进行走访和了解，法院可根据民事诉讼法相关规定进行调查。此外，即使案件的审理结果为未成年人承担债务，该债务也是在继承范围内承担。且陈某仍为未成年人的法定代理人，对未成年人负有抚养义务，故本案不涉及未成年人的生存权。因此，本案未适用儿童权益代表人机制。

二、继承纠纷中亲缘关系鉴定的类比适用问题

《民法典》第 1073 条系关于亲子关系异议之诉的规定，明确了请求确认或者否认亲子关系的主体，强化了亲子关系确认、否认的司法效力，是极大的进步，但除在《婚姻法》的相关司法解释中有所体现外，尚无进一步的施行细则。同样，在继承纠纷中，亲子关系的一方当事人已经死亡，如何认定继承人的身份成为审理难点。

（一）类比适用问题产生的原因

《最高人民法院关于适用〈中华人民共和国婚姻法〉若干问题的解释（三）》（以下简称《婚姻法司法解释（三）》）第2条第2款规定，当事人一方起诉请求确认亲子关系，并提供必要证据予以证明，另一方没有相反证据又拒绝做亲子鉴定的，人民法院可以推定请求确认亲子关系一方的主张成立。但在继承纠纷中，一般因被继承人死亡导致检材缺失，申请人只能选择通过与被继承人婚生子女做亲缘关系鉴定，以此间接证明其与被继承人的亲子关系。在极个别的案例中，因被继承人无婚生子女，申请人只能选择与被继承人的兄弟、父母做半亲缘关系鉴定。此类鉴定能否类比适用亲子关系推定规则在司法实践中具有争议性，裁判尺度不统一。

继承纠纷中亲子关系的认定涉及当事人身份认定，进而影响被继承人财产的分配，案件不仅涉及伦理道德和财产权益，还涉及社会问题和法律问题，当事人往往对立情绪强烈，调解难度也极大。其他继承人对非婚生子女没有实体法上的义务，也没有举证协助的义务，非婚生子女的认定对其他继承人甚至是变相的情感冲击及财产权利的让渡，在趋利避害的本能下，其他继承人拒绝协助亲子关系鉴定合乎情理，因此产生了能否类比适用的问题。

（二）类比适用的技术障碍

《婚姻法司法解释（三）》中亲子关系推定原则，其立法本意是借助更加科学的基因检测证据来解决亲子关系纠纷。因此，如果亲缘关系鉴定结论无法作出明确的指向性意见，也仅能作为旁证，而无法直接推断亲子关系成立。另外，有些血缘关系具有相同或相近同源基因的概率①，半亲缘鉴定基因检测的结论存在误判准确性问题，还存在无法排除其他亲缘关系的可能性，不宜作为具有决定性证明标准的证据来认定亲子关系。

（三）类比适用的理论难点

首先，《婚姻法司法解释（三）》中亲子关系推定理论基础是举证证明责任中

---

① 黄书琴、朱运良、申成斌：《两种计数法预测叔侄关系的比对研究》，载《中国法医学杂志》2020年第35卷第1期。

的证明妨碍理论。《最高人民法院关于适用〈中华人民共和国民事诉讼法〉的解释》（以下简称《民诉法司法解释》）第112条将证明妨碍推定的适用范围限定于书证，故在法无明文规定的情况下应当严格限制适用，不应将该条规定的书证扩大至拒绝配合鉴定等情况。

其次，《婚姻法司法解释（三）》中亲子关系推定，是通过亲子关系鉴定来确定鉴定义务人是否需要承担抚养义务，即鉴定义务人与实体法上的义务人是同一主体。而继承纠纷是以确认身份关系为手段获取被继承人的财产，解决的是继承人和被继承人之间的权利义务关系，其他继承人与申请人不具有实体法上的权利义务，是否具有鉴定协助义务，法律也未作明确规定。此外，申请人或其法定代理人往往可以在被继承人生前进行亲子鉴定，故对检材样本的缺失也不宜归责于其他被继承人。

最后，在必要性上，自然血亲关系与继承资格并无必然关系。法定继承实际上也间接反映了被继承人的意愿，除被继承人突然死亡等特殊情况外，可以推定被继承人死亡前认可现存的家庭成员情况，默许按照法律上认可的亲缘关系对自己的遗产进行继承。类比适用可能成为对被继承人意志的不当干预和改变。

综上，对其他继承人不宜类比适用《婚姻法司法解释（三）》中亲子关系推定，本案中，更不能依据其他被告全部缺席、未到庭抗辩，来推定亲缘关系。

三、继承纠纷中亲子关系认定的救济

不适用亲缘关系推定，并不意味着不保护非婚生子女的合法继承权，对非婚生子女继承权的保护可以通过其提供的证据来进行综合判断。通常情况下，非婚生子女一方能够提供户口登记等公权力机关出具的证明，并能提供照片、证人证言等能够证明其母与被继承人同居的事实。但非婚生子女亲子关系认定证据的效力层级是司法实践的模糊地带。出生证明、户口登记、简历信息、亲属血缘关系证明、投保及指定受益人材料或被继承人直系亲属认可等诸多材料的效力层级如何确定？从有限范围内的案例来看，各地区做法均有不同，且法律规定身份关系不适用当事人自认来确定，更为审理增加了难度。在非婚生子女一方举证困难或是有瑕疵时，法院可根据《民诉法司法解释》第92条、第96条依职权调查收集涉及身份关系的证据。

本案中，刘丙出生医学证明上明确载明，其母亲为陈某、父亲为刘某国。《民法典》第15条规定，自然人的出生时间以出生证明记载的时间为准。因此，出生医学证明是由医院出具的具有一定证明力的书面材料。一般而言，出生医学证明能够较为全面真实地反映父母信息。但审判实践中，也曾发现因医院管理不规范、审查不严谨等原因导致出生医学证明所记载的信息难以反映真实信息的情况。通过调查发现，医院留档的剖宫术前告知书等书面材料中均有被继承人的签字同意，并附有被继承人提供的身份证复印件，能够对出生医学证明进行充分佐证。

此外，刘丙与本案其余四被告作为被继承人的法定继承人，共同领取过被继承人的保险金，上述证据相互印证，足以说明刘丙系刘某国之女，且亦得到本案中缺席被告的认同，因此根据现有证据的综合判断，结合具体案情，认定原告的举证已达到使法官形成亲子关系的内心确信。

四、“仅依据转账凭证”提起的借贷关系认定

在“仅依据转账凭证”提起的借贷关系中，原、被告双方往往系亲朋好友，存在一定信任基础，因碍于亲戚情面或利益原因，双方未能在当时就真实的法律关系，形成书面的合同或文字记录，导致涉讼后双方各执一词。《最高人民法院关于审理民间借贷案件适用法律若干问题的规定》第17条规定：“……被告抗辩转账系偿还双方之前借款或其他债务，被告应当对其主张提供证据证明……”此类案件核心在于需查清原、被告双方是否达成借贷合意，根据双方的主张，合理分配举证责任，并根据双方提供的证据，判断双方之间是否存在真实的民间借贷关系，且举证责任随双方提供证据证明后，在双方之间来回变动转移，直至法官心证形成。同时，原告认定双方之间存在民间借贷法律关系，其举证必须达到使法官内心确认的程度，即要达到高度盖然性的标准，而被告否认双方之间的借贷关系，只要达到动摇法官内心确认的程度即可，即存有可能性的标准。

本案中，陈某就未出具借条的16.54万元提供了相应的银行明细，已完成初步的举证责任。但是转账行为可以基于多种基础法律关系和事实，除借贷外，实践中常见的有赠与、委托理财、投资、合伙、买卖、代为支付等，且本案的特殊性在于，实际借款人死亡，诉讼主要被告为公告送达，势必要求法官对本案借贷的真实情况作进一步的审查及判断。同时，陈某与被继承人系同居关系，同居恋人之间可能会为表达爱慕进行送礼、转账等，故同居关系期间的借贷合意是认定难点。本案的几笔转账，在转账时间上并非在情人节、七夕节等特殊时间，在转账金额上也非

1314、521之类有特殊意义的数字，在转账备注上亦没有表达爱意的文字，故可以初步排除赠与的可能性，但要认定借贷关系，还需进一步审查。

首先，审查双方的经济往来，双方并不像通常同居男女之间有频繁的经济往来，基本处于经济独立状态，且主要是陈某向被继承人转款。其次，被继承人也曾因期货操作向陈某借款40万元并出具借条，说明双方之间确有借贷关系，且被继承人多次向陈某借款用于生意周转。再次，无借条的共计16.54万元转账分别发生于陈某怀孕以及双方同居生活期间，基于双方的亲密关系，陈某未要求被继承人出具借条，亦在情理之中。最后，无其他证据证明上述款项用于双方的同居生活或陈某亦共同使用了该款项。故，综合本案实际情况，相较于生活消耗、赠与、补偿等其他性质的关系，本案双方之间的借贷关系更具有高度盖然性，故对款项性质作出认定。

编写人：上海市闵行区人民法院　刘文燕　沈璐

【第1135条　代书遗嘱效力，第1136条　打印遗嘱效力，第1140条　遗嘱见证人资格的限制】

55

打印遗嘱法律效力如何认定

——刘某群诉刘某芳继承案

【基本信息】

1. 裁判书字号

北京市第三中级人民法院（2015）三中民终字11241号民事裁定书

2. 案由：法定继承纠纷

3. 当事人

原告：刘某群（上诉人）

被告：刘某芳（被上诉人）

【基本案情】

刘某仑和董某珍共生育两个子女，即原审原告刘某群和原审被告刘某芳。2007年5月11日刘某仑因病猝死，生前未留有遗嘱。2013年9月18日董某珍患病，后曾多次住院治疗，患病期间刘某群、刘某芳均对其进行照顾。同年9月董某珍将其工资卡交与刘某芳保管，董某珍的医疗费等费用主要由刘某芳从其存款中支付。2014年11月始，董某珍生活不能自理，于同年12月18日死于肺癌。刘某群和刘某芳是刘某仑和董某珍的第一顺序法定继承人。刘某芳提供打印形式的代书遗嘱一份，且提供相应证据证明董某珍立遗嘱过程及当时董某珍意识清醒。刘某群对该遗嘱效力不予认可。二人发生纠纷，刘某群将刘某芳诉至法院。

【案件焦点】

打印形式的代书遗嘱是否有效。

【裁判要旨】

法院经审理认为，继承开始后，按照法定继承办理；有遗嘱的，按照遗嘱继承办理，遗嘱未处分的遗产按照法定继承办理。刘某仑生前未留有遗嘱，故对刘某仑的遗产按照法定继承处理。刘某芳提交了董某珍所立的代书遗嘱，该代书遗嘱由两个见证人即朱某成、王某平在场见证，并由朱某成代书，注明年、月、日，并由代书人朱某成、其他见证人王某平和遗嘱人董某珍签字，符合法律规定，认定该代书遗嘱有效。刘某群主张董某珍立遗嘱时意识不清醒，但并未提供充足的证据证明，而刘某芳提供的证据能够证明董某珍在立遗嘱时意识清醒，故对于刘某群的主张，不予采纳。刘某群主张打印遗嘱不符合法律规定的代书遗嘱的形式要件，因缺乏法律依据，不予采纳。刘某群主张立遗嘱的地点与户口本登记的地点不完全一致等观点，属于文字表述是否完整的问题，不影响代书遗嘱的效力。故对于董某珍在遗嘱中涉及的遗产即董某珍在育才胡同房屋中的份额，按照遗嘱继承处理，对于遗嘱中未涉及的董某珍的遗产即董某珍的存款，按照法定继承处理。关于育才胡同的房屋，因该房屋是刘某仑和董某珍的夫妻共同财产，刘某仑死亡后，该房屋的一半作为董某珍的财产，一半作为刘某仑的遗产，刘某仑的遗产按照法定继承在刘某仑的法定继承人即董某珍、刘某群和刘某芳之间平均分割，具体为董某珍享有六分之四的份额，刘某群、刘某芳各享有六分之一的份额。董某珍死亡后，董某珍在育才胡同的房屋中的份额按照其所立的遗嘱，由被告继承。原、被告对于育才胡同的房屋价值达成一致，并同意房屋归原告所有，原告给付被告相应的折价款，对此本院不持异议。综上，判决如下：

一、位于北京市平谷区平谷镇建设街×胡同×号楼×单元×号的房屋由原告刘某群继承，原告刘某群给付被告刘某芳折价款100万元（于本判决生效后六十日内执行）；

二、被告刘某芳给付原告刘某群董某珍遗留的存款、应负担的董某珍的医疗费等27898元（于本判决生效后六十日内执行）；

三、驳回双方的其他诉讼请求。

【适用解析】

本案的争议焦点为董某珍所立遗嘱的法律效力。该遗嘱既不是董某珍本人出具，也不是手写遗嘱，而是他人用电脑打印的代书遗嘱，其效力需要结合现行的法律规定与审判实践予以分析。若该遗嘱有效，则按照遗嘱的内容发生继承。若该遗嘱无效，则应依法启动法定继承，按照法律规定在各继承人之间分配遗产。

判断遗嘱的效力，严格的要式性是必须坚守的原则，因为只有这样，才能尽可能地“确保遗嘱人的意愿表示可证明是他自己的，这些意愿是他作为临终意愿认真准备好的，这些意愿是保持完整的”。[①] 对于代书遗嘱而言，更需要严守形式要件。

一、代书遗嘱的法律形式要件

《继承法》第17条第3款规定：“代书遗嘱应当有两个以上见证人在场见证，由其中一人代书，注明年、月、日，并由代书人、其他见证人和遗嘱人签名。”第18条规定：“下列人员不能作为遗嘱见证人：（一）无行为能力人、限制行为能力人；（二）继承人、受遗赠人；（三）与继承人、受遗赠人有利害关系的人。”这两条被我国《民法典》进一步完善。《民法典》第1135条规定：“代书遗嘱应当有两个以上见证人在场见证，由其中一人代书，并由遗嘱人、代书人和其他见证人签名，注明年、月、日。”第1140条规定：“下列人员不能作为遗嘱见证人：（一）无民事行为能力人、限制民事行为能力人以及其他不具有见证能力的人；（二）继承人、受

① ［英］巴里·尼古拉斯：《罗马法概论》，黄风译，法律出版社2010年版，第270页。

遗赠人；（三）与继承人、受遗赠人有利害关系的人。”

通过分析上述法律规定，可将代书遗嘱的构成要件细化分析如下：

（一）关于遗嘱人确认遗嘱的方式问题

《继承法》明确规定了见证人、代书人、遗嘱人确认遗嘱的方式为签名，其中关于见证人、代书人签名的形式在实践中争议不大，而关于遗嘱人是否只能依据签名的形式确认遗嘱争议较大。目前遗嘱人盖印章的形式仅仅是一种拟制的签名形式，很容易被伪造、盗印，故排除其确认形式已无异议，那么是否可以依据民法中无禁止即许可的原则，而扩大解释将遗嘱人的捺手印也纳入确认形式之一呢？对此问题实践中争议较大。

一种观点认为，关于代书遗嘱中遗嘱人确认遗嘱的形式除签名外可以作扩大解释将捺印包括在内。理由为：其一，因为《继承法》关于此规定未明文规定可捺手印，可以民法中无禁止即许可的原则，认可捺手印和签字的相同效力。其二，我国新一代身份证增加指纹信息内容，遗嘱人死后仍然可以凭借身份证上指纹信息鉴定遗嘱上指印的真实性，手印凸显人格痕迹，与亲笔签名具有同等的法律效力。其三，强制要求立遗嘱人亲笔签名与现实中许多遗嘱人不会书写，无法完成亲笔签名的情形相抵触，故从实际出发，认可捺手印的代书遗嘱形式。

另一种观点认为，应仅限于法律规定的文义解释，只认可遗嘱人签名的确认形式。因为亲笔签名是最具有人格痕迹的证据，亦是代书遗嘱成立、有效的最关键的证据，通过签名可以认可遗嘱内容是其真实意思表示，使遗嘱发生效力，也可确认增减涂改。采取其他方式极易造假，不能最有效地反映遗嘱人的真实意思表示。

笔者赞同第二种观点，因为遗嘱人确认遗嘱的方式问题是遗嘱是否成立、有效，是否能客观地反映遗嘱人的真实意思表示，是遗嘱的本体要素，应严格依照法律规定，不允许进行扩大解释。签字最能证明遗嘱人的真实意思表示，鉴定真伪也较为容易，故应将遗嘱人的签名作为确认遗嘱的唯一形式。

（二）关于见证人的条件限制

1. 法定的人数及资格限制：《继承法》第 17 条规定，见证人必须为两人以上，这是对代书过程的真实性的一种保障。从《继承法》第 18 条及《最高人民法院关于贯彻执行〈中华人民共和国继承法〉若干问题的意见》第 36 条的规定可以看出，见证人主体资格的限制在于两个方面，一方面是自身能力的限制，即其应为完全行为能力人，具有完全民事行为能力，以履行其见证职能；另一方面是其身份的限制，即其不应是直接的受益人或与受益人有关的利害关系人，以防止为了利益而影响遗嘱人真实意思的表达。

2. 补充的资格限制：除以上条件外，笔者认为文盲及对遗嘱所使用的语言掌握不够的人或其他具有足以影响其对事物本质进行判断有意识障碍的人也应该排除在见证人之外。依照《继承法》的规定，订立代书遗嘱须有两个以上的见证人见证且代书人须为见证人之一，由此可知，除代书人外在大多数情况下实际上就存在一个人对代书行为进行见证。

若见证人为文盲或其他无法辨识代书文字的人，则无法辨认代书人代书的遗嘱内容是否与遗嘱人口述的内容一致，是否是遗嘱人真实意思表示的体现，此种情况下，该代书遗嘱的内容就很有可能存在被伪造的风险，故为防止该种风险的存在而有必要将文盲排除在见证人主体资格之外。《民法典》第1140条已经将该意见规定为具体法律规定，使得该方面有法可依。

（三）从严把握代书遗嘱形式要件的法理基础

遗嘱的形式，就是遗嘱人处分自己财产的意思表示的方式。继承法对于遗嘱的形式予以明确规定的立法本意在于充分保证遗嘱真实，以维护遗嘱自由原则。具体而言，遗嘱形式遵循严格法定主义的法理依据在于：

一方面，遗嘱是遗嘱人对其财产的终意处分，且在其死后才能得以执行，因此，为了确保其真实性和严肃性，法律必要对遗嘱设以严格的要式性要求，来最大限度地防止他人伪造、篡改遗嘱内容。代书遗嘱本身就是他人代为书写，立遗嘱人虽有签名，但其意思表示要通过他人的代书来表达，其表达个人意思的自由度会有所降低，如果没有其他形式要件的约束，立遗嘱人在他人胁迫或诱导下签名或者他人伪造遗嘱的情形就容易发生。

另一方面，继承法对于代书遗嘱的形式要求虽然严格，但并非苛刻，并不需要立遗嘱人付出太大代价即可实现。即立遗嘱人意图通过代书遗嘱的形式来处分其身后的财产，只需找到两个以上的无利害关系人来见证并由其中一人代书即可。如果这一相对简单的形式要求都无法满足，便不能保证该代书遗嘱反映的是立遗嘱人的真实意图，遗嘱的真实性和客观性就不易得到保证，遗嘱自由原则也就会落空。因为，务必对代书遗嘱法定形式要件予以从严掌握。

二、电脑打印的代书遗嘱效力认定

打印遗嘱是一种新型遗嘱形式，随着网络的普及和计算机的广泛应用，越来越多的人选择打印遗嘱这一方式，但是由于打印遗嘱很容易被篡改、伪造，一旦发生了纠纷，很难辨别真假，故我国法律对打印遗嘱未作明确的规定。

（一）《民法典》出台前我国司法实践对打印遗嘱的态度

判断打印遗嘱的效力，也要看遗嘱是否是遗嘱人的真实意思表示。承认并规范打印遗嘱是司法统一性的必然要求。由于我国法律对打印遗嘱的性质及效力未作任何规定，学者及司法实务工作者对其性质和效力亦存在诸多争议，导致法院对打印遗嘱纠纷的裁判不统一，同案不同判的情形经常出现。

其中有的法院为了最大限度维护遗嘱人真实的意思表示，对遗嘱形式采取适度缓和态度，承认打印遗嘱的效力，而有的法院则坚持严格遗嘱形式要求，否认打印遗嘱效力，这种同案不同判的情形不仅严重损害了司法的公正性与权威性，而且还不利于维护遗嘱人的真实意思表示及相关利益人的合法权益。

因此，承认打印遗嘱的性质及效力，并通过法律统一规范，这不仅是忠实维护遗嘱人真实意思表示及相关利益人合法权益的法律保证和内在需要，更是确保司法统一性，保障司法的公正与权威性，实现法的公平正义价值理念的必然要求。

（二）域外对打印遗嘱的立法要览

承认并规范打印遗嘱具有现实的可行性。从古罗马时期出现遗嘱制度开始，就一直有严格要求遗嘱方式强制的传统，正如学者乌尔比安说过遗嘱是“以庄严形式对我们死后应当生效的事情的合法确认”。

从域外立法来看，有的立法例允许通过打印的方式订立遗嘱。例如，《法国民法典》第976条规定，在密封遗嘱的情况下，遗嘱人应当指明遗嘱所采用的书写方式（手写或机械书写）。《俄罗斯民法典》第1125条第1项规定：“经过公证的遗嘱应当是由立遗嘱人书写的或者由立遗嘱人口授并由公证员记录的。在书写或记录遗嘱时可以使用技术手段（电子计算机、打字机等）。”《西班牙民法典》第706条中规定：“秘密遗嘱用机器书写或请求他人代写的，遗嘱人应在每页和文末签名。”

上述立法例尽管允许通过以打印的方式订立遗嘱，但并没有将打印遗嘱作为一种独立的遗嘱形式，如俄罗斯民法典将其作为公证遗嘱的表现形式，西班牙民法典允许秘密遗嘱可以打印。很多学者认为，法律应当允许通过打印方式订立的遗嘱，但不应将其作为一种独立的遗嘱形式。一方面，打印只不过是书写的另一种形式，与手写并没有本质上的差别。例如，按照《英国遗嘱法》的规定，遗嘱应当采取书面形式，至于书面形式的具体书写方式，遗嘱人可以手写，也可以用机器打字方式。这是因为，按照《英国翻译法》的定义，打字、印刷和其他的可视的表现文字的方式都可以叫作书写。[①]《国际遗嘱形式统一法》第 3 条规定，遗嘱需用书面作成，但它不要求立遗嘱人本人书写，遗嘱可以用任何文字写成，可以手写，也可以用其他方式书写。

另一方面，公证遗嘱、自书遗嘱、代书遗嘱都可以通过打印的方式表现出来，特别是公证遗嘱通常都是打印的。因此，如果将打印遗嘱作为与其他形式的遗嘱并列的一种遗嘱方式，它们相互之间会发生混淆。有学者建议，在修订继承法时，可以扩大书写的含义，将打印涵盖在内，允许自书遗嘱、代书遗嘱、公证遗嘱采用打印的方式。

（三）本案的具体分析

刘某芳向法庭提交了立遗嘱当日董某珍与别人聊天时的录像，证明董某珍立遗嘱的过程以及当时董某珍意识清醒。案中的代书遗嘱由两个见证人即王某平、朱某成在场见证，并由朱某成代书，注明年、月、日，并由代书人朱某成、其他见证人王某平和遗嘱人董某珍签字。该代书遗嘱完全具备了法律规定的代书遗嘱的构成要件。问题在于，该份遗嘱不仅为代书遗嘱，其还是打印遗嘱。它的效力该如何认定？

在《民法典》出台前，关于打印遗嘱的效力问题，《北京市高级人民法院关于审理继承纠纷案件若干疑难问题的解答》第 18 条对打印遗嘱的性质与效力问题，作出如下规定：打印遗嘱是在电脑日益普及下出现的新的遗嘱形式，由于法律对其没有进行明确界定，实践中存在很多争议。对于使用电脑等电子产品书写并打印的遗嘱，主要涉及是否可以按照自书遗嘱或代书遗嘱予以认定的情形。《继承法》第 17 条第 2 款规定："自书遗嘱由遗嘱人亲笔书写，签名，注明年、月、日。"可见法律对于自书遗嘱的书写及形成工具做出了明确具体的规定，即必须是由遗嘱人用笔亲自书写完成。由于自书遗嘱没有见证人见证等要求，故只有全部由遗嘱人本人亲笔书写，才能确保真实、安全，从而有效避免伪造。

---

① 梁分：《遗嘱形式缓和之实证分析》，载《法学杂志》2012 年第 7 期。

为了确保遗嘱内容反映当事人真实意思，确保社会整体利益和法律的严肃性和统一性，现阶段对于以打印形式所立自书遗嘱的效力应慎重对待，原则上不应认定为有效，除非当事人提交证据证明遗嘱的内容确系遗嘱人亲自操作电脑、打印机等工具输入打印形成且能够排除合理怀疑，同时符合自书遗嘱的其他形式要件的，才可认定该遗嘱有效。

但对于由遗嘱人之外的他人按照遗嘱人的意思，代为操作电脑、打印机等工具输入并打印形成的遗嘱，因本案判决时继承法及司法解释对于代书遗嘱的书写及形成工具并未明文规定，故法官当时根据基本法理精神推理，得出该类打印遗嘱并不违反代书遗嘱的形式要件，如该打印遗嘱符合《继承法》第 17 条第 3 款规定的代书遗嘱的全部形式要件，该遗嘱应认定为有效。本案中，法官判决该遗嘱虽为电脑打印的代书遗嘱，但是符合《继承法》第 17 条第 3 款规定的全部形式要件，应认定为有效。

《民法典》第 1136 条明确规定，打印遗嘱应当有两个以上见证人在场见证。遗嘱人和见证人应当在遗嘱每一页签名，注明年、月、日。这为打印遗嘱的效力认定提供了明确的法律依据。

本案在《民法典》出台前就认定了电脑打印的代书遗嘱有效，充分保护了遗嘱人的自由，保护了公民可以按照自己的真实意愿处分自己财产的合法权利，也体现了现行司法实践对打印遗嘱的态度，与《民法典》秉持的精神一脉相承。

编写人：北京市平谷区人民法院　张琳琳

56

打印遗嘱法律效力的认定

——谢某义诉谢某江等继承案

【基本信息】

1. 裁判书字号

北京市第一中级人民法院（2019）京 01 民再 61 号民事判决书

2. 案由：继承纠纷

3. 当事人

原告（上诉人、再审申请人）：谢某义

被告（被上诉人、再审被申请人）：谢某江、谢某海、谢某芳、谢某敏、谢某香

【基本案情】

谢某仲与张某珍系夫妻，二人生育子女六人即原告谢某义，被告谢某江、谢某海、谢某芳、谢某敏、谢某香。谢某仲生前系某机械厂职工，该机械厂将诉争的312号房屋出租给谢某仲居住。1992年5月，谢某仲去世，其生前未留有遗嘱。2000年7月11日，张某珍与机械厂签订《公有住房买卖合同》，购买312号房屋，并缴纳购房款50471元、公共维修基金1414元。2010年2月10日，张某珍取得诉争房屋的所有权证，该房屋性质为房改房（成本价）。2014年9月15日，张某珍去世。

谢某义向法院起诉要求继承诉争的312号房屋并提交张某珍遗嘱一份，该遗嘱内容为"……在代书人王某新，证明人李某玲的现场证明下，我自愿立遗嘱如下：我享有的312号房屋，于我去世时由我的女儿谢某义继承"。上述内容由打印机打印，尾部立遗嘱人处有张某珍字样的盖章并捺有指印，代书人处有王某新的签字并捺有指印，证明人处有李某玲的签字并捺有指印，落款时间为2007年11月7日。庭审中王某新、李某玲均证实当时先由王某新按照张某珍口述手写了遗嘱底稿，后由司法所工作人员按照遗嘱底稿的内容进行打印。

谢某义还向法院提交《收款收据和说明》一份，内容为："张某珍之四女谢某义于2007年11月以现金方式将母亲张某珍现居住的312号楼房买下。张某珍之三女谢某芳提出并提供，在此前由她为此楼房代缴的各种发生费用人民币合计11400元（壹万壹仟肆佰元整）。今有谢某义将11400元全款一次性支付给谢某芳。此楼房的所有权和居住权归谢某义所有，今后谢某芳就此楼房的各种问题和费用不应在（再）提出任何要求，此楼房一事与谢某芳就此了断。口说无凭立此为据。此收款收据和说明一式两份，当事人双方各持一份，自双方签字后生效。"《收款收据和说明》尾部付款人处有谢某义的签字（签字日期为2008年6月2日），收款人处有谢某芳的签字（未签注日期），证明人处有谢某敏的签字（签字日期为2008年6月3

日)。后谢某义向谢某芳支付 11400 元。谢某芳称该款项系己方之前向机械厂缴纳的 312 号房屋的水电费及租金。

经司法评估，312 号房屋市价为 155.12 万元。

【案件焦点】

本案所涉的打印遗嘱是否符合代书遗嘱的形式要件，能否对其效力予以认定。

【裁判要旨】

北京市昌平区人民法院审理认为，代书遗嘱应当有两个以上见证人在场见证，由其中一人代书，注明年、月、日，并由代书人、其他见证人和遗嘱人签名。原告所提供的《遗嘱》系打印件，王某新并非打印机操作人，而真正的打印机操作人又未在该《遗嘱》上签名，该《遗嘱》不符合代书遗嘱的法定形式，亦不满足其他种类遗嘱的法定构成要件，故本案按法定继承处理。判决如下：一、312 号房屋归被告谢某江、谢某海、谢某芳共同所有；二、被告谢某江、谢某海、谢某芳共同给付谢某义房屋折价补偿款 258533.33 元，共同给付谢某敏房屋折价补偿款 258533.33 元，共同给付谢某香房屋折价补偿款 258533.33 元，均于本判决生效后二十日内履行；三、驳回原告谢某义的其他诉讼请求。

谢某义不服，向北京市第一中级人民法院提起上诉。2018 年 3 月 21 日，北京市第一中级人民法院作出（2018）京 01 民终 1918 号民事判决书，判决驳回上诉，维持原判。

谢某义不服，向北京市高级人民法院申请再审，北京市高级人民法院指令北京市第一中级人民法院再审。

北京市第一中级人民法院再审认为，关于张某珍所立遗嘱是否符合法律规定的代书遗嘱的形式要件问题。首先，依据查明的事实可知，遗嘱代书人王某新之前曾按照张某珍口述，亲笔书写遗嘱底稿；其次，申请人谢某义提交的遗嘱打印件是按照遗嘱底稿打印形成；最后，遗嘱底稿转化为打印件过程中，立遗嘱人张某珍及见证人王某新、李某玲均在场，在确认打印件内容与张某珍意思表示一致后，张某珍在打印遗嘱尾部盖章、捺手印。代书人王某新、见证人李某玲依次签名、按手印。综上，司法所工作人员只是按照王某新的要求操作电脑，其并未加入自己的思想意识，只是将王某新的手写底稿转化为打印文字，其操作电脑的行为只是王某新代书行为的延伸，不能转化遗嘱代书人的身份。王某新依然是法律意义上的遗嘱代书人。故谢某义提交的张某珍所立遗嘱虽非王某新亲自打印，但并不影响对该遗嘱效力的认定。且《继承法》施行于1985年10月1日，在当时的历史条件下，电脑与打印机尚未普及，受历史局限，不可能将打印遗嘱作为一种遗嘱形式予以规定。现打印已经成为一种最常见的书写方式。综合考量本案实际情况，应当认定该遗嘱有效。诉争房屋由谢某义按照遗嘱继承。判决如下：一、撤销本院（2018）京01民终1918号民事判决及北京市昌平区人民法院（2017）京0114民初10093号民事判决；二、诉争的312号房屋由谢某义继承。

【适用解析】

随着经济社会的发展，人们表达自己意愿的形式也越来越多元，电脑打印、视频录像等媒介的广泛应用，使“打印遗嘱”“录像遗嘱”应运而生，而《继承法》颁布于1985年，其中仅规定了自书遗嘱、代书遗嘱、录音遗嘱、口头遗嘱及公证遗嘱五种法定遗嘱形式，并不包含“打印遗嘱”“录像遗嘱”。因此，司法实践中对新类型遗嘱性质和效力的认定并未形成统一的裁判规则。

本案“打印遗嘱”非由遗嘱人打印，三级人民法院均认为应当按照《继承法》中代书遗嘱的有效要件考量其法律效力，但在具体确定其效力时，存在两种观点：一种观点认为，该打印遗嘱的打印人为实际代书人，应当按照《继承法》第17条第3款的规定作为代书人在打印遗嘱上签名，而本案的“打印遗嘱”中并没有打印人的签名。因此，该遗嘱不符合代书遗嘱的形式要件，遗嘱无效。另一种观点认为，该打印遗嘱仅为原代书遗嘱表现形式的转化，遗嘱人、见证人、代书人全程参与、见证转化过程，确认打印内容与原手写遗嘱内容一致，并未添加打印人个人的思想意志，在原手写遗嘱符合代书遗嘱的形式要件且遗嘱打印件由遗嘱人、见证人、代书人签字确认的情况下，不能仅因遗嘱表现形式的变化而否认遗嘱的效力，该打印遗嘱有效。

笔者倾向于第二种观点。本案“打印遗嘱”的特殊性在于，该“打印遗嘱”是对原手写代书遗嘱的“复制”，而非形成新的遗嘱。根据已经查明的案件事实，原手写代书遗嘱符合《继承法》第17条第3款代书遗嘱的形式要件，遗嘱有效。涉案的“打印遗嘱”仅将其表现形式由手写转变为打印，并由遗嘱人、见证人以签字捺印的方式确认打印遗嘱与原手写遗嘱内容完全一致，该“打印遗嘱”是遗嘱人真实意愿的表达，我们应当予以尊重。此外，在遗嘱形式转化过程中，打印人对遗嘱内容的形成不加入自己的思考和判断，仅仅作为“工具”或“媒介”对遗嘱形式进行转化，不具有法律意义上的遗嘱代书人身份，该遗嘱的代书人仍然是手写遗嘱的代书人，该“打印”行为不构成新遗嘱的制作。因此，本案“打印遗嘱”符合代书遗嘱的形式要件，遗嘱有效。

2021 年 1 月 1 日，《民法典》实施，其中第 1136 条将“打印遗嘱”明确规定为遗嘱的法定形式，为打印遗嘱效力的认定提供了新的标准和要求。

一、《继承法》下“打印遗嘱”性质及效力的裁判规则

《继承法》并未将“打印遗嘱”作为单独的遗嘱形式予以规定，其性质及效力的认定主要体现在地方性司法文件中：

（1）《北京市高级人民法院关于审理继承纠纷案件若干疑难问题的解答》（2018 年）第 18 条规定：“继承案件中当事人以打印遗嘱系被继承人自己制作为由请求确认打印遗嘱为有效自书遗嘱的，人民法院不予支持。但确有达到排除合理怀疑程度的证据表明打印遗嘱由被继承人全程制作完成，并具备自书遗嘱形式要件的，可认定为有效自书遗嘱。打印遗嘱由被继承人以外的人制作的，应符合法律规定的代书遗嘱形式要件。”

（2）成都市《2017 年全市法院民商事审判工作会议纪要》第 37 条规定：“被继承人以打印的方式制作遗嘱的，应当如何认定该遗嘱的性质？以打印机印制的遗嘱，与手书遗嘱相较而言，其表现形式发生了变化。对打印遗嘱的性质认定，应当以遗嘱的制作过程作为认定依据。遗嘱人自行输入印制，签名，注明年、月、日的，应当认定为自书遗嘱；有两个以上见证人在场见证，遗嘱人交由其中一人代为输入印制，注明年、月、日，并由代为输入印制人、其他见证人和遗嘱人签名的，应当认定为代书遗嘱。”

（3）上海市高级人民法院《民一庭调研与参考》（〔2016〕3 号）规定：“倾向意见认为，打印遗嘱不能笼统地认定为自书遗嘱或代书遗嘱，其法律属性应当结合被继承人是否具有计算机操作能力、遗嘱形成过程等方面的证据来综合予以认定。根据最高法院《关于贯彻执行〈中华人民共和国继承法〉若干问题的解释》第四十条规定，公民在遗书中涉及死后个人财产处分的内容，确为死者真实意思表示，有本人签名并注明了年、月、日，又无相反证据的，可按自书遗嘱对待。因此，对打印遗嘱，有遗嘱人签名，注明年、月、日，并能举证证明确为遗嘱人真实意思表示，如遗嘱人有计算机操作能力、有其他证据材料与遗嘱内容相互印证等，则可以认定为是遗嘱人的自书遗嘱。”

综上，在《继承法》未明确规定打印遗嘱的情况下，主流裁判规则是以自书遗嘱或代书遗嘱认定“打印遗嘱”的效力：由遗嘱人自行操作电脑、打印制作的遗嘱，按照自书遗嘱认定其效力；非由遗嘱人本人制作、打印的遗嘱，按照代书遗嘱认定其效力。对于既不符合自书遗嘱有效要件，又不符合代书遗嘱有效要件的遗嘱，通常认定为无效。

二、《民法典》中“打印遗嘱”性质及效力的裁判规则

《民法典》第1136条规定：“打印遗嘱应当有两个以上见证人在场见证。遗嘱人和见证人应当在遗嘱每一页签名，注明年、月、日。”明确对打印遗嘱予以肯定和保护，使遗嘱形式的立法与当今社会生活的现实状况和科技发展水平相适应，具有创新性和先进性。

（一）“打印遗嘱”的有效要件

根据《民法典》第1136条规定，打印遗嘱的有效要件应当包括以下四个方面：（1）遗嘱为电脑制作、打印机打印出来的文本形式；（2）打印遗嘱应当有两个以上见证人在场见证；（3）遗嘱人在遗嘱文本的每一页都签名；（4）注明年、月、日。[①] 该条文并未对打印主体予以规定，即打印人既可以是立遗嘱人，也可以是见证人，还可以是第三人。只要打印遗嘱同时满足上述四项要件，遗嘱即为有效，无须考虑其是否符合自书遗嘱或代书遗嘱的形式要件。

（二）“打印遗嘱”与自书遗嘱

《民法典》颁布前，遗嘱人自行打印形成的遗嘱一般认定为自书遗嘱。根据《继承法》第17条第2款、《民法典》第1134条的规定，自书遗嘱不需要证人就当然地具有遗嘱的效力，如一方对自书遗嘱的真实性提出异议，可以通过对遗嘱文本的笔迹鉴定确定遗嘱的真实性。而在遗嘱人自行打印遗嘱的情况下，仅凭遗嘱人的签名无法认定该遗嘱系遗嘱人生前真实的意思表示，并不能排除遗嘱人在签字时并不知悉打印文本内容的特殊情形。因此，北京市高级人民法院明确表示原则上不认

① 《中华人民共和国民法典（实用版）》，中国法制出版社2020年版，第644页。

为遗嘱人自行打印的遗嘱有效，除非有足以排除合理怀疑程度的证据表明打印遗嘱系遗嘱人全程制作，但何为“足以排除合理怀疑程度的证据”，考虑到遗嘱事关重大，法官一般会从严把握，实际上很难对遗嘱的效力予以肯定。《民法典》中“打印遗嘱”的规定，实际上确立了证明遗嘱系遗嘱人自行打印、体现遗嘱人真实意愿的证明标准，即有两名见证人全程见证遗嘱打印过程，并由见证人和遗嘱人在遗嘱的每一页上签名，注明年、月、日，防止遗嘱内容被涂抹、篡改。

（三）“打印遗嘱”与代书遗嘱

《民法典》颁布前，由他人代为打印形成的遗嘱，一般根据其是否符合代书遗嘱的形式要件来判断其效力，这必然导致部分打印遗嘱虽然在内容上是遗嘱人生前的真实意愿但由于形式上存在瑕疵而被认定为无效。例如，由遗嘱人口述、两名见证人在场见证、第三人打印并由遗嘱人、见证人签字而形成的打印遗嘱，按照《继承法》的规定，其不符合由一名见证人代书遗嘱并签名的形式要件，该遗嘱无效；而《民法典》实施后，此种类型的遗嘱不再以代书遗嘱的形式要件作为判断效力的标准，只要其符合《民法典》第 1136 条打印遗嘱的有效要件，不论打印人是否为见证人，遗嘱均为有效，遗嘱人的真实意愿可以得到充分尊重。此外，《民法典》第 1136 条的规定可以有效减少法律适用中的争议，例如上文中谢某义诉谢某江等 6 人继承纠纷案，《民法典》实施后，无须考虑打印人是否构成法律意义上的代书人、打印遗嘱是否构成新的代书遗嘱，由于两名见证人见证了遗嘱生成的全过程，并与遗嘱人共同在遗嘱上签名，注明年、月、日，该打印遗嘱即为有效。

《民法典》对“打印遗嘱”的规定填补了当前遗嘱立法中的空白，体现了立法的时代性特征。作为一种全新的法定遗嘱形式，其在适用过程中，必然需要对相关问题进行进一步的说明和解释，例如：（1）自书遗嘱、代书遗嘱和打印遗嘱的划分标准。是以遗嘱形成的方式进行划分还是以打印遗嘱的主体进行划分？若以遗嘱形成的方式进行划分，是否是将自书遗嘱、代书遗嘱严格限定为手写，凡是采用打印形式的遗嘱均以打印遗嘱认定其效力？若以打印主体进行划分，是否打印遗嘱仅适用于遗嘱人自行打印遗嘱的情况？[①]（2）自书遗嘱、代书遗嘱和打印遗嘱条款的适

---

① 《中华人民共和国民法典（实用版）》（中国法制出版社 2020 年版）第 644 页：“打印遗嘱是指遗嘱人通过电脑制作，用打印机打印出来的遗嘱。”按照本书对打印遗嘱的定义，打印遗嘱仅适用于遗嘱人自行打印遗嘱的情况。

用顺序。由见证人代为打印的遗嘱，是否构成打印遗嘱和代书遗嘱条款的竞合？其适用上是否存在先后顺序？（3）书写和打印都为文字输出的常见方式，由见证人之外的第三人打印的遗嘱与由见证人之外的第三人书写的遗嘱，在效力上截然不同，是否会造成对法益保护的不平衡？尽管存在或多或少的具体问题需要明确，但整体而言，《民法典》对“打印遗嘱”的规定顺应了时代的发展与民众的实际需求，使工作有法可依，为实现遗嘱人的遗愿提供了法律保障。

编写人：北京市昌平区人民法院　田倩　田媛

【第 1145 条　遗产管理人的选任，第 1147 条　遗产管理人的职责】

57

成年人国家监护的法律适用与监护主体的“后监护义务”

——张甲诉上海市闵行区民政局法定继承案

【基本信息】

1. 裁判书字号

上海市闵行区人民法院（2018）沪 0112 民初 33514 号民事判决书

2. 案由：法定继承纠纷

3. 当事人

原告：张甲

被告：上海市闵行区民政局

【基本案情】

被继承人张乙与被告赵某系夫妻，双方于 1993 年 2 月 2 日登记结婚。两人均系再婚，婚后未生育子女。原告张甲系张乙独子，为张乙与前妻所生，于 1989 年出国，现系澳大利亚国籍并已于澳大利亚定居，未与赵某形成抚养关系。张乙于2016年10月17日死亡。张乙死亡后，因张某无工作单位，故由其单位上海寰球工程有限公司和古美街道协商后，安排其居住在上海古美敬老院。后张甲以赵某为被告提起诉讼请求继承被继承人张乙的遗产。2017年11月，经鉴定，赵某为无民事行为能力人。因其系城市居民，且长期住在住所地以外的社区养老院，住所地居委会称对其情况不了解。故法院鉴于赵某没有依法具有监护资格的人，根据《民法总则》第32条国家监护的规定，于2018年11月17日指定上海市闵行区民政局（以下简称闵行区民政局）担任赵某的监护人。在案件审理过程中，赵某于2018年12月31日死亡。因赵某无子女、兄弟姐妹等近亲属，无继承人，本案诉讼程序依法中止。后法院追加上海市闵行区民政局为本案被告。后张甲变更诉请，要求：（1）判令其依法继承并分割属于被继承人张乙的遗产人民币1283780.66元；（2）判令其依法继承并分割属于继母赵某的遗产1283780.66元。2019年1月14日，张甲为赵某办理丧葬事宜支付费用29967.20元。同年9月22日，张甲为赵某丧葬事宜安排参加了上海市第420次海葬活动。

【案件焦点】

成年人去世后对其无人继承又无人受遗赠遗产的归属认定。

【裁判要旨】

上海市闵行区人民法院经审理认为，继承开始后，按照法定继承办理，有遗嘱的，按照遗嘱继承或者遗赠办理。被继承人张乙生前未立遗嘱，其遗产应按法定继承办理，即由其配偶赵某和儿子张甲继承。根据法律规定，夫妻在婚姻关系存续期间所得的共同所有财产，除有约定的外，如果分割遗产，应当先将共同所有的财产的一半分出为配偶所有，其余的为被继承人的遗产。被继承人张乙死亡后，其与配偶赵某名下财产，一半为赵某所有。其余部分作为遗产由儿子张甲和配偶赵某继承。赵某与张乙共同生活，分配遗产时，可以多分。酌情认定张甲继承被继承人张乙遗产份额中的680000元，其他财产由赵某继承。

关于赵某死亡后其遗产的继承问题，根据法律规定，无人继承又无人受遗赠的遗产，归国家所有。张甲虽系赵某继子，但因张乙与赵某结婚时其已成年，未与赵某形成抚养关系，张甲不享有赵某遗产的继承权。赵某生前未立遗嘱，也未签订遗赠扶养协议，亦无法定继承人。故其遗产应归国家所有。鉴于张甲作为赵某继子，虽未形成抚养关系，但在赵某生前也常回国探望，在其去世后又专程回国料理继母的后事并承担相关费用。因此，张甲可依法分得适当遗产，即 500000 元。上海市闵行区民政局作为赵某生前的监护人，对赵某无人继承亦无人受遗赠的遗产承担收归国家所有的相关事宜。

判决如下：

一、被继承人张乙名下中国农业银行、上海浦东发展银行、中国工商银行账户内的存款余额及相应利息收归国有，由被告上海市闵行区民政局具体办理；

二、赵某名下中国工商银行账户内的存款余额及相应利息收归国有，由被告上海市闵行区民政局具体办理；

三、赵某名下中国建设银行账户内存款余额中的 118 万元由原告张甲继承，其余本金及相应利息收归国有，由被告上海市闵行区民政局具体办理。

一审宣判后，双方当事人均未提起上诉，该判决现已生效。

【适用解析】

随着我国老龄化程度的不断加剧，失能失智老人日益增多，其监护问题也越发突出。《民法总则》出台以前，国家在失能失智老人监护方面发挥的作用极为有限。《民法总则》颁布后，确定了无、限制民事行为能力成年人在无监护人的情形下可以由民政部门承担监护责任，为构建失独失能老人国家监护制度提供了契机。但目前仅限于原则上的规定，未提供具体操作层面的指引，有碍成年人国家监护制度的落实。我们通过对相关理论观点和实践探索进行研判，对成年人国家监护的司法实操、国家监护关系终止后遗产继承的诉讼程序在案例中作出适用。本案判决之时，《民法典》尚未公布，但本案判决与《民法典》关于遗产管理人制度的精神相符，也说明了本案审判的前瞻性与合法性。

一、关于成年人国家监护制度的司法适用

（一）国家监护的主体的确定

国家监护，顾名思义就是由国家有关机构担任监护人。《民法总则》第 32 条规定："没有依法具有监护资格的人的，监护人由民政部门担任，也可以由具备履行监护职责条件的被监护人住所地的居民委员会、村民委员会担任。”对该条文的解读，按照文义解释有不同的观点：一种观点认为这样的规定意在提倡将民政部门设置为第一位的监护人，如果民政部门无法担任，再寻求居民委员会、村民委员会；另一种观点则认为，民政部门与居民委员会、村民委员会作为监护人具有平等地位，并没有先后顺序之分。

笔者认为，根据《城市居民委员会组织法》和《村民委员会组织法》的规定，居民委员会与村民委员会是居民或村民的基层群众性自治组织，并非国家行政机关，并不享有公共管理职权，不能代表国家履行职责，因此不宜将其确定为国家监护的主体。但二者在基层群众的日常生活中发挥着一定的作用，身为社会基层组织可作为社会监护的主体。因此，《民法总则》第 32 条规定并非仅仅针对国家监护，而是对国家监护和社会监护作出原则性的规定。且从体系解释的角度看，《民法总则》第 27 条、第 28 条规定可以担任监护人的人以家庭成员、近亲属为主，无论是协议监护还是指定监护，都是从依法具有监护资格的人中确定监护人。但有的被监护人，既没有可以担任其监护人的近亲属，也无其他愿意担任监护人的个人或者组织。在此情形下，只能由属于国家机构的民政部门担任监护人或者由具备履行监护职责条件的被监护人住所地的居民委员会、村民委员会等社会基层组织担任监护人，从而建立以家庭监护为基础、社会监护为补充、国家监护为保障的监护体系，更符合立法原意，也更方便实践层面的操作。

（二）成年人国家监护的法律适用

对成年人适用国家监护，应基于以下条件和顺序进行：（1）作为成年人的被监护人为无民事行为能力人或者限制民事行为能力人；（2）该成年人没有配偶、父母、子女及其他近亲属可以担任其监护人，也没有其他个人或者组织担任其监护人；（3）按照密切联系原则，考察被监护人与民政部门及居民委员会、村民委员会的密切程度，按照有利于被监护人的原则，确定不同的监护主体。此时需要结合个案情况具体分析，如果被监护人为农村“五保户”等人员，由于村民委员会对其情况更为熟悉和了解，更方便履行监护责任，由村民委员会担任其监护人更为合适；如果被监护人生前是接受国家供养的特困对象或救助对象等，那民政部门作为承担社会救济、社会福利、社区服务、流浪乞讨人员收容遣送、指导残联等职能的政府部门，承担起对这些缺少法定监护人的特定人员的监护责任也顺理成章。

本案中，赵某经鉴定为无民事行为能力人。其父母、配偶已先于其死亡，又无子女或兄弟姐妹，原告张甲虽是赵某继子，但其早在赵某与张乙登记结婚前既已出国，没有与其共同生活，未与赵某形成抚养关系，且没有形成拟制的血亲关系。况且张甲已定居澳大利亚，要求其对在国内已处于失能状态的老人履行监护义务也不具有可行性。而且，赵某系城市居民，长期住在住所地以外社区的养老院，住所地居委会对其情况不了解。因此，按照密切联系和有利于被监护人的原则，结合本案实际情况，适用《民法总则》第 32 条关于国家监护的规定，指定闵行区民政局为赵某的法定监护人。

二、关于国家监护的被监护人死亡后遗产继承纠纷的诉讼程序选择

按照《民法总则》第 23 条的规定，无民事行为能力人、限制民事行为能力人的监护人是其法定代理人。在赵某死亡前的诉讼过程中，民政部门有义务代理其参加诉讼。但赵某在诉讼期间死亡后，根据《民法总则》第 39 条第 3 项“被监护人或者监护人死亡”，监护关系终止的规定，民政部门即便作为赵某国家监护的承担主体，但随着赵某的死亡，法定监护关系也应当随之终止。这就导致本案诉讼程序的一个困境：本案诉讼是应当终结还是继续？应当适用普通程序还是特别程序？如果适用普通程序继续审理，谁应成为适格的被告？

围绕此问题，主要形成了三种不同观点：第一种观点认为，本案诉讼应当终结。因赵某死亡，无应当承担义务的人，诉讼因缺少适格被告而终结。对于此种观点，笔者认为，根据《民事诉讼法》第 151 条第 2 项规定，诉讼终结须同时满足被告死亡、没有遗产、没有应当承担义务的人三个条件。而赵某尚有遗产，同时本案还涉及张甲依法继承其父的部分遗产，如果终结诉讼，张甲的合法权利就无法得到诉讼程序上的保障，也缺少其他路径进行权利救济。第二种观点认为，应当引导张甲通过申请认定财产无主的特别程序来实现其权利。在认定无主财产案件时，应将赵某与其配偶的夫妻共同财产析分清楚，厘清张甲应当继承其父的遗产份额以及属于赵某的财产范围，分别判归张甲所有和收归国家所有。但笔者认为，申请认定财产无主属于非讼程序，无法形成申请人与另一方当事人双方观点的对抗与辩论，不应当用来确认和解决有争议财产，此举违反了认定财产无主特别程序的法定适用条件和立法宗旨，并可不取。

笔者认为，应采取追加民政部门为本案的被告继续审理的第三种观点。理由有三：

一是这种做法与诉讼担当理论相契合。诉讼担当是指实体法上的权利主体或法律关系以外的第三人，以自己的名义，为了他人的利益或代表他人的利益，以正当当事人的身份提起诉讼或参与诉讼，主张一项他人享有的权利或他人法律关系所发生的争议，法院判决的效力及于原来的权利主体。诉讼担当理论兼具了程序主体性原则和诉讼经济原则，能够满足越发复杂化的诉讼关系主体的要求，同时还具有扩大司法解决纠纷的功能，可以更加便利高效地为当事人的实体权益提供司法救济。

二是这种做法符合权利义务相统一的民事法律关系原则。按照相关法律规定，对可能存在的无主财产，应归国家或集体所有。同时，继承遗产应当清偿被继承人依法应当缴纳的税款和债务，以遗产实际价值为限，司法实践中被继承人债务清偿纠纷也较为常见。如果接收财产是一种权利，那么参与遗产继承诉讼则是一种义务。本案中，民政部门是赵某生前的监护人，那么其死亡后的遗产也应由民政部门作为国家代理人将之收归国家所有，其应当代表国家参与诉讼，履行赵某遗留财产纠纷的诉讼义务，承担起将无人承受的遗产收归国有的工作。

三是这种做法具有重要的司法实践价值。将成年监护对象生前的国家监护人追加为被告，可以弥补成年人国家监护、无人承受遗产收归国有等实体法规定与诉讼程序法在衔接上存在的漏洞，解决诸如本案出现的民事诉讼僵局的现实难题。为更好地实现和保护《民法总则》规定的成年人国家监护和社会监护的实体权利，有必要在法律上创设为解决被监护人死亡后可能产生的财产纠纷而延伸的后监护义务，赋予国家监护主体或社会监护主体代为参与诉讼的程序法权利。这样，成年人监护对象死亡后，如果在其财产上还存在尚未了结的债权债务或其他民事纠纷，那么对其生前实施国家监护和社会监护的民政部门或居民、村民委员会就可以作为适格的诉讼主体参与到诉讼中，避免因案件涉及民事权益争议、无法通过申请认定财产无主这一非讼程序解决，而通过诉讼程序解决又因无适格被告而陷入僵局的困境。而且民政部门以被告身份在诉讼中与原告形成相互对抗的两造关系，既有利于保障原告的合法权利，又可防止可能收归国家或集体所有的那部分无主财产的无端流失，减少被监护人死亡后财产纠纷久拖不决给社会带来的权利义务不稳定状态。

三、《民法典》中遗产管理人制度的理解与适用

随着老龄化社会的到来，可以预见，失能老人适用国家监护的情形会逐步增加。同时，随着个人财富的积累，老年人在其死亡后往往遗留下或多或少的财产。如果在生前就因失能失智需要国家监护，那么在其死亡后可能会出现因有尚未了结的财产纠纷而又无法定继承人或受遗赠人进行权利义务承继的困境。因此，无论是从解决社会现实纠纷的迫切需要，还是从法律对于成年监护制度的细化完善、实现实体法与程序法无缝对接的需要，创设成年人国家监护主体对被监护人遗产的管理义务都有其十分的必要。

本文写作时《民法典》已经公布但尚未实施。《民法典》为确保遗产得到妥善管理、顺利分割，更好地维护继承人和债权人利益，避免和减少纠纷，引入了遗产管理人制度。《民法典》第1145条规定，继承开始后，没有继承人或者继承人均放弃继承的，由被继承人生前住所地的民政部门或村民委员会担任遗产管理人；第1147条规定了遗产管理人应当履行清理遗产并制作遗产清单、处理被继承人的债权债务、按照遗嘱或者依照法律规定分割遗产等职责。虽然在本案审理之时，《民法典》尚未公布，更不能援用。但本案判决与《民法典》关于遗产管理人制度的精神相符，为遗产管理人制度的司法实践提供了理解适用的鲜活素材，富有前瞻性，《民法典》的相关规定也从侧面说明了本案审判的合法性与合理性。

《民法典》第1147条用“实施与管理遗产有关的其他必要行为”对遗产管理人的职责进行了兜底规定。笔者认为，从本案的司法实践出发，对由民政部门或村民委员会担任遗产管理人承担的遗产管理职责的理解应该还包括以下内容：（1）对被监护人的遗留财产，主动依法通过非诉程序进行清理和清算；（2）作为诉讼参与人，依法参加被监护人遗留财产纠纷的诉讼进程，被监护人如有未了结的债权债务和遗产纠纷，那么应当分别作为原、被告主动或被动参加到诉讼之中；（3）负责将无主财产收归国家或集体所有等。以便在将来《民法典》适用过程中作为相关司法解释的参考。

编写人：上海市闵行区人民法院　尹学新　金渊　黄炳章　王伟

七、侵权责任编

【导言】

侵权责任是民事主体侵害他人权益应当承担的法律后果。2009 年第十一届全国人大常委会第十二次会议通过了《侵权责任法》。自《侵权责任法》实施以来，在保护民事主体的合法权益、预防和制裁侵权行为方面发挥了重要作用。该编在总结实践经验的基础上，针对侵权领域出现的新情况，吸收借鉴司法解释的有关规定，对侵权责任制度作了必要的补充和完善。该编共 10 章、95 条，主要新增制度和重大修订内容包括：

第一章“一般规定”：1. 确立“自甘风险”规则（第 1176 条）；2. 规定“自助行为”制度（第 1177 条）。

第二章“损害赔偿”：1. 完善精神损害赔偿制度（第 1183 条）；2. 加大对知识产权的保护力度（第 1185 条）。

第三章“责任主体的特殊规定”：1. 增加规定委托监护的侵权责任（第 1189 条）；2. 完善网络侵权责任制度（第 1195 条、第 1196 条）。

第四章“产品责任”：完善生产者、销售者召回缺陷产品的责任，增加规定，依照相关规定采取召回措施的，生产者、销售者应当负担被侵权人因此支出的必要费用（第 1206 条）。

第五章“机动车交通事故责任”：明确交通事故损害赔偿的顺序，明确好意施惠损害责任法律规则（第 1213 条、第 1217 条）。

第六章“医疗损害责任”：保障患者的知情同意权，明确医务人员的相关说明义务，加强医疗机构及其医务人员对患者隐私和个人信息的保护（第 1219 条、第 1226 条）。

第七章“环境污染和生态破坏责任”：贯彻落实习近平生态文明思想，增加规定生态环境损害的惩罚性赔偿制度，并明确规定生态环境损害的修复和赔偿规则。（第1232条、第1234条、第1235条）。

第八章“高度危险责任”：加强生物安全管理，完善高度危险责任，明确占有或者使用高致病性危险物造成他人损害的，应当承担侵权责任（第1239条）。

第十章“建筑物和物件损害责任”：完善高空抛物坠物治理规则（第1254条）。

本编选取11个案例，分别从自甘风险、自助行为、知识产权保护、网络侵权责任、环境生态破坏责任、高空坠物责任等角度，对《民法典》有关侵权责任的新制度、新规则进行解读。

【第1176条　自甘风险】

58

水利设施管理者的侵权赔偿责任界定

——支某1等诉永定河管理处等生命权、健康权、身体权案

【基本信息】

1. 裁判书字号

北京市第二中级人民法院（2019）京02民终4755号民事判决书

2. 案由：生命权、健康权、身体权纠纷

3. 当事人

原告（上诉人）：支某1、马某、支某2、李某

被告（被上诉人）：丰台水务局、永定河管理所、北京市水务局、永定河管理处

【基本案情】

支某3系支某1、马某之子，支某3与李某系夫妻，支某2系二人之女。2017

年1月16日，北京市公安局丰台分局卢沟桥派出所接到李某某110报警，称支某3外出遛狗未归，怀疑支某3掉在冰里了。接警后该所民警赶到现场开展查找工作，于当晚在永定河拦河闸自西向东第二闸门前消力池内发现一男子死亡，经家属确认为支某3。发现死者时永定河拦河闸南侧消力池内池水表面结冰，冰面高度与消力池池壁边缘基本持平，消力池外河道无水。北京市公安局丰台分局于2017年1月20日出具关于支某3死亡的调查结论：（1）该人系符合溺亡死亡；（2）该人死亡不属于刑事案件。支某3家属对死因无异议。

另经审理查明：支某3遗体被发现的地点为永定河拦河闸下游方向闸西侧消力池，消力池系卢沟桥分洪枢纽水利工程（拦河闸）的组成部分。永定河卢沟桥分洪枢纽工程的日常管理、维护和运行由永定河管理处负责。水务局称事发地点周边安装了防护栏杆，在多处醒目位置设置了多个警示标牌，标牌注明管理单位为“北京市永定河管理处”。

【案件焦点】

1. 支某3溺亡地点的管理机关是否应承担侵权责任法中的安保义务；2. 支某3的行为是否属于自冒风险行为。

【裁判要旨】

北京市丰台区法院经审理认为，自然人的生命权、健康权、身体权依法受法律保护。行为人因过错侵害他人民事权益的，应当承担侵权责任。宾馆、商场、银行、车站、娱乐场所等公共场所的管理人或者群众性活动的组织者，未尽到安全保障义务，造成他人损害的，应当承担侵权责任。本案双方主要事实和法律争议的认定如下：

一、关于支某3的死亡地点及管理机关的事实认定

首先，从死亡原因上看，公安机关经鉴定认定支某3死因系溺水；从事故现场上看，支某3遗体发现地点为永定河拦河闸前消力池。根据受理支某3失踪查找的派出所出具的工作记录可认定支某3溺亡地点为永定河拦河闸南侧的消力池内。其次，关于消力池的管理机关。现已查明永定河管理处为永定河拦河闸的管理机关，永定河管理处对此亦予以认可，并明确确认消力池属于其管辖范围，据此认定永定河管理处系支某3溺亡地点的管理责任方。鉴于永定河管理处系依法成立的事业单位，依法可独立承担相应民事责任，故北京市水务局、丰台水务局、永定河管理所均非本案的适格被告，支某1等四人要求该三被告承担连带赔偿责任的主张无事实及法律依据，不予支持。

二、关于管理机关永定河管理处是否应承担侵权责任的认定

首先，本案并不适用《侵权责任法》中安全保障义务条款。支某3溺亡地点是永定河拦河闸侧面消力池。从性质上看，消力池系永定河拦河闸的一部分，属于水利设施的范畴，并非对外开放的冰场；从位置上来看，消力池位于拦河闸下方的永定河河道的中间处；从抵达路径来看，抵达消力池的正常路径，需要从永定河的沿河河堤下楼梯到达河道，再从永定河河道步行至拦河闸下方，因此无论是就消力池的性质、消力池所处位置还是就抵达消力池的路径而言，均难以认定消力池属于公共场所，永定河管理处对此不负有《侵权责任法》规定的安全保障义务。其次，从侵权责任的构成上看，一方主张承担侵权责任，应就另一方存在违法行为、主观过错、损害后果且违法行为与损害后果之间具有因果关系等侵权责任构成要件承担举证责任。永定河道并非正常的活动、通行场所，依据一般常识即可知无论是进入河道还是进入冰面的行为，均容易发生危及人身的危险，此类对危险后果的预见性，并不需要管理机关事先的警告、告知，亦不需要专业知识就可知晓。支某3在明知进入河道、冰面行走存在风险的情况下，仍进入该区域并导致自身溺亡，其主观上符合过于自信的过失、其行为属于《侵权责任法》上的自甘风险行为，应自行承担相应的损害后果。在此提出的是作为一个成年人应系自身安危的第一责任人，不能把自己的安危寄托在国家相关机构的无时无刻地提醒之下，户外活动应趋利避害，不随意进入非群众活动场所系每一个公民应自觉遵守的行为规范。综上，依法认定永定河管理处对支某3的死亡发生亦无过错，不应承担赔偿责任。故支某1等四人主张丰台水务局、永定河管理所、北京市水务局、永定河管理处连带赔偿其损失的诉讼请求不予支持。在此需要指出，因支某3意外溺亡，造成支某1、马某老年丧子，支某2年幼丧父，其家庭境遇令人同情，法院对此予以理解，但是赔偿的责任方是否构成侵权则需法律上严格界定及证据上的支持，不能以情感或结果责任主义为导向将损失交由不构成侵权的他方承担。故一审判决驳回支某1等四人的全部诉讼请求。

支某1等四人不服一审判决，提出上诉。北京市第二中级人民法院经审理认为，《侵权责任法》第 37 条第 1 款规定：“宾馆、商场、银行、车站、娱乐场所等公共场所的管理人或者群众性活动的组织者，未尽到安全保障义务，造成他人损害的，应当承担侵权责任。”安全保障义务所保护的人与义务人之间常常存在较为紧密的关系，包括缔约磋商关系、合同法律关系等，违反安全保障义务的侵权行为是负有安全保障义务的人由于没有履行合理范围内的安全保障义务而实施的侵权行为。根据查明的事实，支某 3 溺亡的消力池是拦河闸的一部分，归永定河管理处管理。但无论是永定河拦河闸，还是消力池，均不是具有经营性质的公共场所，永定河管理处也不是群众性活动的组织者，故支某 1 等四人上诉主张四被上诉人未尽安全保障义务，与法相悖，不予支持。《民事诉讼法》第 64 条第 1 款规定：“当事人对自己提出的主张，有责任提供证据。”《最高人民法院关于民事诉讼证据的若干规定》第 2 条规定：“人民法院应当向当事人说明举证的要求及法律后果，促使当事人在合理期限内积极、全面、正确、诚实地完成举证。当事人因客观原因不能自行收集的证据，可申请人民法院调查收集。”支某 1 等四人虽主张四被上诉人在通往支某 3 落水的道路上未设置安全警示标志，事发河道无人监管，但未提交有力证据予以证明，且支某 3 溺亡地点并非行人正常通行路面，一审判决综合考虑消力池的性质、所处位置、抵达路径认定永定河管理处不负有安全保障义务并无不当，支某 1 等四人亦未举证证明丰台水务局、永定河管理所、北京市水务局负有连带责任，故对支某 1 等四人的上诉请求不予支持。

【适用解析】

本案的焦点问题有二：（1）河道及水利设施是否属于侵权责任法中规定的公共场所，河道及水利设施的管理者是否负有侵权责任法中的安全保障义务；（2）成年人自冒风险的法律后果。

首先，本案中支某 3 溺亡的地点不属于侵权责任法中规定的公共场所，河道及水利设施的管理者不负有侵权责任法中的安全保障义务。《侵权责任法》第 37 条第 1 款规定：“宾馆、商场、银行、车站、娱乐场所等公共场所的管理人或者群众性活动的组织者，未尽到安全保障义务，造成他人损害的，应当承担侵权责任。”该规定列明的公共场所，其义务人和受保护人之间常常存在较为紧密的关系，包括缔约磋商关系、合同法律关系等，而本案中支某 3 溺亡于永定河拦河闸附近的消力池内，该事发地点消力池虽已结冰，但仍系永定河拦河闸的一部分，属于水利设施的范畴，并非对外开放的冰场。消力池位于拦河闸下方的永定河河道中间处，从抵达消力池的正常路径来看，需要从永定河的沿河河堤下楼梯到达河道，再从永定河河道步行至拦河闸下方，故支某3溺亡的消力池并非正常的活动、通行场所，不属于《侵权责任法》第37条第1款规定的公共场所。《侵权责任法》对于承担安全保障义务的主体界定为从事社会活动的特定场所的所有者、经营者以及其他对进入该场所的人具有社会安全保障义务的人。安全保障义务是一种侵权责任法层面的法定义务，违反安全保障义务的侵权行为是负有安全保障义务的人由于没有履行合理限度范围内的安全保障义务而实施的侵权行为，受害人请求义务人承担的应是符合社会一般价值判断所认同的安全保障义务。本案中，支某3溺亡地点并非正常的活动、通行场所，虽然河道的管理者永定河管理处负责河道、堤防、护堤地及水利设施的日常管理、维护和运行，但其对于擅自进入河道冰面的人不具有安全保障义务，在本案中其不属于《侵权责任法》中规定的安全保障义务人。

其次，本案中支某3的行为是否属于自冒风险。所谓自冒风险是指已经知道有风险而自愿去冒风险，则当风险出现时候应由自己承担责任和损害后果。我国《民法典》第1176条对自甘风险原则有所规定。本案中的支某3是具有完全民事行为能力的成年人，其对进入河道冰面可能会发生危险应有全面的认知能力和判断能力，但其放任自身可能发生的危险，擅自进入水利设施区域并在非正常通行的河道冰面上行走，应属于自冒风险的行为，其主观上符合过于自信的过失，因此其应自行承担该行为所产生的损害后果。

最后，赔偿的责任方是否构成侵权应由法律严格界定和证据予以佐证，不能以情感或结果责任主义为导向，将损失交由不构成侵权的他方承担。本案中支某3作为具有完全民事行为能力的成年人，应对其行为可能为自身带来的危险负有完全责任，不能将自身安危交由他人和国家相关部门的随时提醒，而应当自觉遵守社会行为规范，对自己的行为负责。在侵权法领域，很多情况下无过错的受害人需要保护，但在冒险相对人尽到一定义务时，还要将受害人的一切损失转归冒险相对人承担，从某种意义上说是对冒险相对人的一种侵害。对于处于弱势地位的人给予必要的关注是法律的一种美德，也希望不幸者能引起社会的关注和必要的救助，但这不是法律的基本功能。即使是侵权法中公平责任的适用，也需要满足受害人和行为人对损害的发生均没有过错的适用前提，脱离此项适用条件盲目适用，进而忽视损失的分担比例和随意扩大赔偿范围，会造成软化既有规则体系的弊端。

编写人：北京市第二中级人民法院　邢述华　龙立

【第 1177 条　自助行为】

59

民法中自助行为的合法性认定

——李某诉某某公司排除妨害案

【基本信息】

1. 裁判书字号

湖南省长沙市望城区人民法院（2019）湘 0112 民初 706 号民事判决书

2. 案由：排除妨害纠纷

3. 当事人

原告：李某

被告：某某公司

【基本案情】

2012 年 10 月 30 日，李某与某某公司签订《产品买卖合同（按揭）》，约定：李某向某某公司购买 52 米泵车和 46 米泵车各一台，单价分别为 375 万元和 265 万元，共计 640 万元；买受人李某应在本合同签订之日起三日内支付定金 10 万元，2012 年 11 月 10 日前支付首付款 128 万元，余款 512 万元由买受人自行办理 3 年银行按揭。同日，双方又就上述买卖合同签订《补充协议》，就首付款支付、利息及手续费等进行约定。

2012 年 10 月 31 日，李某及其配偶陈某与某某公司、案外人张某、唐某签订

《工程机械、车辆按揭贷款担保服务协议》，约定：某某公司为李某、陈某以银行按揭贷款方式购买上述两台泵车提供担保服务，张某、唐某为某某公司的担保提供反担保。该协议第13条第9款约定，因李某、陈某逾期导致某某公司向银行垫付以后，即某某公司履行了连带担保责任后，某某公司即可凭李某、陈某出具的《授权书》对按揭设备进行合法占有、处分（《授权书》在李某、陈某签章后即生效）。获得合法占有和处分授权后，某某公司可进行任何形式的合法追偿（包括但不限于拖机或直接扣押该按揭设备，并对按揭设备进行评估、变卖）。

后某某公司将两台泵车交付李某，并进行了产权登记，产权人均为李某。2015年12月7日，经双方协商，李某将46米泵车交回某某公司。同月30日，李某与某某公司就上述两台泵车贷款进行协商，确认截至2015年12月1日，李某支付泵车款300.5万元，欠款339.5万元，李某于2015年12月7日将46米泵车移交某某公司，并就欠款支付达成了协议。该协议签订后，李某按约定支付了部分泵车款，后因故未支付余款。2017年11月12日，某某公司派人在长沙市望城区采取向泵车司机喷辣椒水的方式强行将52米泵车扣押回公司。某某公司陈述，52米泵车仍在某某公司。

另外，某某公司就其代李某、陈某偿还银行贷款事宜已向其他法院提起诉讼。

【案件焦点】

某某公司扣押李某的泵车是否为合法行为，应否承担侵权责任。

【裁判要旨】

长沙市望城区人民法院认为，李某通过与某某公司签订买卖合同，向银行按揭购车，并由某某公司为李某的按揭借款提供担保的方式，向某某公司支付了46米泵车和52米泵车的车款，且上述两台泵车已经交付李某，登记在李某名下，并由李某合法占有、使用，故李某已取得两台泵车的所有权。此后李某根据双方约定暂时交回46米泵车，对52米泵车仍然享有占有、使用、收益及处分的权利，任何人不得非法侵犯。即使双方在《工程机械、车辆按揭贷款担保服务协议》中约定如李某、陈某逾期偿还银行贷款导致某某公司向银行垫付以后，某某公司即可凭李某、陈某出具的《授权书》对按揭设备进行合法占有、处分，进行拖机、直接扣押按揭设备等形式的追偿，但因某某公司未提交李某、陈某向其出具的可对按揭设备进行合法占有、处分的《授权书》，且某某公司系采取向泵车司机喷辣椒水的非法方式强行扣押李某的52米泵车。某某公司的该行为既违反了合同约定，也违反了法律规定，严重侵犯了李某的财产权益和其他权益。故对李某要求某某公司解除对52米泵车的非法扣押，返还车辆的诉讼请求予以支持。关于李某主张的52米泵车在非法扣押期间的经济损失及车辆被扣押导致逾期办理年检的经济损失，因李某未提交有效证据证明该两项损失，不予支持。长沙市望城区人民法院判决：

一、某某公司解除对李某所有的52米泵车的非法扣押，向李某返还该车辆；

二、驳回李某的其他诉讼请求。

【适用解析】

权利救济制度在理论上一般分为公力救济和私力救济。私力救济又以自助行为为主要形式。私力救济是人类社会最初、最悠久的权利救济方式。现代法治社会中权利保护以公力救济为原则，一般不提倡甚至禁止私力救济。但因公力救济存在救济滞后、成本高、执行难等问题，而私力救济特别是自助行为的程序、方式、手段灵活多样，成本低，故实践中权利人往往愿意选择快捷、有效的自助行为作为自己的维权手段。一方面，社会生活中，权利人采取自助行为维权的方式也普遍存在，如车祸后发现肇事方想逃逸，先把车辆或钥匙扣留；顾客吃“霸王餐”不付款，店主不许其离开……因我国法律此前对自助行为无明确规定，故这些社会公众认为“合情合理”的行为，反而可能被对方起诉侵权。而裁判者对自助行为的合法性认定标准也不同，导致同案不同判。另一方面，权利人在采取自助行为时往往因为手段不合法、超过合理限度、不及时求助权力机关等，导致行为性质转化为民事侵权，甚至构成刑事犯罪。因此，亟须法律对自助行为的合法性及适用条件予以明确规定。在此形势下，《民法典》对社会关切予以及时回应，在第1177条中对自助行为进行了明确规定，使自助行为获得法律的认可，将有利于受害人及时有效合理地保障自己的合法权益，也能在一定程度上节省国家公权力机关在民事纠纷中追查当事人等环节所耗费的资源，是对国家公权力保护的有益补充，并有利于提高经济运行效率。对于司法审判，能够避免同案不同判，统一法律适用尺度。但《民法典》对自助行为规定较为原则，司法裁判者和民事主体对新规的理解和适用仍然会存在一定差异。笔者借本案例对自助行为的概念、性质、要件等进行阐述，以期为新规定的适用提供一定的指引、参考。

一、自助行为的概念、性质

自助行为是指权利人为了保护自己的合法权益，在情势紧迫而又不能获得国家公权力机关及时救助的情况下，在合理范围内对加害人的自由加以拘束，或对其财产实施扣押、毁损等行为。自助行为的性质属于私力救济，也是传统的、法定的免责事由。《民法典》在规定自助行为时，没有明文规定可以对加害人的人身自由进行拘束，但条文中使用了“等”字，解释上应当包含这种行为方式。如乘客乘坐的士后没有带钱，司机要求乘客在等待他人送钱来付款之前不要离开，这种拘束乘客行动自由的行为，属于自助行为，只要其不采取暴力等方式，并不构成侵害他人人身自由权。

二、自助行为的合法性要件

根据《民法典》第1177条的规定，合法的自助行为应同时具备以下要件：

1. 目的要件：权利人为了保护自己的合法权益。这就要求实施者应当是合法权益受到侵害的本人即受害人，如果是受害人以外的人应适用正当防卫或紧急避险的条款，而不适用此条款；并且受到侵害的是合法权益，如为保护赌债等违法利益不可适用此条款进行“自助”。

2. 情势要件：情势紧迫无法立即获得公力救济，而且事后应及时移交相关国家公权力机关处理。这实际规定了受害人的后义务，受害人需重视，否则有可能会由“合法”变“违法”。如顾客吃饭后不买单，店主长时间拘束顾客不许离开，而不移交公权力机关，可能会涉嫌非法拘禁。

3. 方法要件：实施法律或社会公德所许可的合理的方法。权利人实行自助行为的方法可以多样化，法律不能也没有必要穷尽自助行为的所有方法。但另一方面，权利人实施自助行为时，也应该理性，不能采取暴力等非法手段、不能危及社会公共安全或扰乱社会秩序等。至于是否合理，应该依据一般社会观念来予以认定，当个案中有争议时，应该交由裁判者依据“一般理性人”的标准进行具体分析与考量。

4. 限度要件：以必要为前提，即不得明显超过足以保护自身合法权益的范围。限度要件是判断自助行为是否过当的主要标准，是方法要件的延伸，旨在将自助行为的方法进一步限定在一定的范围以内。司法实践中，可以参考和借鉴正当防卫及紧急避险的限度要件，主要考虑两个因素：一是自身权益的性质和大小，原则上应做到自助行为所造成的损害少于侵权人所造成的损害；二是不法侵害的手段与强度。

三、本案中某某公司自行扣押李某泵车的行为是否合法

问题：约定的行为方式是自助行为吗？本案在法律适用上，是否应先考虑是否具备合同约定的情形，具备了，适用《合同法》；不具备，才因其无权扣押属于侵权法调整范围。

某某公司在为李某向银行代偿了款项即履行了担保责任后，对李某享有了追偿权。因某某公司非国家公权力机关，其为保护自己的债权自行扣押李某的 52 米泵车的行为，属于自助行为。但其行为不合法，已经构成了侵权，应该承担相应的侵权责任。具体分析如下：

1. 某某公司的合法权益是否被侵犯。某某公司为李某向银行垫付了款项以后，对李某享有了追偿权。在李某未按照约定全额偿还的情况下，应认为某某公司的债权权益受到了侵犯。

2. 某某公司是否具有扣押涉案车辆的合同依据。某某公司为保护自己的债权得以实现，有权依据合同约定对涉案泵车进行扣押。但合同同时约定，某某公司必须依据李某夫妇出具的《授权书》才可以对车辆实施扣押，即李某、陈某授权是某某公司取得扣押涉案车辆权利的依据。某某公司没有提交证据证明李某和陈某已经出具了《授权书》，而李某和陈某事后也没有对此行为进行追认，故某某公司对涉案泵车实施扣押的行为没有合同依据。

3. 某某公司是否因情势紧迫无法立即获得公力救济。某某公司的合法权益虽然受到了侵犯，但这种侵犯并非是在某某公司采取对涉案车辆的强行扣押措施前骤然发生的，而是始于李某没有按照约定向某某公司偿还其向银行垫付的款项时，其已经持续了相当长的一段时间。很明显，某某公司的扣押行为并不符合自助行为中情势紧迫的构成要件。实际上，某某公司也已经提起对李某的追偿权之诉，其权益已经处于公力救济的法律保护程序中。某某公司如为确保其债权能够最终得到实现，还可以在追偿权诉讼中向受诉法院申请财产保全扣押李某的车辆。

4. 某某公司采取的扣押行为是否合法。某某公司系采取对泵车司机喷辣椒水的方式进行扣押，该行为具有暴力性，既侵犯了泵车司机的人身权，也使正在行驶中的泵车处于危险境地，极易造成交通事故伤及其他人员和财产。故某某公司实施自助行为的方式是非法的。

5. 某某公司是否履行了扣押的后义务。某某公司实施扣押车辆的行为后，在其已向其他法院就其代李某、陈某偿还银行贷款事宜提起追偿权诉讼的情况下，还一直管控扣押车辆，而未将扣押车辆移交受诉法院处理。故其未履行及时移交相关国家公权力机关处理的义务。

因此，某某公司对李某的52米泵车进行扣押，系非法扣押，侵犯了李某的财产所有权，应承担解除扣押、返还车辆等侵权责任。如某某公司对泵车司机喷辣椒水，损害了泵车司机的人身健康，泵车司机还可以就人身损害追究某某公司的侵权责任。本案的判决理由与结果符合《民法典》关于自助行为的立法规定与立法精神。

综上，《民法典》对自助行为的适用条件进行了较为严格的限制。民事主体在自助维权时一定要注意保持理性状态，采取合理的自助行为，不得采取暴力、胁迫等危害社会公共安全、扰乱社会秩序的方式，并把自助行为控制在必要的限度内，防止自助“过当”，否则容易导致冲突升级，把“维权”变“侵权”。另外，在合同没有约定的情况下，如果权利人系在紧急情况下采取了自助行为，应尽快移交公权力机关处理，以防“合法”变“违法”。如果权利人希望就自助行为的行使获得比法律规定更为宽松、自由的条件，如只要自己的合法权利受到侵犯即使情况不紧迫也可以采取自助行为，以便更加及时有效地维护自己的权益，笔者建议权利人在签订合同时注意完善合同中的相关约定。如明确约定权利人可以实施自助行为的具体情形、实施自助行为的具体方式、明确无须催告及通知或征得债务人同意即可实施自助行为等。但合同中约定的方式仍然要合法，并要注意合理限度，且不得损害社会公共利益和第三人利益或妨害社会公共秩序等。

编写人：湖南省长沙市望城区人民法院　潘智慧

【第 1185 条　侵害知识产权的惩罚性赔偿】

60

企业名称在知识产权案件中的认定与保护

——青岛某某公司诉广西平南县华某某矿业有限公司等擅自使用他人企业名称案

【基本信息】

1. 裁判书字号

广西壮族自治区贵港市中级人民法院（2019）桂 08 民初 31 号民事判决书

2. 案由：擅自使用他人企业名称

3. 当事人

原告：青岛某某输送带有限公司

被告：广西平南县华某某矿业有限公司（以下简称华某某公司）、广西某某输送机械有限公司（以下简称江某公司）、保定某某橡胶机带有限公司（以下简称保定某某公司）

【基本案情】

2019 年 1 月 10 日、2 月 19 日，江某公司向保定某某公司购买了一批输送带，合同总价款 158866 元。2019 年 2 月 20 日，江某公司向被告华某某公司销售一批输送带及滚筒包胶等设备，合同总价款 167069 元。后江某公司在华盛达公司所在场地安装了上述输送带及设备，华某某公司在上述输送带及设备安装完成后即实际投入使用生产。2019 年 6 月左右，青岛某某输送带有限公司（以下简称青岛某某公司）得知华某某公司生产场地内使用了标有“青岛某某输送带有限公司”字样的输送带。2019 年 7 月 8 日，青岛某某公司的委托诉讼代理人郭某某到北京市国信公信处，称其于 2019 年 7 月 1 日使用手机号码通过注册并使用“移动公证”APP 应用软件内的“录像取证”功能对华某某公司周边环境及现状进行录像，录像的视频内容实时传输储存于“移动公证”后台云端数据库中，请求公信处提取“移动公证”管理平台内的录像内容并进行保全证据公证。北京市国信公信处依据青岛某某公司代理人的申请于 2019 年 7 月 8 日出具公证书，公证书证明：与公证书相粘连的打印件系青岛某某公司代理人上述保全操作过程实时所见页面的截屏所得，与实际情况相符；与公证书相粘连的证物袋中的光盘（一张）系从移动公证管理平台下载所得录像内容刻制所得，与实际情况相符。青岛某某公司为此支付了公证费 1060 元。2019 年 9 月 23 日，青岛某某公司提起本案诉讼，请求判令华某某公司停止使用并销毁标有其公司名称字样的输送带，同时支付青岛某某公司经济损失 150000 元。诉讼过程中，法院根据华某某公司的申请追加了江某公司作为本案被告参加诉讼，后又根据江某公司的申请，追加了保定某某公司作为本案的被告参加诉讼。后青岛某某公司增加诉讼请求：请求江某公司停止销售并销毁标有其公司名称字样的输送带，保定某某公司停止生产并销毁标有其公司字样的输送带，三被告在全国性或广西壮族自治区媒体上公开赔礼道歉、消除影响，并共同赔偿原青岛某某公司济损失 150000 元。庭审中，播放青岛某某公司提交的视频，视频中第 45 秒至第 50 秒期间显示的输送带上标有“青岛某某输送带有限公司”字样。经法院现场勘验，视频所显示的周边环境与华某某公司的生产场所周边环境情况基本一致。

另查明，青岛某某公司成立于 2011 年 4 月 18 日，其经营范围为：高强力橡胶输送带制造等。保定某某公司成立于 2008 年 3 月 7 日，其经营范围为：制造、加工、销售输送带等。江某公司成立于 2016 年 12 月 14 日，其经营范围为：制造各种输送机配件、矿山配件等。华某某公司成立于 2017 年 11 月 20 日，其经营范围为石灰石、鹅卵石、白云石加工销售等。

【案件焦点】

1. 三被告是否实施了侵权行为；2. 如有，应否承担相应的民事责任，适用侵害知识产权的惩罚性赔偿原则。

【裁判要旨】

青岛某某公司于 2011 年 4 月 18 日依法登记注册成立，其企业名称属于《最高人民法院关于审理不正当竞争民事案件应用法律若干问题的解释》第6条第1款规定所保护的范围。到案证据显示，华某某公司于2019年2月期间向江某公司购买了一批输送带及设备，而该批输送带为江某公司从保定某某公司处购买所得；又根据青岛某某公司提供的营业执照、公证书、视频、照片、高铁订单、贵港市政府服务热线短信等证据已经形成完整的证据链，再结合江某公司、保定某某公司销售涉案输送带的时间，足以证实华某某公司生产场所中所使用的部分涉案输送带上确实标注有“青岛某某输送带有限公司”字样，且该输送带为江某公司、保定某某公司生产和销售。另外，由于保定某某公司、江某公司的经营范围与青岛某某公司的经营范围存在一定程度上的交叉，因此保定某某公司、江某公司未经青岛某某公司同意擅自生产、销售带有青岛某某公司企业名称字样的输送带，容易使公众产生混淆和误认，根据《反不正当竞争法》第6条以及《最高人民法院关于审理不正当竞争民事案件应用法律若干问题的解释》第7条的规定，江某公司、保定某某公司的行为构成不正当竞争，应立即停止侵权，并对侵权行为给青岛某某公司造成的经济损失以及为制止侵权而支出的合理费用进行赔偿。青岛某某要求赔偿其经济损失及因调查侵权行为所支付的合理费用150000元，因其未提供证据证明具体损失金额，根据《反不正当竞争法》第17条的规定，综合考虑侵权行为的性质、情节、范围等因素，酌情确定赔偿数额为80000元。对于青岛某某公司要求三被告在全国性或广西壮族自治区媒体上公开赔礼道歉、消除影响，因青岛某某公司未能证明其名誉受到损害的事实，故对其该项诉讼请求，法院没有支持。另，由于华某某公司与青岛某某公司的经营范围不同，并非同业竞争关系，且华某某公司的经营行为并未导致公众对青岛某某公司所主张的相关商品及商品的生产者产生混淆或误认。因此，华某某公司在本案中的行为不构成不正当竞争，法院对青岛某某公司要求华某某公司承担相应的民事责任的诉讼请求不予支持。对于青岛某某公司请求被告销毁现有的侵权物品的诉讼请求，因不属于《民法总则》第179条所规定的民事责任的承担方式，故对其该项诉讼请求不予支持。综上所述，法院最终判决江某公司立即停止销售标有“青岛某某输送带有限公司”字样的输送带的行为、保定某某公司立即停止生产标有“青岛某某输送带有限公司”字样的输送带的行为；江某公司、保定某某公司共同赔偿青岛某某公司经济损失及因调查侵权行为所产生的合理费用共80000元，驳回青岛某某公司的其他诉讼请求。

【适用解析】

《民法典》第1185条规定："故意侵害他人知识产权，情节严重的，被侵权人有权请求相应的惩罚性赔偿"，该条规定明确了知识产权侵权中的惩罚性赔偿规则，也确定了《民法典》进一步加大对知识产权保护力度的一个基本方向。该条款的适用条件，主要有以下两点：第一，行为人主观上为"故意"，即明知侵害他人知识产权而为之；第二，侵权行为"情节严重"，可从行为人侵权手段、侵权时间、侵权次数、损害后果等方面认定。在认定知识产权侵权案件是否适用《民法典》上述惩罚性赔偿规则时，则需要从以上适用条件，综合多方面因素进行考量。

一、主观上"故意"的认定

《商标法》第63条、《反不正当竞争法》第17条均在其相应领域规定了惩罚性赔偿规则，在认定适用惩罚性赔偿规则的主观适用条件上则确定为"恶意"。2019年1月4日《专利法修正案（草案）》、2020年4月30日《著作权法修正案（草案）征求意见》则在相应的专利保护、著作权保护领域将知识产权侵权惩罚性赔偿规则的主观适用条件确定为"故意"。后者之"故意"较前者之"恶意"，则倾向于降低主观要件的适用限制，将惩罚性赔偿原则适用范围扩大。那么，同是知识产权领域，"故意"与"恶意"的不同，则会造成知识产权法体系单行法适用条件的不统一。而《民法典》作为更高位阶的法典，其中第1185条则明确了知识产权领域惩罚性赔偿规则适用条件中的主观要件为"故意"，即审判实践中，涉及知识产权侵权案件的，在衡量是否适用惩罚性赔偿原则方面，主观上以"是否故意"为标准。

故意，即明知其行为会产生损害后果仍为之。而在如何认定侵权人存在故意的主观心态时，则最为关键和最为核心的就是如何通过侵权人的行为来认定主观故意的存在。

本案中，根据查明的事实及青岛某某公司提交的企业工商信息登记等材料，可以认定"青岛某某输送带有限公司"的名称已依法在工商登记部门进行注册登记，那么根据《最高人民法院关于审理不正当竞争民事案件应用法律若干问题的解释》第6条第1款"企业登记主管机关依法登记注册的企业名称，以及在中国境内进行商业使用的外国（地区）企业名称，应当认定为反不正当竞争法第五条第（三）项规定的'企业名称'"的规定，"青岛某某输送带有限公司"的名称属于《反不正当竞争法》中所保护的"企业名称"。青岛某某公司对其企业名称享有专有使用权，这一权利不仅受到反不正当竞争法的保护，同样也受到《民法典》、知识产权法的保护。保定某某公司作为一家成立时间久远，且经营范围包含了“制造、销售、加工输送带”的公司，其却在生产过程中在制造的输送带上印制了明知不是其自己名称字样的青岛某某公司的企业名称字样，并将其销售给了江某公司。而江某公司明知保定某某公司销售的输送带上标有他人公司字样，仍将该输送带销售给华某某公司使用。且保定某某公司、江某公司与同行业的青岛某某公司都有输送带制造、加工的相同经营范围，保定某某公司、江某公司在实施上述行为时应当知道其行为侵害的是他人公司的合法权益仍进行制造和销售，可认定主观故意的存在。

二、“情节严重”的认定

“情节严重”作为衡量是否适用《民法典》第1185条惩罚性规则的限定条件之一，如何认定侵权行为构成“情节严重”，则很大程度上依赖法官的自由裁量权。实践中，可从侵权行为恶劣、侵权时间长、侵权次数多、侵权后经警告等仍不改正、造成了被侵权人名誉损害或重大损失或造成其他严重后果等，满足上述一者，应当认定为“情节严重”。

本案中，通过对比保定某某公司、江某公司与青岛某某公司的经营范围发现，三者存在一定程度的交叉。那么，保定某某公司与江某公司在青岛某某公司不知情的情况下生产、销售带有青岛某某公司名称字样的输送带给华某某公司，容易使公众产生混淆和误认，不仅侵害了青岛某某公司的企业名称权，且根据《反不正当竞争法》第6条：“经营者不得实施下列混淆行为，引人误认为是他人商品或者与他人存在特定联系：（一）擅自使用与他人有一定影响的商品名称、包装、装潢等相同或者近似的标识；（二）擅自使用他人有一定影响的企业名称（包括简称、字号等）、社会组织名称（包括简称等）、姓名（包括笔名、艺名、译名等）……”以及《最高人民法院关于审理不正当竞争民事案件应用法律若干问题的解释》第7条：“在中国境内进行商业使用，包括将知名商品特有的名称、包装、装潢或者企业名称、姓名用于商品、商品包装以及商品交易文书上，或者用于广告宣传、展览以及其他商业活动中，应当认定为反不正当竞争法第五条第（二）项、第（三）项规定的‘使用’”的规定，江某公司、保定某某公司的行为也构成了不正当竞争，其二者的行为也扰乱了公平竞争的市场经济秩序，影响了市场经济应有的活力和作用。不仅损害了青岛某某公司的合法权利，同样给行业竞争带来了不良影响，可谓造成损害后果严重。

三、赔偿数额的确定

知识产权侵权案件中，对于不适用惩罚性赔偿规则的案件赔偿数额的确定，首先按照权利人的实际损失给予赔偿；其次，实际损失难以计算的，按照侵权人的违法所得给予赔偿；最后，实际损失难以计算，可参照权利许可使用费的倍数给予赔偿。那么，适用惩罚性赔偿规则的案件则可在上述基础上予以倍数赔偿，具体数额则可看知识产权法体系单行法的规定。同时，赔偿数额应当包括权利人为制止侵权行为所支付的合理开支。

本案中，法院在综合考虑保定某某公司、江某公司侵权行为的性质、情节、范围等因素后，最终判决保定某某公司、江某公司共同赔偿青岛某某公司 80000 元，同时停止其侵权行为。判决后，青岛某某公司、华某某公司未提起上诉，保定某某公司、江某公司自觉履行了赔偿款的支付义务，本案各方由此解决纠纷，取得了良好的社会效果。

《民法典》第 1185 条推动了知识产权侵权领域惩罚性赔偿规则的建立，同时也发挥了对知识产权保护的兜底功能。在《民法典》进一步加大对知识产权保护力度的导向下，以及如今人们的知识产权保护意识越来越高、司法实践中涉及知识产权案件越来越多的大背景下，维护市场公平、营造稳定的营商环境，保护被侵权人合法权益，依法对侵害他人企业合法权益的行为进行认定并判决赔偿被侵害人的损失也成为发挥审判职能作用，更好地服务司法产权保护问题的应有之义。回归本案，初受理时，青岛某某公司只起诉了侵权产品使用人即本案华某某公司。华某某公司在应诉后向法院申请追加侵权产品的销售方江某公司。法院依据华某某公司的申请，依法追加了江某公司为本案被告。江某公司应诉之后，以涉案输送带系其向保定某某公司购买所得为由向法院申请追加保定某某公司为本案被告，后法院又依法追加保定某某公司为本案共同被告。至此，通过抽丝剥茧，本案侵权产品的生产、销售和使用方全部作为共同被告参加诉讼，避免了案件审理遗漏了必要当事人。通过审理，确定了侵权人保定某某公司、江某公司，并最终确定其二者作为赔偿义务人。至此，也体现了人民法院对知识产权的保护力度，通过依法对真正的知识产权侵权人予以打击，从而保护权利人的合法权利。

编写人：广西壮族自治区贵港市中级人民法院　韦英

【第1195条　网络服务提供者侵权补救措施与责任承担】

61

虚假投诉侵害网络服务提供者合法权益的认定

——浙江××公司诉北京××公司网络侵权责任案

【基本信息】

1. 裁判书字号

北京互联网法院（2019）京0491民初1601号民事判决书

2. 案由：网络侵权责任纠纷

3. 当事人

原告：浙江××公司

被告：北京××公司

【基本案情】

原告系某电子商务平台的经营者，被告以商标权人身份向××公司投诉某店铺销售假冒产品，并上传了伪造的司法文书，导致原告对涉案商品进行了错误删除。原告认为被告的恶意投诉行为严重破坏其营商环境，扰乱了平台经营秩序，增加了管理成本，还降低了平台信誉和披露的数据价值，侵犯其对电子商务平台所享有的管理权益，要求被告赔偿其经济损失1元及合理支出1万元。

被告不同意原告的诉讼请求，认为被告公司营业执照和公章曾在网上公示，极易被获取和伪造，其并非投诉行为实施主体。原告未对投诉事件进行核查就删除涉案店铺的商品链接，也会给作为商标权人的被告带来经济损失。

原告平台规则和协议中明确，用户需通过身份认证，并与绑定支付账户一一对应，方可创建店铺或变更店铺经营主体。因用户提交虚假、不实及违法资料或者错误投诉而造成平台损失的，平台有权追求赔偿责任。根据查明事实，被告系涉案投诉账户的所有者，掌握该账号的用户名、密码等信息，能够独立进行相应的投诉，系涉案投诉的实施者。原告根据被告提交的判决书等投诉材料，对涉案商品链接进行删除。涉案店铺发现被告提交的判决书系伪造，向原告提交申明并附有真实的司法文书照片，原告又据此撤销了相应措施。

【案件焦点】

被告投诉行为是否侵害原告合法权益。

【裁判要旨】

原告作为电子商务平台的经营者，一方面，根据合同向平台内经营者、消费者提供交易撮合、信息发布等服务；另一方面，也要通过制定实施必要的管理措施维护平台内的经营秩序，以维护全体电子商务参与者的合法权益。本案中，被告以商标权人名义投诉××平台的相关商家，并提交了包括商标权证书、司法文书等一系列证据；原告接到上述投诉后，启动了相应的处罚程序并及时通知被投诉人，后经被处罚人提交复议申请，撤销了处罚。本院认为，原告作为管理电子商务平台的经营者，在接到知识产权权利人的通知后，有义务及时采取删除、屏蔽、断开链接、终止交易和服务等必要措施，否则将承担相应的民事责任。根据查明事实，被告的上述投诉行为所依据的司法文书系伪造，被告亦未提交证据证明被投诉人存在侵害其知识产权的行为，故其投诉行为应认定为虚假投诉的行为。因本案并非上述被投诉人提起的诉讼，故本院对被告的投诉行为是否侵害相关商户的合法权益不再阐述。本院认为，被告利用原告基于电子平台应承担的保护知识产权的法定义务建立的保护机制、治理措施，通过提交的伪造司法文书等证据，主张相关商户实施了侵权行为，诱使平台采取删除相关淘宝店铺商品销售的链接等措施。除造成被投诉的商家经营活动无法正常开展外，也造成了原告正常的经营管理活动受到影响，客观上造成了原告管理费用等经营成本的增加。原告依据被告虚假投诉作出的删除链接等处罚措施，可能导致相关商户向有关管理机构投诉或向人民法院起诉，存在原告商誉受到损害的风险。同时，被告的虚假投诉行为导致原告基于法律规定、经营策略建立并维护的网络购物生态环境、维权体系受到质疑、无法有效运转，平台面临提高相应的投诉门槛以保障平台商家经营的诉求；如采取提高投诉门槛的措施不合理，又会使合法权利人、消费者合法权益受到侵害时无法得到及时有效的维护，与平台应当加强保护知识产权的宗旨不符。上述潜在的风险也给原告带来经营的困难，进而导致竞争力下降。综上，本院认定被告的恶意投诉行为侵害了原告的合法权益，应承担相应的民事责任。原告要求被告赔偿经济损失1元，虽然未提交相应证据，但其损失显然超过上述诉讼请求，故本院对其主张予以支持。

北京互联网人民法院依照《侵权责任法》第2条、第6条、第15条，判决如下：

一、本判决生效之日起七日内，被告北京××公司赔偿原告浙江××公司经济损失1元；

二、本判决生效之日起七日内，被告北京××公司赔偿原告浙江××公司诉讼合理支出1万元。

【适用解析】

《民法典》在侵权责任编第1195条第3款规定，权利人因错误通知造成网络用户或者网络服务提供者损害的，应当承担侵权责任。法律另有规定的，依照其规定。该条款进一步保护了网络服务提供者的合法权益，而本案例同样涉及网络服务提供者权益保护、错误通知受偿主体等问题，与我国上述条款的立法精神及宗旨相一致，具有一定典型意义。

一、错误通知条款的立法精神和法理分析

我国《侵权责任法》第36条规定了避风港原则，即“通知—删除”规则：网络用户利用网络服务实施侵权行为的，被侵权人有权通知网络服务提供者采取删除、屏蔽、断开链接等必要措施。网络服务提供者接到通知后未及时采取必要措施的，对损害的扩大部分与该网络用户承担连带责任。互联网迅速发展和普及，网络侵权行为日趋复杂，其客体涵盖了知识产权、隐私权、名誉权等类型，权利范围和侵权行为的界定难度较大，侵权责任法的“通知—删除”规则存在滥用的可能，尤其在电子商务领域，权利人恶意虚假通知的现象越来越突出，尽管经营者可以利用反通知规则恢复经营，但网络环境下的停止经营会导致流量和商誉的重大损失。因此，我国电子商务法知识产权保护制度中特别设计了“错误通知”条款，因通知错误造成平台内经营者损害的，依法承担民事责任。恶意发出错误通知，造成平台内经营者损失的，加倍承担赔偿责任。该条款是对侵权责任法的“通知—删除”规则的完善，有利于约束权利人审慎行使通知权。

但随着平台经济的发展和互联网产业的升级，网络环境中权利人滥用“通知—删除”规则，损害的不只是网络用户的权益，还有网络服务提供者的流量损失和竞争利益损害。换句话说，网络服务提供者一方面需要承担“通知—删除”的义务和相应的法律责任，另一方面还需要为权利人的错误通知“买单”，产生的损失没有救济途径，明显有失偏颇。以电子商务平台的经营者为例，一方面根据合同提供网络服务，另一方面承担着管理性职能。本案中，表面看来，被告投诉行为并未给电子商务平台带来任何直接经济损失。但综合考虑被告虚假投诉使原告正常的经营管理活动受到影响，进而导致竞争力下降，法院最终认定被告的恶意投诉行为侵害了原告的合法权益。而这种合法权益，本质上应属于与电子商务平台管理职能相对应的权益。

我国《民法典》在网络侵权规则中借鉴了电子商务法错误通知条款，并予以优化。在网络侵权规则中规定了错误通知责任，将受偿主体从网络用户延伸到因错误通知导致利益受损的网络服务提供者，进一步明确了网络服务提供者的权益范围。本案审理裁判时，《民法典》尚未成型和通过，法院充分考虑《电子商务法》的指导思想和宗旨是促进发展、规范秩序、保障权益，其基本原则包括公平诚信原则、社会共治原则等。在电子商务领域，鼓励诚信、共治应该是多层次的，不仅针对电子商务平台经营者、平台内经营者和消费者，也包括投诉行为实施者。向电子商务平台提起投诉时，不能损害他人合法权益、增加平台管理经营成本，也不能扰乱电子商务诚信秩序。本案虽然没有适用《民法典》错误通知条款，但与其立法精神亦保持一致，即将网络侵权责任规则统一于互联网治理框架内，有效维护和平衡各方利益，防止对某一方主体的权利歧视。

二、错误通知条款的适用规则与衔接处理

《民法典》侵权责任编以 3 个条款梳理了网络侵权责任规则，并对相关规定进行了优化，更具合理性和可操作性，与错误通知条款相配套的规则包括：权利人的“通知”应当包括侵权的初步证据及权利人的真实身份信息。网络服务提供者接到通知后，应当及时将通知转达至相关网络用户，并根据初步证据和服务类型采取必要措施；未及时采取必要措施的，对损害的扩大部分与该用户承担连带责任。

（一）从适用规则来看

首先需要明确何为侵权的初步证据及权利人的真实身份信息，才能判断是否为有效通知。若非有效通知，则无错误通知适用的空间。

实践中，网络服务提供者判断投诉通知是否合理有效，至少存在两个参考因素：权属证据、侵权证据。本案中，被告提交了包括商标权证书、司法文书等一系列证据，原告接到投诉后履行了相应的通知—删除义务，但仍因未尽到审慎审核义务而收到相关司法建议，要求严格审核投诉方提交的裁判文书依据等相关材料。引发我们思考：

1. 一般来说，如果投诉方提起诉讼或者持有司法、仲裁文书，应认为其更接近于真实有效的投诉。在投诉方已提交相关司法文书的情况下，电子商务平台的审核义务应达到何种程度，是否必须对该司法文书的真实性得出确切结论后才可采取相应措施？

《电子商务法》第 42 条第 2 款规定，电子商务平台经营者接到通知后，应当及时采取必要措施，并将该通知转送平台内经营者。根据该条款，平台经营者不能以缺乏实质审查的资源或者侵权判断的能力为借口，拒绝依照通知及时采取措施。如果发出通知的知识产权人虚假通知、错误通知或者滥用知识产权，应当自行承担相应法律责任，平台经营者也不能以此为借口拒绝采取措施。由此看来，平台经营者对投诉人提供的初步证据只能是形式上的审查，而非实质性法律判断。在目前的制度和技术背景下，如果赋予电商平台过重的审核义务，既不符合实际情况，也违背了通知—删除制度的初衷。

2. 随着网络技术的发展，我国司法文书公开全面落地生根。修订后的《民事诉讼法》也规定，公众可以查阅发生效力的判决书、裁定书。但目前对互联网上公开的司法文书，尚没有统一的大数据核查机制。其权威性、有效性以及是否可以成为投诉行为合理性的判断依据，尚无定论。但与此同时，伴随着大数据应用、人工智能等技术的进步以及国家行政、司法公开进一步的推进，原告作为电子商务平台的经营者，亦应当提高监督管理能力，完善审核、甄别制度，更好地维护电子商务交易平台的良好秩序和竞争生态，引导和培育诚实守信的商业伦理观念，不宜因存在恶意投诉现象而放弃自身的职责。

（二）从衔接处理来看

主要需要厘清《民法典》与《电子商务法》相关规定的法律适用关系。

第一，法律适用范围不同。《电子商务法》由全国人大常委会制定，其错误通知条款既适用于电子商务平台发生的知识产权侵权行为，也适用于网络媒介平台发生的知识产权侵权行为。而《民法典》由全国人大通过，错误通知条款则适用于一般网络侵权行为。二者既是特别法与普通法的关系，也是旧法与新法、下位法与上位法的关系。

第二，错误通知的主观要件不同。《电子商务法》中区分两种情形，一是“通知错误”；二是“恶意发出错误通知”，按照文义解释，应包括过失和故意两种情形。《民法典》中规定的“错误通知”也应包含故意和过失两种情形，但未明确区分责任承担方式的不同。

第三，错误通知的受偿主体不同。《电子商务法》仅规定了平台内经营者的受偿主体身份，《民法典》则将网络服务提供者也涵盖在内，这里的网络服务提供者当然包括电子商务平台经营者。

基于上述理解，有利于我们理顺二者之间的关系：对于电子商务知识产权侵权责任规则的特殊规定，就只能适用电子商务知识产权侵权行为，不能适用于《民法典》侵权责任编规定的一般网络侵权责任。例如，《电子商务法》中对“恶意发出错误通知”采取的惩罚性赔偿规定，对应《民法典》条款中的“法律另有规定的，依照其规定”，不能当然地适用于所有网络侵权责任；而对于无法通过电子商务知识产权侵权责任规则进行救济的，则可以适用《民法典》中的一般规则予以保护，最典型的情形是当知识产权权利人的错误通知导致电子商务平台利益损害时，根据电子商务法无法成为受偿主体，此时作为新法的《民法典》中的特殊规定就应该“走到台前”，充分保障其权益不受非法侵害。

《民法典》网络侵权责任规则中的“错误通知”条款，体现了立法对互联网营商环境建设的鲜明回应、对互联网经济各方参与主体的权益关注和保障，也体现了法律适应和参与网络治理的法治理念。但目前该条款条文相对简单，尚无具体操作层面的适用规则，司法应用也尚未成熟，接下来应通过立法、司法共同发力，明晰该条款法律适用界分，更好地保护权利人利益，维护平台营商秩序，促进网络空间治理法治化。

编写人：北京互联网法院　卢正新　李珂

【第 1195 条　网络服务提供者侵权补救措施与责任承担，第 1196 条　不侵权声明，第 1197 条　网络服务提供者的连带责任】

62

网络侵权中有效通知与及时采取必要措施的理解与认定

——龙某诉 A 公司名誉权案

【基本信息】

1. 裁判书字号

上海市第一中级人民法院（2020）沪 01 民终 4968 号民事判决书

2. 案由：名誉权纠纷

3. 当事人

原告（被上诉人）：龙某

被告（上诉人）：A 公司

【基本案情】

A 公司是某乎网站的运营主体，龙某是某知名大学教授。龙某认为网络用户在某乎网站上发布的话题及回答失实，侵害其名誉权，遂委托律所于 2019 年 6 月 12 日向 A 公司邮寄律师函要求立即删除部分回答，于 2019 年 7 月 2 日以电子邮件形式再次要求删除载明链接。A 公司于 2019 年 7 月 5 日及 2019 年 7 月 29 日删除话题及项下内容。龙某认为 A 公司的不作为导致言论发酵，伤害扩大，应承担侵权责任。A 公司认为自己已按照通知删除相应链接，及时采取了必要措施，不应承担侵权责任。

【案件焦点】

1. 有效通知的认定；2. 及时采取必要措施的认定。

【裁判要旨】

一审认为，龙某向A公司履行了通知义务。A公司在知道涉案帖子存在侵害龙某名誉权显著可能的情况下，未及时采取必要措施，应就损害扩大部分与发布者承担连带责任。

二审认为，网络服务提供者自行确定的投诉规则并不必然对被侵权人产生法律约束力，被侵权人可以基于自身的实际情况和利益考量选择。我国现有法律未限制通知行为只能由本人亲自实施，亦可以通过代理人实施。A公司应当具备相应的管理信息的能力和采取预防措施的技术可能性，龙某提供了侵权信息的初步证明材料，A公司在有条件、有能力及时进行处理的情况下，超出通知人合理期待的时间才进行处理，已超过及时处理的限度，应该对损害的扩大承担相应责任。

网络平台自行确立的投诉规则不能当然地排除其他形式的"通知"。网络服务提供者收到附有通知人姓名、网络地址、要求删除的理由等内容的律师函后，应及时采取必要措施。人民法院应当结合网络服务的性质、通知形式及准确度等因素综合判断及时性。

【适用解析】

网络传播具有瞬时性、全球性和交互性等特点，网络服务提供者对侵权内容负有及时删除义务。《民法典》进一步完善了"通知—删除"规则，引入了"转通知与反通知""等待期""应当知道"等规定。民事权益内容包罗万象，种类千差万别，涉及网络平台侵权时"通知"的有效性、措施的"必要性""及时性"，均需要进一步厘清，以便司法适用，更好地推进我国网络空间治理体系和治理能力现代化。

一、"有效通知"的认定

通知是权利人发现网络用户利用网络服务实施侵权行为后，为防止损失扩大，告知网络服务提供者存在侵权行为并要求采取必要措施的行为。发送有效通知是适用"通知—删除"规则的前提。网络服务提供者只有收到有效通知后，才能依据通知进行处理。一般而言，有效通知的构成应包括以下几个方面：

（一）通知的主体

《侵权责任法》第36条第2款规定被侵权人有权通知网络服务提供者。《民法典》第1195条规定权利人有权通知网络服务提供者，其中将“被侵权人”的表述变为“权利人”，逻辑上更为自洽。通知发出时，网络用户实施的侵权行为尚未被认定为侵权，此时的状态仅是存在侵权的可能性，或者说发出通知的主体认为自己的权利正在遭受损害，向网络服务提供者发出通知，以防止损失进一步扩大。

需要注意的是，对于通知的适格主体，在解释上应当采用严格解释，而不能任意扩张。[①]“通知—删除”规则的目的是保障互联网行业发展，避免给网络服务提供者施加过于严苛的责任。若任意主体都能向网络服务提供者发送施以一定义务的通知，则明显违背规则设立的初衷。当他人发现侵权信息，可以告知权利人或其法定代理人，由他们自己来决定是否通知；当然，也可以提示网络服务提供者，但此时的网络服务提供者并不负有删除义务。但我国法律未限制通知行为只能由本人实施，因此，亦可以通过代理人实施。

（二）通知的形式

《侵权责任法》并未限制通知的形式，通知可以采取书面形式，也可以采取口头形式。《信息网络传播权保护条例》规定“可以向该网络服务提供者提交书面通知”。《最高人民法院关于审理利用信息网络侵害人身权益民事纠纷案件适用法律若干问题的规定》（以下简称《利用信息网络侵害人身权益司法解释》）第5条规定，通知可以书面形式或者网络服务提供者公示的方式向网络服务提供者发出，并规定了通知内容。但均未排除口头形式的效力。

《民法典》对网络侵权的通知形式未作明确规定，因此，通知可以采取口头形式或书面形式。相较于书面形式，口头形式不利于通知内容的传达与固定，但口头形式仍不能减免对有效通知内容的要求。网络服务提供者公示的方式不能排除其他形式的通知，网络服务提供者自行确定的投诉规制并不必然对权利人产生法律约束力。特别是在利用网络侵害他人人格权案件中，权利人多为普通民众，要求必须提交书面的通知，显然是对权利人提出了过高的要求，不利于全面、及时、有效保护人格权。

---

① 王利明：《论网络侵权中的通知规则》，载《北方法学》2014年第2期。

（三）通知的内容

《侵权责任法》对通知的内容未做规定，《民法典》第1195条第1款对通知内容的要求进行了完善，规定“通知应当包括构成侵权的初步证据及权利人的真实身份信息”。权利人的真实身份信息的要求与司法解释及行政法规中要求通知人的姓名（名称）和联系方式的目的是一致的，为了定位到准确的权利人，保证通知主体适格。真实身份信息外延可以包括真实姓名、住址、电话、身份证号码，等等。《民法典》的表述更为宽泛和模糊，并未明确要求真实身份信息具体包括哪些内容。但要求真实身份信息的目的在于准确找到权利人，因此，真实身份信息不应拘泥于具体的身份信息类型，只需足以将权利人与其他案外人进行区分，能够明确权利人即可。

关于构成侵权的初步证据。司法解释规定被侵权人即通知人提出要求删除相关信息的理由，因为在侵犯人身权益案件中，侵权信息本身就是构成侵权的初步证明材料。构成侵权的初步证据不要求达到民事诉讼证据所要求的准确度与全面性，不应苛求权利人掌握专业法律知识，只需达到一般人对侵权行为的认知、足以证明存在侵权行为的可能即可。虽然《民法典》对通知的内容未具体列明网络地址或者足以准确定位侵权内容的相关信息，但实际也属于初步证据的一部分。只有能准确定位，才能进行判断和采取必要措施。网络地址是得以追踪到链接最为直接的方式，也是最易判断的。但对于足以准确定位侵权内容的相关信息则要结合信息内容根据个案进行判断，如网络服务提供者平台类型、有无独特可区分的数据、管理信息的能力等。①

二、措施“必要性”的认定

对于网络服务提供者，收到有效通知后，其应尽合理义务审查是否需要采取必要措施，对于存在侵权可能的，应及时采取必要措施。

（一）措施的范围

采取必要措施只是阻止侵权发生或防止扩大的手段，效果如何需要依赖于针对的具体对象。必要措施的对象应该明确，哪些内容属于采取必要措施范围是考量网

① 张某平诉豆某公司网络侵权责任纠纷案，北京市第四中级人民法院（2020）京04民终5号民事判决书。

络服务提供者责任的审查重点。

首先，权利人通知内容中应当包含网络地址或者足以准确定位侵权内容的相关信息，网络服务提供者应该对信息进行审查判断是否需要采取必要措施。链接内的信息可能并非所有网络用户均涉及侵权，只需要对采取必要措施的链接进行处理即可。

其次，网络服务提供者是否需要删除相似或相同内容的链接。欧盟最高法院判决认为，对于被认定为与违法信息相同或相当的内容，网络服务提供者有义务在全球范围内移除，而不限于欧盟地区。[①] 欧盟法院确立的这一标准适用于法院发布的禁令，而非直接适用于权利人提起的通知。《民法典》第1197条规定："网络服务提供者知道或者应当知道网络用户利用其网络服务侵害他人民事权益，未采取必要措施的，与该网络用户承担连带责任。"通知之后，网络服务提供者并非当然知道可能存在的通知之外相似或相同内容的链接，仍需结合多种因素考量网络服务提供者的主观状态。

（二）措施的内容

确定了是否采取必要措施以及对哪些信息采取必要措施，然后就是应采取何种必要措施。

（1）措施的种类。《民法典》《侵权责任法》中规定可以采取的必要措施，包括删除、屏蔽、断开链接等。删除是直接将存在侵权行为的网页内容进行删除，使侵权信息的文字、图片、音频、视频等内容不再在网页上出现；屏蔽是指有针对性地阻止某些网站、网页或信息出现在特定的网站上，因此，屏蔽一般是特定的网站主动针对某些信息作出的技术处理，可以防止本网站对某些侵权信息的扩散；断开链接一般是在难以直接删除侵权信息的情况下，通过将搜索网站与该网页内容之间的链接切断的形式，阻止该网页具有的侵权信息进一步散布。[②] "等"字说明不局限于这三种方式，可以视情况采取其他必要措施。如《电子商务法》就结合电子商务的特性规定了终止交易和服务的必要措施。再如，在网络侵犯隐私权、名誉权案

---

① 何建、周希涵：《欧盟最高法院判决：欧盟国家可要求脸书移除全球范围内的违法内容》，载《人民法院报》2020年6月12日，第8版。

② 何建、周希涵：《欧盟最高法院判决：欧盟国家可要求脸书移除全球范围内的违法内容》，载《人民法院报》2020年6月12日，第8版。

件中，网络用户的个人属性较强，且可能发生“口水战”，可以采取对网络用户禁言一段时间的措施。

（2）措施的选择。《民法典》第1195条第2款规定：“……根据构成侵权的初步证据和服务类型采取必要措施……”为必要措施的选取树立了依据。构成侵权的初步证据包含侵权状况，如侵害权利的类型及侵权的具体情形、侵权信息以何种方式存在，这些都影响着如何采取必要措施。服务类型包括网络服务的性质、技术条件等。网络服务性质决定不同措施，如删除信息后，信息仍可以在搜索引擎上保留，此时就需要采取屏蔽链接的方式。措施选取需考虑网络服务提供商基于技术条件可以采取的必要措施，如将服务器架设在国外的网络服务提供者，可能无法直接采取删除屏蔽，就需要采取断开链接的方式。

（三）必要的判断

《侵权责任法》未明确规定需对被侵权人的通知进行审查，《民法典》第1195条第2款实际规定了网络服务提供者需对通知进行审查。但审查是应有之义，否则，无条件的“通知—删除”，会扰乱互联网秩序，加重网络服务提供者责任，影响信息自由传播。网络服务提供者未接到通知时，不负有主动审查的义务。接到通知后，只有存在采取措施之必要，才需确定应采取何种必要措施。网络服务提供者应采取类似于英美法系的合理人的标准进行审查，审慎对待审查对象。“合理人”是“司法概念的拟人化”，是指“有平均心智水平的普通人”，能充分运用自己的知识、经验、注意等能力来判断危险的存在，并采取有效的“防免措施”。[①] 同时，网络服务提供者也可以秉持“善良家父”的标准来要求自己。

必要程度应结合构成侵权的初步证据和服务类型综合考虑。采取措施即应该足以达到效果，如在搜索引擎中只有屏蔽链接方能阻断扩散，若仅采用删除手段，此时采取的措施未能达到必要性的要求。必要措施的实施应该是审慎、合理、限制的，不能侵害他人的言论自由和民事权益。如删除足以达到减少损害或避免侵权后果进一步扩大，则网络服务提供商不能屏蔽断开链接，否则可能构成新的侵权。在侵权的初步证据不够充分的情形下，较为缓和的措施即为必要。如，在Doe案件中，一名YouTube用户因为账户被禁用超过两周，导致用户原先的全部视频都无法

---

① 王利明：《侵权行为法研究》，中国人民大学出版社2004年版，第494页。

观看。[①] 措施应当符合比例原则，否则，措施失当会侵害用户的合法权利。

措施的必要性，首先由权利人提出，但网络服务提供者也应当有自己的判断。权利人需注意的是避免侵权后果，而网络服务提供者所应当注意的，不仅是避免侵权后果，还应当包括是否限制他人行为自由。[②]

三、措施“及时性”的认定

及时的判定是网络服务提供者能否援引“通知—删除”规则进行免责抗辩的关键。法律要求网络服务提供者及时采取必要措施的目的，一方面在于网络迅速传播的特性决定时间是损失大小的重要影响因素，采取必要措施的时间越长，权利人因网络用户侵权行为遭受的损失就越大；另一方面，限定采取必要措施的时间防止网络服务提供者消极履行义务。《民法典》中未对及时的认定作具体规定，可以参考司法解释的有关规定结合个案具体情况进行认定。《利用信息网络侵害人身权益司法解释》第6条规定：“人民法院适用侵权责任法第三十六条第二款的规定，认定网络服务提供者采取的删除、屏蔽、断开链接等必要措施是否及时，应当根据网络服务的性质、有效通知的形式和准确程度，网络信息侵害权益的类型和程度等因素综合判断。”该条规定的考虑因素是根据审判实践所总结归纳的指引性标准，应根据个案情况进行认定。[③] 不拘泥于这三个要素，亦不需要对每一个案都一一审查。

网络服务的性质是指网络服务提供者提供的网络服务的性质。我国《信息网络传播权保护条例》将网络服务分为网络接入服务、缓存服务、提供信息存储空间服务以及提供搜索和链接服务的网络服务提供者。不同国家的不同规定中分类有所不同，但主要根据功能进行划分。不同网络服务对于信息的接触形式、程度、对损害的控制程度也不尽相同，及时的时间期限认定也有所不同。一般认为，提供搜索和链接服务的网络服务提供者需要更长的时间进行处理。该项实际分析的是网络服务提供者进行技术处理的可能性，并不是完全依赖于网络服务的性质，应结合网络平台自身进行判断，网络服务提供者数据体量的大小、运营结构等都会影响及时的

---

① See Doe v. Geller, 533 F, Supp. 2d 996, 1002 - 3 (N. D. Cal. 2008)，转引自茆荣华主编：《〈民法典〉适用与司法实务》，法律出版社2020年版，第814页。

② 杨立新：《〈侵权责任法〉规定的网络侵权责任的理解与解释》，载《国家检察官学院学报》2012年第2期。

③ 最高人民法院民事审判第一庭编著：《最高人民法院利用网络侵害人身权益司法解释理解与适用》，人民法院出版社2014年版，第109页。

判断。

有效通知的形式和准确程度也会影响到及时的认定。“通知—删除”规则的基础在于有效通知，通知的形式和内容会影响网络服务提供者处理的速度。书面通知比口头通知内容更清楚，一般更利于及时处理。网络服务提供者公示的专门投诉举报路径，可以更为集中地处理，及时的时间期限应相应缩短。通知的内容完整有利于网络服务提供者快速定位识别侵权信息，准确程度高的通知较准确程度低的通知在及时期限的认定上可以要求更短的时间。

网络信息侵害权益的类型和程度也是认定是否及时采取必要措施的一个考虑方面。网络服务提供者收到通知后，需结合通知内容进行审核，决定是否采取必要措施。网络信息侵害权益的类型较易认定的、侵权程度较深的可以缩短审核的时间，从而对及时的认定也更为严苛。

四、转通知与反通知、等待期的适用

转通知、反通知、等待期在我国最早的规定见于《信息网络传播权保护条例》。虽然《侵权责任法》对此未作规定，但《电子商务法》针对电子商务平台的知识产权侵权规定了相关制度。《民法典》第 1195 条第 2 款和第 1196 条规定了转通知与反通知、等待期。《民法典》将其适用至网络侵害的所有权利类型并对声明内容进行了完善，体现了对网络用户权利的保护，有利于减少恶意投诉、虚假举报等带来的消极影响，将维护权利的最终责任移交给公权力机关，减轻网络服务提供者平台承担的责任。

（一）转通知

《民法典》第 1195 条第 2 款规定：“网络服务提供者接到通知后，应当及时将该通知转送相关网络用户……”该条款规定了网络服务提供者转通知的义务。转通知的目的是告知网络用户有相关权利人认为存在侵权并给予网络用户提交声明的机会。第一，网络服务提供者转送的应该是有效通知。第二，是否需对通知采取必要措施由网络服务提供者决定，相应后果也由其承担，不影响转通知。无须采取必要措施与转通知的目的不冲突，转通知不会造成更为严重的后果。第三，接受转通知的相关网络用户应是权利人通知内容中直接列明或涉及的网络用户。第四，转送的方式应尽量保证能够有效送达。第五，转通知的及时应根据通知的内容及准确程度等确定，因为网络服务提供者转通知不需要审查是否转通知，只需审核通知的有效性。及时的时间跨度应较及时采取必要措施有所缩短。通知的内容及准确程度决定了能否及时确定相关网络用户，直接罗列网络用户的通知比模糊的信息对及时的要求更高。转通知中，网络服务提供者更多的是担任沟通桥梁的角色。

（二）反通知

《民法典》第 1196 条第 1 款规定："网络用户接到转送的通知后，可以向网络服务提供者提交不存在侵权行为的声明。声明应当包括不存在侵权行为的初步证据及网络用户的真实身份信息。"该款是网络用户反通知的权利。反通知针对的是权利人向网络服务平台提交的网络用户存在侵权行为的通知，网络用户反过来通知网络服务平台自己不存在侵权行为。首先，声明应符合有效通知的构成要件，如网络用户主体适格，通知的形式及通知内容完善。其次，《民法典》规定了声明内容，不存在侵权行为的初步证据同权利人构成侵权的初步证据类似，不要求达到民事诉讼证据所要求的准确度与全面性，只需能够影响构成侵权的认定，引起合理怀疑即可。最后，提交声明是网络用户的权利而非义务，其有权选择不提交声明，同时需承担相应后果。未发送声明应视为对权利的放弃，网络服务提供者无须中止所采取的措施。

（三）等待期

《民法典》第 1196 条第 2 款规定："网络服务提供者接到声明后，应当将该声明转送发出通知的权利人，并告知其可以向有关部门投诉或者向人民法院提起诉讼。网络服务提供者在转送声明到达权利人后的合理期限内，未收到权利人已经投诉或者提起诉讼通知的，应当及时终止所采取的措施。"该款为网络服务提供者是否需要依据声明及时终止所采取的措施设置了等待期。网络用户发送声明后，此时侵权进一步处于不明确的状态。网络服务提供者在"通知—删除"规则下处于中立地位，侵权关系发生在权利人与网络用户之间，最终是否存在侵权应该由公权力机关或司法机关认定。如权利人未在合理期限内投诉或者提起诉讼并通知网络服务提供者，应视为对要求采取必要措施的权利的放弃，为防止进一步损害网络用户的权益，网络服务提供者应当及时终止所采取的措施。第一，网络服务提供者负有转送声明及告知义务。声明转送的对象应与发出通知的权利人对应。第二，责任外移，最终认定是否侵权的权力在公权力机关和司法机关。第三，已经投诉或者提起诉讼的认定。已经投诉或者提起诉讼应进入受理阶段，但无须公权力机关或司法机关公布最终处理结果或进行判决，即对侵权关系的判断已由公权力机关或司法机关接手。如提起诉讼则不能仅以权利人递交诉状为限，而应以立案为限，否则权利人完全可以虚晃一枪，拖延时间，妨碍网络服务提供者中止必要措施。第四，等待期合理期限的确定。该条未设置具体期间，更为灵活，更能适应快速发展的互联网，合理期限应结合个案判断。确定合理期限时，应充分考虑合理期限规则的规范目的，权衡比较期限长短对权利人和网络用户双方利益的影响。[①] 投诉与提起诉讼的期间可能因案件的具体情况、材料的完备程度等而有所不同。以提起诉讼来说，递交诉状距离立案尚有时间，可能因权利人对诉讼程序的不熟悉而需补材料、管辖问题等造成期间的不同。权利人如积极将诉讼过程告知网络服务提供者，等待期合理期限可相应予以延长。但合理期限不是无限制地延长，如司法机关出具不予立案的裁定，且并非因客观因素，如管辖问题等。

五、"知道"或"应当知道"的认定

《民法典》第 1197 条规定："网络服务提供者知道或者应当知道网络用户利用其网络服务侵害他人民事权益，未采取必要措施的，与该网络用户承担连带责任。"其中"知道"应为明知，即有足够的证据确定网络服务提供者知道侵权行为；"应当知道"则是在事实不够清楚时，证据不够充分的情况下，结合已有的客观事实可以推定出网络服务提供者知道的主观状态。强调网络服务提供者"应当知道"侵权事实的主观状态推定，实际上是限缩责任豁免的范围。网络服务提供者是否知道侵权行为，也因侵权类型及网络服务种类有所不同。《最高人民法院关于审理侵害信息网络传播权民事纠纷案件适用法律若干问题的规定》第 9 条到第 13 条规定了认定考量因素及应知情形。《利用信息网络侵害人身权益司法解释》第 9 条归纳了认定网络服务提供者"知道"的 7 种判断因素。综合两个规定来看，对应知可以从以下几个方面进行考量：网络服务提供者类型、侵权类型及明显程度、网络服务提供者是否对侵权网络信息作出处理、应当具备的管理信息的能力及采取预防侵权措施的技术可能性、侵权内容的知名度及热度等方面的因素。

在认定网络服务提供者收到通知后应该采取必要措施的对象，不能因权利人发送通知，即认为网络服务提供者对包含类似信息的链接也变成应知状态。在不能给网络服务提供者施加对平台上的全部海量信息以主动审查监管义务的共识下，通知

---

① 徐伟：《〈民法典〉中网络侵权制度的新发展》，载《法治研究》2020 年第 4 期。

仅使网络服务提供者知晓通知内链接下特定网络用户利用其网络服务侵害他人民事权益。网络服务提供者是否应当知道该侵权信息，应结合多种因素进行判断。

在本案中，A公司在收到律师函后时隔二十余天方进行处理。龙某发送的书面通知具体、明确，A公司后续在收到诉讼材料后对链接进行处理的实施表明其有能力进行及时处理，并非因客观原因导致处理有障碍或处理不能。在有效通知到达网络服务提供者后超出了通知人合理期待的时间，该期间已超过及时处理的限度。

编写人：上海市第一中级人民法院　方方　赵雅丽　刘羽

【第1176条第2款　自甘风险原则中活动组织者的责任，第1200条　教育机构的过错责任】

63

风险体育运动中伤害事故责任的认定

——马某某诉重庆市武隆区某某中学教育机构责任案

【基本信息】

1. 裁判书字号

重庆市第三中级人民法院（2019）渝03民终174号民事判决书

2. 案由：教育机构责任纠纷

3. 当事人

原告（被上诉人）：马某某

被告（上诉人）：重庆市武隆区某某中学（以下简称武隆某某中学）

【基本案情】

马某某出生于2002年12月12日，系武隆某某中学学生。武隆某某中学根据武隆区教委相关文件精神，为参加武隆区教委组织的2017年渝东南校园足球联赛，组织学生开展相关足球训练。2017 年 3 月 10 日 15 时许，马某某在参加该校组织的学校足球队队内对抗性训练中担任守门员，因其扑球脱手，被队员张某某射门踢来的足球击伤右眼。在场教练何某查看后，告知马某某回家休息观察。马某某自行回家后，于当天 18 时许到重庆市武隆区人民医院进行治疗，被告知当地无法治疗，又于当天 23 时许到原中国人民解放军第三军医大学第三附属医院，并陆续住院治疗十五天，支付医疗费 32251.69 元。马某某的伤情经医院诊断为右眼外伤性视网膜病变、右眼视网膜分支动脉阻塞、右眼外伤性黄斑裂孔。2017 年 12 月 19 日，马某某的伤情经重庆市武隆司法鉴定所鉴定为十级伤残、护理期评定为四十五日、营养期评定为四十五日。

另查明，马某某自 2016 年开始踢足球，自愿并经过选拔参加本次足球训练，至本次事故发生时其已参加训练一段时间。训练时教练讲解了相关风险、安全知识、防范措施等，并在现场进行了指导。此外，马某某参加了武隆某某中学组织的针对该校每个学生的意外伤害保险，马某某本次足球训练受伤后还未申请保险赔付。同时，现亦无证据证明马某某存在因延迟治疗而加重了其伤害后果的情形。

【案件焦点】

1. 马某某参加武隆某某中学组织的足球训练受伤，是否属于自甘风险；2. 武隆某某中学应否承担赔偿责任。

【裁判要旨】

重庆市武隆区人民法院经审理认为，马某某参加武隆某某中学组织的足球队，属于专项运动活动，不属于学生义务教育教学大纲规定的必需体育教学范围。学校作为该专项运动的组织者，通过学校之间的足球比赛活动，可提升学校的声誉、教学等知名度，在一定程度上是该项运动活动的受益人。马某某作为限制民事行为能力人，不具有严重风险后果的认识能力和承诺能力，且其参加训练、比赛受武隆某某中学的管理和支配，因此武隆某某中学对马某某作为非职业化未成年人队员从事足球训练活动负有高于法律所规定的教育机构的一般善良管理义务。故武隆某某中学应当依法对马某某在足球训练过程中受到的伤害后果承担民事责任。当然，马某某在参加体育运动时应当预见体育运动的一般风险后果，应当采取适当合理的自救措施降低风险后果。因此，马某某自担一般风险的行为及采取自救措施不力导致其自身受到正常的竞技伤害，应当适当减轻武隆某某中学的民事责任。结合法律规定和案件实际情况，对马某某伤后所造成的经济损失 102887.69 元，酌情确定由武隆某某中学承担 60% 的民事责任，马某某自行承担 40% 的民事责任。

重庆市武隆区人民法院依照《侵权责任法》第 5 条、第 38 条，《未成年保护法》第 20 条、第 22 条，《最高人民法院关于审理人身损害赔偿案件适用法律若干问题的解释》第 7 条，《民事诉讼法》第 64 条、第 144 条规定，作出如下判决：

一、武隆某某中学在判决生效后十日内赔偿马某某伤后的经济损失 61732.61 元；

二、驳回马某某的其余诉讼请求。

武隆某某中学不服一审判决，提起上诉。重庆市第三中级人民法院经审理认为，队员张某某在本次足球训练中踢球射门，是其作为进攻球员应尽的职责，具有正当性，其对作为守门员马某某的受伤并无故意或重大过失，不承担赔偿责任。同时，马某某也明确表示，在本案中只要求武隆某某中学承担教育机构的赔偿责任。故一审法院未追加张某某作为共同被告参加诉讼，并无不当。

在于武隆某某中学的责任承担，一是本次足球训练是武隆某某中学根据武隆区教委的相关文件精神组织进行的，其开展具有正当性，并无过错；二是武隆某某中学的教练在训练时讲解了相关风险、安全知识、防范措施等，并在现场进行了指导，履行了安全教育等义务，且此次足球训练不属于不适宜未成年学生参加的体育运动的情形；三是武隆某某中学在马某某受伤后立即让马某某终止训练，回家休息观察，现也无证据证明武隆某某中学未及时将马某某送医治疗的行为导致其损害后果加重，武隆某某中学对马某某受伤后就医治疗的行为不存在过错。故武隆某某中学在本案中尽到了对马某某的教育、管理职责，对其受伤不应承担民事赔偿责任。鉴于武隆某某中学明确表示基于人道主义自愿补偿马某某 30000 元，不违反法律相关规定，也符合社会主义核心价值观，予以准许。

重庆市第三中级人民法院依照《侵权责任法》第 39 条和《民事诉讼法》第 64 条第 1 款，第 170 条第 1 款第 2 项、第 3 项规定，作出如下判决：

一、撤销重庆市武隆区人民法院（2018）渝 0156 民初 3640 号民事判决；

二、驳回马某某的诉讼请求；

三、武隆某某中学于本判决生效之日起五日内向马某某补偿 30000 元。

【适用解析】

少年兴则国兴，少年强则国强。青少年拥有强健的体魄和坚韧的毅力，不仅关乎个人成长，家庭幸福，更关乎国家的强盛和民族的复兴。1917 年，毛泽东主席在其《体育之研究》文章中曾提出“文明其精神，野蛮其体魄”。百年后的今天，习近平总书记在不同场合曾多次强调这句话，不仅是对广大青少年健康的关心，更是对他们的鼓舞和勉励，希望更多的青少年投身中国足球事业。

不可否认，校园足球等竞技运动具有一定的对抗性和人身危险性，但我们应鼓励、支持教育机构依法积极开展有益于未成年学生身心健康成长的校园足球等体育运动，不能因运动中存在伤害事件发生的偶然性便否定开展此类运动对促进青少年学生身心健康发展以及推动国家竞技体育发展的重要性，“因噎废食”。而人民法院作为国家审判机关，在依法维护学生合法权益的基础上，充分发挥审判职能作用，为学校开展有益于学生健康成长的正当体育运动提供司法保障，是坚持服务大局、促进司法为民、公正司法的良好体现，是弘扬社会主义核心价值观的生动实践。

就本案来说，主要涉及两方面的问题：一是作为参加同场球训的案外人张某某对其将马某某致伤的射门行为是否应承担责任；二是作为组织方的学校是否存在未尽到教育、管理职责的情形。

一、关于张某某对其将马某某致伤的射门行为是否应承担责任的问题

近年来，因公众参加对抗性较强的体育等活动容易发生受伤情况，而应由谁来承担责任常常引发争议甚至诉讼。如本案，虽然马某某明确表示在本案中只要求武隆某某中学承担教育机构的过错赔偿责任，未将案外人张某某作为被告提起诉讼，一审法院亦未将张某某追加为共同被告参加诉讼，但武隆某某中学上诉时明确提出一审判决漏列当事人，应追加张某某作为共同被告参加诉讼。

侵权法中的自甘风险原则，在英美法系中也称为危险之自愿承担、自愿者非为不当规则，是指在原告提起的过失或者严格责任的侵权责任诉讼中，要求原告承担其自愿承担的所涉风险。而我国以往的立法对该原则并没有明确规定。在司法实践中，虽然有的人民法院适用自甘风险原则处理相关案件，但存在类案不同判的现象，大部分案件还是通过公平原则等让体育活动参加者承担了一定的经济责任。此次《民法典》第 1176 条第 1 款就明确规定了自甘风险原则，即：“自愿参加具有一定风险的文体活动，因其他参加者的行为受到损害的，受害人不得请求其他参加者承担侵权责任；但是，其他参加者对损害的发生有故意或者重大过失的除外。”自甘风险原则能够消除公众在参与正常体育活动时对法律责任承担的疑虑，从而能够促进全民理性、积极地参加体育活动，提高体育活动效率和质量。同时，该原则也能保护体育活动举办方或组织者免受讼累，使其在尽到安全保障义务前提下放心组织活动。总之，自甘风险原则符合文体活动规律和社会的理性认知，必将对我国体育强国建设、全民文体活动以及校园体育运动等产生重要影响。

就本案来说，足球运动作为传统体育竞技项目，具有群体性、对抗性和一定的人身危险性，运动中发生意外人身伤害属于正常现象，在一定程度上应被允许和容忍。运动员对运动风险应尽到充分的注意义务并采取相应的自我保护和防范措施。换言之，体育竞技项目的参与者在正常运动中致使其他参与者受伤，只要其行为具有正当性，符合体育运动规律，并无伤害的故意或重大过失，则不应承担民事赔偿责任。本案中，张某某在本次足球训练中踢球射门，是其作为进攻球员应尽的职责，具有正当性，亦符合足球体育运动规律，其对作为守门员马某某的受伤并无故意或重大过失，不应承担赔偿责任，故无须作为共同被告参加诉讼。此裁判理由正是彰显了自甘风险原则的基本内涵和要义。

二、作为组织方的学校是否存在未尽到教育、管理职责的情形

对学校来说，开展校园体育遇到长期困扰的一个问题是：一旦学生在运动中受伤，校园体育的组织者也总是跟着“受伤”。有时即便学校无责，仍要承担一定的“人道主义补偿”。“一朝被蛇咬，十年怕井绳”这种“伤不起”现象，成为制约校园体育活动正常开展的一个隐形“绊脚石”，成为学校难言的“痛点”。而此次《民法典》第1176条第2款、第1200条对文体活动组织者的责任作出了特殊规定，即“活动组织者的责任适用本法第一千一百九十八条至第一千二百零一条的规定”“限制民事行为能力人在学校或者其他教育机构学习、生活期间受到人身损害，学校或者其他教育机构未尽到教育、管理职责的，应当承担侵权责任”等。加之前述规定的自甘风险原则，必将解开学校开展体育活动的束缚，激发学校举办更多体育活动的热情，对促进学校体育良性发展，增强学生健康体魄形成积极的促进作用。

根据《民法典》的规定，学校是否存在未尽到教育、管理职责的情形，是决定其是否承担责任的重要前提。也就是说，学校等教育机构对限制民事行为能力人在学校等教育机构学习、生活期间受到人身损害承担赔偿责任适用过错责任原则，即学校等教育机构承担赔偿责任的前提是学校等教育机构未尽到相应的教育、管理职责，且学校等教育机构的该过错与限制民事行为能力人受到的人身损害存在因果关系。

就本案而言，第一，武隆某某中学组织开展此次足球训练并无过错。发展和振兴足球对提高国民身体素质、丰富文化生活、弘扬爱国主义集体主义精神、实现体育强国梦具有重要意义，也是当前国家和社会积极倡导与推动的重要运动项目。但“大鹏之动，非一羽之轻也；骐骥之速，非一足之力也”，大力发展校园足球是促进青少年全面发展，培养践行社会主义核心价值观的重要途径，是扩大足球人口规模、夯实足球人才根基、提高学生综合素质和促进青少年身心健康的基础工程。虽然校园足球等竞技运动具有一定的对抗性和人身危险性，但如前所述，我们不能因运动中存在伤害事件发生的偶然性便否定开展此类运动对促进青少年学生身心健康发展以及推动国家竞技体育发展的必要性。本次足球训练是武隆某某中学根据武隆区教委的相关文件精神组织进行的，其开展具有正当性，并无过错。

第二，武隆某某中学对马某某此次训练受伤并无过错。武隆某某中学的教练在训练时讲解了相关风险、安全知识、防范措施等，并在现场进行了指导，履行了安全教育等义务，且此次足球训练不属于不适宜未成年学生参加的体育运动的情形。此外，马某某当时作为年满十四周岁的初二学生，自2016年开始踢足球，其自愿并经过选拔参加本次足球训练，至涉案事故发生时已经参加训练了一段时间，根据日常生活经验法则，马某某已具备独立参加校园足球运动的能力，其在参与此次足球训练前已学习和接受足球运动规则，能够认知运动中存在的风险，应对运动风险尽到充分的注意义务并采取相应的自我保护和防范措施。现无证据证明武隆某某中学的教育管理行为与马某某受伤存在法律上的因果关系，故武隆某某中学对马某某的受伤不存在过错，马某某受伤属无法预见且令人遗憾的意外事件。

第三，武隆某某中学在马某某受伤后也不存在过错情形。武隆某某中学在马某某受伤后立即让马某某终止训练，回家休息观察，现无充分证据证明武隆某某中学未及时将马某某送医治疗的行为导致其损害后果加重，武隆某某中学对马某某受伤后就医治疗的行为不存在过错。综上，马某某受伤属意外事件，武隆某某中学在本案中尽到了对马某某的教育、管理职责，对其受伤不应承担民事赔偿责任。鉴于武隆某某中学明确表示基于人道主义自愿补偿马某某30000元，不违反法律相关规定，属当事人对其权利的处分，应予以准许。

习近平总书记就发展足球事业作出了一系列重要指示，强调足球运动坚持从娃娃抓起，从基层抓起，特别是要抓好青少年足球。加快发展青少年校园足球是贯彻党的教育方针、促进青少年身心健康的重要举措，是夯实足球人才根基、提高足球发展水平和成就中国足球梦想的基础工程。教育部等六部委于2015年联合印发《教育部等6部门关于加快发展青少年校园足球的实施意见》，就大力开展校园足球运动提出了具体的部署与要求。本案二审基于自甘风险原则等作出依法改判，实现了裁判情、理、法的统一，体现了政治效果、社会效果与法律效果的有机统一，兼顾了保障学校开展校园足球运动的应有积极性与依法维护学生合法权益的统一，在教育层面乃至社会层面形成了较好的评价、指引作用，也大力弘扬了社会主义核心价值观。

当然，对于《民法典》规定的自甘风险的构成要件、学校等组织者是否存在未尽到教育管理职责的举证责任等问题，须通过司法解释等予以进一步完善规范，以便更好地指导司法实践。此外，在设立自甘风险原则后，也应从充分保障受害人的角度出发，建立健全相应的风险保障机制。唯有此，才能充分调动文体活动的组织者、参与者的共同热情，真正推进文体活动健康有序地开展。

编写人：重庆市第三中级人民法院　李健

【第1210条　转让并交付但未办理登记的机动车侵权责任，第1213条　交通事故责任承担主体赔偿顺序】

64

受害人特殊体质侵权案件的处理

——陈某等诉朱某等机动车交通事故责任案

【基本信息】

1. 裁判书字号

湖南省株洲市中级人民法院（2020）湘02民终466号民事判决书

2. 案由：机动车交通事故责任纠纷

3. 当事人

原告（被上诉人）：陈某、陈某娟、邓某、陈某君

被告（上诉人）：朱某、中国大地财产保险股份有限公司某支公司、中国平安财产保险股份有限公司某分公司

被告（被上诉人）：深圳市某租车有限公司

【基本案情】

2018年6月13日，朱某驾驶粤B1P×××小型客车搭乘陈某浩、刘某、陈某娟沿广乐高速公路由北往南行驶，至广乐高速公路南行179千米时，因操作不当与前方易某驾驶的湘F24×××货车发生碰撞，造成陈某浩、刘某受伤以及两车不同程度损坏的交通事故。经清远市交警支队高速公路五大队认定，被告朱某承担事故全部责任。

陈某浩受伤后分别在英德市中医院、株洲市二医院、中南大学湘雅医院、攸县人民医院住院治疗共计132天，后医治无效死亡。原告方为陈某浩治疗本次交通事故所造成的损伤共计花费医疗费用174135.44元。

另查明，陈某系本案受害人陈某浩父亲，陈某娟系陈某浩母亲，邓某系陈某浩妻子，陈某君系陈某浩与邓某的女儿，四原告均居住在攸县宁家坪镇杜口村。

粤B1P×××大通牌汽车系被告朱某以分期付款的方式从被告深圳市某租车有限公司购得，因尚未付清购车款本金、利息及其他税费，车辆所有权登记在深圳市某租车有限公司名下。该车总价款为202000元，朱某除首期付款66000元外，其余购车本金、利息合计184960元，由被告朱某自2017年10月24日起每月还款5138元，分36个月付清。2017年9月14日，深圳市某租车有限公司为本车在中国平安财产保险股份有限公司某分公司投保了车上人员（乘客）责任险，责任限额为50万元/座，该险种未投保不计免赔率附加险。《机动车综合商业保险条款》（2014版）第43条约定："保险人在依据本保险合同约定计算赔款的基础上，在保险单载明的责任限额内，按照下列方式免赔：被保险机动车一方负次要事故责任的，实行5%的事故责任免赔率；负同等事故责任的，实行10%的事故责任免赔率；负主要事故责任的，实行15%的事故责任免赔率；负全部事故责任或单方肇事事故的，实行20%的事故责任免赔率。"

易某驾驶的湘F24×××号货车在中国大地财产保险股份有限公司某支公司购买了强制责任保险，保险期限从2018年2月22日起至2019年2月21日止。

事故发生后，朱某向原告方支付了医疗费用1万元。粤B1P×××客车上乘客刘某的损失已由被告中国平安财产保险股份有限公司某分公司支付，陈某娟、朱某无损失。

【案件焦点】

1. 受害人在发生交通事故之前确实身患重病的情形，能否减轻或者免除加害人的赔偿责任；2. 当事人之间已经以买卖等方式转让并交付机动车但未办理所有权转移登记，发生交通事故后属于该机动车一方责任的，如何确定赔偿责任。

【裁判要旨】

株洲市攸县人民法院经审理认为，本案系机动车交通事故责任纠纷。机动车发生交通事故造成人身伤亡的，由保险公司在交强险责任限额范围内予以赔偿；不足部分，由承保商业险的保险公司根据保险合同予以赔偿；仍有不足的，由有过错方承担赔偿责任。本案中对交通管理部门出具的交通事故认定书予以确认，故此次交通事故应由被告中国大地财产保险股份有限公司某支公司、中国平安财产保险股份有限公司某分公司首先在交强险、商业险范围内赔偿，不足部分，由事故过错方承担。

原告方因亲属陈某浩在交通事故中受损伤后不治身亡而遭受到的损失依法核定为580128.44元，对于原告超出审核认定损失范围的诉讼请求不予支持。

被告中国大地财产保险股份有限公司某支公司作为本次事故无责任车辆第三者责任强制保险的承保公司，应当在机动车第三者责任强制保险无责任赔偿限额内赔偿12000元。粤B1P×××大通牌客车内承载人员共三人，刘某的医疗费损失已由被告中国平安财产保险股份有限公司某分公司支付，朱某及陈某娟无损失，因此该无责任赔偿款12000元应支付给原告方。

被告深圳市某租车有限公司为粤B1P×××大通牌客车在被告中国平安财产保险股份有限公司某分公司投保了车上人员（乘客）责任险，责任限额为50万元/座，该险种未投保不计免赔率附加险，因为被告朱某应负事故的全部责任，因此根据双方的约定，被告中国平安财产保险股份有限公司某分公司可实行20%的事故责任免赔率，故被告中国平安财产保险股份有限公司某分公司应当在保险限额40万元内予以赔偿。

《侵权责任法》第50条规定：“当事人之间已经以买卖等方式转让并交付机动车但未办理所有权转移登记，发生交通事故后属于该机动车一方责任的，由保险公司在机动车强制保险责任限额范围内予以赔偿。不足部分，由受让人承担赔偿责任。”被告深圳市某租车有限公司、朱某就粤B1P×××大通牌客车签订的是所有权保留汽车买卖合同，汽车已交付被告朱某使用，原告方及被告朱某均未提供证据证明被告深圳市某租车有限公司在本案中存在过错，因此原告的总损失扣除应由被告中国大地财产保险股份有限公司某支公司、中国平安财产保险股份有限公司某分公司支付的412000元保险理赔款后，尚差168128.44元应由被告朱某赔偿，被告朱某在事故发生后已支付了10000元，余款158128.44元应予支付。受害人陈某浩在发生交通事故之前确实身患重病，但其对于损害的发生或者扩大没有过错，不存在减轻或者免除加害人赔偿责任的法定情形。因此，攸县人民法院判决：

一、限被告中国大地财产保险股份有限公司某支公司自本判决生效之日起十日内支付原告陈某、陈某娟、邓某、陈某君保险理赔款12000元；

二、限被告中国平安财产保险股份有限公司某分公司自本判决生效之日起十日内支付原告陈某、陈某娟、邓某、陈某君保险理赔款400000元；

三、限被告朱某在本判决生效之日起十日内赔偿原告陈某、陈某娟、邓某、陈某君损失158128.44元；

四、驳回原告陈某、陈某娟、邓某、陈某君的其他诉讼请求。

宣判后，朱某、中国平安财产保险股份有限公司某分公司向湖南省株洲市中级人民法院提起上诉。株洲市中级人民法院于2020年3月24日以同样的事实作出（2020）湘02民终466号民事判决，驳回了朱某、中国平安财产保险股份有限公司某分公司的上诉，维持原判。

【适用解析】

该案例涉及受害人特殊体质对侵权责任的影响及以买卖方式转让并交付使用但保留所有权的机动车发生交通事故后责任承担的问题。

一、受害人特殊体质对侵权责任的影响

受害人特殊体质侵权与一般的人身侵权有所不同，在侵权过程中前者有受害人特殊体质这一因素的介入，从而导致了比一般情况更加严重的人身损害或一般情况下不会发生的人身损害。在处理受害人特殊体质侵权案件的理论适用上，过去我国多采用原因力理论及损伤参与度，这与国际上通行的“蛋壳脑袋”规则（受害人特殊体质对损害结果产生的影响不能作为减轻被告赔偿责任的依据）不相容。最高人民法院于2014 年1 月26 日发布的第24 号指导性案例作为受害人特殊体质侵权案件的典型，首次在裁判要点中肯定了“蛋壳脑袋”规则，指出了在交通事故责任纠纷中，受害人个人体质对损害造成的影响，并非减轻加害人赔偿责任的法定理由。在我国的类似案件中产生了重要的影响，改变了交通事故侵权案件中依据损伤参与度减轻加害人责任的局面。参照该案例进行裁判，有利于理论适用的统一。

本案受害人在交通事故发生前确实患有严重的肝病，交通事故造成受害人受伤后住院治疗，其间，医院必须对受害人的基础疾病一并进行治疗。受害人在治疗过程中死亡后，产生了治疗基础病的费用及死亡赔偿金等损失，因此受害人患病这一原因成为被告方不同意赔偿或减轻赔偿的抗辩理由。法院认为受害人对事故的发生没有过错。如果让受害人自身承担疾病导致的损害部分，则意味着将受害人自身疾病类推为受害人自身存在过错，而这种推断是混淆了“过错”与“原因力”在责任判定时的作用，是不合理的。因此，本案参考了第24 号指导性案例的裁判要旨，认为受害人在本案中没有过错，侵权责任人应对受害人的损失全额赔偿。

二、以买卖方式转让并交付使用但保留所有权的机动车发生交通事故后责任的承担

《侵权责任法》第50 条规定：“当事人之间已经以买卖等方式转让并交付机动车但未办理所有权转移登记，发生交通事故后属于该机动车一方责任的，由保险公司在机动车强制保险责任限额范围内予以赔偿。不足部分，由受让人承担赔偿责任。”这一条主要有两层意思：

（一）首先由保险公司在机动车强制保险责任限额范围内予以赔偿

根据《机动车交通事故责任强制保险条例》第2 条的规定，在中华人民共和国境内道路上行驶的机动车的所有人或者管理人，应当依照《道路交通安全法》的规定投保机动车交通事故责任强制保险。作为机动车的所有人，应当投保机动车第三者责任强制保险。根据本条规定，发生交通事故后，机动车原所有人已投保机动车第三者责任强制保险的，无论机动车买卖双方是否办理了所有权转移登记，都应当首先由保险公司在机动车强制保险责任限额范围内予以赔偿。

（二）保险公司在机动车强制保险责任限额范围内赔偿后，不足部分，由受让人承担赔偿责任

当事人之间已经以买卖方式转让并交付机动车但未办理所有权转移登记的，原机动车所有人已经不是真正的所有人，更不是机动车的占有人，他不具有机动车的实质所有权，丧失了对机动车运行支配的能力，不具有防范事故发生的控制力。在机动车发生事故后，仍然要求其承担赔偿责任，是不合理、不公平的。在附所有权保留特别约定的分期付款买卖机动车的情形下，机动车已交付购买人，虽然出卖人仍保留机动车所有权，但并不影响购买人取得机动车的实际支配权和使用收益，该所有权仅在购买人不依约定支付价金时才发生效力。

因此，在发生道路交通事故后，应当由购买人承担赔偿责任，保留机动车所有权的出卖人不承担赔偿责任。《最高人民法院关于购买人使用分期付款购买的车辆从事运输因交通事故造成他人财产损失，保留车辆所有权的出卖方不应承担民事责任的批复》规定："采取分期付款方式购车，出卖方在购买方付清全部车款前保留车辆所有权的，购买方以自己名义与他人订立货物运输合同并使用该车运输时，因交通事故造成他人财产损失的，出卖方不承担民事责任"，故本案中深圳市某租车有限公司不承担赔偿责任。

在《民法典》颁布之前，确定机动车发生交通事故造成损害的赔偿责任的法律依据是《侵权责任法》《道路交通安全法》。《侵权责任法》没有对"蛋壳脑袋"规则作出规定，《民法典》侵权责任编一般规定中同样也没有对"蛋壳脑袋"规则作出规定，但第1173条的法理与"蛋壳脑袋"规则的法理精神是一致的，该条规定："被侵权人对同一损害的发生或者扩大有过错的，可以减轻侵权人的责任。"该条文对《侵权责任法》第26条进行了修改，强调了"同一损害"，增加了对损害的"扩大"有过错的，也可以减轻侵权人责任的规定。根据这一增加规定，反推之，如果被侵权人在事故中没有过错，侵权责任人就应对被侵权人的损失全额赔偿，而被侵权人自身疾病不能类推为被侵权人自身存在过错。

《民法典》侵权责任编单列了第五章对机动车交通事故责任作出规定，《侵权

责任法》第50条“当事人之间已经以买卖等方式转让并交付机动车但未办理所有权转移登记，发生交通事故后属于该机动车一方责任的，由保险公司在机动车强制保险责任限额范围内予以赔偿。不足部分，由受让人承担赔偿责任”的内容，《民法典》分别对第1210条、第1213条进行了整合，其中第1210条对买卖机动车未过户交通事故责任予以规定，第1213条对机动车强制保险、商业保险与侵权人责任顺序予以规定，这种编订整合，使我国侵权法律制度的体例科学、结构严谨、规范合理、内容完整并协调一致。

编写人：湖南省攸县人民法院　何卫华

【第1217条　好意同乘的责任承担】

65

好意施惠产生的损害赔偿责任应当减轻

——周某某诉北京市平谷区兴谷街道办事处某村民委员会等机动车交通事故责任案

【基本信息】

1. 裁判书字号

北京市第三中级人民法院（2019）京03民终15153号民事判决书

2. 案由：机动车交通事故责任纠纷

3. 当事人

原告（被上诉人）：周某某

被告（被上诉人）：北京市平谷区兴谷街道办事处某村民委员会（以下简称某村委会）、张某

被告（上诉人）：路某某

【基本案情】

路某某、张某均系某村村民，二人系邻居，周某某系路某某的朋友。某村委会有一辆现代瑞纳牌小客车（车牌号：京 Q9BM × ×），平时作为便民车，供本村村民看病或红白喜事需要时免费使用，该车的驾驶员工资、车辆保养、加油等费用均由某村委会承担。张某系某村委会的司机，一直管理和驾驶某村委会的便民车。

2018 年 11 月 30 日，路某某因需要到北京城区看病，约好让张某在第二天早上 5 时开便民车送他去医院。因周某某熟悉去医院的路线，路某某让周某某陪同去医院。2018 年 12 月 1 日 5 时许，张某驾驶某村委会的便民车接上路某某、周某某后出发了。张某、路某某、周某某均未按要求系安全带。途中，张某驾车撞到路边的大树，导致周某某、路某某、张某受伤，周某某伤势较重。交管部门认定，张某负此次事故的全部责任。周某某受伤后，经诊断为颈脊髓损伤等，支付医疗费 16 万余元，并经鉴定为八级残疾。为此，周某某起诉要求某村委会、张某、路某某连带赔偿医疗费、误工费、残疾赔偿金等共计 526127.32 元。

某村委会认为让周某某、路某某搭乘汽车系好意施惠行为，而非客运合同关系，其不应按照客运合同承运人承担责任，从公平的角度出发，应由其与周某某、张某、路某某共同分担责任；路某某作为受益人，应对周某某所受损失承担责任；周某某未按规定系安全带，导致损害后果加重，应当自行承担部分责任。

张某认为其作为某村委会的司机，是在履行职务的过程中发生交通事故，其不应承担赔偿责任。

路某某认为应由某村委会与张某连带赔偿周某某的全部损失。本次出行虽是为送他去医院看病，但因为发生交通事故，其不仅没能看成病，还差点丢掉性命，其没有获得任何利益，不是受益人，不应承担赔偿责任。

【案件焦点】

1. 某村委会应如何承担责任，是否应当和客运合同承运人一样承担事故赔偿责任；2. 路某某是否应作为受益人承担责任；3. 周某某在事故发生时不系安全带，是否应当因此减轻侵权人的赔偿责任。

【裁判要旨】

北京市平谷区人民法院经审理认为，张某虽系免费送路某某看病，但作为驾驶员仍负有安全驾驶的注意义务，以保障其自身和乘车人的人身、财产安全。张某驾车发生单方交通事故导致周某某受伤，鉴于张某在发生交通事故时系在履行职务，故应由张某所在单位，即某村委会对周某某承担赔偿责任。

某村委会为了方便村民就医，免费提供车辆，是一种好意施惠的行为。路某某、周某某作为乘车人，不向某村委会支付费用，系无偿受益人。因此，路某某、周某某搭乘某村委会的便民车，同以营利为目的的承运人与乘客之间的客运合同关系有着本质区别，周某某要求某村委会承担全部赔偿责任，将某村委会这一无偿帮助行为人的责任等同于以营利为目的的客运合同承运人，违背公平和权利义务相一致的基本原则，不应予以采纳。鉴于某村委会系在实施无偿帮助行为时给周某某造成了损害，其承担的赔偿责任应当减轻。

某村委会为路某某提供用车服务，周某某陪同路某某看病，都是为路某某无偿提供帮助，均属于对路某某的好意施惠，路某某接受某村委会、周某某的帮助，是好意施惠行为的受益人。路某某关于其不是受益人，不应承担责任的辩解，不符合情理，不应采纳。某村委会在好意施惠过程中发生交通事故导致周某某受伤，路某某作为受益人应当承担赔偿责任。

周某某在乘车时，未按照规定系安全带，其该项过错虽然与事故的发生没有因果关系，但与其所遭受的损害后果具有直接因果关系，导致了损害后果的加重。因此，周某某应当自负部分责任。综上理由，北京市平谷区人民法院作出如下判决：

一、某村委会赔偿周某某医疗费、住院伙食补助费、营养费、误工费、护理费、交通费、残疾赔偿金、精神损害抚慰金、衣物损失共计200873.16元；

二、路某某赔偿周某某医疗费、住院伙食补助费、营养费、误工费、护理费、交通费、残疾赔偿金、精神损害抚慰金、衣物损失共计66957.72元；

三、驳回周某某的其他诉讼请求。

路某某不服一审判决，提起上诉。北京市第三中级人民法院经审理认为，一审判决认定事实清楚，适用法律正确，维持一审判决。

【适用解析】

本案是一起典型的好意施惠行为引起的侵权纠纷。好意施惠，是为他人利益着想，无私且无偿地为他人提供某种服务或者物质的行为，是一项善举，有利于邻里亲朋之间增进感情，形成互帮互助、扶弱济困的社会风气，是中华民族的一项传统美德。

社会生活中，好意施惠行为非常普遍，很多人基于亲友情谊、邻里之交，甚至是陌生人之间，在对方有需要时都会伸出热情之手，例如，好意搭乘，帮邻居临时照看孩子，帮助抛锚车主打火、拖车，帮人捎带物品等，随处可见的善举，给我们提供了很多方便，也增进了人们的感情。然而，一些好意施惠行为由于疏忽或其他意外情况，发生了意想不到的损害后果，反而给受惠人带来了损害。好意施惠情形下，当事人都不会事前约定权利义务，而对于产生损害后如何确定各方的责任，新颁布的《民法典》第 1217 条对于好意同乘情形下产生的交通事故责任作出了规定，此前立法中一直没有直接规定，笔者对与之相关的规定梳理如下：

1. 《合同法》中关于无偿合同的规定

《合同法》第 191 条规定，赠与的财产有瑕疵的，赠与人不承担责任。附义务的赠与，赠与的财产有瑕疵的，赠与人在附义务的限度内承担与出卖人相同的责任。赠与人故意不告知瑕疵或者保证无瑕疵，造成受赠人损失的，应当承担损害赔偿责任。

《合同法》第 374 条规定，保管期间，因保管人保管不善造成保管物毁损、灭失的，保管人应当承担损害赔偿责任，但保管是无偿的，保管人证明自己没有重大过失的，不承担损害赔偿责任。

《合同法》第 406 条规定，有偿的委托合同，因受托人的过错给委托人造成损失的，委托人可以要求赔偿损失。无偿的委托合同，因受托人的故意或者重大过失给委托人造成损失的，委托人可以要求赔偿损失。

从上述规定中可以看出，无偿合同的行为人原则上仅就故意或重大过失承担赔偿责任，若仅有轻微过失，则无须承担赔偿责任。举重以明轻，好意施惠与无偿合同性质接近，在好意施惠行为产生损害后，应当减轻或者部分免除施惠人的赔偿责任。

2. 《最高人民法院关于审理人身损害赔偿案件适用法律若干问题的解释》第 13 条、第 14 条

《最高人民法院关于审理人身损害赔偿案件适用法律若干问题的解释》第 13 条规定，为他人无偿提供劳务的帮工人，在从事帮工活动中致人损害的，被帮工人应当承担赔偿责任。被帮工人明确拒绝帮工的，不承担赔偿责任。帮工人存在故意或者重大过失，赔偿权利人请求帮工人和被帮工人承担连带责任的，人民法院应予支持。第 14 条规定，帮工人因帮工活动遭受人身损害的，被帮工人应当承担赔偿责

任。被帮工人明确拒绝帮工的，不承担赔偿责任；但可以在受益范围内予以适当补偿。

该规定针对的是帮工人在帮工活动中给第三人或者自身造成损害的情形，如帮工人仅有轻微过失，直接由被帮工人承担损害赔偿责任；如帮工人有故意或重大过失则应与被帮工人承担连带责任。对于帮工人在办公活动中给被帮工人造成损害应如何划分责任，该司法解释并未做出规定。

从性质来看，帮工也是一种好意施惠行为。从帮工致害责任规则的逻辑类推，施惠人在好意施惠行为中造成受惠人或第三人损害的，施惠人应承担的赔偿责任应当减轻，对于施惠人只有轻微过失的，甚至可以免除其赔偿责任。

3. 最高人民法院《〈关于审理道路交通事故损害赔偿案件适用法律若干问题的解释〉意见征求稿》第 20 条

《征求意见稿》第 20 条对好意同乘中致受惠人损害的侵权责任作出了规定："免费搭乘机动车发生交通事故造成搭乘人损害，被搭乘方有过错的，应当承担赔偿责任，但可以适当减轻其赔偿责任。搭乘人有过错的，应当减轻被搭乘方的责任。"

虽然在正式的司法解释中，本条规定被删除，但该规定中确立的好意同乘情形下的损害赔偿处理规则，还是被司法实践普遍接受。而且，征求意见稿中的该项规则也被《民法典》所采纳。

在审理本案时，《民法典》及其草案尚未公布。在此情况下，笔者认为，在处理好意施惠引发的损害赔偿纠纷时，应当比照前述类似情形法律规定确立的处理规则，同时按照民法公平和诚实信用等基本原则来确定各方的责任，下面进行具体分析。

一、因好意施惠行为致人损害应当如何承担责任

从施惠者的角度，虽然是为他人提供无偿的帮助，但仍负有谨慎的注意义务，这种义务并不因为是好意而降低，在提供帮助时，应当避免给受益人的人身、财产造成损害，否则就可能导致"好心办坏事"；从受益人的角度，接受他人的好意相助，通常只预想到受人相助带来的好处和便利，不会预期接受帮助反而遭致损害，其接受帮助不意味着愿意承担任何风险，也不意味着接受帮助时受到损害不需要赔偿。因此，好意相助的施惠者，因为自身过错给受益人带来损害的，仍应当承担与其过错相适当的赔偿责任。

需要特别指出，虽然好意相助最终因意外因素导致了损害后果，但不应因此否定施惠者的善意和良好初衷，如果不考虑这份善意，让施惠者像一般侵权人一样承担侵权责任或者像合同违约方一样承担违约责任，对于好意施惠者明显不公平，会伤害好意施惠人的热情，也不利于鼓励和弘扬友善互助的社会风尚。《民法总则》第 6 条规定，民事主体从事民事活动，应当遵循公平原则，合理确定各方的权利和义务。从公平和权利义务相一致的角度，好意施惠人为他人利益单方面付出，不取得任何利益，应当减轻其赔偿责任。

本案中，某村委会一方免费送路某某看病，虽是好意施惠行为，但仍负有安全驾驶的注意义务，遵守道路交通安全法律法规，合理谨慎驾驶机动车，以保障乘车人的人身、财产安全。由于某村委会的责任导致发生交通事故造成周某某受伤，某村委会应当结合其过错对周某某的损失承担赔偿责任。

某村委会派车接送路某某、周某某，是好意施惠行为，同以营利为目的的承运人与乘客之间的客运合同关系有着本质区别。如果按照周某某、路某某的意见，让某村委会承担全部赔偿责任，将某村委会这一好意施惠行为人的责任等同于以营利为目的的客运合同承运人，违背民法公平和权利义务相一致的基本原则，是不合情理的。鉴于某村委会是在好意施惠中给周某某造成了损害，其承担的赔偿责任应当减轻。

二、好意施惠的受益人如何承担责任

从性质来看，好意施惠与帮工都是无偿为他人利益提供服务，行为性质最为接近，在法律适用上可以比照帮工的相关规定。关于帮工，《最高人民法院关于审理人身损害赔偿案件适用法律若干问题的解释》第 13 条规定，为他人无偿提供劳务的帮工人，在从事帮工活动中致人损害的，被帮工人应当承担赔偿责任。被帮工人明确拒绝帮工的，不承担赔偿责任。帮工人存在故意或者重大过失，赔偿权利人请求帮工人和被帮工人承担连带责任的，人民法院应予支持。第 14 条规定，帮工人因帮工活动遭受人身损害的，被帮工人应当承担赔偿责任。被帮工人明确拒绝帮工的，不承担赔偿责任；但可以在受益范围内予以适当补偿。

例如，本案中，某村委会作为施惠人给周某某造成了损害，路某某作为受益人，可以比照被帮工人的规定承担一定的赔偿责任。

三、因受惠人过错导致损害后果发生或者加重的，应减轻施惠人的赔偿责任

《侵权责任法》第26条规定，被侵权人对损害的发生也有过错的，可以减轻侵权人的赔偿责任。《最高人民法院关于审理人身损害赔偿案件适用法律若干问题的解释》第2条规定，受害人对同一损害的发生或者扩大有故意、过失的，依照《民法通则》第131条的规定，可以减轻或者免除赔偿义务人的赔偿责任。但侵权人因故意或者重大过失致人损害，受害人只有一般过失的，不减轻赔偿义务人的赔偿责任。

我国《道路交通安全法》明确规定，机动车行驶时，驾驶人、乘坐人员应当按规定使用安全带，摩托车驾驶人及乘坐人员应当按规定戴安全头盔。本案中，周某某在乘车时，未按照规定系安全带，其该项过错虽然与事故的发生没有因果关系，但与其所遭受的损害后果具有直接因果关系，导致了其损害后果的加重。因此，周某某应当自负部分责任，应当减轻其他责任人的赔偿责任。

在好意施惠损害责任中，因受惠人过错导致损害发生或扩大的，因施惠人好意施惠行为的无偿性，更应当减轻施惠人一方的赔偿责任。

我们欣喜地看到，最新颁布的《民法典》对于好意施惠损害责任法律规则的社会需要做出了一些回应，《民法典》第1217条规定，非营运机动车发生交通事故造成无偿搭乘人损害，属于该机动车一方责任的，应当减轻其赔偿责任，但是机动车使用人有故意或者重大过失的除外。

从该规定可以看出，《民法典》对于好意同乘情形下损害责任处理规则，与《合同法》中无偿合同损害责任原则以及帮工人致人损害的责任原则不同，机动车使用人并非只有在故意或重大过失的情况下承担责任，对于一般性过失情形下导致无偿搭乘人损害的，机动车使用人仍然要承担责任，只是应当减轻其赔偿责任。本案的处理，与最新颁布的《民法典》处理规则是完全一致的。

同时，我们也看到，《民法典》只对好意施惠中的好意同乘损害作出了规定。社会生活中，好意施惠行为的类型很多，不只是好意搭乘，对于其他情形下的好意施惠致人损害的，以及施惠人在好意施惠行为中造成他人损害的情况下，应当如何确定施惠人、受益人及第三人的各方责任，《民法典》均未涉及，或许要留给以后的立法或者司法解释来处理。

本案的处理，按照公平和诚实信用原则，既考虑了好意施惠人的注意义务，受

益人应当承担的责任，也充分考虑了好意施惠人所应承担责任与一般侵权责任和违约责任的区别，实现了施惠人、受益人和受害者之间的利益平衡，对确立好意施惠损害责任的处理规则提供了很好的思路。

北京市平谷区人民法院　李晓明

【第1219条　医务人员的说明义务和患者知情同意权】

66

医务人员未尽到说明义务，医院应承担赔偿责任

——刘某诉重庆市荣昌区妇幼保健院医疗损害责任案

【基本信息】

1. 裁判书字号

重庆市荣昌区人民法院（2020）渝0153民初117号民事判决书

2. 案由：医疗损害责任纠纷

3. 当事人

原告：刘某

被告：重庆市荣昌区妇幼保健院

【基本案情】

2017年12月，刘某因异位妊娠前往荣昌保健院住院治疗4天，出院诊断为输卵管妊娠流产，其间，保健院对刘某左侧输卵管进行切除。2019年3月，刘某因怀孕分娩前往保健院住院治疗并行剖宫产术分娩，在刘某要求下同时行双侧输卵管结扎术。2019年10月，刘某因异位妊娠前往保健院处住院治疗4天。刘某诉至法院，要求保健院赔偿因异位妊娠住院治疗产生的费用。

【案件焦点】

医务人员未尽到说明告知义务，造成患者损害的，医疗机构应承担赔偿责任。

【裁判要旨】

重庆市荣昌区法院经审理认为，当事人对自己提出的诉讼请求所依据的事实或者反驳对方诉讼请求所依据的事实，应当提供证据加以证明，当事人未能提供证据或者证据不足以证明其事实主张的，由负有举证证明责任的当事人承担不利后果。本案中，刘某先后于2017年12月20日、2019年3月2日在妇幼保健院处行左侧输卵管切除术及双侧输卵管结扎术，术后刘某再次怀孕，导致刘某于2019年10月5日再次前往妇幼保健院处住院治疗。对于刘某称妇幼保健院在其2017年12月20日、2019年3月2日二次住院期间存在医疗过错，刘某并未提交证据予以证实，也未在规定期间内向本院申请医疗过错鉴定，刘某仅以其术后再次怀孕推定妇幼保健院存在医疗过错，无事实法律依据，本院不予采信。

《侵权责任法》第55条："医务人员在诊疗活动中应当向患者说明病情和医疗措施。需要实施手术、特殊检查、特殊治疗的，医务人员应当及时向患者说明医疗风险、替代医疗方案等情况，并取得其书面同意；不宜向患者说明的，应当向患者的近亲属说明，并取得其书面同意。医务人员未尽到前款义务，造成患者损害的，医疗机构应当承担赔偿责任。"本案中，妇幼保健院是否按照上述规定对刘某尽到告知义务。首先，刘某在2017年12月20日住院期间，妇幼保健院在《手术治疗知情同意书》中告知了刘某切除患侧输卵管后生育能力减少一半，刘某也在该同意书上签字确认，故妇幼保健院在该次住院期间已尽到告知义务；其次，刘某在2019年3月2日住院期间，妇幼保健院虽然通过《手术同意书》及《产后避孕节育知情告知书》《医患沟通谈话记录》告知过术后刘某再次怀孕可能导致的后果以及术后避孕措施，但并未告知刘某在进行结扎手术后是否还需要采取避孕措施、结扎后是否仍有再次怀孕的可能性，妇幼保健院也无其他证据证实其告知过刘某上述情况，刘某作为一个不具备专业医学知识的人，对结扎后是否还需要采取避孕措施以及结扎后是否仍有再次怀孕的可能性并不清楚，由于妇幼保健院并未就此对刘某进行告知，导致刘某再次怀孕，妇幼保健院应对此承担全部赔偿责任。重庆市荣昌区人民法院遂作出（2020）渝0153民初117号民事判决，判决重庆市荣昌区妇幼保健院于本判决生效后十日内支付刘某7327.83元；驳回刘某的其他诉讼请求。宣判后，双方当事人均未提出上诉。

【适用解析】

本案处理的要点是刘某在2019年3月2日住院期间妇幼保健院对刘某在进行结扎手术后是否还需要采取避孕措施、结扎后是否仍有再次怀孕的可能性未进行明确告知情况的认定。《侵权责任法》第55条规定："医务人员在诊疗活动中应当向患者说明病情和医疗措施。需要实施手术、特殊检查、特殊治疗的，医务人员应当及时向患者说明医疗风险、替代医疗方案等情况，并取得其书面同意；不宜向患者说明的，应当向患者的近亲属说明，并取得其书面同意。医务人员未尽到前款义务，造成患者损害的，医疗机构应当承担赔偿责任。"《民法典》第1219条规定："医务人员在诊疗活动中应当向患者说明病情和医疗措施。需要实施手术、特殊检查、特殊治疗的，医务人员应当及时向患者具体说明医疗风险、替代医疗方案等情况，并取得其明确同意；不能或者不宜向患者说明的，应当向患者的近亲属说明，并取得其明确同意。医务人员未尽到前款义务，造成患者损害的，医疗机构应当承担赔偿责任。"这两部法律均明确了医务人员在诊疗活动中向患者或其近亲属明确告知义务，医务人员未尽到前款义务，造成患者损害的，医疗机构应当承担赔偿责任。在本案中经审理查明刘某于2019年3月2日行剖宫产术分娩手术，在原告要求结扎的情况下同时行双侧输卵管结扎术。出院医嘱：（1）注意休息、适当活动、均衡营养……（3）产后禁止性生活2月……上述住院病历中的《手术同意书》载明："手术及手术后常见可能发生以下以外及并发症……（9）患者系再次剖宫产，术后需严格避孕，若再次妊娠随时可能有先兆子宫破裂、子宫破裂、大出血、失血性休克、胎死宫内及凶险性前置胎盘等风险明显增加，建议剖宫产手术同时行双侧输卵管结扎术，若术中发现盆腹腔粘连严重，无法暴露双侧输卵管，则无法行双侧输卵管结扎，术后需采取其他方式严格避孕……以上情况请本人和家属仔细听医生解释，如果确认已经了解，明白上面文字的含义，请签署意见并签名。"《产后避孕节育知情告知书》载明："入院后经医务人员介绍，我了解到，未哺乳的产妇在产后10周左右恢复排卵，哺乳产妇平均在产后4个月到6个月恢复排卵，而在首次月经复潮前多有排卵，故哺乳期产妇月经虽未复潮仍有受孕可能。经咨询我了解到产后未及时落实有效避孕措施，如再次妊娠可能出现以下不良后果……医务人员建议产后采取有效的避孕措施：（1）安环避孕……（2）未安环之前可采取避孕套等工具避孕或其他有效避孕措施……我已知晓产后恢复和性生活后，及时采取有效避孕措施的重要性。医务人员已向我介绍产后常用的避孕节育方法，并告知我免费避孕药具的领取方法，我会根据自身情况知情选择合适的避孕节育方式避孕。”《医患沟通谈话记录》载明：“……术后需严格避孕，或建议剖宫产术中同时双侧输卵管结扎术，若手术中发现盆腹腔粘连严重，无法暴露双侧输卵管，则无法行双侧输卵管结扎，术后需采取其他方式严格避孕……”原告分别在《手术同意书》及《产后避孕节育知情告知书》《医患沟通谈话记录》上签字确认，其中《手术同意书》《医患沟通谈话记录》载明落款时间为2019年3月2日9时30分，《产后避孕节育知情告知书》载明落款时间为2019年3月2日。从以上文件记录来看医务人员并未明确告知刘某在进行结扎手术后是否还需要采取避孕措施、结扎后是否仍有再次怀孕的可能性，妇幼保健院也无其他证据证实其告知过刘某上述情况，刘某作为一个不具备专业医学知识的人，对结扎后是否还需要采取避孕措施以及结扎后是否仍有再次怀孕的可能性并不清楚，由于妇幼保健院并未就此对刘某进行告知，导致刘某再次怀孕，妇幼保健院应对此承担全部赔偿责任。

该案涉及的医疗告知义务，是指作为医疗行为实施者的医生，基于法律的规定以及患者因个体差异产生的不同需求，根据自己的专业知识，以患者可以理解的语言，将与其病情相关的医疗信息告知患者，便于患者在已经理解相关医疗信息以及诊疗风险和后果的基础上作出医疗选择的义务。[①] 医疗告知义务的履行是医患关系的转变和人权运动推进的结果。医疗告知义务本质上属于医生一般注意义务的一种。但随着患者权利意识的显著提升，医患矛盾的凸显，告知义务的重要性逐步显现，使其从医生的一般注意义务中独立出来。医方的告知，不是仅将相关医疗信息告知患者即可，而是一种能让患者在充分理解相关医疗措施的风险和效用的前提下，作出是否接受医疗措施决定的前置程序。对于医疗告知义务的性质，一般认为其既具有契约性，也具有法定性。[②]

医疗活动高风险、高侵袭性的性质，使得医务人员实施手术等要侵入人体的诊疗行为与一般侵害人身权的行为无异。医疗行为的实施与患者的生命健康权息息相

---

① 杨秀仪：《论病人自主权——台湾地区告知后同意之请求权基础探讨》，载《台大法学论丛》第36卷第2期。

② 杨立新、袁雪石：《论医疗机构违反告知义务的医疗侵权责任》，载《河北法学》2006年第12期。

关。同时，医疗行业是一个高度专业化的行业，医生是专业人员，在专业知识方面占据优势地位。很多情况下，患者对于医方的医疗决策是否存在过失并不能作出准确的判断。这种信息的不对称使患者在医患关系中往往处于不利的地位。1957年之前的美国，普遍以医疗服务契约作为患者同意的基础，但由于医患信息不对等的情形日渐严重，单纯以契约法规范医患关系渐失公平性。法院因此认为医方对患者具有告知其病情并保密的忠诚义务，这种忠诚义务应以法律进行规范。

2010年《侵权责任法》出台，第一次在法律层面上明确了医方的告知义务。其中第55条是关于告知义务的一般规定，该条款将告知义务分为普通告知义务和特殊情况下的介入性告知义务。而第56条则规定了紧急情况下告知的例外情形。

医患双方在专业知识上的差距是无可避免的，但这不是否认患者知情同意权，免除医疗告知义务的充分理由。医方之所以要履行告知义务，正是为了弥补患者与医生之间的信息鸿沟。医方的告知可以使患者对自身的病情、即将采取的医疗措施有所了解，有利于患者对相关医疗措施的配合。同时，所谓患者的自我决定，并不要求患者在对相关医疗专业知识有较高程度了解的前提下作出。而是在医疗机构和医务人员的建议下，使患者在对自己的病情、将要采取的医疗措施的效果及其风险、替代性医疗方案的效果及每种方案的风险等医疗信息有一定理解之情境下，在自己能承受之风险的范围内，作出是否接受相关医疗措施的决定。甚至可以说这是一个医患双方共同决策的过程。法律规范的主要目的之一就是平衡民事主体间利益。在违反医疗告知义务侵权责任中，首先应当承认医方违反告知义务直接侵犯的是知情同意权。而在确定该类案件中医方承担损害赔偿责任时，则应当根据具体案件中实际发生的损害结果是否与医生未充分履行告知义务的行为之间存在的因果关系确定。首先应当肯定的是患者具有知悉与自身疾病相关的医疗信息，并根据该信息作出是否接受医疗措施的决定的权利。

回到本案中，正是由于双方信息不对称，医务人员未尽职履行告知义务，导致刘某双侧输卵管结扎术后再次怀孕造成身体受损的事实纳入法律评价范围，认定医疗机构具有过错并承担全部赔偿责任，符合实质正义。

编写人：重庆市荣昌区人民法院　刘成琼　郭杰

【第 1234 条　生态环境修复责任，第 1235 条　公益诉讼的赔偿范围】

67

生态修复责任如何承担

——周某某非法捕捞水产品刑事附带民事公益诉讼案

【基本信息】

1. 裁判书字号

江西省吉安市中级人民法院（2018）赣 0823 刑初 65 号刑事判决书

2. 案由：非法捕捞水产品罪

3. 当事人

公诉机关/公益诉讼起诉人：江西省峡江县人民检察院

被告人：周某某

【基本案情】

2017 年 5 月 27 日凌晨 2 时许，被告人周某某独自驾驶自家的渔船来到峡江水利枢纽下游禁渔区内（峡江水利枢纽大坝下大约 30m 处）后，采用一边脚踩超声波开关，双手握着捞鱼的捞网在禁渔区内来回电鱼的方式进行捕捞鱼类。被告人周某某电鱼作业半个小时后，被峡江县渔政局执法人员当场查获，缴获捕鱼设备超声波机器、电瓶各一台及捕获的各种鱼类四市斤。吉安市渔业局专业技术人员出具《关于对周某某在赣江峡江段违法电捕鱼行为危害及生态修复补偿的建议意见》，建议周某某破坏的生态环境，需购买价值 1000 元以内（1000 尾左右）的四大家鱼冬片鱼种（体长 12cm 以上）进行生态修复补偿，并经峡江县渔业部门检疫合格后投放至赣江巴邱段。

【案件焦点】

生态损害赔偿责任如何承担。

【裁判要旨】

被告人周某某违反保护水产品资源法规，在禁渔区使用禁用的方法捕捞水产品，情节严重，其行为已构成非法捕捞水产品罪。被告人周某某的犯罪行为，不仅构成非法捕捞水产品罪，而且造成该区域内鱼类及水生物的损害，破坏了生态环境，损害了社会公共利益。对其破坏的生态环境，在民事法律关系上，属于环境违法侵权行为，依法应当承担赔礼道歉、生态环境修复的侵权责任。刑事附带民事公益诉讼起诉人峡江县人民检察院诉请判令周某某负责购买价值1000元的四大家鱼冬片鱼种（体长12cm以上）进行生态修复，并经峡江县渔业部门检疫合格后投放至赣江巴邱段，且在市级以上新闻媒体上公开赔礼道歉。该诉请有相应的证据予以证实，于法有据。判决：被告人周某某犯非法捕捞水产品罪，判处拘役四个月，缓刑六个月；被告人周某某负责购买价值1000元四大家鱼冬片鱼种（体长12cm以上），并经峡江县渔业部门检疫合格后投放至赣江巴邱段，进行生态修复；被告人周某某在市级以上新闻媒体上公开赔礼道歉。

【适用解析】

《民法典》第1234条规定："违反国家规定造成生态环境损害，生态环境能够修复的，国家规定的机关或者法律规定的组织有权请求侵权人在合理期限内承担修复责任。侵权人在期限内未修复的，国家规定的机关或者法律规定的组织可以自行或者委托他人进行修复，所需费用由侵权人负担。"第1235条规定："违反国家规定造成生态环境损害的，国家规定的机关或者法律规定的组织有权请求侵权人赔偿下列损失和费用：（一）生态环境受到损害至修复完成期间服务功能丧失导致的损失；（二）生态环境功能永久性损害造成的损失；（三）生态环境损害调查、鉴定评估等费用；（四）清除污染、修复生态环境费用；（五）防止损害的发生和扩大所支出的合理费用。"上述规定明确了对于造成生态环境损害的行为，应承担生态修复责任的具体规定。为生态修复责任的有效落实提供了明确的法律基础。

在《民法典》出台以前，对于生态修复责任的承担的法律依据散落在相关法律规范和司法解释之中。《民法通则》第 124 条规定，因污染环境造成他人损害应依法承担民事责任。《环境保护法》第 64 条将因污染环境和破坏生态造成损害应承担的民事责任转致到了侵权责任法之中，《侵权责任法》第 15 条规定了侵权者应承担排除危害、赔偿损失、恢复原状等责任方式。《民事诉讼法》第 55 条专门规定了公益诉讼制度，为环境公共利益的损害提供了详尽的程序保障。在环境刑法方面，因行为人污染环境、破坏资源而触犯刑法的，除对行为人判处相应的刑法外，可根据刑事司法中修复性司法理念或《刑事诉讼法》第 99 条的规定，提起刑事附带民事诉讼来实现对生态损害的修复。《最高人民法院关于审理环境民事公益诉讼案件适用法律若干问题的解释》第 20 条规定了原告请求恢复原状的、无法完全修复的情形下如何裁判，以及明确生态环境修复费用的范围等问题，同时规定了可以判决被告修复生态时一并确定不履行修复义务时应承担的修复费用，亦可直接判决被告承担相应的修复费用，为审理民事公益诉讼案件提供了极具可操作性、程序性的指引，同时也为生态修复性司法提供了合理的操作规程；第 23 条还规定了对生态环境修复费用难以确定或者确定数额所需鉴定费用明显过高的情形下如何确定修复费用的问题；第 24 条第 1 款规定了生态环境修复费用等应当专项使用。《最高人民法院关于适用〈中华人民共和国民事诉讼法〉的解释》第 284 条至第 291 条专门针对公益诉讼的程序性问题进行了规定，为环境民事公益诉讼中的生态修复性司法提供了程序法上的保障。《最高人民法院关于审理环境侵权责任纠纷案件适用法律若干问题的解释》第 13 条规定了要结合诉讼请求以及具体案情来合理判定污染者承担责任的方式；第 14 条规定的情形与《环境民事公益司法解释》第 20 条第 1 款、第 2 款的内容基本相似。上述法律规范和司法解释与《民法典》的规定是一脉相乘的。

自党的十八大以来，党和国家层面极其重视生态文明建设，对生态损害进行修复的政策导向愈加明确。党的十八大报告明确要大力推进生态文明建设，确立了努力建设美丽中国，实现中华民族永续发展的宏伟目标。尤其确立了实施重大生态修复工程的战略，强调推进荒漠化、石漠化、水土流失综合治理，以及强化水、大气、土壤等污染防治。党的十八届三中全会的决定同样明确要加快生态文明制度建设，提出了要实行生态修复制度，并指出要建立陆海统筹的生态系统保护修复和污染防治区域联动机制。党的十八届四中全会全面明确了加快建设社会主义法治国家的要求，其中阐明要用严格的法律制度保护生态环境，加快建立有效约束开发行为和促进绿色发展、循环发展、低碳发展的生态文明法律制度。党的十八届五中全会审议通过了“十三五”规划建议，并提出要以提高环境质量为核心，实行最严格的环境保护制度，坚持保护优先、自然恢复为主，实施山水林田湖生态保护和修复工程。《民法典》在第 1234 条和第 1235 条规定了违反国家规定造成生态环境损害应承担的修复责任和赔偿责任，正是基于加强对生态环境保护的立法目的的实现。通过明确生态修复责任，贯彻“环境有价，损害担责”的司法理念。

本案被告人周某某违反保护水产资源法规，在禁渔区使用禁用的方法捕捞水产品，情节严重，其行为已构成非法捕捞水产品罪。依法应当追究其刑事责任。被告人周某某的犯罪行为，不仅构成非法捕捞水产品罪，而且造成该区域内鱼类及水生物的损害，破坏了生态环境，损害了社会公共利益。根据《民事诉讼法》第 55 条的规定，检察机关作为国家规定的机关，对于被告人周某某破坏生态环境，损害社会公共利益的环境侵权行为，依法提起环境公益诉讼，诉请判令被告人周某某进行生态修复，并在市级以上新闻媒体公开赔礼道歉。对于如何进行生态修复？生态修复费用如何确定？在审理过程中，原本希望通过进行司法鉴定以确定修复费用和修复方式，但鉴定机构的选定较为困难，所需鉴定费用较高，最终，法院依据《最高人民法院关于审理环境侵权责任纠纷案件适用法律若干问题的解释》第 23 条的规定，结合本案周某某破坏生态的范围和程度，参考专业部门的意见，合理确定由周某某负责购买价值 1000 元的四大家鱼冬片鱼种（体长 12cm 以上），经峡江县渔业部门检疫合格后投放至赣江巴邱段进行生态修复。

编写人：江西省吉安市中级人民法院　李虎广

【第 1254 条 不明抛掷物、坠落物致害责任】

68

高空坠物由侵权人承担赔偿责任

——张某某诉某某物业公司等财产损害赔偿案

【基本信息】

1. 裁判书字号

江苏省江阴市人民法院（2020）苏 0281 民初 488 号民事判决书

2. 案由：财产损害赔偿纠纷

3. 当事人

原告：张某某

被告：某某物业公司、吴某某、胡某、江某、陈某某、朱某某、洪某某、张某某、薛某、陆某某、王莫某、张某某、络某某等

【基本案情】

2019 年 12 月 10 日，张某某自有车辆苏 FE679P 正常停放在江某市阳光国际花园 106 幢楼下的停车位上，后被高空坠物砸坏车后挡风玻璃。报警后车辆维修产生修车费用 4400 元，因无法确定实际侵权人故要求物业公司及 106 幢业主承担损害赔偿责任。

莫某物业公司辩称：张某某的损失非物业公司所致，应由具体侵权人承担赔偿责任。物业公司对小区公共区域尽维修养护责任，对业主专有部分无维修义务，且对小区住户已做禁止高空抛物的提醒，故物业公司已尽管理之责；根据要塞派出所出具的说明，车辆损失并非物业公司管理过错导致，是装修户造成的水泥块掉落导致；经核查，106 幢 01 单元有 1401 和 1201 两户进行装修，应由该两户承担责任。

络某某、张某某等辩称，1101 室为毛坯，其并未居住。

【案件焦点】

高空坠物侵权人能否确认，如不能确定应如何分担责任。

【裁判要旨】

江苏省江阴市人民法院经审理认为，经江某市公安局要塞派出所民警现场查看，张某某的车辆后挡风玻璃破碎排除人为因素，附近草地上有水泥块、碎石子，楼上有业主在装修，系装修掉下来的水泥块，故涉案车辆后挡风玻璃破碎由江某市阳光国际花园 106 幢 01 单元正在装修的房屋内掉落的水泥块引起具有高度盖然性。侵权发生时，江某市阳光国际花园 106 幢 01 单元仅有 1201 室正在装修，故侵权人应推定为江某市阳光国际花园 106 幢 1201 室业主林某某。行为人因过错侵害他人民事权益，应当承担侵权责任，故林某某应当向张某某赔偿车辆损失 4400 元。本案能够确定具体侵权人，故对张某某要求物业公司及江某市阳光国际花园 106 幢 01 单元的其余业主共同承担赔偿责任的诉讼请求，于法无据，本院依法不予支持。依照《侵权责任法》第 3 条、第 6 条、第 15 条，《民事诉讼法》第 144 条之规定，判决如下：

一、林某某应赔偿张某某车辆损失 4400 元，该款于本判决发生法律效力之日起十日内支付张某某；

二、驳回张某某的其他诉讼请求。

【适用解析】

本案损害发生时，张某某因无法确定实际侵权人将物业公司及 106 幢整栋业主都作为被告起诉。需要探讨的是根据《民法典》第 1254 条之规定，难以确定具体侵权人时，公安机关介入是否为前置，物业管理公司的安全保障义务的认定。

一、高空抛物公安机关介入应当为前置程序

根据《民法典》第 1254 条之规定，无论是从建筑物中的抛掷物品还是建筑物上坠落的物品，难以确定具体侵权人时，公安等机关应当依法及时调查，查清责任人。

对于人为因素的抛掷物伤人涉及先刑后民的法律适用原则问题，故抛掷物伤人，应先由公安机关按刑事案件介入侦查，当通过侦查手段无法确定具体行为人时，再寻求民事诉讼救济。通常理解，抛掷物具有人为因素，而坠落物则属于自然坠落，不具有人为因素，虽然结果一样，都是致人伤害。应当说，对于人为因素的抛掷物致人伤亡的，无论行为人主观上是故意还是过失，高空抛物致人损害行为完全符合法律规定的犯罪构成要件特征，行为人均构成故意或者过失伤害罪，应当作为刑事案件纳入公安机关刑事侦查的范畴。

但坠落物伤人是否也应适用先刑后民原则呢？笔者认为，因发生侵权行为时不易区分抛掷物还是坠落物，为防止法院先依据本条第1款判决后，再找到实际侵权人，从而导致生效判决被撤销的尴尬和可能发生执行回转的难题，应当先假设该类事件为刑事案件，由公安机关介入侦查。通过侦查，如果无法发现和找到行为人，受害人才可依据本条第1款索赔。否则，受害人不能直接依据该条起诉至法院，即使起诉，也应先裁定驳回起诉。也就是说，发生高楼抛物纠纷，受害人均应当走先刑后民程序，而不再区分致害物品是抛掷物还是坠落物。公安机关及时介入，应当设定为此类纠纷处理的前置程序。有学者认为，高空抛物致人损害事件当中查明抛掷人的问题对于刑事侦查而言并不存在什么高难度的技术障碍，通过现场勘测、痕迹鉴定等科技手段，应该可以对抛掷物上的指纹、抛掷的角度、撞击的力度、受伤的程度等进行科学的确定，并通过侦查人员的仔细排查，逐步缩小嫌疑人的范围，直至找到真正的责任人，只是可能比较花费人手和时间，需要公安侦查人员具有相当的恒心和耐心而已。尽管公安机关的介入不一定能够找到真正的侵权人，但起码可以通过公安机关的侦查，缩小被告范围，从而在处理程序上更具可操作性。

二、物业公司的安全保障义务

物业服务企业与业主都会在服务合同中对安全保障义务加以约定，物业服务企业也会为此配有专门的保安人员、建立相关安保机制、安装必要的电子监控系统、对区域边境的围护设施加以完善，物业服务区域内的安全保障工作是物业服务企业实施日常管理的一项重要内容。在合同对安全保障义务作出明确约定的情况下，物业服务企业违反此义务而对业主的财产或人身造成损害的，将承担相应的违约责任。这种损害不仅包括物业服务企业所有或管理下的物对业主造成的损害；也包括因第三人的侵权行为对业主造成的损害。

另外，根据《物业服务解释》第3条第2款的规定，物业服务企业的单方承诺与服务细则也纳入合同内容中。因此，如果在其单方承诺或服务细则中有涉及安全保障义务的服务承诺，也将作为合同义务加以履行。

物业服务企业违反安全保障义务，造成业主合法权益受到损害的，既可因侵权而承担侵权责任，也可因违约而承担违约责任。此时将发生请求权的竞合，根据《合同法》第120条的规定，当事人可以选择依《合同法》提起违约之诉，也可以选择依侵权法规范提起侵权之诉。

必须指出的是，物业服务企业的安全保障义务并非可以随意解释和适用，不当界定和滥用会导致安全保障义务无边界地扩张，这将给物业服务企业带来极大的经营风险，不利于其整个行业的发展，最终也可能反过来对广大业主造成不利影响。例如，在令学界和法官都感到疑难的高空不明抛掷物致人损害的案件当中，就有法院以物业公司未尽安全保障义务为由而令其承担一定的责任。但是如此裁判大可商榷。“高空抛物”与“高空坠物”虽然只有一字之差，但不同的案件事实对物业服务企业应尽的安全保障义务的内容及限度要求则相去甚远。高空坠物案件，可能由于物业服务企业疏于管理而发生，而高空抛物致人损害，乃因第三人侵权行为而发生，要求物业服务企业对高空抛物人进行监督和防范，显然不合理地提高了其注意义务的范围，扩张了安全保障义务的限度。通常来说，只要物业服务企业在保安人员及设施的配备、保安制度的建立、保安制度的落实方面做足了工作，则应判定其已尽到安全保障义务。

编写人：江苏省江阴市人民法院　沈洪兴　相娟

图书在版编目（CIP）数据

民法典新规则案例适用/最高人民法院司法案例研究院编．—北京：中国法制出版社，2020.11（2021.1 重印）
ISBN 978－7－5216－1273－8

Ⅰ.①民… Ⅱ.①最… Ⅲ.①民法－法典－案例－中国 Ⅳ.①D923.05

中国版本图书馆 CIP 数据核字（2020）第 170461 号

策划编辑：李小草
责任编辑：韩璐玮　白天园　王紫晶　　封面设计：杨泽江

民法典新规则案例适用
MINFADIAN XIN GUIZE ANLI SHIYONG

编者/最高人民法院司法案例研究院
经销/新华书店
印刷/三河市紫恒印装有限公司
开本/730 毫米×1030 毫米　16 开　　印张/30.5　字数/416 千
版次/2020 年 11 月第 1 版　　2021 年 1 月第 2 次印刷

中国法制出版社出版
书号 ISBN 978－7－5216－1273－8　　定价：108.00 元

北京西单横二条 2 号
邮政编码 100031　　传真：010－66031119
网址：http：//www.zgfzs.com　　**编辑部电话：010－66070084**
市场营销部电话：010－66033393　　**邮购部电话：010－66033288**

（如有印装质量问题，请与本社印务部联系调换。电话：010－66032926）